Wiktor
Woroszylski

Na kurczącym się skrawku

i inne zapiski
z kwartalnym
opóźnieniem

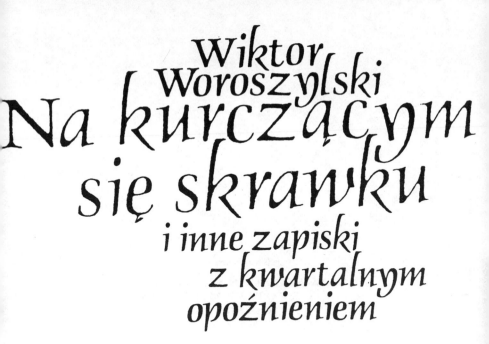

Wiktor Woroszylski

Na kurczącym się skrawku

i inne zapiski z kwartalnym opóźnieniem

POLONIA

Wiktor Woroszylski

NA KURCZĄCYM SIĘ SKRAWKU
I INNE ZAPISKI Z KWARTALNYM
OPÓŹNIENIEM

ISBN   0 902352 34 2

Copyright © Wiktor Woroszylski
First published in Polish
August 1984

Pierwsze wydanie polskie
sierpień 1984

Oprawa graficzna J. C.

POLONIA

POLONIA BOOK FUND LTD
8, QUEEN ANNE'S GARDENS, LONDON W4 1TU
UNITED KINGDOM

Printed and bound in the U. K.

⁂

Pod koniec roku 1971 zacząłem pisywać stały felieton do warszawskiego miesięcznika „Więź", którego redaktorem naczelnym był wówczas Tadeusz Mazowiecki. Nagłówek „Zapiski z kwartalnym opóźnieniem" miał sygnalizować czytelnikom, że tyle czasu upływa pomiędzy napisaniem każdego felietonu a jego ukazaniem się w druku. W późniejszych latach upadek drukarstwa i rozmaite szykany w stosunku do źle widzianej redakcji bardziej jeszcze wydłużyły ten dystans.

Pisuję swój comiesięczny felieton na ogół regularnie; najpoważniejszą z przerw spowodował stan wojenny w Polsce, zawieszenie ukazywania się pisma i moje internowanie.

Tę książkę postanowiłem zamknąć w nieco wcześniejszym momencie: przełom roku 1980 i 1981 wydaje się nie tylko formalnym, kalendarzowym końcem pewnego szczególnego dla Polski dziesięciolecia, ale i rzeczywistą granicą przebiegającą przez najbliższą historię naszego społeczeństwa i przez życie niejednego z nas – także moje.

Określenie granic jest istotne, ponieważ nie uważam tej książki po prostu za zbiór (czy raczej wybór – dokonałem przecież selekcji) moich felietonów; sądzę, że wolno w niej dojrzeć rodzaj pamiętnika i kroniki czasu, w którym powstawała – oczywiście, kroniki subiektywnej, specjalnie zainteresowanej pewnymi wątkami rzeczywistości i mniej innymi, osnutej na przygodach, podróżach, lekturach, refleksjach tego właśnie, a nie innego autora – ale mimo wszystko nawarstwiającej się w czasie historycznym i nim żywiącej swoje zapały i zniechęcenia.

Po latach, właśnie w zbiorze, tę dramaturgię czasu, zmierzającą do swojej kulminacji, daje się dostrzec wyraźniej niż wówczas, kiedy powstawał każdy fragment z osobna.

Czas, on właśnie (i może nie przypadkiem jego imię, choć nie w identycznym znaczeniu, przywołane zostaje w pierwszym i ostatnim zdaniu tej książki), czas zatem okazał się główną *dramatis persona*, obok niego zaś, w nim i z nim – ja sam i moi bliscy, żywi i umarli, autorzy dzieł, uczestnicy wydarzeń, lecz także – autorzy i uczestnicy chwil, spojrzeń, dotknięć, ulotnych drobin egzystencji.

Różnorodność tematów, podobnie jak rozmaity stopień powagi i drwiny w poszczególnych „zapiskach", nie przeszkodzi chyba w odbiorze książki jako świadectwa o czymś, co jest jednak całością.

Wszystkie teksty pisałem dla „Więzi", ale nie wszystkie zdołały się tam ukazać – część spośród skonfiskowanych ogłosiłem przeto w „Zapisie", czasopiśmie, które od stycznia 1977 roku wydawaliśmy z przyjaciółmi poza kontrolowanym obiegiem. Wiele innych znalazło się w „Więzi", ale w postaci okrojonej. Obecnie korzystam z okazji, aby przywrócić ich postać autentyczną, odpychając pokusę zaznaczenia fragmentów usuniętych swego czasu przez cenzurę – gdybym to uczynił, ponad miarę uszanowałbym jej werdykty i miałbym wrażenie, że nadal szamoczę się w pajęczynie, którą tak chciałem zerwać. Dla odbiorców byłaby to zaledwie ciekawostka, utrudniająca wszakże odczytanie teksu jako integralnego i niezależnego od płaskich ingerencji z zewnątrz. Czytelnik zainteresowany jednakże, poza wszystkim innym, również konkretnymi mechanizmami cenzury, z jakimi wypadło mi mieć do czynienia, znajdzie pod koniec książki, w felietonie z października 1980 (ten zaś ukazał się był bez przeszkód, taki to był moment), dość obszerną dokumentację sprawy.

Daty pod felietonami dotyczą ich napisania, nie zaś publikacji.

Warszawa, czerwiec 1983   **Wiktor Woroszylski**

CZAS POWROTÓW

W kulturze, jak i na innych obszarach naszego życia, zdarza się czas przypływu i czas odpływu, czas skupienia i pomnażania sił twórczych – oraz czas rozpraszania ich i trwonienia. Rozpoczynam ten stały (jeśli dobrze pójdzie) felieton jesienią roku 1971. To uściślenie kalendarzowe wydaje się niezbędne, ponieważ miesięcznik drukuje się długo i nie wiadomo, jakie sytuacje obecne okażą się nadal aktualne i trwałe w ów zimowy dzień, gdy numer dotrze do rąk czytelnika. Dystansu pomiędzy słowem napisanym a odczytanym nie da się uniknąć (choć z różnych przyczyn może on być większy lub mniejszy) – chciałbym zatem, aby czytelnik starał się przynajmniej mieć w pamięci owe trzy miesiące, jakie upłynąć muszą od mojego do jego „dzisiaj".

Otóż d z i s i a j mamy, jak sądzę, przychylniejszy twórczości, niż to niezbyt dawno bywało, czas nowego skupiania sił, czas powrotów, nadziei i prób wypełniania luk powstałych w kulturze. Albo – żeby optymizmowi swemu przydać szczyptę ostrożności – czas, w którym znamienne wydają się takie właśnie pragnienia i próby.

Widoczna jest też prawie powszechna ulga i satysfakcja z podobnego obrotu rzeczy. Polska Agencja Prasowa (czego nie zwykła na ogół czynić) ogłasza komunikat o wyjściu z druku nowej książki Antoniego Słonimskiego, czasopismo filmowe traktuje przystąpienie Tadeusza Konwickiego do zdjęć jako święto naszej kinematografii, radio śle w eter wiadomość o powrocie z podróży zagranicznej Kazimierza Brandysa. W gorliwości takich anonsów jest może nawet odrobina komizmu, ale w sumie budzą one sympatię. W każdym razie – milej spotkać nazwiska wybitnych pisarzy w takich kontekstach, niż w niektórych innych. Najważniejsze zaś, że wszystko to świadczy chyba o pogłębiającym się i wartościowym społecznie poczuciu, iż o b e c n o ś ć w kulturze jej twórców zasługuje na uwagę ogółu i stanowi dlań przedmiot chluby.

A przecież jeszcze rok temu (dokładnie: w październiku 1970) spod pióra publicysty, omawiającego sytuację w Teatrze Narodowym, mogła wymknąć się, by trafić na łamy stołecznego tygodnika, następująca opinia: „Jeśli dziś wyliczymy, że odeszli stąd Holoubek, Mikołajska, Krafftówna, Łuczycka,

Machowski, Mrożewski, Duriasz, Alaborski, to wyliczywszy stwierdzimy, że ubytku tego nie znać". Albowiem – zdaniem autora przytoczonej diagnozy – miejsce wymienionych zajęli inni, „i szala, na której mierzy się suma talentów, nie zadrgała". Wyciąłem sobie te zdania i wkleiłem do zeszytu, w którym kolekcjonuję curiosa spaczonej myśli. Szala, na której mierzy się suma talentów... Nie ma takiej szali – i nie istnieje w kulturze niezmienna suma, obojętna na charakter składników! Scenę, o której mowa, objął dawny zespół Teatru Powszechnego – zaiste błyszczący talentami, z właściwym sobie repertuarem i stylem. Spośród nazwisk wyliczonych przez publicystę – wiele ozdobiło ze swej strony afisze innych zespołów. Ale przecież jednego wybitnego zespołu, też z właściwym sobie repertuarem i stylem, w rezultacie całej operacji niemal z dnia na dzień zabrakło! A jego pominięty wśród tych, co odeszli, kierownik wystawia sztuki w Belgradzie, Oslo czy Wiedniu, wszędzie bez wątpienia, gdzie pracuje, przynosząc chlubę polskiej kulturze teatralnej – tylko że warszawski widz już któryś sezon z rzędu nie czerpie satysfakcji z darów jego talentu, innym zaś reżyserom polskim zabrakło współzawodnika, którego działalność stanowiła wyzwanie i dla ich natchnienia i wyobraźni. Dziwny to rachunek, który przeoczył podobny szczegół...

A w ogóle, skąd to krzepiące przeświadczenie, że talenty są wymienne, że nie liczy się, kto skąd odchodzi, że może być „nie znać ubytku", kiedy porzuca swój warsztat znakomity artysta, uczony, pedagog, majster? Czyż nie wystarczy paru lat pewnej sytuacji, żeby uprzytomnić sobie, jaka to żałosna pomyłka? Co się stało, na przykład, z Polską Kroniką Filmową, doprowadzoną do stanu, w którym padają pytania, czy nie lepiej definitywnie ją zlikwidować? Co się stało z miesięcznikiem „Poezja"? A co – z niektórymi innymi redakcjami, tzw. stowarzyszeniami twórczymi, wydziałami wyższych uczelni?... Diagnoza: „nie znać ubytku" – jest fałszywa nie tylko w konkretnym przypadku, którego dotyczyła. Lekceważenie osobowości w kulturze (najszerzej pojmowanej), złudzenie, że talenty są wymienne, że można nimi dowolnie manipulować, że zawsze stworzy się jakąś mityczną „sumę", złudzenie to zdążyło już przynieść nader widoczny ubytek, gdyby zaś miało zakorzenić się w naszym życiu...

Ale nie: piszę to przecież – tak sądzę – w porze nowego przypływu, czasie skupiania sił i rosnącej nadziei. Kiedy słowa te dotrą do czytelnika, proces, o który chodzi, posunie się już, być może, znacznie naprzód i nie jest wykluczone, że zdąży nawet zaowocować dziełami, z nadziei tej poczętymi. Czy warto zatem w ogóle podejmować dyskusję ze spaczoną myślą sprzed kilkunastu miesięcy? Waham się – naturalnie, że się waham, jak wahać się musi każdy, gdy wypowiedzieć pragnie słowo, nie wyzute natychmiast z jakiegokolwiek znaczenia. A jednak przezwyciężam wahanie – i nie przekreślam tego, co napisałem. Dobre czy złe, wszelkie doświadczenie powinno zostać odnotowane. W minionych latach stało się tak, że niejednego twórcę kultury zmuszono do dramatycznej n i e o b e c n o ś c i – nie w sensie duchowego wyobcowania z życia narodu, bo do tego nikogo zmusić nie można – ale w sensie odmówienia prawa do dawania z siebie wszystkiego, co najlepsze: wiedzy, zapału, kunsztu zawodowego, pomysłowości, natchnionej inwencji. Nie mówię w tej chwili o krzywdzie – mówię o m a r n o t r a w s t w i e sił moralnych i realnego potencjału kultury narodowej. Nie mówię, że twórcy kultury zasługują na to, aby móc sobą obdarzać społeczeństwo w stopniu ograniczonym jedynie przez osobiste dyspozycje i w warunkach najkorzystniejszych dla wydobycia tych dyspozycji na jaw – lecz, że społeczeństwo zasługuje na to, aby mogli je sobą obdarzać, aby byli w nim bez reszty obecni. Jest czas powrotów – i witamy go z nadzieją, że będzie trwał, aż dopełni się całkowicie. Przywrócona obecność tych, których ubytek znać tak dotkliwie, będzie nie świętem, lecz dniem powszednim naszej kultury. To nastąpi, już następuje chociaż z tym większą zawsze trudnością, im dłużej przeciąga się nieobecność. Trzeba jeszcze – sądzę – żeby następowało w jaskrawym świetle świadomości społecznej i rozeznania, co w kształtowanej przez ludzi sytuacji kulturalnej jest elementarnym warunkiem jej żyzności, co zaś, odwrotnie, m u s i skazywać ją na dręczącą jałowość. Naprawdę mniejsza o tamtego przedgrudniowego publicystę. Oby tylko jego sposób myślenia stał się nam wszystkim równie daleki, jak inne znamiona czasu, do którego należał.

Październik 1971

„RZADKO
NA MOICH WARGACH"

Minionej jesieni (dokładnie: w połowie listopada) brałem udział w jednej z dorocznych imprez, przy których pomocy tzw. prowincja kulturalna ujawnia swoje piękne ambicje nie tylko rozpowszechniania, lecz i współtworzenia kultury, współmyślenia i współrozstrzygania o jej problemach. Były to tzw. Dolnośląskie Dni Literatury w Dzierżoniowie – już trzecie z rzędu i drugie, w których uczestniczyłem. Do programu Dni, obok spotkań autorskich, kiermaszy książki, przedstawień i wystaw (a także – nie da się ukryć – oficjalnych i nieoficjalnych bankietów), należy sympozjum literackie na określony temat – i ono to przede wszystkim daje wyraz wspomnianym ambicjom organizatorów. Temat sympozjum nosi zazwyczaj charakter fundamentalny – co może niekiedy popychać dyskusję w stronę znanych schematów i odbierać jej, wbrew założeniom, charakter twórczy. Tak stało się na przykład w roku 1970, kiedy rozpatrywano problematykę pracy we współczesnej literaturze polskiej, abstrahując właściwie od wszystkiego, co rzeczywiste i w literaturze, i w pracowitym życiu jej czytelników. Tym razem wydawało się, że grozi podobne niebezpieczeństwo – i kto wie, czy nie w większym jeszcze stopniu – ponieważ tematem sympozjum był (bagatela!) patriotyzm w literaturze. Jednakże trzej młodzi i brodaci doktorzy filozofii wygłosili referaty inteligentne i dające do myślenia, a chociaż dyskusja nie w pełni dorównywała tekstom wprowadzającym – znalazły się w niej bowiem i wypowiedzi czysto werbalne, i niemądrze zacietrzewione – to pod koniec rozległ się znowu głos ważny. Należał on do pisarki urodzonej pod niemieckim panowaniem na wsi opolskiej, a treść wypowiedzi była mniej więcej taka: w moich stronach rodzinnych pewnych słów nie wolno było wymawiać, uchodziło to za grubą niewłaściwość i wręcz kazało podejrzewać nieszczerość. Do takich słów zaliczano m i ł o ś ć oraz – o j c z y z n ę . I nie zdarzyło się, żeby któryś z tamtejszych ludzi, za przywiązanie do polskości ginących w obozach koncentracyjnych, ośmielił się powiedzieć o sobie: jestem patriotą...

Słuchając tej wypowiedzi, żałowałem, że nie ma na dzierżoniowskim sympozjum pedagogów, którzy zaprogramowali, ułożyli i zaaprobowali podręcznik do języka polskiego dla klasy VIII szkoły podstawowej pt. „Ta ziemia od innych droższa". Intencja podręcznika, uwidoczniona już w tytule, jest chwalebna: służyć wychowaniu patriotycznemu młodzieży. Ale pierwsze, co jest do zrobienia – w ramach nauczania języka ojczystego – dla wychowania patriotycznego młodzieży, to chyba rozmiłowanie jej w pięknej polszczyźnie, ukazanie bogactwa literatury narodowej, wielorakich treści i form tej literatury, głębokich związków piśmiennictwa polskiego z dziejami kraju i z dorobkiem kulturalnym całej ludzkości. Czegokolwiek dotyczy wartościowy utwór literatury polskiej – zawsze mówi o glebie, z której wyrósł, przemawia językiem na którego harmonię stanie się czułe ucho kształconego w nim dziecka, wzbogaca wiedzę czytelnika o sprawach ojczystych i ludzkich. Dobra znajomość języka i literatury narodowej czyni autentyczniejszym i pewniejszym wszelki patriotyzm; nie jest więc „patriotyzm" czymś osobnym, co należałoby dopiero wprowadzać do lekcji polskiego, ale ich nieusuwalną istotą. Nie sądzę, żeby wyłożony tu pogląd był zbyt oryginalny; mam go raczej za oczywisty; a przecież podręcznik, o którym mowa, praktycznie demonstruje stanowisko zgoła odmienne. Zdaje się on mianowicie uważać wykład patriotyzmu nie tylko za coś, co należy specjalnie wprowadzać do lekcji literatury polskiej, ale czym trzeba wręcz tę ostatnią z a s t ą p i ć . Patriotyzm – dalej – w ujęciu tym związany jest nie z całym zakresem życia Polaków, odzwierciedlonym przez literaturę, lecz tylko z określonymi tematami, zwłaszcza z walką zbrojną (głównie partyzancką) w latach minionej wojny, a także z martyrologią więzienną i obozową. Preferencji tematycznej towarzyszy lekceważenie innych walorów: stąd w książce obfitość tekstów gazetowych i pamiętnikarskich, nie zawsze zachwycających jako wzór polszczyzny, a do literatury pięknej w żadnej mierze nie należących. Utworom wreszcie, które do literatury tej bez wątpienia należą, zdarzają się w podręczniku bardzo dziwne przygody. Oto na przykład wiersz Jana Kasprowicza „Rzadko na moich wargach". Pod tytułem widnieje napis małymi literkami: „Fragmenty", a w poszczególnych miejscach wiersza wielokropkami w nawiasie zaznaczone są opuszczenia, wynoszące łącznie jedenaście zwrotek, (na dwadzieścia jeden). Sama operacja, dokonana na wierszu, budzi wątpliwości: czy taki montaż zwrotek uczy młodocianego czytelnika szacunku dla utworu literackiego? U dołu przeczyta on w dodatku wskazanie: „Wiersz ten zaliczamy do liryki patriotycznej. Uzasadnij, że jest to słuszne" – sugerujące, że wolno sądzić o wierszu na podstawie wybranych i na nowo połączonych fragmentów, stanowiących mniej niż połowę oryginału. Ale porównując tekst w podręczniku z tekstem normalnych wydań Kasprowicza stwierdzimy, że cięcia nie były wcale bezmyślne i mechaniczne. Pierwsza zwrotka brzmi:

Rzadko na moich wargach –
Niech dziś to warga ma wyzna –
Jawi się krwią przepojony,
Najdroższy wyraz: Ojczyzna...

I tu, zaraz po pierwszej zwrotce, mamy w podręczniku owe kropki w nawiasie – po czym jako zwrotka druga następuje:

Lecz brat mój najbliższy i siostra,
W tak czarnych żałobach ninie,
Ci wiedzą, że chowam tę świętość
W najgłębszej serca głębinie.

A co zawarte jest pomiędzy tymi dwiema zwrotkami w tekście oryginalnym? Pozwolę sobie przytoczyć brakujący fragment:

Widziałem, jak się na rynkach
Gromadzą kupczykowie,
Licytujący się wzajem,
Kto ją najgłośniej wypowie.

Widziałem, jak między ludźmi
Ten się urządza najtaniej,
Jak poklask zdobywa i rentę,
Kto krzyczy, iż żyje dla Niej.

Widziałem, jak do Jej kolan –
Wstręt dotąd serce me czuje –
Z pokłonem się cisną i radą
Najpospolitsi szuje.

Widziałem rozliczne tłumy
Z pustą, leniwą duszą,
Jak dźwiękiem orkiestry świątecznej
Resztki sumienia głuszą.

Sztandary i proporczyki,
Przemowy i procesyje,
Oto jest treść Majestatu,
Który w niewielu żyje.

Więc się nie dziwcie – ktoś może
Choć milczkiem słuszność mi przyzna –
Że na mych wargach tak rzadko
Jawi się wyraz: Ojczyzna.

Usuwając ten fragment, jednemu z najpiękniejszych wierszy Kasprowicza zadano dotkliwy gwałt. Czy utwór w autentycznym swym kształcie zdradzał może niedostatek patriotyzmu? Bynajmniej – tylko że nie był to patriotyzm płaski, bezkonfliktowy, polegający jedynie na jakiejś prostej autoafirmacji – lecz patriotyzm dramatyczny, zbuntowany przeciw zwerbalizowaniu i zakłamaniu najgłębszego uczucia, pokrewny przy tym stanowisku owych twardych Opolan, o którym na dzierżoniowskiej sesji wspominała pisarka... Eliminując wątek borykania się cichego i powściągliwego patriotyzmu z „patriotyzmem" wrzaskliwym i nieszczerym, unicestwiono podstawowy sens wiersza Kasprowicza i podsunięto uczniom ubogi falsyfikat.

W innym miejscu podręcznika umieszczono – tym razem w całości – przejmujący wiersz Tadeusza Różewicza „Warkoczyk". Wiersz ten uwiecznia doświadczenie niezwykle trudne dla ludzi dorosłych, o ukształtowanej psychice, o rozległej wiedzy na temat faszystowskiego ludobójstwa – tych to dorosłych ludzi, o ile nie utracili oni wrażliwości moralnej, wiersz wytrąca z odrętwienia, na nowo uczula, szokuje, i ów szok poprzez najprostszy opis sytuacji nieludzkiej i poprzez jej odniesienie do sytuacji najzwyklejszej – jest właśnie zadaniem wiersza. Czego oczekuje pedagog, podsuwając go czternastolatkom wraz z następującym komentarzem: „włosy więźniów oświęcimskich – jeden z najbardziej wstrząsających eksponatów Muzeum Oświęcim-skiego, urządzonego na terenie dawnego obozu koncentracyjnego"? Jedno z dwojga: albo szczególnie wrażliwe dzieci, z krzywdą dla swojej nieokrzepłej psychiki, przeżyją szok, większy nawet niż czytelnicy dorośli – ale dlaczego właściwie mielibyśmy sobie życzyć takiego szoku dla naszych dzieci? – albo, co bardziej prawdopodobne, wiersza nie zrozumieją, nie odbiorą, nie przeżyją – lecz w takim razie po co go im podsuwać? Czy dla odstraszenia od poezji, do której nie dojrzały, i zniechęcenia do niej także na przyszłość? Czy dla znieczulenia wreszcie, uodpornienia na działania takich obrazów, jak w „Warkoczyku"? Przypomina to trochę owe niefortunne wycieczki szkolne do Oświęcimia, które bodajże wyperswadowano w końcu ich gorliwym ini-cjatorom. Niestety, na co dzień jeszcze stosuje się takie podręczniki, które w całości stanowią mieszaninę akademii ku czci z wycieczką do Oświęcimia.

Do takich to refleksji usposobiło mnie dzierżoniowskie sympozjum, a po sympozjum miałem publiczne spotkania, między innymi z uczniami i uczen-nicami klas ósmych, i dobrze nam się rozmawiało o wielu rzeczach, lecz nie o tym, o czym ponad pół wieku temu rzadko miał odwagę mówić poeta.

Styczeń 1972

ŚWIĘTO

Ernest Hemingway nazwał niegdyś Paryż „ruchomym świętem"; od kilku tygodni (z przerwą na krótki wypad do Londynu) obserwuję to święto i nie mogę mu się nadziwić; oglądam je, wymieszane na codzień, co istnieje też gdzie indziej – z nierównością i nędzą, upokorzeniem i buntem, cwaniactwem i konformizmem, przede wszystkim zaś po prostu z powszednią walką o byt, wymagającą wcale nie mniej niż gdziekolwiek na świecie szczęścia, pracowitości i sprytu; a jednak nie wątpię, że jest to naprawdę święto; w i d z ę je przecież.

Najbardziej może intrygująca – choć w chwilach, gdy się ją obserwuje, najbardziej oczywista – jest odświętność i (jakby to określił Johan Huizinga) l u d y c z n o ś ć tej części paryskiego życia, która za czasów Hemingwaya nie żeby w ogóle nie istniała, ale była mało widoczna i z pewnością nie odgrywała takiej roli, jaką odgrywa dzisiaj. Mam na myśli powszedni protest młodzieży (nie tylko młodzieży – ale jej nade wszystko) przeciw strukturze tego społeczeństwa, przeciw zasadom jego istnienia, protest manifestowany z każdej okazji i bez okazji, pod hasłami, które trudno niekiedy traktować serio, co nie może jednak odebrać tej niepokornej młodzieży sympatii takiego widza, jak ja. Naoglądałem się owych manifestacji – większych i mniejszych – i za każdym razem uderzała mnie żywiołowa radość uczestników i karnawałowość ich zachowania: ich śpiewy i tańce, i rytmiczne falowanie szeregów zbratanych w jednym uścisku, i okrzyki, i rymy, i śmiechy, i palenie symboli (sztandarów państwowych, kukieł znienawidzonych polityków) – oglądałem to i w całkiem małej skali, gdy, bo ja wiem, może ze dwieście dziewcząt i chłopców zgromadziło się na bulwarze St. Germain, u wylotu stacji metra Odeon (mieszkam o krok stąd, w tanim hoteliku na ulicy Kazimierza Delavigne, tego od „Warszawianki"), żeby ogłosić wszem i wobec, iż „Nixon-assasin, Pompidou-complice", i w znacznie większej, po zabójstwie młodego robotnika-maoisty na terenie zakładów Renault, kiedy dwadzieścia lub trzydzieści tysięcy manifestantów przemaszerowało północnymi dzielnicami Paryża, a okratowane pudła na kółkach już czekały na trasie, i wreszcie w największej skali oglądałem to w kilka dni później, kiedy pogrzeb tegoż młodego robotnika (rocznik 1949) zgromadził dwieście tysięcy osób i przeszły one ileś tam kilometrów od placu Clichy do cmentarza Père-Lachaise, ze zwłokami dźwiganymi na ramionach przyjaciół, a wozy policyjne posuwały się uroczyście w ślad za pochodem.

Otóż ten pogrzeb właśnie, pogrzeb-manifestacja, pogrzeb-wyzwanie, tak, i on również był weselem, świętem i karnawałem, i on miał swoje falowanie zbratanych w uścisku szeregów, miał swoich przebierańców, swoje symbole, wiersze i pieśni, na czele z nieustępliwą jak zawsze „Międzynarodówką" i z „Warszawianką" (tą drugą, proletariacką, nie Delavigne'a). I ta zuchwała radość pogrzebu wcale nie wydawała się niewłaściwa lub dziwna.

Mimo wszystko – nie przyłączam się do filozofów, dopatrujących się w instynkcie ludycznym (czyli pociągu do bezinteresownej gry lub zabawy) źródła wszelkiej aktywności człowieka, z aktywnością kulturotwórczą na czele; i zwłaszcza nie przypisuję tego rodzaju motywacji coraz potężniejszym dziś na Zachodzie ruchom młodzieńczego protestu. Tak, myślę, że instynkt, o którym mowa, istnieje; ale bezinteresowna jest tu tylko forma; treść, która każe do formy tej sięgać, jest „interesowna" – jak była nią zresztą i wówczas, kiedy obrzędy świąteczne służyły porozumieniu ludzi z mocami nadprzyrodzonymi, wybłaganiu ich dobrodziejstw i wyrażeniu wdzięczności. Treścią współczesnego karnawału zbuntowanej młodości jest – niezależnie od aktualnych haseł – walka o godność ludzką, o wyprostowane ramiona, o możność niekonformistycznej egzystencji wśród podobnych sobie. Ta walka właśnie odczuwana jest przez uczestników jako radosna i piękna – i to poczucie uruchamia w manifestujących gromadach także potrzebę fizycznego wyładowania – instynkt ludyczny.

W Londynie nie natrafiłem na uliczne manifestacje, obejrzałem natomiast w Shaftesbury Theatre słynny od kilku lat musical „Hair" – o którym czytelnicy na pewno wiedzą już wszystko i choćby nigdzie nie wyjeżdżali, w uszach mają jego melodie, poniecham więc relacjonowania „Hair" i tylko powtórzę zdanie brytyjskiego krytyka, któremu po przedstawieniu zwierzyłem się, że sprawiło mi (zwłaszcza pierwsza część, do przerwy) szczerą przyjemność. Wie pan, powiedział krytyk, cztery lata temu, po premierze „Hair", należałem do przeciwników tego widowiska, raziło mnie bowiem przeniesienie w wymiar komercjalny wszystkiego, co znałem i kochałem w wykonaniu zespołów półamatorskich, ideowych, uprawiających autentyczną zabawę – zabarwioną protestem społecznym – we własnym przyjacielskim gronie. Ale teraz patrzę na to trochę inaczej. Zawodowość (która musi być opłacana) nie musi tym samym wzbudzać podejrzeń o nieautentyczność demonstrowanej sztuki. Z pewnością zaś daje ona sztuce szansę wyjścia poza zamknięte i wąskie grona, szansę powszechności. Pochwalam więc „Hair" jako formułę upowszechnienia sposobów zabawy, odkrytych przez teatrzyki niekomercjalne, z których zresztą wywodzi się znaczna część występujących tutaj aktorów. Tak mówił awangardowy krytyk brytyjski, a ja myślałem o półamatorskich zespołach, które swego czasu znałem i kochałem, i które zostały zniszczone – przez co? przez próbę przejścia na zawodowość, na oficjalność? czy po prostu przez nieuchronne w pewnej chwili wyjście z wieku młodzieńczego? Nie wdawałem się jednak w dyskusję z krytykiem bo „Hair" podobało mi się naprawdę.

Z Londynu wróciłem jeszcze do Paryża i u wylotu metra Odeon młody człowiek z sumiastym wąsem znów wręczył mi ulotkę, zawierającą zapowiedź gniewnych (ale chyba i radosnych) manifestacji na dni najbliższe. Siedzę teraz na ławce w Ogrodzie Luksemburskim, piszę to, co piszę, i łowię uchem odgłosy uliczne: czy to właśnie to, czy co innego, w mieście, które Hemingway nazwał ruchomym świętem? I myślę jeszcze o tym, że ta odświętność, która pewnym zbiorowym poczynaniom wydaje się przydana niejako „z natury", dla artystów stanowi chyba kwestię nie tylko żywiołowej potrzeby, ale głębokiego rozeznania, więcej: filozofii kształtowanego świata. Tuż przed wyjazdem z Warszawy oglądałem „Perłę w koronie" Kazimierza Kutza. Wielu widzów, zachwycając się jak ja tym filmem, przypisywało jednak reżyserowi jakiś estetyzm, czystą grę barw i ruchów w efektownych obrazach ludowego festynu, którym mieszkańcy górniczego osiedla czczą swoich strajkujących – i w finale zwycięskich – ojców, mężów i synów. Mnie tymczasem ów „estetyzm" Kutza wydawał się mieć swój niezbity sens, swoje światopoglądowe znaczenie, mianowicie takie: toczy się oto żmudna i solidarna walka o byt – i zarazem o godność ludzką, o triumf nad tymi, którzy drwią z praw i potrzeb człowieka, oblewają go łajnem (jedna z pierwszych scen filmu), degradują do wiecznie głodnej i zaszczutej zwierzyny. Otóż walka ta jest nie tylko przerażającą udręką (bez osłonek pokazaną w filmie), ale również – z samej swojej istoty – ś w i ę t e m ; w warunkach, które odzwierciedla „Perła w koronie" – może najbardziej autentycznym świętem, jakie zdolni są sobie sprawić ludzie. Tak rozumiałem piękny film Kutza w kraju i tak myślę o nim w Paryżu, nasłuchując głosów ulicy i szykując się do powrotu.

Marzec 1972

PO SEANSIE

Zadzwonił do mnie znienacka: – Chcę złożyć na twoje ręce deklarację – powiedział.
— To złóż.
— Ja wiem – powiedział – że należymy do tragicznego pokolenia, które za młodu coś tam takiego i owakiego przeżyło, i w jakiejś swojej części (może najlepszej) zostało powybijane, i czasem samo się wybijało nawzajem, i miało nieudane miłości, i rozmaite niespełnione nadzieje, i w coś się wplątywało niezdarnie i delirycznie, i w ogóle wszystko wiem, co jest do wiedzenia o tym naszym pokoleniu prześwietnym, i komunikuję niniejszym, że nudzi mnie to i nie chcę już o tym słyszeć, mam to gdzieś, niech mi raz na zawsze dadzą z tym spokój, niech odczepią się ode mnie z tym kabotyńskim, obsesyjnym, dawno już nieważnym i nieprawdziwym stereotypem, niech mnie...
— Dobra – powiedziałem – ale dlaczego do mnie? Mogę podać ci telefon Konwickiego, załatwisz z nim bezpośrednio. Dwadzieścia siedem...
— Do ciebie – powiedział – bo byłeś na tym samym seansie, w sobotę o piętnastej trzydzieści w kinie „Zbyszek", ale siedziałeś daleko i nie zauważyłem, czy się wzruszasz, czy irytujesz, czy ziewasz, a kiełkuje we mnie podejrzenie, że...
— Całkiem możliwe.
— Broń się więc – zażądał – siebie broń i broń Konwickiego, i was wszystkich, zapatrzonych w swoje nie istniejące „jak daleko stąd, jak blisko", w swoje...
— Sam się w to wpisujesz – powiedziałem. – Protestując wpisujesz się, a nie zauważyłeś, że nie o to chodzi, że już dawno nie ma prób wymierzenia sprawiedliwości c z e m u ś   w i ę k s z e m u   o d   n a s, całości, której jesteśmy nieodrodną cząstką, generacji, orientacji, formacji, jest tylko prywatna, jednostkowa nostalgia, a więc l i r y k a, nie ma innych rodzajów sztuki, Konwicki jest poetą lirycznym, przypomnij sobie *Ostatni dzień lata*, przypomnij sobie *Wniebowstąpienie*, zajrzyj do scenariusza *Jak daleko stąd, jak blisko*, tam już nawet nie występuje żaden ON, tylko JA, ten JA rozmawia ze sobą i światem, z umarłymi, wspomnieniami, urojeniami, i jeżeli to nie TY zarazem, jeżeli nie chcesz, nie potrafisz, nie możesz rozpoznać w tym włas-

nego istnienia, autor nic od ciebie nie żąda, po prostu nie słuchaj, odsuń się, odejdź...

— Ba — powiedział — kiedy ja s i e b i e nie chcę, od siebie chcę odejść, i dlatego właśnie ogłaszam: nie wciągajcie mnie w tę lirykę, zamilknijcie, nie łapcie mnie za ręce, kiedy odchodzę między innych i młodszych.

— Od innych i młodszych — powiedziałem — słyszę wciąż o fascynacji tym filmem większej niż moja.

Ze scenariusza („Dialog", październik 1971):
„Rzeka płynie chudymi pasmami wśród brudnych łach piaszczystych. gdzieniegdzie tkwi rybak w wędką, tkwi nieruchomo, jakby skamieniał na zawsze. Woda niesie rudą, gęstą pianę.
JA. Nikt już się nie kąpie w tej rzece ani się na jej brzegach nie opala. I nasza rzeka umiera jak wszystkie rzeki świata.
Na dworcu kolejowym ogromny ruch. Za chwilę odjedzie pociąg międzynarodowy. Pomagam wstawiać do wagonu ogromne walizy i pękate toboły. Spocony przyjaciel z żoną i dzieckiem zaczyna się żegnać ze mną nerwowo. Całujemy się wszyscy czworo.
PRZYJACIEL.Trzymaj się, tylko się trzymaj.
JA. Będę się trzymał. Ale pamiętaj, pisz.
PRZYJACIEL. Będę pisał. I ty pisz.
JA. Nie płacz, Zosiu, świat jest mały.
ZOSIA. Na pewno się zobaczymy.
PRZYJACIEL. Dlaczego mamy się nie zobaczyć? Na pewno się spotkamy. Świat jest mały.
Pociąg skrzypi, zaczyna ruszać. Oni wskakują niezdarnie przez swoje toboły tarasujące wejście.
... Pociąg odjeżdża wolno. Jacyś ludzie biegną obok z głupią nadzieją, że pociąg się zatrzyma i nie odjedzie.
JA. Nigdy się już nie zobaczymy. Bo świat jest mały dla młodych. Potem staje się coraz większy i większy. Pagórki olbrzymieją, jesienie wloką się bez końca, małe lęki stają się wielkimi strachami.
Miasto widziane z helikoptera. Pałac Kultury, moja ulica, dworce kolejowe, rzeka z rzadkimi mostami. Kępki skąpej zieleni, dużo betonu i dymów".

Odkładając słuchawkę wiedziałem już, że to, co mówiłem o prywatnej nostalgii, o liryce, o rozmowie poety z samym sobą, z umarłymi i zjawami sennymi, jest zapewne prawdą, ale przecież prawdą nie całą.

Także utwór liryczny funkcjonuje w kulturze. Kultura istnieje na zasadzie uczestnictwa nie tylko autora osobistych marzeń i zwierzeń, lecz solidarnego w s p ó ł u c z e s t n i c t w a . To — staje się możliwe i nabiera znaczenia, gdy chodzi o coś więcj niż sentymentalne nastroje, tęsknoty za minioną młodością, malownicze obrazy miejsc opuszczonych. Chodzi o w a r t o ś c i , którymi autor żyje — i których wcale nie wskazuje w każdym fragmencie swojego dzieła — ale którym jest w istocie niezmiennie wierny, także śniąc, żałując i tęskniąc, i ewokując fantastyczne zjawy, szamoczące się między niebem i ziemią.

Wartością, za którą tęskni Tadeusz Konwicki, nie jest — wydaje mi się — po prostu miejsce opuszczone, ale miejsce, o którym czytamy w scenariuszu i słyszymy z ekranu: „... rosłem wśród ludzi różnych wierzeń, odmiennych języków, przeciwstawnych rodzajów myślenia..." Nie po prostu dzieciństwo, ale dzieciństwo, w którym byli i liczyli się ci r ó ż n i . Nie po prostu przeszłość, ale przeszłość naznaczona możliwościami wcielenia w któregokolwiek z mieszkańców owego pogranicza języków, wierzeń, kondycji. Możliwościami, kryjącymi, być może, we własnej krwi bohatera lirycznego kropkę niemożliwego z pozoru braterstwa.

Ze scenariusza:
„JA. Ojcze, poznajesz mnie? To ja, twój syn... Tyle razy chciałem cię zapytać o różne rzeczy. Wiesz, byłem zawsze dumny z ciebie. Przechwalałem się tobą.
Ojciec uśmiecha się ledwo dostrzegalnie. Znów czerń krwi pojawia się na jego ustach.
JA. Kim ty byłeś, ojcze?
OJCIEC. Zwykłym człowiekiem.
JA. Nie. Nie o to chodzi. W twojej metryce wyczytałem, że twój ojciec był nieznany, oznaczono go dwiema literami NN. Całe życie mnie to gryzło, bo nie wiedziałem, kim ja właściwie jestem.
Ojciec patrzy na mnie z niewesołym uśmiechem.
JA. Może pamiętasz z dzieciństwa? Może kiedyś twoja matka powiedziała, kim był mój dziad? Parobkiem litewskim, żołnierzem rosyjskim, wędrownym żydowskim handlarzem?
Ojciec przełyka gęsty łyk krwi.
OJCIEC. Nie wiem. Nie pamiętam. Ważniejsze, kim ty jesteś?
... Pod płytą parska ogień. Matka pewnie wybiegła na pomoc.
JA. Żyjemy, ojcze, w czasach wielkiego kryzysu. giną lasy, umierają rzeki, wysychają morza. Ludzie odwiedzają księżyc. Ludzie przekroczyli próg nieba. Zstąpili na tamten świat.
OJCIEC. Czy to możliwe?
JA. Jestem w podróży. Wyruszyłem w przyszłość, która będzie odbiciem przeszłości.
OJCIEC. A czy wiesz już, co będzie potem?
JA. Jeszcze mniej wiemy, niż wy. Zanikają granice między ogniem i wodą, dobrem i złem, życiem i śmiercią".

Liryka Konwickiego: tęsknota za światem, w którym granice między ogniem i wodą zdawały się wyraźniejsze, ale granice między człowiekiem a człowiekiem — na przekór mniej niż dziś zniwelowanym obyczajom, żarliwszym wiarom i niezmieszanym mowom – łatwiejsze do przekroczenia.

Tęsknota za światem nieprzetrzebionych lasów, żywych rzek, niewyjałowionej kultury.

Wartością jest dla Konwickiego kultura bogata dzięki temu właśnie, że nie odgrodzona, rodząca się na styku różnych tradycji, na polu pokrytym znakami w różnych alfabetach.

Wartością jest jej bogactwo – i świadomość egzystencji równoległej i równoważnej z innymi, nie wywyższonej i nie poniżonej, autentycznej w swoim zakorzenieniu we wspólnym z tamtymi gruncie.

Trzy sekwencje (czy jak to się nazywa) w filmie „Jak daleko stąd, jak blisko" – trzy nie natarczywe sygnały, mogące nawet ujść za przypadkowy ornament: obrzęd ślubny w cerkwi, pogrzeb na cmentarzu żydowskim, katolicka procesja.

Nie, na pewno nie ornament: obcy i rodzimy rytuał (każdy znany z dzieciństwa i każdy bezpowrotnie odległy) sięga nie tylko w różnorakość tradycji, sięga raptem w bliski los człowieka – sąsiada, przyjaciela, ojca, matki, kochanki, własny.

Pokolenie jest może najmniej ważnym ze związków, które tu się kształtują (choć i ono, i ono także – bądźmy sprawiedliwi – jakoś istnieje, o czymś decyduje, liczy się w biografii lirycznej).

I nad wszystkimi losami, związkami, skłębieniami win i skruch, i niemożności, i ucieczek, i pogoni, i tęsknot – raz jeszcze – rudobroda zjawa z nostalgicznego snu dziecięcego.

Finał scenariusza:

„Ja. Nie wiem dlaczego zapamiętałem po raz pierwszy w życiu takie właśnie zapamiętanie człowieka unoszonego do piekła. Ale teraz myślę, że mógł on przecież wstępować mozolnie w niebo, niebo codziennie przez nas wymyślane..."

Maj 1972

MŁODZI POECI

Zacząłem znowu czytać młodych peotów, ich zuchwałe wiersze i napastliwe artykuły, wsłuchuję się w ich głos na publicznych spotkaniach, czytam też wypowiedzi krytyczne za nimi lub przeciw nim, obecność młodych poetów nabrała dla mnie raptem znaczenia, jakiego od długich lat już nie miała. Ja też byłem kiedyś młodym poetą i z brawurą szarżowałem na starszych. Starsi wyznawali konserwatywną w moich oczach poetykę, próbowali o czymś pouczać mnie i moich rówieśników, a ponadto – co było może ich najbardziej niewybaczalnym grzechem – decydowali w redakcjach „Kuźnicy" i „Odrodzenia" o druku naszych żarliwych mentorów, ma się rozumieć, w imię r z e c z y w i s t o ś c i .

Dosyć rychło (jeszcze przed trzydziestką) przestałem być młodym poetą, ponieważ zjawili się nowi młodzi poeci, którzy na nas, wyznających konserwatywną w ich oczach poetykę, przybierających mentorskie pozy, a ponadto decydujących o druku ich wierszy w „Po prostu" i „Nowej Kulturze", natarli – efektownie i z powodzeniem – w imię rzeczywistości.

Ci nowi młodzi zainteresowali mnie wówczas i kilka spośród ich wierszy pamiętam do dzisiaj.

Ale ich obrazoburczy impet trwał bodajże jeszcze krócej od naszego, chociaż na dłużej ustabilizowali się w sytuacji młodych poetów. Jeszcze nowsi młodzi raczej przyłączali się do nich, życzliwie udzielających miejsca w „Kulturze" i „Współczesności", niż ruszali do bezlitosnego szturmu, chociaż programów rozmaitych i deklaracji nigdy nie brakowało. Rzeczywistość rozumieli chyba wszyscy z grubsza tak samo.

Krytyk, który baczniej ode mnie (bo poniekąd z urzędu) obserwował od lat rozbrzęczane, a nudne rojowisko młodych i młodszych grup poetyckich, i obdarzał je czasem pieszczotliwymi etykietkami, stwierdza teraz: „Wszyscy... wzięli za punkt wyjścia przeżycie o podejrzanej autentyczności, które obudowywali retoryką... Wiersze tych poetów o jednakowych twarzach, a raczej maskach, pozostaną dokumentem (nie pierwszym zresztą w historii), jak o sfingowanych przeżyciach można gadać kwieciście".

Otóż zacząłem znowu czytać młodych poetów, bo to są ci – jak mi się wydaje – których już nie dotyczy powyższy portret.

To są ci, którzy znów – po tak długiej przerwie – atakują w imię rzeczywistości.

Zacząłem ich czytać i wsłuchiwać się w ich głos na publicznych spotkaniach, bo obchodzi mnie rzeczywistość oraz poezja, która chce uczestniczyć w rzeczywistości.

Starszy wiekiem krytyk (ale nie ten cytowany przed chwilą) na pewnej imprezie, podczas której młodzi skorzystali z okazji do kolejnej manifestacji swojej odrębności, potraktował ich z pobłażliwą ironią. Wskazał na zjawisko, o którym i ja tu przecież wspominam, że k a ż d a przybierająca fala poetów powołuje się na rzeczywistość – i uznał, że młodzi po prostu składają bezwiedną daninę starej konwencji życia literackiego. Są naiwni, jeżeli łudzą się, że właśnie ich pokolenie bardziej od innych zbratało się z życiem prawdziwym; są naiwnie sprytni, jeżeli sięgają po wypróbowany oręż, aby pognębić konkurencję. Znaczenia merytorycznego odwołanie się do rzeczywistości przez tylu kolejnych uzurpatorów mieć najwidoczniej nie może.

Tak kompromitował krytyk młodych poetów, którzy buntując się powtarzają gesty innych zbuntowanych pokoleń. Krytyk nie podjął kwestii, c o m i a n o w i c i e o n i u w a ż a j ą z a r z e c z y w i s t o ś ć i jak sobie w niej próbują – własną twórczością – poczynać. Nie uwzględnił faktu, iż rzeczywistość – materialna, społeczna, psychiczna – zmienia się bezustannie i ten sam pozornie gest w roku 1945, 1956 i 1971 wcale, ale to wcale nie oznacza tego samego. Wydawał się też nie być świadom, że młodych poetów tamtych wcześniejszych formacji największą szansą obdarzał właśnie ów bunt przeciw nieprawdzie literatury (mniejsza w tej chwili o popełniane po drodze niesprawiedliwości i błędy), klęskę zaś przyśpieszało włączenie w aprobowane układy literackie. I wreszcie – narzucało się wrażenie, że krytyk nie zna jeszcze wierszy młodych poetów, z którymi polemizuje; było to o tyle możliwe, że turniej poetycki, do którego jury został zaproszony, miał się odbyć dopiero nazajutrz.

A ja znam trochę te wiersze (co nie jest, oczywiście, żadną moją zasługą) i staram się poznawać je lepiej; i dlatego nie poczytuję postawy ich autorów ani za naiwną, ani za naiwnie sprytną; ani nie poczytuję za wyraz pokoleniowej chełpliwości na przykład zdań Ryszarda Krynickiego o Stanisławie Barańczaku w słynnym już „numerze młodych" miesięcznika „Poezja" (12 – 1971).

„Myślę – pisze Krynicki – że przygoda, jaką przeżył Stanisław Barańczak oddając w połowie roku 1970 do druku tom „Jednym tchem" i otrzymując w grudniu tego roku pierwsze egzemplarze książki, która jest bezpośrednią zapowiedzią tragedii grudniowej – była przygodą przejmującą. Jeżeli jeszcze przypomnieć, że wiersz „Papier i popiół, dwa zeznania" ukazał się w nrze 3/1968 „Nurtu" – będzie to dodatkowy dowód na to, że poetycka analiza mechanizmów rzeczywistości może zapowiedzieć pewne procesy w tej rzeczywistości zachodzące".

Myślę – z n o w u myślę – podobnie; dodam tylko, że nie o to, naturalnie, chodzi, żeby poezja współczesna w każdej chwili była wieszczą Kasandrą; przenikliwe widzenie nie tylko jutrzejszych eksplozji, lecz i zatrzymanego w ruchu kadru dnia dzisiejszego, też może być mocnym atutem poezji rzeczywistości; dowodem choćby „Plakat" Barańczaka w tym samym numerze miesięcznika.

Obecność młodych poetów – tych autentycznie przeżywających swój czas, to znaczy nasz wspólny czas – jest dla mnie najbardziej krzepiącym zjawiskiem w aktualnym obrazie literatury polskiej.

W obliczu tej odważnej i ambitnej obecności małostkowe byłoby czepianie się pewnych niefortunnych sformułowań w ich wypowiedziach prozą, przedwczesne zaś – ostrzeganie, że jest ich naprawdę mniej niż sądzą, raczej kilku niż kilkunastu, co któregoś dnia sami przecież dostrzegą.

Trzeba im zaufać; trzeba życzyć im najserdeczniej, żeby potrafili w żadnej sytuacji nie wybrać milczenia, co z takim żalem zarzucają swym poprzednikom; i – jeśli to możliwe – zrzucić pychę z serca i zawrzeć z nimi sojusz równego z równym, powtarzając na przykład wiersz z debiutanckiego tomiku Adama Zagajewskiego:

Wstań otwórz drzwi rozwiąż te sznury
wyplącz się z sieci nerwów
jesteś Jonaszem który trawi wieloryba
Odmów podania ręki temu człowiekowi
wyprostuj się osusz tampon języka
wyjdź z tego kokonu rozgarnij te błony
zaczerpnij najgłębsze warstwy powietrza
i powoli pamiętając o regułach składni
powiedz prawdę do tego służysz w lewej ręce
trzymasz miłość a w prawej nienawiść.

Czerwiec 1972

MIESIĘCZNIKI

Coś się tego lata wydarzyło w kulturze; jeszcze nie wiadomo dokładnie co – może to zaledwie kilka osobnych inicjatyw i realizacji, które wcale się nie sumują; ale może p r z e m i a n a m o d e l u n a s z e g o c z a s o-p i ś m i e n n i c t w a literacko-humanistycznego? Fakty (niektóre) są takie, że wydano dwa zeszyty „Tekstów" – dwumiesięcznika Instytutu Badań Literackich i Komitetu Nauk o Literaturze PAN, wyszły również pierwsze numery „Nowego Wyrazu", pisma o podtytule: „miesięcznik literacki młodych", a ponadto w siedemnastym roku swego istnienia „Dialog" ukazał się pod nową redakcją Konstantego Puzyny. Wraz z założonymi trochę dawniej lub dużo dawniej miesięczniki zdobyły chyba ilościową przewagę nad tygodnikami literackimi, co zresztą nie oznacza jeszcze, ma się rozumieć, przemiany modelu. Będzie ją oznaczał wpływ uzyskany na styl naszego życia umysłowego. Decyduje nie częstotliwość przedkładanych czytelnikowi lektur, lecz ich smak, ich aura, ich język, poczucie ich realnej potrzeby. Zwolniony rytm publikacji może jednakże sprzyjać przesunięciu od ruchu w interesie za wszelką cenę do spokojniejszego, z większym namysłem, oceniania dzieł, twórców i sytuacji, od pośpiesznego wmontowywania się w różnego rodzaju aktualne układy – do hierarchizowania zagadnień w perspektywie trwalszych wartości. Przemiana modelu czasopiśmiennictwa – to po prostu ustalenie w praktyce nowej normy wypowiedzi krytycznej; czy to już następuje? tylko w „Tekstach" czy również na innych łamach? zdaje mi się... ale poczekajmy na rozwój wydarzeń.

W każdym razie w „Tekstach" próby takie są widoczne, a najwyraźniej wtedy, gdy spotykają się z wezbraną gdzie indziej falą krytyki pod adresem jakiegoś zjawiska. Taka fala chlusnęła ostatnio na *Nieufnych i zadufanych* – głośną książkę Stanisława Barańczaka o stanie poezji w Polsce. „Barańczak nie bawi się w grzeczność – zauważa w „Tekstach" Jan Błoński – co już jest zasługą w czasach, kiedy obłudny uśmieszek i zakulisowa intryga zastąpiły lojalne, bo jawne, starcie gustów i intelektów". No cóż, nie wszyscy poczytują to Barańczakowi za zasługę i w prasie tygodniowej (ale nie tylko) atakują go na ogół właśnie obrażeni poeci, łaknący publicznego rewanżu. W grzeczność też się nie bawią, cała bieda w tym, że niewiele potrafią zade-

monstrować prócz zacietrzewienia ludzi dotkniętych; otóż na tym tle krytyka, jakiej poddał *Nieufnych i zadufanych* Błoński, stanowi pokrzepiający wy-
jątek. Nie o to chodzi, że Błońskiemu odpowiada diagnoza Barańczaka na
temat poezji lat sześćdziesiątych, która stanowi „wyraz i dokument dezer-
cji", a bohater jej to „*homo fugiens*, człowiek uciekający, chroniący się bez
przerwy przed światem w coraz to nowe azyle". Ważniejsze, jak rozprawia
się z tym, co mu u Barańczaka n i e odpowiada. Wówczas wskazuje błąd i –
bez okrzyków uciechy, że udało się pognębić delikwenta – wyjaśnia, jak wy-
obraża sobie postępowanie właściwe. Na przykład: Barańczak „nieraz się...
wykręca sianem, nie rozliczając się z patronami, ale wyszydzając epigonów.
Skoro gniewa się na poetów archetypu, powinien powiedzieć, co mniema o
Rymkiewiczu; skoro wydrwiwa paradoksalny estetyzm turpistów – co myśli
o praktykach Brylla czy Grochowiaka". Istotne pretensje dotyczą lansowa-
nej w *Nieufnych i zadufanych* terminologii. Błoński wykazuje, że dychotomia
„klasycyzm – romantyzm" jest za łatwa, za ogólna, zbyt dowolnie zdefinio-
wana, żeby zdołała ogarnąć rzeczywistą różnorodność literatury. Nazwanie
własnego kierunku „romantyzmem dialektycznym" jest niezręczne: „nowość, jeśli nowa, żąda nowego nazwania i można porazić twórczość, propo-
nując poetom nieporadne narzędzia autoanalizy" (tu przykłady). Nietrafnie,
zdaniem Błońskiego, wyakcentowana została najbliższa tradycja, do której z
wdzięcznością przyznaje się Barańczak. Bo przecież: „gdyby nie jego własne wiersze, trudniej przyszłoby mi uwierzyć we wszystkie implikacje słowiar-
stwa, które wspaniałomyślnie przyznaje poprzednikom"; w rzeczywistości
sam Barańczak dopiero przydał „poezji lingwistycznej", uprawianej przedtem przez samotnych intelektualistów, „ton osobistej i społecznej zaciekłości, której była na ogół pozbawiona".
   Wspominałem niedawno, jak cenię Barańczaka – poetę i ideologa ruchu
poetyckiego młodego pokolenia. I dlatego właśnie, że cenię Barańczaka –
cenię też krytykę, jaka spotkała go ze strony Błońskiego. I sam Barańczak,
mam nadzieję, ceni ją sobie. A Błoński – mądrze relatywizuje ją, stwierdzając pod koniec: „Załóżmy teraz, że ze zniecierpliwienia, gniewów, marzeń,
jakie nie tylko w swoim imieniu zgłasza i wyraża Barańczak, powstanie arcydzieło. Nad *Nieufnymi i zadufanymi* pochylą się wtedy skrupulatni egzegeci i
powiążą wszystkie niekonsekwencje tej książki w misterne i spoiste całości.
Ale liryczna posucha strąci *Nieufnych* w niepamięć. Albowiem wartość programu i polemiki jest funkcją zapowiedzianego rozwoju".
   Odkładam teraz „Teksty" i sięgam po „Dialog", w którym wznowił swoje
felietony („Próby czytane") Andrzej Kijowski, rozpoczynając od bardzo ostrej krytyki *Prometeusza* Andrzejewskiego. Nie zgadzam się z Kijowskim, ale
i ta krytyka mnie cieszy: bo to dobrze, że Kijowski nie musi już mieć skrupułów, kiedy nie zachwyca go Andrzejewski. Ja także nie muszę ich mieć w
stosunku do Kijowskiego, z którym nie zgadzam się i wówczas, kiedy wy-
kpiwa stylistykę *Prometeusza*, i kiedy bagatelizuje zawartą w nim problematykę. Wyrwane z właściwego sobie toku, z dialogu, który tworzy i sytuacje, i
rytm sztuki, zdania o ton wyższe od używanych przez nas potocznie mogą
zabrzmieć śmiesznie. Zacytowane przez Kijowskiego (i poprzedzone anon-
sem: „duka grzecznie" lub „wywodzi akademickie trele") – tak właśnie
brzmią. Skoro jednak od Kijowskiego wracam do sztuki i czytam te same
zdania, nie śmieszą mnie już wcale ani nudzą, lecz w poetyckiej swojej nie-

naturalności wydają się najbardziej naturalne i konieczne. Krytyk wolałby, żeby Prometeusz mówił: „Mucha mi na nosie siadła, spędź ją!" – i owszem, mówiłby tak w kabarecie, w jaki zamieniło się wiele naszych teatrów, może nawet mówiłby do mikrofonu, robiąc miny i podrygując. Ja wiem, że Kijowski naprawdę nie wierzy w absolutny walor mowy potocznej w sztuce, sam pisuje wszak powieści romantyczną i rytmizowaną prozą („Historię ducha opowiadam, który wędruje kędy chce i postać bierze coraz inną, kryje się, milczy, ale wraca..."), a tu poetycką próbę Andrzejewskiego (stylizowaną, wiadomo, że antycznie stylizowaną!) zachciało mu się pognębić za „wzniosłość"! Ta niechęć do stylu towarzyszy zżymaniu się na wadliwie odczytaną treść: „Jest to poemat o boskości i władzy, a raczej o boskości władzy... (Jednakże) boskość jest przecież własną kreacją władzy, kreacją, w którą wierzą tylko jej fanatycy... Prometeusz jest odtrąconym fanatykiem, który zmaga się z własną chimerą". Tymczasem u Andrzejewskiego Prometeusz powiada Hermesowi, który przybył, aby go skłonić do ugody z Zeusem: „Nam, miły mój, ludzki szczep w swoich snach inne wyznaczył role. Inny gramy dramat i inną komedię. Jak ponad wszelkie wyobrażenie bujne i wspaniałe musi być to plemię, jeśli takich snów potrzebuje i takie sny potrafi snuć i kształtować!" Boskość jest tutaj snem ludzkości, śnionym wyrazem jej zbiorowej potrzeby – a Prometeusz tym spośród bogów, który to pojmuje i z podziwu dla ludzi odgrywa rolę, jaką mu w swym śnie wyznaczyli. To rola buntownika, zdrajcy solidarności z tyrańską władzą. Istotą tego snu-mitu-życia jest to, że nie można go śnić inaczej, wyeliminować z niego strachu Zeusa i niepojednania Prometeusza. Kreacja Kijowskiego niewiele więc ma wspólnego z rzeczywistą treścią sztuki o bogach, wyśnionych przez ludzkość po to, żeby zarazem wyśnić bunt przeciw bogom. Kiedy zaś odnosi ewokowaną przez Andrzejewskiego postać do doświadczeń dwudziestowiecznych – aby doświadczenia te zlekceważyć („żyliśmy, owszem, w wieku dyktatorów... bóstwa to były biedne... czasem niedoszli artyści, czasem wypędzeni duchowni... odznaczali się na ogół łagodnością... niedorosłe do prawem gwarantowanej wolności tłumy wynosiły na opustoszałe trony jednego spośród siebie – nicość" etc.), to mogę sobie wyobrazić przekorny chichot, z jakim formułował te zdania, ale nie mogę się nie poczuć zakłopotany ich nadmierną, jak na poruszoną kwestię, beztroską.

Cenię więc sobie tym razem nie zawartość krytyki, lecz sam fakt jej podjęcia przez Kijowskiego; jest kapryśna, ale nie stłamszona w sobie, a to też dobry omen.

Niestety, o „miesięczniku literackim młodych" trudno powiedzieć, żebym znalazł w nim coś, co cenię: nawet tytuł ze swoim zająkliwym „wy-wy" na styku wyrazów źle świadczy o muzykalności tych, co go wymyślili. Za stylistyką niektórych wypowiedzi wstępnych kryje się niechybnie swoisty gatunek myślenia: „Zaistniała nowa sytuacja na linii odbioru i przekazu literatury". „Profilowanie i projektowanie światopoglądu jest konieczne". „Obserwujemy ruch wyobraźni i talentu na jałowym biegu naśladownictwa i onieśmielenia". Młody poeta naiwnie domaga się, żeby pismo było nietolerancyjne – i nie przeczuwa, że przyjęcie tej zasady jego pierwszego wypchnie z łamów „Nowego Wyrazu". Inny twierdzi, że „silne sprzężenie zwrotne dodatnio prowadzi do dzieł genialnych", ponadto pisze o „dialektyce modelowania, wiążącej niewidzialnymi nićmi poetę z rzeczywistością" oraz o „plastyczności człowieka, jaka jawi się nam w kontekście komplementarnej wzajemności podmiotu i przedmiotu", wreszcie inkrustuje trzystronicową wypowiedź m.in. następującymi klejnotami języka: nieredukowalna, weryfikowalność, przedefiniowanie istnienia, totalizacje dialektyczne, asubstancjalistyczny, wintegrowany... Kiedy w konkluzji czytam, że: „Nowa semantyka, ugruntowana epistemologicznie, pozwoli włączyć się do szeregu tych głosów, które aktywnie wpływają na kształt naszego życia". – to mam ochotę poprosić, żeby raczej już nie wpływała, naprawdę!... Osobliwy start „Nowego Wyrazu" tłumaczono w prasie tygodniowej rozmaicie, między innymi – że ci młodzi nie są tak bardzo młodzi, bardzo natomiast rozjątrzeni długim nieredagowaniem niczego. Nie wiem, czy oświetla to dostatecznie ich skwapliwe i rozpracowane taktycznie wysiłki „wintegrowania się" w to, co znamy od lat i co od lat naszej kulturze doskwiera. Wolę wierzyć w chwilową euforię po otrzymaniu pisma...

Sierpień 1972

PIERWSZY TUZIN

To już rok, jak drukuję w „Więzi" te moje „zapiski z kwartalnym opóźnieniem"; czas może na pierwszy prywatny bilans i męską decyzję (bo rozterki trwają od samego początku) – ciągnąć dalej, czy dać sobie spokój? Te rozterki, dokuczliwe bo dokuczliwe, nie są, powiem od razu, najdonioślejszego kalibru, nie takie na przykład: co ja robię na tych łamach? czy mam prawo? czy obecnością swoją tutaj nie wprowadzam kogoś w błąd i nie wodzę na pokuszenie? – kwestie tego rodzaju musiałem przecież rozważyć i tak czy inaczej rozstrzygnąć dla siebie wcześniej. Nie żeby coś tu było oczywiste. Niedawno na spotkaniu autorskim pytano mnie z ciekawością i bodaj że z rodzajem zatroskania, dlaczego drukuję tam gdzie drukuję oraz – w jakim stopniu identyfikuję się ze środowiskami wydającymi „Więź" i „Tygodnik Powszechny". Podtekst (dotyczący nie mnie jednego) był chyba taki: czy ktoś, za młodu uważany i uważający się za marksistę lub libertyna, może znaleźć się pewnego dnia w piśmie katolickim i jakby nigdy nic wszcząć comiesięczną bądź cotygodniową rozmowę z jego czytelnikami, nie sprzeniewierzając się sobie, nie łudząc innych, nie stawiając i siebie, i innych w sytuacji zgoła fałszywej? Na spotkaniu tym nie tylko pytano, ale próbowano, wyręczając mnie, odpowiedzieć. Padła więc uwaga, że podziały przebiegają w różnych kierunkach, a przymiotnik „katolicki" czy „niekatolicki" nie mówi jeszcze o wszystkim, zarówno więc wśród pism z jedną, jak z drugą etykietką, autor może mieć powody, by dokonać bardzo rozmaitego wyboru. Dalej mówiono, że zmieniają się i ludzie, i okoliczności, w jakich zdarza im się działać, i wzajemne międzyludzkie układy, zatem wierność sobie i uczciwość wobec innych nie może polegać na dopasowywaniu się do własnego portretu sprzed dwudziestu lat, lecz wynikać musi z całego doświadczenia, jakim się dysponuje. Przypominano wreszcie, że tendencją naszych czasów nie jest zasklepianie się, usztywnianie granic, czujne pielęgnowanie przedziałów – lecz odwrotnie, otwieranie granic, szukanie wspólnego języka, otwartość postaw. Pozostawało mi zgodzić się z tym, co mówiono ogólnie, a na własny temat mógłbym jedynie (choć nie jestem pewien, czy uczyniłem to wówczas w tych słowach) dorzucić, że od dość dawna już nie potrafię się do końca zidentyfikować z żadnym zespołem, a dalej – że właściwie kompletnej identyfikacji wcale nie łaknę. Czego łaknę – to wzajemnego szacunku i zaufania, a także roboczego porozumienia co do pewnych wartości egzystencji społecznej i indywidualnej. Kiedy czytam *Rodowody niepokornych, Rozdroża i wartości* czy *Dzień ma dwanaście godzin*, sądzę, że takie porozumienie pomiędzy mną a tymi, których znam, ludźmi z „Więzi", jest w wystarczającym stopniu rzeczywistością i – jeżeli oni, czytając mnie, sądzą podobnie – wymiana dodatkowych deklaracji nie wydaje się już niezbędna. Tak więc nie ustające moje rozterki na temat tej rubryki nie dotyczą jej zasady, lecz praktyki. Kiedy przeglądam teraz tuzin moich „więziowych" felietonów, nie potrafię wykrzesać w sobie specjalnego zachwytu; i bardzo nieliczne odbieram jako mniej więcej udane. Widzę wyraźnie, jak rzadko umiałem trafić w odpowiedni ton, jak nieposłuszna bywała mi felietonowa materia: nie zdołałem osiągnąć równowagi pomiędzy wymaganą w tym gatunku lekkością stylu a potrzebą mówienia o sprawach serio (niestety, miewam taką potrzebę), pomiędzy wyznaniem osobistym a wykładem rzeczy dziejącej się obiektywnie. Stale więc problem j a k oraz o c z y m ; felietonista zaś z prawdziwego zdarzenia potrafi, jak sobie wyobrażam, ze swadą pisać o niczym i z tego niczego kształtować jednak c o ś nie budzącego wątpliwości, że ma rację bytu dla innych. Jeżeli mimo wszystko zdecyduję się ciągnąć dalej, nie mogę się łudzić, że to się zmieni – bo ja się pod tym względem nie zmienię – nadal przeto, żebym nie wiem jak silił się na lekkość, balast zdań serio będzie szorował dnem łodzi felietonowej po piasku, i nadal nie rozstrzygnę sporu pomiędzy felietonem-zwierzeniem, albo nawet felietonem-wierszem lirycznym, a felietonem-informacją, interwencją, diagnozą. To przynajmniej zyskałem przez ten rok: że poznałem swoje możliwości w określonej dziedzinie. Więc co robić? Zgodzić się na siebie – takiego, jak tu widzę, autora „zapisek"? A czytelnicy – czy i oni się zgodzą? I w jakiej mierze usprawiedliwiałaby taką decyzję zawartość pierwszego rocznika „zapisek"? Bilansujemy więc dalej, zaglądając do wydrukowanych felietonów i do własnej pamięci.

Cóż zatem wydarzyło się przez rok miniony w kulturze – i co z tego udało mi się odnotować? Wyszło trochę książek; o nich nie było tu mowy; ale u schyłku roku pamiętam kilka spośród przeczytanych – to mało czy dużo? *Wariacje pocztowe* Kazimierza Brandysa, *Układ zamknięty* Marka Nowakowskiego, *Słowianie, my lubim sielanki* Aliny Witkowskiej, aż trzy tytuły Andrzeja Kijowskiego, w tym *Listopadowy wieczór*... Nie, chyba to nie tak mało, zwłaszcza że wymienione książki bardzo przecież niepodobnych do siebie autorów świadczą nie tylko o wenie twórczej każdego z osobna, ale wykazują cechę wspólną: istnienia Polaków w ich kulturze, historii, micie, obyczaju współczesnym, w sprzeciwie i pogodzeniu z granicami swych losów, z warunkami, w których realizuje się polskość. Jerzy Grotowski powiedział niedawno we Francji, że być Polakiem dla człowieka teatru znaczy tyle, co być przywiązanym do tradycji romantycznej. Myślę, że dla człowieka pióra znaczy to – a dowodem książki, o których mowa – tyle samo, chociaż przywiązanie do polskiej romantyczności objawiać się może i tu przewrotną negacją i drwiną.

W pierwszym felietonie przed rokiem pisałem o „czasie powrotów, nadziei i prób wypełniania luk powstałych w kulturze". Próby takie trwały i trwają; ukazały się książki pisarzy nieżyjących – ostatni tom *Rzeczypospolitej Oboj-*

ga Narodów Pawła Jasienicy, *Poezje wybrane* Kazimierza Wierzyńskiego; także twórcom obecnym wśród nas (jak Antoni Słonimski) wydawnictwa starają się zrekompensować złe lata. Nowy tygodnik „Literatura" jako jedno ze swych głównych zadań ogłosił przywrócenie w naszym życiu czasopiśmienniczym pełnego obiegu znaczących nazwisk; realizuje to z rozmaitym skutkiem, ale próby zasługują na uwagę: Skoro o „Literaturze" mowa – sądzę, że zbyt wiele kolumn wypełnia pozbawioną adresata publicystyką, a dyskusje, które inicjuje, tchną skrępowaniem; ale we wrześniu musiałem sobie powiedzieć, że liczne grzechy zasługują na odpuszczenie redakcji tego pisma za *Śmierć w Monachium* Tadeusza Konwickiego; i tej miary się trzymam.

Wracając do książek: są i takie, których oczekiwaliśmy, nie wyszły jednak w tym roku; ponadto w instytucjach mających do czynienia z książką, obok sukcesów, tyle niekiedy obserwuje się bezholowia, marnotrawstwa, niekompetencji, że ręce opadają; pisałem o wycofaniu na loterię samochodową tomików poetyckich wydanych do roku 1969; księgarze sygnalizują mi, że obecnie taki los spotyka już produkcję roku 1970; tymczasem na imprezach Warszawskiej Jesieni Poetyckiej, które ściągnęły sporo publiczności, zwłaszcza młodzieży, nie udało się zorganizować – wbrew zapowiedzi – kiermaszów występujących poetów, bo nie było ich książek...

Ale skoro o poetach mowa – znowu akcent optymistyczny (taka to już w moim bilansie huśtawka, w górę i w dół, prawie jak w życiu). W jednym z kolejnych felietonów witałem nowych „młodych poetów", autentyczniejszych, według mnie, od poprzedników, którzy etat ten zajmowli przez kilkanaście ostatnich lat; pisałem, że obecność młodych poetów – tych zbuntowanych przeciw nieprawdzie literatury w imię gorąco i dramatycznie przeżywanej rzeczywistości – jest dla mnie najbardziej krzepiącym zjawiskiem w aktualnym obrazie literatury polskiej. Od tego czasu Stanisław Barańczak wydał świetny tom wierszy pt. *Dziennik poranny*, Jacek Bierezin bardzo ciekawymi tekstami zdobył nagrody w liczących się konkursach poetyckich; impet wojowniczego pokolenia trwa więc szczęśliwie, tyle że nie na łamach miesięcznika, do którego rzekomo są przypisani, ale to przecież najmniej ważne.

W powstaniu nowych miesięczników i zmianach redakcyjnych w paru innych dopatrywałem się – może trochę na wyrost – przemiany modelu naszego czasopiśmiennictwa, służącej hierarchizowaniu zagadnień w perspektywie trwalszych wartości i ustalającej w praktyce nową normę krytyczną. Dalsze numery „Tekstów" nie sprawiły mi rozczarowania (wyjąwszy ciągle niegodziwie niski nakład); również „Dialog" pod redakcją Puzyny, stara, dobra „Twórczość" i najżywsza wśród miesięczników „Odra" „idą" – mówiąc językiem naszych dzieci – „do przodu"; a październikowy numer „Literatury na świecie", pierwszy pod redakcją Wacława Sadkowskiego, pokazał, jakie ciekawe i pożyteczne może być i to czasopismo; oby tak dalej!

O kinie pisałem w ciągu tego roku rzadziej, o teatrze prawie zupełnie (jeżeli pominąć polemikę z publicystą, wyobrażającym sobie, że „nie znać ubytku" w kulturze po rozproszeniu jednego z najświetniejszych zespołów, i jeszcze parę okazjonalnych wycieczek), o radiu i telewizji – ani słowa. Żałuję, że nie zwierzyłem się swego czasu z najjaskrawszego bodaj że od lat dziecięcych przeżycia teatralnego: mianowicie z „Teatru cudów" Cervantesa w Puławach. To w dzieciństwie bowiem zdarzało mi się z takim podnieceniem odbierać ruch, dźwięk i barwę na scenie; zawdzięczałem to, oczywiście, właściwej każdemu dziecku świeżości doznań; od tego czasu widziałem wiele znakomitych przedstawień, ale tak zachwycać się nie umiałem; jeżeli w Puławach przytrafiło mi się to znowu, zawdzięczam swoją przygodę, naturalnie, już nie sobie, lecz teatrowi, któremu, choć z opóźnieniem, teraz chcę podziękować. W chwili, kiedy to piszę, dalszy los teatru w Puławach nie jest jeszcze znany (a w każdym razie ja go nie znam); nie traćmy nadziei, że wszystko się ułoży i niezwykły ten teatr będzie istniał i darzył radością wszystkich, którzy do niego trafią...

Z nowych i znaczących filmów polskich minionego sezonu odnotowałem „Perłę w koronie" Kazimierza Kutza i „Jak daleko stąd, jak blisko" Tadeusza Konwickiego; tymczasem doszło „Ocalenie" Żebrowskiego, miałem też okazję obejrzeć (w wersji nieostatecznej) „Palec Boży" Antoniego Krauzego (twórcy, który przypomina mi młodych poetów ostatniej fali, choć jest od nich trochę starszy, bo edukacja i droga do debiutu trwa u filmowca dłużej). Znowu, jak przy książkach: mało tych filmów czy dużo? W sensie różnorodności aktywnych talentów, ładunku zawartego w obrazach, prób powiedzenia czegoś istotnego o życiu – chyba sporo. W sensie dnia powszedniego naszej sieci kin – to epizody bez znaczenia. Niestety, twórca filmowy nie może jeszcze powiedzieć sobie, jak dajmy na to pisarz, że po jego dzieło ktoś kiedyś z własnego wyboru sięgnie i rozpocznie z nim wewnętrzny dialog, jedyny, o który chodzi. Dlatego (wyznanie prywatne) nie chciałbym być filmowcem.

Co oznajmiwszy, urwę ten nadmiernie rozrastający się (a ciągle daleki od kompletności) bilans, by ogłosić, że w trakcie jego sporządzania ochłonąłem trochę z zawodu, jaki sprawiła mi lektura ubiegłorocznych „zapisek" – nie żeby zaczęły mnie naraz zachwycać jak puławski „Teatr cudów" – ale pomyślałem: bo jak wiem? może jest w nich jednak jakieś cząstkowe odbicie tego, co się działo, trochę odmienne niż odbicia w innych oczach, na innych kartach? może warto pociągnąć dalej?

Listopad 1972

POCIĄGANIE ZA JĘZYK

A jednak bez języka ani rusz. W tej chwili mam na myśli tzw. język epoki. Ostatnio wszyscy bardzo chętnie zajmują się pewną epoką, ale znajomości jej języka nie odświeżyli. Nie zawsze jest, co prawda, całkiem oczywiste, gdzie epoka, gdzie człowiek. Czytam dzienniki autora, który ze szczególnym upodobaniem recenzuje mowy pogrzebowe. „X. był dobry" – chwali, bądź też „X. wypadł blado, za to Y. błysnął", bądź wreszcie bez fałszywej skromności: „mowa udała mi się". Jak tu zbadać, czy mowy pogrzebowe były ulubionym *genre'm* epoki, niczym w pewnym okresie starożytności – epitafia, czy też mamy do czynienia z indywidualną pasją autora? Albo w tych samych dziennikach przewijający się wątek nagród. Pierwszego stopnia, drugiego stopnia, przyznali, nie przyznali, znów pominęli, przyznali wreszcie, ale nie tego stopnia. To epoka tak się emocjonuje, czy tylko jej samotny, romantyczny bohater? Dopiero gdybyśmy zbadali dzienniki innych współczesnych pod tym samym kątem – mów pogrzebowych oraz nagród – znaleźlibyśmy może odpowiedź na postawione pytania.

Bohdan Drozdowski na łamach redagowanej przez siebie „Poezji" zebrał i skomentował „deklaracje i manifesty 1945-1955" (jak brzmi tytuł tej publikacji). Wypadło to bardzo interesująco, a nawet zabawnie, w każdym razie dla mnie, mimo że badacz nie włączył do swojego zestawu ani jednego z autentycznych manifestów, jakie się w owych latach ukazywały, i zdaje się w ogóle nie wiedzieć, że istniały u nas, przynajmniej do roku 1949, grupy poetyckie z odrębnymi programami (na przykład grupa „Próg" albo krakowska grupa „Inaczej"), że również poszczególni poeci ogłaszali swoje credo estetyczne, na przykład Roman Bratny proklamował tzw. „dramatyzację poezji" etc. Może zresztą Drozdowski wie, tylko nie interesuje go to – interesują go zaś wyłącznie polemiki wokół modelu realizmu socjalistycznego w poezji – pod tym więc kątem dobrał fragmenty niektórych artykułów prasowych oraz referatów i podał je jako „deklaracje i manifesty 1945-1955". W konkluzji mógł tęsknie zauważyć: „Dyskusje o poezji z tych lat kipią przykładami, człowiek przez człowieka stara się udowodnić światu, że jest za socjalizmem, za marksizmem, za realizmem socjalistycznym. A jakaż przy tym różnorodność szkół myślenia, wyznawanych estetyk! Realizm socjalistyczny widziany był bardzo indywidualnie..." Mniejsza w końcu o gatunkową niezgodność tego, co publikacja zawiera, z jej etykietą: całość jest, powtarzam, ciekawa i zabawna, a dla kogoś jak ja, odnajdującego w niej i siebie sprzed bez mała ćwierć wieku, nieomal że wzruszająca. Więc takim to językiem przemawiałem w lutym 1950 roku, pragnąc przekonać kolegów do swojego ulubionego wówczas poety, Majakowskiego... A tak przemawiali moi sąsiedzi z łamów „Odrodzenia" i innych czasopism, moi znajomi, przyjaciele, antagoniści... Naprawdę, wdzięczność należy się Drozdowskiemu, że nam to przypomina. Dziwi tylko j e g o nostalgia – był przecież młodszy, nie wypowiadał się w ten sposób, chyba że w wypracowaniach szkolnych. A teraz wzdycha: „Jednego wszakże żal z tamtych lat, mianowicie pasji polemicznej, lania kawy na ławę, po nazwisku, z cytatami, często wprawdzie na odlew, ale też to było w sumie chyba zdrowsze niż to ślimaczenie się w naszych już latach..." Tak wzdycha, przytoczywszy dopiero co między innymi takie oto zdanie: Gałczyńskiego „z tamtych lat": „Przez naszą poezję rozumiem poezję, która jest mieczem i pochodnią proletariatu i dzięki temu poezją ludu i dzięki temu – narodu, a nie taką która zabawia się w podrażnienie gruczołów estetycznych i łaskotanie tak zwanego sumienia, jak to ma miejsce u komicznego pana T.S. Eliota i jego tragicznych uczniów".

Powtarzam za Drozdowskim ten cytat, uchowaj Boże, nie przeciw pamięci Gałczyńskiego. Ale przy nazwisku Eliota zadźwięczał gdzieś we mnie cichy dzwoneczek alarmowy: zaraz, zaraz, co to ostatnio z Eliotem było? I po krótkim wysiłku uprzytomniłem sobie, że tego lata wypomniano innemu nieboszczykowi z „tamtych lat", Tadeuszowi Borowskiemu, iż w jakimś felietonie nazwał był T.S. Eliota „wściekłym psem" – i przewina ta stanowiła jeden z koronnych argumentów w utworze zatytułowanym „Anty-Borowski". Gdyby pożyteczna publikacja „Poezji" ukazała się wcześniej, młody autor „Anty-Borowskiego" (no, młody – starszy niż był Borowski popełniając samobójstwo w roku 1951) zadumałby się może, skąd ta zbieżność wypowiedzi o T.S. Eliocie tak różnych pisarzy, jak Borowski i Gałczyński. I może, rozgrzebując dalej tajemniczy epizod, znalazłby potępienie Eliota wyszłe spod innych jeszcze piór, a wreszcie dotarłby do poprzedzającej je wiadomości prasowej, że Eliot domaga się prewencyjnego zrzucenia bomby atomowej na kraje komunistyczne. Znając te okoliczności, potraktowałby może zdanie Borowskiego o Eliocie z równym spokojem, z jakim parę lat temu potraktował zapewne na łamach macierzystej „Kultury" podobne zdania o Johnie Steinbecku. Tym razem wiedział bowiem, że znakomity pisarz naraził się swoim stosunkiem do wojny w Wietnamie. Rozprawiając się natomiast z Borowskim nie znał języka epoki: ani nie zdawał sobie sprawy, że to, co razi go jako indywidualny „wyskok" pisarza, było liczmanem ówczesnej publicystyki, ani nie domyślał się bezpośredniej przyczyny, która liczman ów powołała do życia.

Tomasz Łubieński, on to bowiem jest autorem „Anty-Borowskiego", nie tylko nie zna języka epoki, z którą się po latach prawuje. Nie podejrzewa również, jak bardzo sam uzależniony jest od języka własnej epoki – mówiąc zaś o języku (może nie za późno na to wyjaśnienie) mam na myśli nie tylko słowa i zwroty, lecz pojęcia, emocje, chwyty zapaśnicze, które w jakimś okresie dzięki środkom masowego przekazu stają się własnością wielu piszących i czytających. Otóż kiedy czytam na przykład w związku z wojennymi losami Borowskiego, że „przesiedział tamte lata z książką w ręku w miłym towarzystwie", że on i jego przyjaciele, o zgrozo, „doskonale się czuli na tajnym uniwersytecie", że „tropiąc domniemany faszyzm wśród poetów-konspiratorów bez politycznej przeszłości (i przyszłości) nie zareagował czynnie na faszyzm hitlerowski", że „mścił się za własną okupacyjną bierność", że „trafił do obozu właściwie przez prywatny przypadek" itd., to chociaż młodemu Łubieńskiemu wydaje się może, iż osobiście wytacza szczególny proces nieżyjącemu pisarzowi, w gruncie rzeczy demonstruje on tylko zależność od pewnej tradycji, w której tak uargumentowane procesy zajmowały swoje określone miejsce, w szczególności zaś zmierzały do zdyskredytowania tych wszystkich, którzy ośmielili się na chronionych obszarach „tropić domniemany faszyzm". Łubieński przemawia więc językiem epoki – i ktokolwiek za dwadzieścia lat zechce jego wypowiedź w pełni zrozumieć, będzie musiał sięgnąć do lektur uzupełniających, conajmniej, żeby daleko nie szukać, do Józefa Szczypki w „Kierunkach".

Trudniej wpłynąć na język epoki niż przejąć ukształtowany przez innych. Marzy mi się młody pisarz, utalentowany jak ci z warszawskiej „Kultury", jak oni zdolny do świętego oburzenia na niedobrą epokę, w której samego T.S. Eliota obzywano „wściekłym psem", i reagujący na to wysiłkiem twórczym, godnym epoki o ileż lepszej: a więc na przykład wydobyciem z dzieła Eliota zawartych w nim, ale trudnych do zgłębienia przez ogół, wartości humanistycznych, przedstawieniem ich tak, żeby ogół to pojął, i przyczynieniem się w końcu swoim żmudnym niechybnie trudem popularyzacji znakomitego poety do uwrażliwienia, zintelektualizowania, w ogóle rozwoju duchowego swoich ciągle, niestety, w 99 procentach obojętnych na Eliota współczesnych. Byłby to doniosły wpływ na język epoki, ale obawiam się, że na próbę jego wywarcia wypadnie jeszcze poczekać.

Na sędziwych pisarzy, cóż robić, też trudno liczyć. Czcigodny Stefan Kisielewski sądzi, że walczy z „nowomową" epoki, tępiąc kilka irytujących go słów, jak „maluchy" czy „nastolatki". Nie wiem, co mu zawiniły „maluchy", utworzone zgodnie z tradycją językową (paluchy etc.), słowa zaś „nastolatki" używam od jakiegoś czasu dlatego, że młodzież w wieku lat kilkunastu, którą ono obejmuje, stała się w tym czasie osobliwym problemem, i jakieś słowo było potrzebne, a to zrodziło się żywiołowo (nie jak „publikatory" z konkursu). Jeżeli Kisiel zaproponuje coś lepszego – nie będę się upierał. Zresztą brzydkich i niepotrzebnych słów pałęta się trochę po gazetach, i warto je czasem (gdy nie ma ciekawszego tematu) wytknąć. Ale czy naprawdę nie ma w naszych ciekawych czasach nic ciekawszego?

Grudzień 1972

„ACH, TA CHATA ROZŚPIEWANA

Kilka tygodni przed premierą filmowego „Wesela" Wajdy i Kijowskiego obejrzałem inne „Wesele" — jedno z tych, które nie tak się nazywają, nie są inscenizacjami lub adaptacjami Wyspiańskiego i w ogóle żyją egzystencją odrębną od bronowickiego dramatu, a przecież są z nim związane jakąś głęboką i nie do unicestwienia zależnością, całe lub w znaczących fragmentach są z n i e g o, co zresztą nie przesądza jeszcze w żadną stronę ani o wymiarze artystycznym tych „Wesel", ani nawet o ich oryginalności.

Kiedy ćwierć wieku temu w *Popiele i diamencie* — cytuję — „pary wyciągnęły się w długi korowód i sztywno, trochę jak kukiełki podrygując i przeginając się, sunęły jedna za drugą, jednakowe w ruchach, zapatrzone przed siebie szklanymi, nie widzącymi oczyma", a prowincjonalny chochoł-wodzirej, który poloneza tego zainicjował, posłał w ślad za tańczącymi głośne „niech żyje Polska!" i „zabłąkane echo głucho odkrzyknęło: Polska", to tym krótkim i nie najbardziej pamiętnym w powieści epizodem Jerzy Andrzejewski rozpoczął ów zdumiewający ciąg w powojennej naszej sztuce, bez którego trudno ją sobie dzisiaj wyobrazić, a w każdym razie przyznać trzeba, że pozbawiona go, musiałaby stać się zgoła czym innym. Po książce przyszedł filmowy „Popiół i diament" Wajdy, później „Salto" Konwickiego, „Tango" Mrożka i „Walkower" Skolimowskiego, i niejeden jeszcze utwór sceniczny lub ekranowy, i wcale nie zawsze nad korowodem „omotanych jednostajną melodią" — teraz cytuję scenariusz „Salta" — „uległych natrętnemu rytmowi" postaci unosiło się głośne „niech żyje Polska", któremu echo też „Polska" odkrzykiwało, zawsze się jednak hasła tego można było dosłuchać, ironicznego i patetycznego zarazem, gorzkiego i dumnego, uparcie szamocącego się ze sobą, zwycięskiego i pokonanego. Wyspiański (jeśli to uczynił Wyspiański) stworzył widać z n a k, bez którego trudno nam się już porozumieć (choć zrozumieć, co dokładnie znaczy, także niełatwo), nadał t o n, który utrwalił się w naszym uchu, na który reagujemy jak bodaj na żaden inny, zbudował f o r m ę, w której artyści i odbiorcy czują się swojsko jak w krajobrazie dzieciństwa, więc raz po raz ze słodkim trzepotem serca do niej wracają.

Ale cóż to za znak, za ton, za forma, cóż za — mówiąc językiem *Wesela* — c z a r melodii „cichej a skocznej" — to z didaskaliów Wyspiańskiego —

swojej a pociągającej serce i duszę usypiającej, leniwej, w omdleniu, a jak źródło krwi żywej, taktem w pulsach nierównej, krwawiącej jak rana świeża: — melodyjnego dźwięku z polskiej gleby bólem i rozkoszą wykołysanego"? Myślę, że to czar ambiwalencji, bólu i rozkoszy właśnie, ale nie tylko ambiwalencji uczucia — także sytuacji, postawy. Skoro bowiem ów pląs — tyle przynajmniej wiemy prawie od zawsze — jest obrazem pospólnej niemożności, niedokonanych porywów, nieziszczonych rojeń, jakiegoś zbiorowego pęknięcia wewnętrznego, zauroczenia własną niemocą i tęsknotą za mocą, skoro jest on dalej z natury swej i obrazem zbiorowego narkotyku, i narkotykiem samym, to artysta-wodzirej, za *alter ego* mający Chochoła z *Wesela* lub Kowalskiego-Malinowskiego z „Salta", lub jakąkolwiek inną postać, wprawiającą w ruch taneczny zgromadzonych bohaterów każdego z „Wesel", otóż artysta-wodzirej-autor w figurze tańca, jak w rzadko której, może jednocześnie i być wewnątrz, i stać z boku, i piętnować narkotyk, i upajać się nim z innymi, i boleć nad oszołomioną zbiorowością, z której wyodrębnił go krytycyzm, i rozkoszować się przynależnością do niej, udziałem we wspólnym rytmie, wspólnym dźwięku i losie. Odbiorca zaś, ledwie zadrży w nim coś na ten dźwięk, ledwie granie ukołysze go i przebudzi zarazem, już się znalazł w sytuacji autora, już z weselników zaczadziałych szydzi gorzko i w kroku posuwistym, zachwycony, jednoczy się z nimi, i ze zgrozą słucha piania koguta, i z ulgą — zabłąkanego wśród ruin echa...

No więc tak: tak właśnie działo się ze mną, kiedy byłem na tym innym „Weselu", kilka tygodni przed filmowym, czyli na przywiezionym do Warszawy przez krakowski Teatr STU „Senniku Polskim" (scenariusz: Edward Chudziński i Krzysztof Miklaszewski, inscenizacja i reżyseria: Krzysztof Jasiński, podług snów: Adama Mickiewicza, Juliusza Słowackiego, Cypriana Norwida, Stanisława Wyspiańskiego, Juliusza Kadena-Bandrowskiego, Witolda Gombrowicza, Stanisława Dygata, Tadeusza Konwickiego, Sławomira Mrożka, Leszka A. Moczulskiego i innych). Dałem się rozbudzić i ukołysać, współczułem, współtriumfowałem i współszydziłem, i wyszedłem wraz z innymi oczarowany — tylko że potem... no cóż, chyba już nazajutrz, a im dalej tym szybciej, inaczej niż po „Weselu" prawdziwym, „Popiele i diamencie" czy „Salcie", chłodłem i nabierałem dystansu wobec świetnego przecież (o tym byłem i pozostaję przekonany) widowiska, i coraz pewniejszej racji nabierała dla mnie krytyka Puzyny, lojalnie przedrukowana (obok głosów bardziej entuzjastycznych) w teatralnym programie. Chwaląc spektakl zrobiony „z wrażliwością, rytmem, fajerem, świetnymi cięciami w montażu", zapytuje bowiem Puzyna: „Tak, ale o czym? Że wciąż żyjemy snami, romantyczną mitologią narodową, historia wpycha nas ciągle w ten błędny krąg i kręcimy się w nim od zeszłego stulecia. To już przecież Wyspiański powiedział. I Jasiński nic więcej nie dorzuca. Owszem, do fragmentów *Kordiana* i *Wyzwolenia* dorzuca Kadena i Gombrowicza, Dygata, Andrzejewskiego, Konwickiego. Myśli nie przybywa, to prawda, przybywa za to dosyć przerażająca konstatacja: od czasów Wyspiańskiego nie ruszyliśmy z miejsca w tej narodowej materii. Przez 70 lat! Niech to diabli. I kiedy polonez z *Popiołu i Diamentu* przechodzi Jasińskiemu w obłędną karuzelę ludzką, sznurem powiązaną, kręcącą się w ostrej muzyce coraz szybciej, aż pada jeden człowiek, drugi, ostatni — robi to wrażenie silniejsze niż chocholi taniec, bo chwyt jest teatralnie świeższy, nie wytarty — ale znaczy przecież ciągle to samo."

Powiedziałbym nawet, że mniej znaczy – bo Wyspiański nie z mitem romantycznym się zmagał, nie ze snem o wolności i wielkości narodu, lecz ze współczesną sobie jawą, nie umiejącą mitowi i snowi sprostać. I racją bytu późniejszych „Wesel" – tych ważnych, które się pamięta, których tytuły parokrotnie już tutaj padły – zawsze było to, co czerpały ze swojej rzeczywistości, znak zaś i ton z Wyspiańskiego rodem pomagał im zakotwiczyć się w społecznej emocji i wyobraźni, nie zastępując przecież tego, co własne, realnie dojmujące i żywe. I w „Senniku polskim" też w końcu najbardziej się liczy to, co funkcjonuje nie tylko w kompletnym zestawie antyromantycznych kompromitacji, lecz i poza nim: fragment powieści współczesnej Konwickiego, songi młodych poetów Moczulskiego i Bierezina – a więc dialogi z rzeczywistością, nie z mitem. Z mitem romantycznym nie można walczyć na symbole – tą bronią włada on lepiej. A zresztą – czy koniecznie trzeba z nim walczyć? Czy tak zaciekle szarżujący na pewno wiedzą, jaki mit – romantyczny czy antyromantyczny – ma szansę być w określonej sytuacji nosicielem wartości, jaki zaś przeciwnie?...

Tak sobie myślałem po obejrzeniu „Sennika polskiego" w Teatrze STU i przed premierą filmowego „Wesela", a następnie również po tej premierze. Kijowski i Wajda odczytali *Wesele* poprzez *Dziady*, co mnie osobiście nie zaskoczyło, ponieważ – wyznam – od dziecka tak je właśnie odczytywałem, może dlatego, że dla dziecka wszelka historia, ta sprzed trzydziestu lat i ta sprzed stu, jest równie odległa, może zaś dlatego, że najbardziej serio tu i tam brałem zjawy. Jednakże w teatrze nigdy się z takim odczytaniem nie zetknąłem. W inscenizacji Wajdy sprzed kilku lat także nie. W objaśnieniach do wydania *Wesela*, do którego teraz zaglądam, czytam, że „literackim pierwowzorem postaci Hetmana jest widmo złego pana z *Dziadów, cz. II*, i widmo doktora z epilogu *Dziadów, cz. III*". To zapewne fakt udowodniony już skrupulatnie przez filologów, pokrewieństwo natomiast innych osób dramatu z litewskimi widmami, dla mnie tak jawne, w uczonej analizie nie jest widać uchwytne. Ale rzecz nawet nie w osobach dramatu. Wydawało mi się zawsze, że w „tej chacie rozśpiewanej" pod Krakowem słyszę echa i salonu warszawskiego, i balu u senatora, i że chocholi pląs finałowy odbywa się pod zwolnioną jedynie, ociężalszą, senniejszą, a zarazem uproszczoną, zredukowaną z menueta do wiejskiego korowodu, tę samą jednak w gruncie rzeczy melodię zbiorowej bezsiły, zawinionej przez niewolę i zdradę. Identyfikacja postaci nie wchodzi w grę, nawet krakowska Radczyni nie jest wileńską Sowietnikową, goście w Bronowicach są przyzwoitymi ludźmi, a przecież najmądrzejszy z nich – Dziennikarz – nie bez podstaw zwierza się Poecie:

To mnie drażni i męczy, i boli:
Czy my mamy prawo do czego?!!
Czy my mamy jakie prawo żyć...?
My motyle i świerszcze w niewoli,
puchnąć poczniemy i tyć
z trucizny, którą nas leczą.

I nie bez powodu tym przyzwoitym ludziom różnych stanów ukazuje się widmo Branickiego i widmo Szeli – widma zaś właśnie Wyspiański nazwał osobami dramatu w odróżnieniu od po prostu osób! – a to są ci antenaci współczesnej pisarzowi rzeczywistości, których przekleństwo dziedziczyły dalsze pokolenia w postaci urągliwej niemocy...

Od paru chwil nie mówię już, oczywiście, o swoim dziecięcym (spontanicznym, nie zaś wyrozumowanym) odczytaniu *Wesela* jako dalszego ciągu *Dziadów*, ani nawet tylko o swoim odczytaniu obecnym, lecz o filmie, który unaocznił mi je przez wizję jaskrawą i agresywną plastycznie, jak zawsze w najlepszym Wajdzie, i historycznie wymowną i pobudzającą, jak w najlepszym Kijowskim; to z filmu już są Branicki i Szela, których widzę teraz i których rolę jako osób dramatu rozumiem realniej; i z filmu – wyjście poza chatę, w pole i zagajnik, ku granicy, znaczonej dwoma obcymi herbami, gdzie spotykają się dwa konne patrole w obcych mundurach...

Ale w końcu – bo ja wiem, różne melodie grają za ścianą, może i mnie się coś przywidziało. Niedawno przeczytałem piękną książkę z zupełnie innego repertuaru, po raz pierwszy spolszczone przez Macieja Słomczyńskiego dzieło Lewisa Carrolla *O tym, co Alicja odkryła po drugiej stronie zwierciadła*. Bardzo zazdroszczę występującej tam postaci imieniem Humpty Dumpty. Humpty Dumpty mówi o sobie: „Umiem wyjaśniać znaczenie wszystkich poematów, które do tej pory napisano, a także wielu, których nie napisano do tej pory". I rzeczywiście umie: wyjaśnił przecież Alicji znaczenie poematu „Dżabbersmok", którego pierwsza zwrotka brzmiała:

Było smaszno, a jaszmije smukwijne
Świdrokrętnie na zegwniku wężały,
Peliczaple stały smutcholijne
I zbłąkinie rykoświstąkały

„Smaszno – wyjaśnił Humpty Dumpty – oznacza czwartą po południu, zwykle bywa duszno o tej porze i zaczyna się już smażyć rzeczy na kolację."

Książka Lewisa Carrolla powstała w roku 1872 czyli mniej więcej w połowie przestrzeni czasowej pomiędzy *Dziadami* a *Weselem*, ale trudno o wątpliwości, że powstała zupełnie gdzie indziej.

Styczeń 1973

PODRÓŻOWANIE

Erskine Caldwell w wywiadzie udzielonym podczas pobytu w naszym kraju oznajmił: „Uważam, że ludzie, a szczególnie pisarze, powinni wiele podróżować".

Pierwsze zdania *Notatnika szwajcarskiego*, ogłoszonego przez Zbigniewa Żakiewicza w „Literaturze", brzmią: „Podróż rozpoczęła się w lęku. Był to lęk przed rzuceniem w świat". A niżej, już w trakcie opisywania Genewy: „... wszystko to było tak obce, tak dalekie, że nie wystarczał dotyk, spojrzenie, zapach. Chodzę zamknięty w wielkim kloszu i klosz ten wędruje razem ze mną..."

Zdaje się, że dla Zbigniewa Żakiewicza podróżowanie jest czymś dużo trudniejszym niż dla Erskina Caldwella, i chyba nie tylko ze względu na różnicę w wysokości konta dolarowego, jakim dysponują obaj pisarze, czy w formalnościach do załatwienia.

Erskine Caldwell nie rozpoczyna podróży w lęku, chodząc zaś po miastach europejskich nie wie, że klosz – może bardziej nieprzenikliwy niż ten Żakiewicza – wędruje razem z nim i głuchym wibrowaniem oddziela od obcych głosów.

Klosz, którego istnienia się nie czuje, przestaje być kloszem.

Ale może lepiej czuć swój klosz i kruszyć go w trudzie i lęku, wiedząc, że do końca wyzwolić się z niego nie sposób, i mimo wszystko szukając szczelin, wyjść, dróg – a czasem, choćby na chwilę, znajdując je jednak? Pisze przecież Żakiewicz: „Aż w pewnej chwili wydało mi się, że oto znalazłem się na tropie, który zawiedzie mnie – drogą okólną, bo przez historię – do tego, co za kloszem... Stanąwszy przy katedralnym placyku z ulgą odczytywałem znajome rysy gotyku: szaleństwo kamiennych pnączy, komedię średniowiecznych maszkar, hieratyczność i żarliwość świętych..."

Nie będę już dalej cytował tego autora, dopowiem tylko, że tropu historycznego nie starczyło mu, jak niebawem stwierdził, do wyzwolenia się z klosza, i komplikacje w odczytywaniu obcego świata narastały nieomal że za każdym krokiem.

Ale może – znowu – naprawdę potrzebne i ważne są właśnie takie skomplikowane podróże, nie zaś łatwe, bezbolesne i wyzbyte jątrzących pytań o siebie i sobie podobnych w zagadkowej przestrzeni?

Erskine Caldwell bodaj że tuzinowi pism polskich udzielił wywiadów, w
których nie miał nic do powiedzenia ani o sobie, ani o nas, ani o Ameryce
ujrzanej spoza Ameryki, ani o tym, co poza Ameryką ujrzał swoimi amery-
kańskimi oczami.

Najdonioślejsze okazało się w końcu to zdanie wypowiedziane na początku: „Uważam, że ludzie, a szczególnie pisarze, powinni wiele podróżować".
Oczywiście, że powinni, jeżeli im to sprawia przyjemność.

I naprawdę nie ma powodu, żeby autor *Chłopca z Georgii* podróżował jak
Polak: to znaczy z tłumokiem kompleksów, portfelem podchwytliwych pytań
pod adresem obczyzny i ukrytym przed celnikami poczuciem, że przekracza
granicę w imieniu nie tylko własnym znajomych i krewnych z Radomia i
Białej Podlaskiej.

Ale my już – podejrzewam – inaczej nie potrafimy.

W dziedzinie podróżowania, jak w każdej innej, ciągniemy za sobą, świadomie lub nieświadomie, romantyczną tradycję Wieszczów, która tutaj oznacza pielgrzymkę, wykorzenienie, nostalgiczne szybowanie nad przepaściami.

„... bo dziś Pielgrzymów jam rówieśnik"... – to na odmianę z Broniew-
skiego.

Nie podróżujemy więc, lecz pielgrzymujemy, o p u s z c z a m y   o j c z y -
z n ę (na dwa tygodnie, na miesiąc), borykamy się z obczyzną, t a m wpa-
trujemy się w s w o j e wnętrze, szukamy s w o j e j istoty, sensu swojego
istnienia, nie godzimy się ani na siebie, ani na tamto, tęsknimy za krajem i
przeczuwamy chwilę, gdy zaraz po powrocie tęsknić będziemy za miejscem,
w którym byliśmy tak niedługo.

W domu rozpakowujemy walizki i znosimy klosz do piwnicy i piszemy
swoje książki, wiersze i felietony.

Henryk Sienkiewicz siada do korekty *Listów z Ameryki* i *Latarnika*, Jan
Józef Szczepański pisze *Koniec westernu*, Krzysztof Kąkolewski zaś – *W
brzuchu potwora.*

Ja też, kiedy pierwszy raz byłem w Babilonie, napisałem poemat, a w nim
– przepraszam za cytowanie samego siebie, ale to ostatnio przyjęte – taki
fragment, nie o kloszu wprawdzie, ale o czymś bardzo podobnym:

Mijałem ich
i nikt mnie nie poznawał Nikt
nie wytykał palcami: Smok ach smok z ogonem
Jak się wlecze Jak chrzęści Odrąbać
Wciąż nikt
nie ostrzył błysku i nagłego ciosu

Mówili Czym mogę służyć
Do usług Polecam się panu
Pan pierwszy raz w Babilonie
Jak wrażenia Czy widział pan
ten numer z rozbieraniem mniszek
A mury babilońskie wie pan były czarne minister
wyszorował specjalnie dla pana

Przyśpieszałem kroku Słyszałem
za plecami łoskot ogona Był

ciężki Pociłem się A oni
nie dostrzegali Nabierali zaufania Dzielili się
kłopotami: Niech pana
nie dziwi nerwowość kierowców proszę tylko
rzucić okiem jak przejechać jak się
zatrzymać wydostać z tego taka walka
o skrawek miejsca jak się
prześliznąć wyśliznąć dotrzeć pisk
opon wyskakują z kauczuku metalu
szkła nietłukącego zabiją się nie
bladzi podają sobie ręce teraz
one wyskakują i czerwonym lakierem
ostrym do oczu do oczu do oczu Więc

chciałem wyskoczyć z łuski
stanąć z boku krzyknąć:
Popatrzcie smok

Właśnie wybieram się w podróż, walizka już zdjęta z pawlacza, trzeba tylko odkurzyć i zacerować ten smoczy ogon.

Luty 1973

NA STARYCH ŚMIECIACH

Poprzedni felieton był o podróżowaniu – i pisałem go wybierając się właśnie w drogę, o czym zawiadamiałem w ostatnich zdaniach; teraz więc, skoro syty wrażeń powróciłem w żoliborskie pielesze, winien jestem rodakom barwną opowieść o powabach, pokusach i nieprawościach tamtego świata – i daję słowo, że kwapiłem się już do jej podjęcia; wahałem się tylko, od czego zacząć; może od uniwersytetu w Nanterre pod Paryżem, gdzie wokół parkingu zatłoczonego przez pięć tysięcy peugeotów ultralewicowych studentów wznoszą się gmaszyska od piwnic po niebosiężne dachy pokryte wolnościowymi hasłami, a wśród nich, wciśnięty w kąt i przyciśnięty do muru, małymi literkami, jęk rozpaczy: „bezpieczeństwa dla wykładowców!"; czy od filmu „Ostatnie tango w Paryżu", który... zresztą nie, o tym nie muszę, bo najdalej za dwa-trzy lata powstaną rodzime odpowiedniki tego utworu, ale może właśnie dlatego powinienem, tylko co robić, kiedy nie mam ochoty; może tedy zacząć od polemiki, na przykład od przedwyborczych wypowiedzi w telewizji francuskiej – byłem między innymi świadkiem wyznania pewnej ekspedientki o życiu, jakie przypadło jej w udziale, wyglądało to mniej więcej tak: po śniadaniu muszę odprowadzić dziecko do przedszkola, potem jadę do pracy, w pracy tyle a tyle godzin na nogach, wracam, robię zakupy, zabieram dziecko z przedszkola, gotuję obiad, i tak mija życie, dłużej nie wytrzymam, wszystko musi się zmienić, będę głosowała na komunistów; czy może zacząć...

Póki jednak tak się wahałem i namyślałem, miniona podróż z każdą chwilą oddalała się ode mnie, tamtejsze wybory, filmy i kontestacje kurczyły się i szarzały jak szpalty w przedwczorajszej gazecie, a nieprzeparte t u t a j ogarniało mnie z powrotem, obrastało, oplątywało, wsysało, i wczytywałem się zachłannie we wszystkie jego aktualia i zaległości, i wdawałem się w pogwarki o tym i owym, kiedy zaś wraz z setką kolegów-literatów zawieziony zostałem do pałacu pana Radziejowskiego na dalszy ciąg przerwanego rok temu zjazdu, tutejsza teraźniejszość oraz historia (która, jak słusznie zauważono w niedawnej dyskusji nad *Listopadowym wieczorem*, jest naszą „współczesnością zastępczą") zniewoliła mnie już definitywnie, i pojąłem, że nie o babilońskich wędrówkach mi opowiadać, lecz czym prędzej powrócić do zarzuconego zapisu własnej rzeczywistości, co zaległe – pilnie nadrobić, a tamto zagraniczne – może kiedy indziej, za miesiąc, za rok, w końcu mniejsza o to.

W tej dyskusji, o której przed chwilą wspomniałem, odbytej na łamach „Tekstów", dostało się Andrzejowi Kijowskiemu od uczonych czytelników jego książki; i pewnie mieli rację, wytykając mu różne nieścisłości i błędy, i nieznajomość pewnych źródeł, i zbyt bezkrytyczne sięganie do innych (zwłaszcza do Mochanckiego).

Z tym wszystkim, Władysław Zajewski przyznał, że „eseje Kijowskiego są w wielu fragmentach odkrywcze i pobudzają czytelnika do myślenia", Jerzy Jedlicki natomiast stwierdził: „Andrzej Kijowski nie jest historykiem i być nim nie musi. Jest pisarzem: jednym z najbardziej współczesnych pisarzy polskich, którego słowo ma dla nas ciężar naszych własnych przeżyć; w jego monologach, powieściach i przypowieściach odnajdujemy bez trudu rozterki wspólnie przeżytego czasu. I dlatego uważam, że mówiąc o *Listopadowym wieczorze* trzeba dyskutować o generaliach: o tym, czym są dla nas nasze rodowody, nasze korzenie, nasze dzieje."

Jak z tego widać, uczeni bywają mniej apodyktyczni w swojej materii, niż nie uczeni właśnie (albo uczeni z innej dziedziny, zabierający głos na temat nie związany z ich specjalnością). Oto w podstawowej kwestii z dziejów ojczystych wypowiedziała się (już parę lat temu, ale mnie teraz wpadło to w ręce) docent doktor medycyny Kinga Wiśniewska-Roszkowska. „Wystarczy zastanowić się nad historią XVI i XVII w. – wskazała pani docent – by zrozumieć dlaczego Polska upadła. Po prostu dlatego, że za dużo straciła krwi i sił biologicznych, broniąc nie tylko siebie, ale całego Zachodu i jego cywilizacji. Najlepsi i najdzielniejsi wyginęli – ci co zostali, to był już gorszy materiał genetyczny, a nie było już czasu na odrodzenie się lepszego." („Wiek, płeć, zdrowie" – PZWD, Warszawa, 1969). Cóż, skoro p o p r o - s t u dlatego... Zaprawdę, twierdzono kiedyś, że najwięcej mamy w społeczeństwie lekarzy. Ale teraz, kiedy nawet lekarze diagnozy swe poświęcają historii Polski...

Za lekarzami nie pozostają zresztą w tyle prawnicy: na łamach czasopisma „Prawo i Życie" w artykule Konrada Strzelewicza pt. „Przeszłość to jest dziś" znalazły się – w oparciu m.in. o wypowiedź delegata Dahomeju w ONZ – rozważania, dlaczego Polska nie upadła ostatecznie, lecz po wszelkich przeciwnościach dziejowych odrodziła się do nowego życia. Jest to zarazem artykuł z dziedziny krytyki literackiej, poświęcony *Wariacjom pocztowym* Brandysa. Zapiski moje, jak świadczy ich nadtytuł, ukazują się zawsze z kwartalnym opóźnieniem, wypada więc zrezygnować z udziału w debacie, która tymczasem zostanie zapewne stoczona na łamach prasy oo dziennej i tygodniowej. Ale trudno powstrzymać się od westchnienia na marginesie. Przed wielu laty zdarzało mi się czytywać organ prawników, nie od dziś zdradzający przecież chwalebne zainteresowanie literaturą i sztuką. Otóż zauważyłem był wtedy, że im żarliwiej publicyści tego pisma piętnowali niepatriotyczne postawy pewnych artystów, tym bardziej nieporadną czynili to polszczyzną, jak gdyby chcąc podkreślić, że własny patriotyzm upoważnia ich do takiego lekceważenia idiomatyki i składni ojczystej. Esej Strzelewicza zdaje się, niestety, dowodzić, że smętna prawidłowość sprzed pięciu lat jest nadal aktualna. Oto kilka wdzięcznych sformułowań młodego legislatora:

„... tysiące z nich zginęło, tysiące poszło do więzień, tysiące udało się na tułactwo..."

„... nie ma jednak żadnych wątpliwości, że Brandys usadowiony w czołówce, pretendującej do duchowego przewodzenia masom, swoją książką nie przysłuży się do przyrostu w narodzie rozmaitych a pożądanych cnót."

„Proponowana stylistyka definiowania w takich kategoriach naszej przeszłości mówi sama za siebie i definiuje autora, podobno historyka i podobno naukowca."

Kiedy przepisuję te zdania, ktoś zagląda mi przez ramię i zwraca uwagę, że mylę się, uważając Strzelewicza wyłącznie za prawnika, jest on bowiem również młodym literatem, członkiem ZLP i autorem kilku wydanych książek. To zmienia, oczywiście, postać rzeczy, ponieważ na zjeździe w Radziejowicach nie przeszła poprawka Wojciecha Natansona, zobowiązująca członków Związku Literatów do statutowej troski o język polski. Jako literat Konrad Strzelewicz do niczego takiego nie musi się czuć obligowany.

Z pogranicza literatury, prawa i dziejów ojczystych przejdźmy do literatury jako takiej i odpowiadających jej instytucji. Żeby skończyć ze zjazdem radziejowickim, odnotuję dla czytelników, że w jawnym głosowaniu, przytłaczającą większością 95 głosów, przy siedmiu wstrzymujących się (do tych ostatnich należał również niżej podpisany), uchwaliliśmy nowy statut ZLP, po czym wznieśliśmy pożegnalne toasty, między innymi za nieobecnego na zjeździe Prezesa, i w poczuciu spełnionego obowiązku opuściliśmy progi pałacu. Związek Literatów – Związkiem Literatów, ale warto przypomnieć, że do grona instytucji, strzegących dobra naszego piśmiennictwa, przybyła niedawno jeszcze jedna: Akademia Litcratury, wybrana przez czytelników pisma także „Literaturą" zwanego. Muszę wyznać, że spotkał mnie tu pewien zawód, bo zaledwie kilku spośród wytypowanych przeze mnie kandydatów, w tej liczbie Ernest Bryll (269 głosów) i Artur Sandauer (162 głosy), znalazło się w pierwszej trzydziestce. Władysław Machejek, Jan Zygmunt Jakubowski, Wacław Kubacki i inni – niestety, przepadli. Może docenią ich jednak następne pokolenia – te same, które, jak przeczytałem w ogłoszonym na łamach „Filmu" wywiadzie, „będą sięgać do dramatów romantycznych poprzez sztuki Brylla". A do pozytywistycznych powieści – dorzućmy – czyż zdołają sięgnąć inaczej niż poprzez prozę Machejka? Do esejów Brzozowskiego – nie poprzez myśl Jana Zygmunta Jakubowskiego? Wierzę mimo wszystko w postęp – i to mnie pokrzepia, gdy badam niedoskonałe wyniki plebiscytu „Literatury".

Na łamach „Studenta" Jan Kurowicki polemizuje tymczasem z ogłoszonym uprzednio na tychże łamach tekstem Małgorzaty Szpakowskiej o lewicowym i prawicowym sposobie myślenia. Kurowicki trafnie dowodzi, że w polityce „ruchy lewicowe, gdy zaistniała konieczność, lekceważyły wyliczone przez Szpakowską dobra" i w ogóle „posiadały także te cechy w trakcie swych praktycznych poczynań, które... przypisane są przez autorkę prawicy". Szpakowska opisała postawy ludzi myślących i tworzących kulturę; to, co określiła jako lewicowe i prawicowe, odpowiada chyba z grubsza „nieufnym i zadufanym" Barańczaka; tyle że Barańczak zajął się węższym terenem twórczości poetyckiej. Szpakowska zaś przypatruje się wszelkiej twórczości wszelkiemu myśleniu o świecie, przede wszystkim zaś intuicjom moralnym, towarzyszącym ludzkiemu działaniu. Otóż Kurowicki ma niechybnie rację, zauważając, że opis Szpakowskiej nie dotyczy działania politycznego. W tej sferze trudno utrzymywać, że lewicowe jest nie to, co nosi miano lewicy, lecz to, co szlachetne, bogate myślowo etc. „Lewica do momentu osiągnięcia swego celu, musi mieć na uwadze nie różne wzniosłości i Dekalog, lecz to, czy podejmowane działania prowadzić mogą do zamierzonych efektów" – wskazuje Kurowicki. Wobec tego, że trudno też ustalić moment ostatecznego osiągnięcia celu, prawidłowość powyższa nosi charakter dość trwały. A że mimo doświadczenia polityki tęsknota za „lewicowością" jako postawą myślącego człowieka też niełatwo się daje wytrzebić – to już rzecz inna, mająca konsekwencje chyba tylko dla literatury, etyki, filozofowania i tym podobnych drobiazgów. Czy mają one jakiekolwiek znaczenie w naszym świecie, który, zgodnie z konkluzją Kurowickiego, jest „labiryntem"?

Kwiecień 1973

GŁUPI ZDZISIU

Pora była obiadowa, pchnąłem drzwi i wkroczyłem do długiej sali z ustawionymi w dwa rzędy stolikami: przy wszystkich stolikach, nie wyłączając tych, nad którymi widniał napis „kącik bezalkoholowy", siedzieli mężczyźni, ludzie pracy, i żwawo popijali wódkę i piwo. Niektórzy również jedli: z bufetu był śledzik i zimne nogi, a z kuchni – żur z podrobami, ogórkowa, kotlet mielony i schabowy z kapustą. W mieście tym znalazłem się po raz pierwszy w życiu, a to, co mnie tu sprowadziło, miało się odbyć dopiero wieczorem, teraz zaś była druga po południu, usadowiłem się więc przy nawpół wolnym stoliku, zamówiłem schabowy i piwo, żuru, niestety, zabrakło, i popatrzyłem w stronę, skąd od chwili, gdy przekroczyłem progi lokalu, przez gwar biesiadny przebijała się do mnie piosenka. Obecnie usłyszałem ją wyraźniej i zobaczyłem tego, który śpiewał: pośrodku sali, pomiędzy stolikami, zręcznie omijany przez biodrzaste kelnerki, stał młody jeszcze mężczyzna w berecie zsuniętym na ucho, w brudnym pulowerze, kusych spodenkach i wzorzystych damskich pończochach. Podrygując i wybijając takt nogą, śpiewał:

Nie mam spodni ani gaci,
Bo kopalnia licho płaci.
Chociaż wiater w dupę wieje,
To w gospodzie się pośmieję...

Kupletów było więcej, ale te, które dobiegły mnie najpierw, najbardziej też zastanowiły, bo komentowały jak gdyby strój śpiewaka; przyszło mi też zaraz na myśl, iż rzecz ma się może inaczej – to strój został dokomponowany do słów, nie jest zatem, jak mogłoby się wydawać, bezsensowym odzieniem g ł u p i e g o , lecz przemyślanym kostiumem a r t y s t y ; świadczyłoby to z kolei o poniekąd profesjonalnym charakterze występu w knajpie.

Mężczyzna śpiewał tymczasem dalej. Po „deklaracji sankiuloty" rozległa się stara poczciwa „siekiera-motyka", zasadniczo w wersji z lat wojny, ale tu i ówdzie zmodyfikowana. W przerwach między piosenkami toczył się monolog artysty, urozmaicony formalnie, bo zawierający i jakieś okrzyki, i pytania retoryczne, i fragmenty życiorysu, i nawet „zarządzenia" w rodzaju: od jutra ćwiartka ma kosztować trzy złote, pół litra – cztery, litr – pięć. Raz po raz to od jednego, to od drugiego stolika wysuwała się ręka z napełnionym kieliszkiem: Zdzisiu, napij się! Niekiedy kawałek kotleta na widelcu: Zdzisiu, zagryź! „Zdzisiu", rozpromieniony wychylał i zagryzał, po czym zwracał się do publiczności, z dumą wskazując hojnych ofiarodawców: widzicie, podkreślał, jakie hojne są dla mnie pracowniki? niech żyją nasze kochane pracowniki, niech im wzrosną wynagrodzenia, niech ich te z dyrekcji nie okradają!

Jeszcze bardziej zachwycona publiczność prześcigała się w częstowaniu artysty, wtykała mu też w garść monety, chował je do kieszeni swoich krótkich spodenek, pił wódkę, czasem zagryzał, i przez cały czas gadał, śpiewał, wybijał takt nogą, jednym słowem emitował program, który jako układ całości był zapewne improwizacją, ale zawierał elementy powtarzalne i znane już słuchaczom, coraz to upominającym się o określoną piosenkę czy dowcip: Zdzisiu, teraz powiedz, jak cię gonili... teraz zaśpiewaj, wiesz...

I artysta, choć coraz bardziej kurzyło mu się ze łba, skwapliwie wykonywał każde zamówienie swojego zbiorowego mecenasa, aż do chwili, gdy jedna z biodrzastych kelnerek zarządziła: idź, Zdzisiu, prześpij się, wieczorem znów przyjdziesz na dyżur... Wtedy posłusznie skierował się do wyjścia, ale od wyjścia odwrócił się jeszcze do odprowadzającej go wzrokiem sali, wzniósł okrzyk, po czym natychmiast uspokoił słuchaczy: mnie nic nie zrobią, ja jestem dziabnięty w głowę, powiedział uderzając się płaską dłonią w beret, mnie nie wolno tknąć. Uśmiechnął się szeroko i wyszedł, widziałem przez okno, jak podrygując skacze beztrosko po torze tramwajowym, zniknął za rogiem zanim nadjechał tramwaj.

Nie wiem, czy wrócił wieczorem, jeżeli jednak wrócił to bez wątpienia znów miał wdzięczną publiczność, częstującą, płacącą i podpowiadającą ulubione kwestie; który teatr – myślałem sobie – nie marzyłby o takiej widowni? Ale który teatr – myślałem dalej – potrafi spełniać potrzeby swojej widowni jak ten jednoosobowy? Głupi Zdzisiu darzył radością i ulgą „naszych kochanych pracowników", zmieniając rzeczywistość w groteskę i bajkę, ale nie tracąc z nią kontaktu i osądzając solidarnie z tymi, do których się zwracał. Wypowiadał zdania – doskonale to rozumieli – których nie wypowiedziałby żaden z nich, „normalnych" ludzi; ale musieli czuć, że sprawą wariata i artysty, a może wariata-artysty, jest właśnie wypowiadanie za n i c h zdań, które im nie przejdą przez gardło; w ten sposób za j e g o pośrednictwem o n i znajdują w teatrze jakieś zadośćuczynienie i oczyszczenie.

Często słyszę ostatnio – i czytuję w prasie – skargi na pogłębiający się rozbrat publiczności z teatrem, zwłaszcza tym o poważniejszych ambicjach. Zjawisko daje się już podobno ująć w wymowne liczby. No cóż, na pewno ma w tym swoją zasługę szerzący się (między innymi pod wpływem telewizji, ale nie tylko) model konsumpcji leniwej, ułatwionej, we wszystkich dziedzinach życia, więc także w kulturze. Bolejąc wraz z innymi nad brakiem publicznego zrozumienia dla ambitnych zespołów – szczególnie tych, które pokutują nie za swoje grzechy – myślę jednak, że triumf głupiego Zdzisia wiąże się nie tylko z prymitywną, czyli zrozumiałą dla wszystkich, fakturą jego recitalu.

Bo na czym w końcu polegają ambitne manifestacje artystyczne wielu naszych scen? Z dozwoloną w felietonie przesadą da się je sprowadzić do dwóch właściwie zabiegów. Pierwszy – to nowy układ starego tekstu, skonstruowanie z niego komunikatu odmiennego od tradycyjnych i zazwyczaj mniej też od nich jasnego. W niebezpieczną dyskusję nad dopuszczalną granicą takich manipulacji wdawać się teraz nie mam zamiaru. Drugi typ nowatorstwa – rozmaicie realizowany – to zacieranie granicy pomiędzy sceną a widownią, niszczenie konwencji widza siedzącego spokojnie w fotelu i kontemplującego akcję na scenie. Widzom każe się stać, chodzić, przepędza ich się z sali do sali, a nawet wyprowadza poza obręb budynku. W trakcie pewnego spektaklu widzowie mieli szansę dociśnięcia się do nakrytych stołów i strzelenia sobie po kielichu w towarzystwie aktorów. (Nietrudno zauważyć tutaj pozorowanie sytuacji Zdzisia i jego mecanasów w gospodzie). Z tej samej beczki są przecież i pomysły, dobre zresztą, Konrada Swinarskiego w krakowskich „Dziadach": autentyczni żebracy uprawiający swój proceder w teatrze, zmuszenie widzów do udziału na stojąco w guślarskim obrzędzie...

Wiadomo o co chodzi: o uczestnictwo. Teatr (w końcu nie tylko teatr) odczuwa przeżycie się form zamkniętych i tęskni za wzajemnym uczestnictwem: ludzi spoza teatru w życiu teatru i teatru w życiu ludzi spoza teatru. Tylko że prawie zawsze mamy do czynienia z uczestnictwem jedynie w zewnętrznej warstwie widowiska. Przewaga głupiego Zdzisia nad teatrem polega na tym, że w jego happeningach uczestnictwo publiczności dotyczy warstwy treściowej; dlatego jest prawdziwe i spontaniczne. Prawdziwe uczestnictwo nie może nastąpić poza t r e ś c i ą, poza wspólnym przeżyciem treści. Teatr unikający treści, nicujący dzieła obdarzone treścią tak, żeby ją wytrzebić lub przynajmniej zaciemnić, nie stanie się teatrem uczestnictwa mimo najświetniejszych, najbardziej nowatorskich form i pomysłów. Od czasów greckich teatr jest najmniej bezinteresowną ze sztuk...

W porządku, powiedział mi po dość cierpliwym wysłuchaniu takich i podobnych refleksji pewien mądry i utalentowany człowiek teatru, zgoda na wszystko, tylko czy teatr może jak głupi Zdzisiu po przedstawieniu klepnąć się w głowę i uprzedzić: mnie nie wolno tknąć, jestem dziabnięty?

Maj 1973

CO U PANA SŁYCHAĆ, HERR MÖRDER?

Wywiady Kąkolewskiego z prosperującymi w swoich Hanowerach zbrodniarzami wojennymi nie dlatego nie podobają mi się, że reporter na pożegnanie ściska im domyte przez trzydzieści lat ręce. Nie wiem i nie interesuje mnie, czy Kazimierz Moczarski uścisnął kiedy rękę (nie domytą jeszcze) Jürgena Stroopa. Wiem, że oddychali powietrzem jednej celi, korzystali z jednego kubła, może nawet zdarzało im się jadać ze wspólnej miski. Nikt zdrowy na umyśle nie powie, że Moczarskiego to w jakikolwiek sposób zbrukało. Ale w *Rozmowach z katem* (od dłuższego czasu publikowanych w ,,Odrze'') precyzyjnie toczy się przewód, w którym chodzi o dwojaką prawdę hitleryzmu: materialną prawdę wydarzeń i psychologiczną prawdę s t a w a n i a s i ę l u d o b ó j c ą. Pytania Moczarskiego na pozór koncentrują się prawie wyłącznie wokół tej pierwszej, jednakże wydobyte ze Stroopa odpowiedzi, także trzymając się strony faktycznej, tzn. dat, liczb, nazwisk, niekiedy technologii zbrodni, i jakby nawet niezdolne do wyjścia poza to, mimochodem ujawniają też drugą prawdę – ludzkiego wnętrza kształtowanego przez własny życiorys, przez współczesną historię Niemiec i przez potok informacyjno-ideologiczny, jaki rozmywał tę skądinąd tuzinkową świadomość. Obie prawdy nie przestają nas obchodzić – i Moczarski, dociekając ich także w naszym imieniu, robi, co do niego należy: odpowiednio formułuje pytania, czasami – o ile ma do tego podstawy – uzupełnia informacje, wprowadza wreszcie (jeżeli nie w ciągnących się miesiącami rozmowach, to w ich zapisie) określony porządek, ułatwiający czytelnikom odbiór całości. Nie podejmuje natomiast Moczarski działań pedagogicznych, nie przemawia do Stroopa z wysokiej kazalnicy, nie wskazuje też na każdym kroku przepaści moralnej, jaka ich dzieli.

Wywiady Kąkolewskiego nie podobają mi się dlatego, że ma on dla swoich klientów niewiele pytań, nieprzebrane natomiast ilości wzniosłej publicystyki i abstrakcyjnie słusznego kaznodziejstwa. Z każdej konfrontacji wychodzi pokonany, ponieważ oni mają argumenty osobiste, prawnicze (są już przecież po długich i wygranych w końcu procesach), ogólnoludzkie, on natomiast raz po raz usiłuje ich wzruszyć swoim hipotetycznym losem w wypadku zwycięstwa Niemiec. Co ich to właściwie obchodzi, że zażywny pan w średnim wieku, którego wizytówkę wręczono im przed godziną, byłby, w razie innego biegu wydarzeń, wychudłym podczłowiekiem bez wykształcenia albo może, kto wie, w ogóle by go nie było? Dlaczego akurat tym mieliby się przejmować? I dlaczego reporterowi zależy na targnięciu ich sumieniami? Jest czas patosu i jest czas chłodnej dokumentacji. Jest partnerstwo we wzruszeniu i jest partnerstwo w rzeczowym informowaniu się o tym, co było. Tych sytuacji lepiej nie mylić.

W „Literaturze na Świecie" (nr 3 – 1973, poświęcony sztuce Niemiec hitlerowskich) czytam patetyczne, i owszem, przemówienie Ernsta Tollera 28 maja 1933 roku na międzynarodowym kongresie PEN-Clubów w Dubrowniku. Oto jego fragmenty:

„10 maja zostały spalone dzieła następujących pisarzy niemieckich: Tomasza Manna, Henryka Manna, Stefana Zweiga, Arnolda Zweiga, Jakuba Wassermanna, Liona Feuchtwangera, Kurta Tucholsky'ego, Emila Ludwiga, Teodora Wolffa, Alfreda Kerra, Bertolta Brechta, Rudolfa Oldena, Von Ossietzky'ego, Hellmuta von Gerlacha, Lehmann-Russbüldta, dra Fryderyka Wolfa, Anny Seghers (laureatki Nagrody Kleista), dra Martina Bubera, dra Jürgena Kuczynskiego, Ericha Marii Remarque'a, Józefa Rotha, Hansa Marchwitzy, Alfreda Döblina, Wernera Hegemanna, Brunona von Salomon, dra Ernesta Blocha, Waltera Mehringa, Arthura Holitschera, profesora Gumbela, profesora Grossmanna, Krakauera, Hermanna Wendla, K.A. Wittfogla, Egona Erwina Kischa, F.C. Weiskopfa, Johannesa R. Bechera, Reglera, Brunona Freia, Paula Friedlandera, Heinza Pola, Ottona Hellera, Ericha Weinerta, Ludwiga Renna, dra Hermanna Dunckera, Bernharda Kellermanna, Leonharda Franka, Franza Werfla, Ludwiga Fuldy, Vicki Baum, Adrianne Thomasa, Ferdynanda Bruckner-Taggera, Karla Sternheima, Georga Kaisera, Karla Zuckmayera, Georga Berhnarda, Henryka Simona, Arthura Eloessera, Ericha Barona, H.E. Jacoba, Ernsta Tollera. Co uczynił niemiecki PEN-Club przeciwko paleniu książek?... Co uczynił niemiecki PEN-Club przeciwko wygnaniu najznakomitszych niemieckich profesorów uniwersytetu i uczonych, przeciwko wypędzeniu Einsteina, Zondeka, Hellera, Lederera, Bonna, Schuckinga, Goldsteina i wszystkich innych z dziedziny medycyny, prawa i filozofii? Muszą oni żyć na obczyźnie, wypędzeni, oderwani od swojej pracy, swojego dzieła, nie mając możliwości służenia Niemcom, ludzkości. Co robił niemiecki PEN-Club, gdy artystom, takim jak Bruno Walter, Klemperer, Weill, Busch, Eisler, uniemożliwiono pracę w Niemczech? Co uczynił niemiecki PEN-Club przeciwko temu, że tacy znakomici malarze jak Käthe Kollwitz, Otto Dix, Hofer, Klee i in. nie mogą już tworzyć w niemieckich akademiach, że wielki malarz Liebermann zmuszony był do wystąpienia z Akademii, ponieważ nie chciał pracować w warunkach uchybiających jego godności. Co uczynił niemiecki PEN-Club przeciwko wygnaniu wielkich aktorów ze scen niemieckich? Co uczynił niemiecki PEN-Club przeciwko wykluczeniu pisarzy niemieckich z ich Związku? A co przeciwko czarnej liście dzieł tych pisarzy, których dzisiaj w Niemczech nie wolno ani drukować, ani sprzedawać w księgarniach?... Szaleństwo zapanowało w naszych czasach, barbarzyństwo rządzi ludźmi. Powietrze wokół nas staje się coraz gęściejsze. Nie oszukujmy się, głos ducha, głos humanitaryzmu tylko wtedy jest poważany przez rządzących, gdy stanowi fasadę dla politycznych celów. Nie oszukujmy się, politycy tolerują nas tylko, a

prześladują, gdy jesteśmy niewygodni. Ale głos prawdy nigdy nie był wygodny."
Tak, to jest patetyczne – ale patosem reakcji na coś dziejącego się aktualnie, patosem niezbędnego protestu i walki o zrozumienie przez ludzi z zewnątrz, spoza wielkiego kacetu Niemiec hitlerowskich, tego, co dopiero się zaczynało, i patosem trwogi wreszcie, że jednak nie zostanie zrozumiane... I jakaż w tym zarazem gęsta tkanka dokumentalna, ile ścisłego i ważnego – wtedy i później – materiału najboleśniejszej wiedzy o hitleryzmie!

Nawiasem mówiąc, z okazji tego numeru czasopisma przekonałem się na nowo jak łakniemy tej wiedzy; jak łaknie jej między innymi pokolenie, które – zdawało się kilka lat temu – raczej od niej stroniło; może i stroniło, miało po temu swoje wewnętrzne powody, ale dojrzewając przestało stronić, przeciwnie; i teraz, po ukazaniu się owej „Literatury na Świecie" z żołdackimi buciorami depcącymi kulturę na okładce, wszędzie była o niej mowa, i siłą rzeczy o innych jakoś korespondujących z nią lekturach, o *Ucieczce od wolności* Fromma, a także o Bonhoefferze, ważna bowiem jest nie tylko materialna prawda wydarzeń i psychologiczna prawda stawania się ludobójcą, ale i trzecia prawda – l u d z i, k t ó r z y   o p a r l i   s i ę   z ł u, walczyli ze złem, których świadomość nie dała się rozmyć przez potoki kłamstwa. O takich lekturach rozmawiałem więc (nie inicjując bynajmniej tych rozmów) w różnych towarzystwach, między innymi w gronie młodych fizyków – i pojąłem, jak bardzo ludzie c h c ą   w i e d z i e ć.

Chwalę dokumentalistów, którzy pragnieniu naszemu czynią zadość. Cytowaną mowę Tollera znalazłem w znakomitym opracowaniu Karola Sauerlanda o sytuacji literatury w pierwszych miesiącach istnienia III Rzeszy. Gdyby nie brak miejsca, miałbym ochotę przytoczyć z niego dużo więcej dokumentów. Kapitalne jest na przykład sprawozdanie Ericha Kästnera z pierwszego po przewrocie posiedzenia Związku Pisarzy, na którym zebrani ulegli szantażowi i w ciągu dziesięciu minut zaakceptowali narzuconą przez Goebbelsa listę członków zarządu. Zresztą – jak podaje badacz – „w Rzeszy niebawem doszło do rozwiązania zarówno Akademii Sztuk, jak i PEN-Clubu, i Związku Pisarzy, zastąpiła je powołana do życia jedna tylko państwowa instytucja, tzw. Reichsschrifftumkammer (Izba do Spraw Piśmiennictwa Rzeszy), na której czele stanął J. Goebbels... Jedynie członkowie tej izby uzyskiwali zezwolenia na druk". I kończy konkluzją: „Ograniczyliśmy się świadomie do przedstawienia sytuacji z okresu niespełna pięciu miesięcy władzy faszystowskiej, bo akurat tyle czasu wystarczało jej do zaprowadzenia niemal absolutnego „porządku" w dziedzinie kultury i literatury w III Rzeszy."

Wszystko to są fenomeny społeczne z nie tak znowu odległej przeszłości: żyją jeszcze ludzie, którzy byli ich reżyserami, aktorami lub ofiarami. Pytanie „co u pana słychać?" ma sens w każdym przypadku; tu bronię reportera przed opinią, że należy minąć i splunąć; tylko, na miłość boską, bez szlochu – spokojnie, rzeczowo, chłodno, z zawodową uprzejmością, nie pesząc się nawet uwagą w rodzaju tej, jaką zrobił Otto Skorzeny, kiedy reprezentantka telewizji paryskiej podziękowała mu za skontaktowanie z innym kolegą zbrodniarzem. „To bardzo miłe z pańskiej strony" powiedziała, uzyskawszy od Skorzeny'ego poszukiwany adres. „Zawsze byłem bardzo miły, Gnädige Fräulein" – podchwycił z uśmiechem esesowiec, ona zaś bardzo rozsądnie wstrzymała się od komentarza.

Lipiec 1973

JEDEN DZIEŃ

Tym razem nie z kwartalnym, lecz z półrocznym opóźnieniem: to, co poniżej, powstało w poniedziałek 18 czerwca 1973 w wyniku powziętego dzień wcześniej postanowienia. W niedzielę czytałem dzienniki Brechta i znowu zatęskniłem za tym, co już tyle razy pociągało mnie i zawsze wymykało się z rąk: za prawdziwym i dokładnym, maksymalnie unikającym selekcji i autocenzury, zapisem mojej codzienności. Postanowiłem raz jeszcze spróbować – nie, nie systematycznego prowadzenia dziennika, dobrze wiem, że nic z tego nie wyjdzie – ale jednorazowego zapisu, kroniki dowolnego dnia, z całą jego treścią lub brakiem treści, od obudzenia się do zaśnięcia. Wybrałem dzień najbliższy. Obudziłem się, jak zwykle, kilka minut przed budzikiem, to znaczy przed szóstą. Zwykłe czynności poranne i budzenie reszty rodziny, o pół do siódmej stoję już w kolejce po mleko i pieczywo, posuwa się szybko, bo sporo mężczyzn, nie tych, którzy robią zakupy domowe, ale wręczających odliczone pieniądze z wyjaśnieniem: „za 23 złote". Cena starczy za nazwę towaru: butelki wina owocowego.

Gotuję mleko, J. parzy kawę, jemy śniadanie, J. przygotowuje drugie śniadanie dla siebie i N., kwadrans po siódmej J. wychodzi do pracy, a ja z psem na skwerek, po drodze kupuję gazetę, wracam, pies dostaje swoje mleko. N. tymczasem zmywa naczynia i wychodzi do szkoły.

W „Trybunie Ludu": Polska delegacja z E. Gierkiem i P. Jaroszewiczem udaje się dziś do NRD, V Krajowy Zjazd Delegatów Kółek Rolniczych, Dziś w Białym Domu rozpoczynają się rozmowy Breżniew-Nixon, Liczne ofiary upałów w Pakistanie, Koncentracja wojsk izraelskich – groźba napaści na Liban i Syrię, Po sesji Rady NATO – spory wokół stosunków wewnątrzatlantyckich, Katastrofa drogowa w Argentynie, Trzęsienie ziemi w Japonii, Znaczny spadek wartości lira, Kółka rolnicze organizatorami postępu produkcyjnego i społecznego na wsi – przemówienie Prezesa Rady Ministrów Piotra Jaroszewicza, Finałowy koncert Festiwalu Piosenki Radzieckiej, Wydawnictwo MON i jego autorzy – spotkanie z GZP WP (wymienieni w notatce literaci: Bartelski, Drozdowski, Machejek, Przymanowski, Sroga, Szewczyk, Wantuła, Załuski, Żukrowski), Trudna sztuka handlowania, Handel przed sezonem, Legia zdobyła Puchar Polski, Prognoza pogody dla Warszawy: 15-16 stopni, zachmurzenie duże, wiatry porywiste, możliwy przelotny deszcz.

Odkładając gazetę już wiem, że nie przemogę się dzisiaj i nie usiądę do maszyny, choć do ukończenia książki zostało tak niewiele, a termin prawie mija i każdy dzień drogi. Ciągle jednak coś przeszkadza, dzisiaj – ten zapis, którego nie potrafię prowadzić nie myśląc, automatycznie, więc krępuje mnie i utrudnia pracę. Pocieszam się, że wczoraj – w niedzielę – coś napisałem, chociaż miałem prawo nie pisać; dzisiaj zatem zrobię to, czego nie zrobiłem w niedzielę: przejrzę zaległą prasę tygodniową.

Nie trwa to długo, stosunkowo najdłużej – „Literatura", ciekawy Michałek o Cannes, Madej o Lublinie, Jordan o Bieszczadach, felietony Andrzejewskiego i Dobosza, Rogoziński o Ważykowym przekładzie Horacego, kolejny odcinek rozmów Kąkolewskiego z hitlerowcami (chyba lepszy od poprzednich), dyskusja redakcyjna o literaturze współczesnej – uczestniczy Wańkowicz, Macużanka, Olszańska, Niecikowski, Sprusiński. Wklejam do zapisu fragmenty tej dyskusji, zatytułowanej „Głosy i milczenia współczesności":

„M.W.: – No więc dobrze, czy pan sądzi, że dzisiaj możliwe jest napisanie powieści o współczesnej Polsce?

. . . .

M.S.: – Mam taką receptę na prozę współczesną atrakcyjną, trudną, ale prawdomówną. Musi w niej istnieć bohater, bo tym stoi i proza, o ciekawej biografii i zarazem ciekawy świata. Nie człowiek bez biografii. Nie ktoś znudzony i rozgoryczony. A my albo czytamy powieść, gdzie bohater ma piękny posag biograficzny, ale świat go zupełnie nie obchodzi, bo pielęgnuje swoje wiano, albo widzimy wrażliwca chętnego do katalogowego spisywania wrażeń, chłonnego, ale „wydrążonego". Albo przez okno na świat, a w pokoju pusto, albo okno zamknięte, a pokój zawalony pamiątkami. Albo biadania nad kolejkami w sklepie i różnymi idiotyzmami, codziennościami, które niby to mają metaforyczną wymowę, albo nuda w zamkniętym antykwariacie.

. . . .

M.W.: – Ale ciekawa biografia jest zawsze bardzo kontrowersyjna. Spojrzenie na świat? Ale ten świat jest strasznie kontrowersyjny. Resztę niech sam pan sobie dopowie.

M.S.: – To znaczy, że pan właściwie przekreśla literaturę. Jeśli uwierzę w trudności nie do przezwyciężenia, zakreślę linię graniczną zgodnie z chaotycznymi gestami geodetów, wtedy rezygnuję i przegrywam. Nie ma tematów niemożliwych i każdy, czego dowodzi historia, jest do spełnienia.

M.W.: – To jest *wishfull thinking* to znaczy chciejstwo, i nic więcej z tego nie wynika.

. . . .

B.O.: – Kiedy my stale i za wszelką cenę szukamy dramatyzacji, dramatycznej biografii w przeszłości czy teraźniejszości, nie mówimy o normalnej, obyczajowej, poczytnej, nie pozbawionej humoru powieści, która mówi o normalnym życiu normalnych szczęśliwych ludzi w naszych warunkach. Takich powieści bardzo brak.

M.W.: – Wskrzeście Makuszyńskiego!"

Zdaję sobie sprawę, że mój zapis już jest zafałszowny – „z przyczyn technicznych". Powinienem w tym miejscu wkleić całą dyskusję, bo przecież przeczytałem ją w całości. A może nawet cały numer „Literatury" i numery innych pism, które przeczytałem lub tylko przejrzałem. Zapis jednego dnia byłby wtedy księgą... Wzdycham z rezygnacją – i z „Tygodnika Powszechnego" wycinam dwa krótkie wiersze. Ryszard Krynicki ogłosił kilka przekładów z Bertolta Brechta i Ericha Frieda. Inne przekłady z Brechta umieścił był już wcześniej w „Studencie". Brecht należy do twórców, którzy porywali za młodu mnie i moich przyjaciół. Później fascynacja przygasła, a następne pokolenie chyba w ogóle się odwróciło od Brechta. Teraz najmłodsi przypominają nam o nim – i staje się to jeszcze jedną oznaką nieoczekiwanej i zdumiewającj możliwości porozumienia dwóch pokoleń, między którymi różnica wieku wynosi dwadzieścia lat. Co prawda, Brecht, którego Krynicki podsuwa nam teraz w „Tygodniku", to niezupełnie ten, którego znaliśmy przed ćwierć wiekiem. Z tymi wierszami chyba w ogóle nigdy się nie zetknąłem – w oryginale ani w tłumaczeniu. Czy były drukowane za życia poety? Waham się, który wkleić do zapisu i w końcu wybieram:

KIEDY W BIAŁEJ, SZPITALNEJ SALI

Kiedy w białej, szpitalnej sali
obudziłem się rankiem
i usłyszałem śpiew drozda,
zrozumiałem, że od tej chwili
przestałem lękać się śmierci. Przecież
po śmierci już nigdy nie będzie mi źle, skoro
i mnie samego nie będzie. I z radością
słuchałem nadal śpiewu drozda, który będzie brzmiał
i wtedy, gdy mnie już nie będzie.

I Ericha Frieda, emigranta austriackiego, zmarłego niedawno w Anglii:

DEFINICJA

Pies,
który zdycha,
i który wie o tym,
że zdycha
jak pies

i może powiedzieć
że wie o tym,
że zdycha
jak pies
jak pies
jest człowiekiem

Po tygodnikach sięgam po książkę, z którą nie rozstaję się od kilku dni (nowa komplikacja: autentyczny zapis dnia musiałby już być nie księgą, lecz księgozbiorem) – po *Eseje* Jastruna. Pierwszą część – „Mit śródziemnomorski" – mam od dawna w innym wydaniu, natomiast osobne wydanie drugiej części – „Wolności wyboru" – umknęło mi swego czasu, trzecia zaś – „Historia Fausta" – w tej książce ukazuje się po raz pierwszy (jeżeli nie liczyć fragmentów w czasopismach). Czytam więc od kilku dni czytane już wcześniej i nie czytane eseje Jastruna, największą siłą woli zmuszając się do przerywania lektury dla własnych prac, które muszę ciągnąć. Teraz też pozwalam sobie nie dłużej niż na godzinę *Wolności wyboru* i odkładam ją po rozdziale „Polski Maro z Jasińskiego duszą", z głębokim przeświadczeniem, że mam szczęście obcować z jedną z najważniejszych książek współczesnych w Polsce. Wychodzę z domu, chwilę czekam na przystanku autobusowym, jadę do biblioteki. W autobusie spotykam G., która odwiozła dziecko na cały dzień do matki i jedzie na dyżur. G. jest bibliotekarką, nie w tej bibliotece, do której jadę, lecz w mniejszej i bardziej specjalistycznej. Opowiada, że kierownik znowu wyrzucił mnóstwo książek – tym razem materiały do dziejów Polski międzywojennej, m.in roczniki rzadkich pism i wydane przed wojną w nikłym nakładzie stenogramy konferencji poiltycznych; część zabrała ze stosu dla znajomego studenta historii, podobnie jak przed rokiem ocaliła dla mnie rarytasy rusycystyczne, ale część bezpowrotnie przepadła. G. o mało nie płacze, kiedy o tym mówi. Wysiada parę przystanków przede mną.

W bibliotece czekają na mnie zamówione tomy Czingiza Ajtmatowa, pisarza radzieckiego (Kirgiza, który przeszedł na rosyjski). Znajomość z nim zacząłem od wydanego niedawno *Białego statku*; ta powieść tak mnie zafrapowała, że postanowiłem poznać całą twórczość Ajtmatowa. Może o nim napiszę – ale to już po ukończeniu większej rzeczy, nad którą siedzę.

Wracam do domu koło pierwszej, czas na duży spacer z psem, ale kiedy mam już wyjść, zatrzymuje mnie telefon. To R., jest w Warszawie na sympozjum naukowym, chciałaby nas zobaczyć, zapraszam ją na wieczór i już odkładając słuchawkę zaczynam się cieszyć, bo R. ma w sobie tyle człowieczego ciepła i witalizmu, że każde spotkanie z nią poprawia mi humor.

Spaceruję z psem godzinę, po parku i wokół cytadeli, nie tak dawno mieliśmy w tej samej okolicy trochę lepsze spacery, teraz budowa Wisłostrady ogranicza nasze możliwości, ale i tak na Żoliborzu są większe niż gdzie indziej.

W domu robię obiad dla psa i odgrzewam nasz, przychodzi N. ze szkoły i jemy, J. zje po powrocie z pracy.

N. miała dziś otrzymać w szkole podręczniki do następnej klasy (II liceum), ale na razie przyniosła trzy: łacinę, wiadomości o sztuce i literaturę polską (druga połowa XIX wieku: realizm i naturalizm). Kiedy będzie reszta – nie wiadomo. Przeglądam literaturę i wiadomości o sztuce: robią niezłe wrażenie, przedmiot traktują jako przedmiot, nie zaś pretekst pedagogiczny, dają jakiś ładunek niezbędnej wiedzy, może tylko w nieco zbyt oschły sposób. N. mówi, że z literatury polskiej ma być jeszcze jeden podręcznik: romantyzm.

Kwadrans po czwartej przychodzi z pracy J., siadam przy niej w kuchni, je obiad, dzielimy się nowinami z domu i z pracy, niewiele dziś tego, tymczasem N. zaparza herbatę, wszyscy troje pijemy.

Na popołudniowy spacer z psem wychodzi N., J. kładzie się na chwilę, ale szybko wstaje mówiąc: przyjdzie R., a w domu stajnia, tydzień nie sprzątane – po czym jeszcze przed sprzątaniem idzie do łazienki i kontynuuje zaczętą wczoraj przepierkę. Jak zwykle, zawstydza mnie jej zapracowanie, jedyny doraźny sposób na to zawstydzenie – to usiąść mimo wszystko do biurka;

robię to i, przemagając się, stukam w maszynę prawie trzy godziny; z największym zapałem wtedy, kiedy pasmem iksów przekreślam niefortunne zdanie lub słowo; w rezultacie mam wieczorem ponad stronicę, a więc jednak posunąłem dziś książkę naprzód – i zaraz mi raźniej.

Koło ósmej przychodzi R. – zmęczona swoim sympozjum, a może nie tylko, dość że nie promieniuje z niej ta intensywna energia życiowa, do której zdążyła nas przyzwyczaić przez ponad ćwierć wieku. Pali chyba więcej niż dawniej (lub też ja od czasu, kiedy nie palę, wyraźniej dostrzegam każde zaciągnięcie się papierosem) i z niechęcią opowiada o psującej się atmosferze na oddziale szpitalnym. Przez tyle lat, wyznaje, lubiłam swój oddział, a wtem poczułam się nieswojo i obco. O ile ją dobrze rozumiem, chodzi o to, że nie ma wspólnego języka z młodszymi kolegami, w których dopatruje się egoizmu, nieodpowiedzialności, braku rzeczywistego powołania. Przytacza przykład: kilkuosobowa grupa młodych lekarzy, mężczyzn i kobiet, zażądała wspólnego terminu urlopu, bo tak im się układa towarzysko. A kto zostanie wtedy z chorymi w szpitalu? To nie ich sprawa. Czy to do pomyślenia, zastanawia się R., żeby dla lekarzy związanych z placówką szpitalną sytuacja rozrywkowo-towarzyska do tego stopnia przesłaniała sytuację na sali z chorymi?

Po kolacji przenosimy się do mojego pokoju, R. znowu wyciąga ekstramocne, J. opowiada coś o swoim instytucie, raptem wzrok R. pada na ustawiony na półce okładką en face katalog pośmiertnej wystawy Aliny Szapocznikow. Rzeźbiarka zmarła przed trzema miesiącami, jej ostatnie prace wystawiono w maju w paryskim muzeum sztuki współczesnej, ktoś z przyjaciół przywiózł mi ten katalog, a właściwie album z fotografiami prac z cyklu zatytułowanego „guzy, zielnik". Jako wstęp wydrukowano wypowiedź artystki z kwietnia 1972, kończącą się słowami: „Wbrew wszystkiemu obstaję przy próbach uwiecznienia w żywicy śladów naszego ciała: jestem przekonana, że ze wszystkich manifestacji tego, co przemijające, ciało ludzkie jest najbardziej wrażliwe, jest w obnażeniu swoim... jedynym źródłem wszelkiej radości, wszelkiego cierpienia i wszelkiej prawdy". Z okładki spogląda piękna i dramatyczna twarz Aliny, jak gdyby dodatkowo poświadczając prawdę tego, co jest w środku – tych fantasmagorycznych poliestrów, zdających się wyrastać z najgłębiej, najintymniej przeżytej biologii i wrastać w sen, śmierć, przeznaczenie... R. sięga po album i przegląda go w milczeniu, odkładając mówi: tam jej nie znałam – a ja dopiero w tej chwili uprzytamniam sobie, że i R., i Alina, jako bardzo młodziutkie dziewczyny były w Oświęcimiu – wiedziałem o tym, ale nie pamiętałem, nie myślałem w każdej chwili obcowania z tak bliską R. i z przejmującymi dziełami Aliny.

I raptem R. zaczyna mówić – i po raz pierwszy po tylu latach znajomości, więcej niż znajomości, J. i ja słyszymy jej wspomnienie stamtąd; żebyśmy potrafili zrozumieć, odwołuje się do prozy Tadeusza – on najbardziej zbliżył się do prawdy o Oświęcimiu, mówi, chociaż i on, i on także, łagodził tę prawdę, oszczędzał ludzi, ale jednak nie najmniej ze wszystkich autorów. Nie ma takich, mówi R., którzy to przeżyli, to widzieli, i zachowali niewinność; moją matkę zabrano do gazu, a ja nie pobiegłam za matką, żyłam dalej; potem przez wiele lat co noc moją matkę zabierano, a mnie nogi wrastały w ziemię; kiedy nas wyzwolono, leżałam w gorączce i nie chciałam już żyć, ale przeżyłam; przez dwa lata nosiłam się z zamiarami samobójczymi, uważałam, że kto był t a m , jest trędowaty i nie ma prawa dotykać ludzi... (Dwa lata po wojnie – obliczam w myślach – a więc wtedy, kiedy już ją znaliśmy, razem z J. robiła maturę, nic nie podejrzewaliśmy, nie mieliśmy o niczym pojęcia) Potem to odeszło, wyzdrowiałam, żyłam, tamto wraca rzadko, nie wiem, czemu opowiadam wam o tym.

Szczęście, że odeszło – mówię – pomyśl, ile jednak potem było radości i dobra, ile ty go dałaś innym, ilu ludziom pomogłaś, ilu ocaliłaś... Późno już, J. i ja odprowadzamy R. do taksówki, psa bierzemy ze sobą i idziemy z nim jeszcze do parku, hasa w ciemnościach, a my rozmawiamy o R., o tym, że tyle lat się znamy i nigdy nie było takiej rozmowy.

Wracamy do domu, kończę notować, zaraz pójdziemy spać, pies już zasnął skulony pod moim biurkiem, zamykam zeszyt...

Czerwiec-październik 1973

ODWAGA JEST ZARAŹLIWA

Nareszcie stanął na porządku dnia naszych dyskusji literackich palący problem o d w a g i .

Zawdzięczamy to Stanisławowi Dygatowi, który, rozmyślając przy goleniu o Kąkolewskim i jego adwersarzach („Literatura" nr 33 z 16 sierpnia 1973), stwierdził: „Pojęcie odwagi bardzo się w naszych czasach usztywniło i ograniczyło. Odważny jest ten, który porusza sprawy, mogące nie spodobać się władzy. Niektórzy są w takiej sytuacji, że dużym aktem odwagi byłoby z ich strony napisać coś, co właśnie bardzo by się władzy spodobało. Odwaga pisarza i publicysty ograniczyła się niemal wyłącznie do akrobatyki wokół zagadnień typu społeczno-politycznego. Zapomina się o wielkiej, zupełnie osobistej odwadze przymierzania własnych pojęć do spraw, które – wydawało się – zostały już zinwentaryzowane, sklasyfikowane i określone przez opinię różnych środowisk."

Powyższa refleksja sama przez się jest już aktem odwagi, ponieważ – z czego znakomity prozaik zdaje sobie niechybnie sprawę – odbiega od opinii i wyobrażeń środowiska pisarsko-publicystycznego.

Trzeba mieć naprawdę charakter, żeby zadrzeć z tym środowiskiem, a zwłaszcza z jego wpływową częścią, tradycyjnie określaną jako „liberałowie".

Nawet Dostojewski (o czym już niegdyś wspominałem), terroryzowany przez liberałów, rezygnował z pewnych gestów, które spodobałyby się władzy i na które skądinąd miewał ochotę. „Liberałowie nie wybaczyliby mi tego – wyznawał z żalem Suworinowi. – Zadręczyliby mnie, doprowadziliby do rozpaczy. Czy to normalne? U nas wszystko jest nienormalne..."

Sto lat po Dostojewskim odważne postawienie problemu zawdzięczamy, jak się rzekło, Dygatowi, ale Dygat grzeszy nieco abstrakcyjnością, zdaje się bowiem nie wiedzieć, że wymarzony przez niego nowy bohater naszego życia literackiego już istnieje, działa, walczy, stawia czoło, nie zgina karku, dzień za dniem i rok za rokiem odważnie wciela ideał i wbrew wszelkim przeciwnościom trwa niezłomnie na posterunku. Bohaterem tym, którego, choć nie w pełni zdając sobie sprawę z jego krwistej realności, tak trafnie przeczuł doskonały pisarz, jest Artur Sandauer.

To on przecież już w roku 1956 chciał – jak obecnie wspomina („Kultura" nr 14 z 8 kwietnia 1973) – „stworzyć krytykę nonkonformistyczną, niezależną od dotychczasowych n i e w o l n o i n i e w y p a d a ". Musiał w związku z tym bezustannie rozprawiać się z krytyką konformistyczną i zależną. Czy możliwe byłoby – pytał odważnie – np. wystawienie *Tanga*, gdyby krytyka nie kamuflowała jego treści?" („Kultura" nr 48 z 29 listopada 1965). Ciągle nie wyrzekając się swego posłannictwa, krytyk nie tylko wspomina obecnie dawne boje, lecz nonkonformistycznie i niezależnie podejmuje przerwane niegdyś polemiki. Nawiązując na przykład do twierdzenia, wygłoszonego pięć lat temu przez jednego z demaskowanych przez siebie pisarzy, Artura Międzyrzeckiego, że „kultura jest niepodzielna" i „nie ma w niej niepotrzebnych ludzi", Sandauer odważnie interpretuje: „Innymi słowy żądał Międzyrzecki zniesienia krytyki literackiej...", a nieco dalej: „faktycznie chodziło o bezkarność dla grafomanów". Przytaczając zaś zdanie z ogłoszonego przed dziesięcioma laty eseju Ryszarda Przybylskiego, jeszcze odważniej (bo z ostentacyjną brawurą narażając się mafii IBL-owskiej) wskazuje: „gdyby autor pisał po polsku, a nie międzynarodową gwarą, myśl ta nie mogłaby w ogóle powstać" („Kultura" nr 15 z 15 kwietnia 1973).

W zmaganiach swoich Sandauer dość długo miał prawo czuć się osamotniony, ostatnio jednak sytuacja ta ulega widocznej gołym okiem poprawie. Oto już Bohdan Drozdowski („Poezja" nr 3 – 1973), podkreślając, że „w zdrowym życiu literackim winna panować zdrowa wolność słowa nie tylko dla apologetów, ale i dla opozycjonistów", bez taryfy ulgowej rozpatruje twórczość Szymborskiej, która „zaczyna kamuflować, szyfrować, powiewać aluzjami". Cytując z jej wierszy zdania: „narody małe rozumieją mało" oraz „otacza nas tępota coraz szerszym kręgiem", Drozdowski odważnie zapytuje: „O jakie narody małe poetce chodzi? Kogo otacza tępota coraz szerszym kręgiem?" W następnym zaś akapicie: „kiedy (Szymborska) mówi o szczutej nadziei, nie dopowiada ani o jaką nadzieję idzie, ani kto szczuje". Choć odważny, wydaje się jednak Drozdowski mniej nieprzejednany od Sandauera: „Jeżeli mnie Szymborska zechce zrozumieć – przyrzeka – skończy się nasz rozbrat".

W tym samym czasopiśmie (nr 8 – 1973) młody poeta i ideolog Bohdan Urbankowski odważnie ostrzega, „aby po latach literackiej gerontokracji nie nastąpiła dyktatura ludzi drugiego gatunku a również nie pierwszej młodości". Śmiałość niektórych spośród użytych przez poetę określeń („ludzie drugiego gatunku") zasługuje może na głębszą analizę, tutaj jednak poprzestaniemy na jej zwykłym odnotowaniu.

Za szczególnie budujące wypada uznać nie zatajanie w imię fałszywej skromności własnej odwagi, lecz odważne informowanie o niej szerokich rzesz czytelników. W związku z „Hubalem" reżysera Poręby oświadcza Wojciech Żukrowski („Film" nr 32 z 9 września 1973): „Mnie się ten film tak podobał, że przyłożyłem do niego rękę, zwłaszcza gdy inni się płochliwie wycofali". (Ci inni, płochliwi – to autor pierwotnego scenariusza, Jan Józef Szczepański). „Jestem też pewny – kontynuuje Żukrowski – że ocena tego filmu, zdolność przeżycia emocjonalnego i intelektualnego będzie testem na dzisiejszą postawę niejednego z widzów. Krytyków też mam tu na myśli." Nie ulega wątpliwości, iż w ten sposób pisarz niejednemu z widzów i krytyków dodał odwagi do przyznania się, że film bardzo im się podobał.

Tropiąc dalej wybitne akty odwagi, czas oddać co należne periodycznym somosierrom takiego publicysty, jak Wiesław Górnicki. Pozostawimy jednak na uboczu główny teren jego odważnych batalii – politykę krajową i zagraniczną – gdzie śmiałość podejmowanych analiz i syntez jest ewidentna, i niejednokrotnie zresztą bywała kwitowana przez wdzięcznych czytelników. Mało kto zauważył natomiast bezkompromisową odwagę Górnickiego jako krytyka współczesnej literatury polskiej. A przecież zajął się nią już w swoim słynnym artykule o chochołach przeszkadzających dźwignięciu Polski wzwyż („Życie Warszawy" z 13-14 czerwca 1971), z odważną ironią zaznaczając: „Nikt mi nie wmówi, że tajne szuflady twórców polskich pęcznieją dziś od manuskryptów, a tylko ta straszna cenzura i tchórzostwo urzędników uniemożliwiają eksplozję genialnych dzieł. Prawda jest, niestety, taka, że szuflady są puste". Zaiste, trzeba być śmiałkiem, całkowicie lekceważącym prześladowania ze strony kawiarni literackiej, żeby zdobyć się na ujawnienie powyższej prawdy. Również w nowym artykule pt. „Geografia wstydu" („Życie Warszawy" z 19-20 sierpnia 1973), poświęconym ciemnym stronom naszej turystyki zagranicznej, Górnicki, zgodnie ze swoimi zainteresowaniami kulturalnymi, nie pominął okazji do odważnego wypowiedzenia się przynajmniej o jednym poecie polskim, mianowicie Kazimierzu Wierzyńskim, który, jak odważnie przypomniał, „pod koniec życia pisywał niemal wyłącznie na zamówienie różnych podejrzanych mecenasów". Przed sformułowaniem takiego zdania nie powstrzymała odważnego publicysty nawet świadomość, że i tego liberałowie mu nie wybaczą!

Jak widać, nie jest u nas aż tak źle z prawdziwą odwagą. Osamotnienie Artura Sandauera wyraźnie się zmniejsza, a wolno spodziewać się, że szeregi prawdziwie odważnych pisarzy i publicystów ulegną dalszemu pomnożeniu. Stanie się tak nie tylko dlatego, że – jak odważnie wskazuje w „Miesięczniku Literackim" (nr 7 – 1973) Aleksander J. Wieczorkowski – „na szczęście dziś, odmiennie niż to przed ćwierćwieczem bywało" można polemizować „bez obawy utraty życia publicznego". Główna przyczyna spodziewanego przyboru odwagi leży w tym, że o d w a g a j e s t z a r a ź l i w a . Wątpię tylko, czy na taką odwagę, za jaką teoretycznie się opowiada, stać będzie kiedykolwiek chwalącego ją przy goleniu Stanisława Dygata.

Wrzesień 1973

LUDZIE W SZPITALU

Niespodziewanie okazało się, że do kolejnego felietonu muszę się zabierać znacznie żwawiej niż zwykle; i w dodatku okazało się to w chwili, w której jestem daleko od mojego biurka, od szpargałów na biurku, notatek, wycinków, książek; jestem mianowicie w szpitalu; cóż więc pozostaje? przepisać kartę chorobową? opisać swoje dolegliwości? czy może po prostu – s p i s a ć p a c j e n t ó w ?

Oto rzeczywistość, która mnie otacza; osiem łóżek (ja na drugim od lewej ściany), dwa duże okna (jedno, wraz z rozgrzanym kaloryferem, za moją głową, a za oknami ulica, nieprzerwany zgiełk samochodów), dwie kremowe kule pod wysokim sufitem, w kącie umywalka z lustrem i śmietniczka, na ścianie był jeszcze plakat, który powiesiła siostra Dorota, plakat ostrzegał: „miłe złego początki", ale Pacjent IV (nerwica? niewydolność krążenia?) zezłościł się i zdarł ze ściany.

Na łóżkach – ośmiu mężczyzn w wieku od siedemnastu do siedemdziesięciu trzech lat, zjednoczonych w bólu, strachu i rytuale szpitalnym (termometr, obchód, mocz do buteleczki, nabrać powietrza, nie oddychać, krew z żyły, dieta trzecia, oddychać, proszę się tu położyć, EKG, zupa, pigułki, gaszenie świateł) i obcych sobie wzajemnie w takim stopniu, w jakim wyobcowuje niespokojne wsłuchanie we własne wnętrze, skupienie myśli na własnym niepewnym losie.

Niektórych prawie nie znam, o innych już wiem to i owo, paru zdążyłem polubić – i nie ma tu żadnego, do którego odczuwałbym antypatię. Spiszę moich towarzyszy szpitalnych w kolejności, w której teraz wodzę po nich spojrzeniem.

Pacjent I, taksówkarz, 57 lat, po zawale. Na postoju wsiadło wesołe towarzystwo, wydając sprzeczne ze sobą dyspozycje (chociaż wszystkie dotyczyły lokali gastronomicznych). Zawiózł pod pierwszy adres, kazano jechać gdzie indziej, uczynił to, lokal nieczynny, więc szydzono, że co z niego za taksówkarz, skoro o tym nie wiedział. Zawiózł pod następny, ale przez całą drogę konflikt w łonie wesołego towarzystwa owocował przycinkami i pretensjami do taksówkarza. Kiedy wreszcie pozbył się uciążliwych pasażerów, wszystko trzęsło się w nim ze zdenerwowania. Po chwili poczuł ból ściskający pierś ból narastał, taksówkarz zdążył podjechać pod pogotowie i wpaść do środka: ratujcie, mam zawał! – ale tu nie uwierzono jego autodiagnozie i kazano czekać na korytarzu, dopiero po godzinie zjawił się lekarz i zmierzył mu puls... ocknął się w sali reanimacyjnej szpitala, podłączony do dziwnych aparatów, umieszczony bez ruchu pod niegasnącą lampą. Poznałem go już na zwykłej sali, ciągle jednak skazanego na bezruch i wszystko, co z tym jest związane, co żenuje i irytuje nie oswojonego ze swym niedołęstwem mężczyznę. Nadal jest nerwowy i wybuchowy. Wczoraj po wizycie żony wyłonił się nowy temat: że wróci na taksówkę, co mu tam, nie będzie przecież żył z tysiąca złotych renty. Palić już nie będzie, wytrzymał trzy tygodnie, to i dalej wytrzyma, na piciu mu nie zależy, żeby jeszcze tylko się nie denerwować.

Pacjent II, 40 lat, po drugim zawale. Mówi, że zachorował przez nieustabilizowany tryb życia. Niedomyślnie pytam, czy chodzi o pracę. Potwierdza, a sąsiedzi wyjaśniają: on jest malarzem, a malarze, wiadomo... Po pierwszym zawale – opowiada – uważał na siebie, nie tak dużo pracował, ale trafiły się imieniny, więc żona dała mu na pół litra winiaku dla gości. Ze swoich dokupił drugie pół litra, żeby starczyło, jak przyjdzie więcej. A kiedy w końcu nie przyszedł nikt, musiał sam wypić obie butelki, smakowało mu nawet i poszedł spać w wesołym humorze, tylko że w nocy obudził go ten znajomy ból... Nie, więcej nie wróci do tego, ma zamiar się szanować, skończone. Trudno jednak być tego pewnym, obserwując, jak ukradkiem pali w łóżku sporty (podobnie jak Pacjentowi I, nie wolno mu jeszcze wstawać). Papierosy – mówi – to co innego.

Pacjent III, siedemnastoletni uczeń technikum łączności, nieżyt żołądka. Żywy, uczynny, usługuje na różne sposoby pozostałym, robi to chętnie, z uśmiechem. Przed chwilą przyniósł Pacjentowi II książkę ze szpitalnej biblioteki i skomentował z zapałem: Artur Conan-Doyle, laureat Nagrody Nobla, autor *Sagi Rodu Forsythów*. Pomyliły mu się dwa seriale telewizyjne. Ale kiedy powiem mu na korytarzu, jaki popełnił błąd, nie obrazi się i może zapamięta, bo spragniony jest k u l t u r y i pełen najlepszej woli. Całymi dniami rozwiązuje krzyżówki ze wszystkich gazet i czasopism, jakie są na sali: najpierw wpisuje to, co sam potrafi, potem obchodzi innych. Przyszedł i do mnie: „natchnienie, cztery litery, pierwsza w". To będzie wena – odgadłem. Wpisał, zgadzało się. Nie wiedziałem, że jest takie słowo – wyznał z szacunkiem, a po chwili tęsknie dorzucił: tyle tych słów w języku, których człowiek nie zna...

Pacjent IV, ten który zdarł plakat: inżynier pochodzenia robotniczego, dyrektor techniczny dużego przedsiębiorstwa, 39 lat, bez diagnozy. W ubiegłą sobotę uczestniczył w Czynie, wraz z innymi dyrektorami podawał cegły, a robotnicy wytykali ich palcami: patrzajcie, jak inteligencja się kiepsko rucha. W niedzielę wybrał się swoim fiatem na zieloną trawkę, żona siedziała obok, dzieci z tyłu, dwadzieścia kilometrów za miastem zrobiło mu się ciemno przez oczyma, zaczęły drżeć ręce, ostry ból rozdarł klatkę piersiową. Zatrzymał wóz i powiedział do żony: znowu to, co w lipcu... W szpitalu Pacjent IV z uwodzicielskim uśmiechem krąży po korytarzach, podrywa przystojne siostry i pacjentki, bryluje, tokuje, jest królem życia – a po chwili leży ze zbielałymi wargami, z dygocącymi kończynami, spazmatycznie łapiąc powietrze i błagając pomocy. Lekarze wzruszają ramionami: badania nic nie wykazały. Ale ja, obudzony w nocy, trzymałem go przecież za przegub dłoni i czułem spłoszone, nieregularne, pędzące gdzieś i zamierające tętno...

Pacjent V, dziewiętnaście lat, zapalenie stawów, kuli się na łóżku i płacze. Jako dwuletnie dziecko przeszedł chorobę Heinego-Medina, zdawało się, że nie pozostawiła śladu, po latach zaczęły się bóle, chłopiec uczęszczał do poradni, aż pewnego dnia zabrano go do szpitala, bo poradnia była bezsilna. Jest jednym z sześciorga dzieci niemłodych i niezamożnych rodziców, dopiero co ukończył zasadniczą szkołę elektryczną, dostał pracę, myślał o wieczorowym technikum. Kiedy go nie boli, opowiada o swoich – o Oświęcimiu matki, Monte Cassino ojca, sukcesach w pracy starszego brata i zaręczynach siostry – i jego nieładną twarz rozjaśnia promienny uśmiech. Ale najczęściej jest skulony i zapłakany, bolą go dłonie i stopy, i choć trwa to już tak długo, i lekarze uporczywie borykają się z trudnym przypadkiem o banalnej nazwie ,,zapalenie stawów'', ciągle nie potrafią mu przynieść prawdziwej ulgi...

Pacjent VI, lat 65, handlarz warzywami, mały, gruby, bez szyi, czerwona twarz, krótko przystrzyżone siwe włosy, po całym życiu bez chorób – pierwszy raz w szpitalu, powalony przez nadciśnienie. Usiłują mu między innymi spuścić brzuch, a on, łypiąc chytrymi oczkami, wyłudza u salowych dodatkowy talerz zupy i w każdej wolnej chwili posila się wiktuałami znoszonymi przez równie korpulentne córki i wnuczki. ,,Chodzi o te pół kurczaka?'' – zdumiewa się, kiedy ktoś usiłuje go pohamować. Pacjent II nazwał Pacjenta VI Okrąglaczkiem, i to się przyjęło. Okrąglaczek na głos snuje marzenia o różnych potrawach mięsnych i rybnych, ,,przyrządza'' je dla nas zasłuchanych, aż ślinka cieknie. ,,Przyrządza'' też alkohole – i na przykład jego śliwowica wręcz przechodzi wyobraźnię. Prawie wszyscy dają się wciągnąć do tych uczt, nawet Pacjent VII, któremu niewiele już trzeba, zapala się do zup rybnych i wspomina dawne połowy w nowogródzkich jeziorach. A kiedy przy jakiejś wymyślnej pieczeni Pacjent II usiłuje sprowadzić Okrąglaczka na ziemię: skąd wziąć to mięso? – ten macha ręką: wszystko można dostać, każdy frykas, także każde lekarstwo – dodaje po chwili – jak się umie zapłacić. To, że każde dobro jest do nabycia, stanowi dewizę życiową Pacjenta VI. Brak widocznych postępów w leczeniu chłopca, chorego na zapalenie stawów, interpretuje również wychodząc z tej doktryny. Jako człowiek, który umie – i ma z czego – zapłacić, jest pewien, że zostanie wyleczony niezależnie od spożywania dodatkowych zup i kurczaków. Dlatego może spokojnie układać menu pierwszego obiadu po wyjściu ze szpitala...

Pacjent VII, 73 lata, po zapaleniu płuc, bardzo wycieńczony i osłabiony, były oficer zawodowy, uczestnik dwóch wojen. Długo nic o nim nie wiemy, dopiero dzięki tym rybom daje się wciągnąć w rozmowę i cichym głosem, ciężko dysząc i urywając raz po raz, opowiada swoją historię. Dużo pan przeszedł – mówę. Ja? – oburza się. – Ja dużo przeszedłem? Naród... – i głos mu się załamuje. Prawdziwy patriota – mówi z przejęciem Pacjent IV, a Pacjent VII, przezwyciężając szloch: przeczytajcie tego Jasiuczenię... – i wcale nie gorszy mnie, że tak mu się zniekształciło w pamięci nazwisko pisarza...

Pacjent VIII, literat, 46 lat, coś mu dokuczało, więc pewnego dnia przyszedł do lekarza-specjalisty, żeby dać się zbadać, i został zatrzymany w szpitalu najpierw na tydzień, a teraz upływa już drugi... To ja. Ja – jak każdy tutaj – wylękły i obolały, ale – jak niektórzy – powoli nabierający otuchy i przezwyciężający samobójczy egocentryzm Pacjenta otwieraniem szeroko oczu i uszu na tych innych, przypadkowych (a może nie przypadkowych?) współmieszkańców szpitalnej sali.

Październik 1973

PLUS MINUS

Siadam do pisania w ostatnim dniu Starego Roku – to jeden z tych momentów, kiedy w człowieku budzi się buchalter własnego życia i życia dookoła, a w ciemnościach ducha zaczyna pobłyskiwać i kusić jak neon barwne słowo BILANS. Trudno się temu oprzeć; jak przeto wygląda moja prywatna buchalteria życiowa za okres sprawozdawczy, mój – o ile potrafię się w nim połapać – bilans roku tysiąc dziewięćset siedemdziesiątego trzeciego?

Ukończyłem – zresztą już w pierwszej połowie roku – książkę, nad którą intensywnie pracowałem także przez rok poprzedni i trochę wcześniej; teraz czekam cierpliwie na dalsze jej losy w czeluściach machiny wydawniczej.

Napisałem drugi tuzin felietonów do „Więzi", co przysporzyło mi, jak się zdaje, trochę nowych czytelników i przyjaciół, a trochę też nieprzyjaciół; chociaż nie mam pewności, czy nieprzyjaciele są rzeczywiście nowi, może raczej odnowieni, od nowa dotknięci czy to samym faktem, że tu pisuję, czy różnymi rzeczami, jakie zdarza mi się pisać serio lub żartem. Te i owe krewkie zawołania moich karcicieli czytelnicy mieli okazję usłyszeć. Dla mnie w konfliktowych sytuacjach (a jakoś ich się namnożyło w minionym roku – może dlatego, że psuje mi się charakter) najważniejsza i najbardziej krzepiąca była solidarność Redakcji z felietonistą, z którego nie każdym zdaniem przecież się zgadzała, ale którego nie zechciała się wyprzeć jako niepożądanego przybłędy na swoich łamach.

Cóż jeszcze? Ukazały się książki, przygotowane dużo wcześniej i należące do minionych obszarów mojej biografii; ale teraz zaczęto je czytać i o niektórych z nich trochę mówić; siłą rzeczy więc musiałem powracać częścią swojej świadomości na dawno opuszczone tereny i żyć dwoiście – tym, co właśnie robiłem lub dopiero zrobiłem, i tym, co zdążyło się już ode mnie oddzielić, ale co teraz dopiero „obiektywnie" ze mną kojarzono. Znalazło się zresztą wśród tytułów roku 1973 parę obdarzonych długą i dość pogmatwaną historią – powrót do nich oznaczał więc ponowne nawiązanie do pewnych trwalszych wątków mojego życia – dotyczy to niewielkiej książki *Dziesięć lat w kinie* i zwłaszcza wyboru poezji rosyjskiego poety Gennadija Ajgiego pt. *Noc pierwszego śniegu*, przygotowanego przeze mnie wespół z Józefem Waczkówem. Ale o tym powspominam może dokładniej przy innej okazji.

Wreszcie – podróżowałem w tym roku; i o tym też mam nadzieję opowiedzieć osobno, jako że podróż do Hiszpanii stała się dla mnie wielką i
nie całkiem spodziewaną przygodą.

Ostatnie miesiące roku zmieniły jego koloryt na posępniejszy: choroby
zawsze przygnębiają człowieka, kiedy zaś dochodzi do tego oderwanie od
pracy, niespełnienie zamierzeń, pasmo jałowości, którego kresu niepodobna przewidzieć, człowiek grzęźnie w jakimś dole psychicznym i nie bardzo
wie, jakim zrywem mógłby się z niego wydostać. Wtedy – cała nadzieja w
gwiazdach, na których odmianę ja także liczę w nadchodzącą noc sylwe-
strową.

Tyle prywatnego bilansu, a publiczny, ma się rozumieć – w sferze kultury,
bo najbliższej piszącemu i najpilniej obserwowanej? Nie takie to proste, bo
weźmy choćby piśmiennictwo – tyle ukazuje się tekstów różnego rodzaju, z
tak rozmaitych przyczyn sięga się po jedne i nie sięga po inne, że trudno o
pewność, iż nie przeoczyło się właśnie tego najważniejszego, który – prze-
czytany w porę – najgruntowniej zapadłby w pamięć. Ponadto – jakże tu
ustalać jakąkolwiek hierarchię, mając do czynienia z dziełami tak odmien-
nymi gatunkowo oraz pod względem swojej genezy, jak dajmy na to, ody
Horacego w przekładzie Adama Ważyka, *Ethos rycerski i jego odmiany* Marii Ossowskiej, rozważania psychiatryczne Antoniego Kępińskiego, praca
zbiorowa (plon sesji IBL-owskiej) pt. *Swojskość i cudzoziemszczyzna w dziejach kultury polskiej*; opowiadania współczesne Marka Nowakowskiego w
prasie literackiej, eseje (również w prasie) Wojciecha Karpińskiego i Małgorzaty Szpakowskiej, powieść Edwarda Redlińskiego *Konopielka*, rozproszo-
ne wiersze kilku ulubionych poetów, jak na przykład ten Ewy Lipskiej, który
usłyszałem na pewnym publicznym wieczorze, a parę dni temu przeczytałem
w świątecznym numerze „Literatury":

Egzamin konkursowy na króla
wypadł doskonale

Zgłosiła się pewna ilość królów
i jeden kandydat na króla

Królem wybrano pewnego króla
który miał zostać królem.

Otrzymał dodatkowe punkty za pochodzenie
spartańskie wychowanie
i za uśmiech
ujmujący wszystkich za szyje.

Z historii odpowiadał
ze świetnym wyczuciem milczenia.

Obowiązkowy język
okazał się jego własnym.

Gdy mówił o sprawach sztuki
chwycił komisję za serce.

Jednego z członków komisji
chwycił odrobinę za mocno.

Tak
to na pewno był król.

Przewodniczący komisji
pobiegł po naród
aby móc uroczyście
wręczyć go królowi.

Naród oprawiony był
w skórę.

Nie bilans zatem (który przestaje być w tej dziedzinie możliwy), lecz zaledwie pobieżne i chaotyczne przerzucanie szuflad pamięci, wypełnionych przez najbardziej poruszające spośród własnych lektur, w rzeczywistości przecież nie tylko rodzimych i nie tylko ogłoszonych w tym roku, choć w pogoni za niemożliwym bilansem tylko takie wyciągam na wierzch. Ale i tych nie zdążę poukładać na rosnącej i chwiejnej stercie; biorę właśnie do rąk grube dzieje rosyjskiej myśli filozoficznej Walickiego i cienki debiutancki tomik młodego poety z Łodzi, Zdzisława Jaskuły, kiedy z dna szuflady rozlega się głuchy wystrzał – to „Na wylot", pierwszy film fabularny Grzegorza Królikiewicza; i przyjmuję z ulgą tak gwałtowne przywołanie do innej rzeczywistości – filmowej – ponieważ o tyle jest mniej gęsta od literackiej, że zabłądzić w niej znacznie trudniej.

Filmy polskie, jak wiadomo, od lat oscylują wokół nieprzekraczalnej liczby dwudziestu paru, z czego lwia część nie nadaje się do oglądania w żadnej godziwej intencji, kilka pozostałych natomiast tworzy niekiedy zestaw dość niebanalny. Tym razem sezon zaczął się od urzekającego „Wesela" Wajdy (któremu poświęciłem wtedy felieton), następnie były dwa brawurowe debiuty: „Na wylot" Królikiewicza i „Palec boży" Krauzego (ten drugi odbieram jako bliższy i czytelniejszy ale pasja Królikiewicza też nie pozostawia mnie obojętnym), wreszcie w grudniu doczekaliśmy się „Iluminacji" Zanussiego, filmu podejmującego odwieczny, tysiąc razy kompromitowany i odradzający się wbrew tym kompromitacjom, najważniejszy wątek myślącej sztuki europejskiej (czy tylko?), najogólniejsze i najdotkliwsze jej pytanie, w różnych postaciach zawarte w Hamlecie i Fauście, w Czerwonym i czarnym, Zbrodni i karze, Przedwiośniu: J a k   ż y ć ? jak istnieć w tym świecie biologicznym, społecznym i transcendentnym? jak w nim egzystować sensownie od chwili, którą odczuwa się jako punkt wyjściowy, rozdroże doświadczeń, miejsce możliwego wyboru? Otóż śladem poprzedników z minionych epok twórca współczesny prowadzi swojego młodego bohatera przez dostępne mu sfery poznania – wiedzę abstrakcyjną i nie wyrzekającą się eksperymentowania na żywym organizmie ludzkim, życie uczuciowe i rodzinne, materialną powszechność, narkotyczną zabawę, politykę, kontemplację religijną – nie ku celowi, który zdolny byłby a priori wytknąć, lecz ku nowym próbom, nowym wariantom tego samego pytania, zawierającego, być może, samo przez się, przez to, że zostaje postawione, ową wartość usensowniającą życie jednostki.

Jak sugestywna jest rzeczywistość filmowa „Iluminacji", niech zaświadczy moja mała przygoda w trakcie wspomnianego już wieczoru młodych poetów w warszawskim Domu Literatury (wtedy, kiedy Ewa Lipska czytała swój

„Egzamin na króla"). Sala była pełna, głównie młodzieży, częściowo stojącej lub siedzącej na podłodze pomiędzy pierwszym rzędem foteli a trybunką, na której usadowiono poetów. W pewnej chwili zobaczyłem przepychającego się przez tłum Stanisława Latałłę – niezawodnego aktora, który zagrał główną rolę w „Iluminacji" – dość energicznie przedostał się do przodu i przykucnął na podłodze między rówieśnikami – kiedy zaś rozpoczęło się mówienie wierszy i ten kudłaty okularnik, pozostający w polu mego widzenia, reagował równie bezpośrednio i żywiołowo jak inni kudłaci okularnicy wokół, wydało mi się raptem, że film trwa, że jestem wewnątrz filmu jako jeden ze statystów w scenie wieczoru poetyckiego, a bohater rozgościł się w niej jako w jeszcze jednym miejscu swoich prób życiowych, tym razem – próby kontestatorskiej poezji...

A propos młodej poezji: „Życie Warszawy" zapytało dwudziestu dwóch, jak to określiło „wybitnych przedstawicieli" o „najciekawsze wydarzenie kulturalne w naszym kraju w roku 1973". Zwróciłem uwagę na wypowiedź Ernesta Brylla, który za wydarzenie takie uznał „skrystalizowanie się grupy poetyckich oponentów" w stosunku do swojej generacji. „Pojawiło się więc – kontynuuje Bryl – kilka indywidualności poetyckich, do których należy jeden z moich najsurowszych krytyków, Barańczak... Nareszcie pojawili się oponenci z prawdziwego zdarzenia..." Powyższa wypowiedź – stwierdzam to bez krzty ironii – przynosi Bryllowi zaszczyt. Bodaj że on jedyny z broniącej się formacji „zadufanych" (termin Barańczaka) okazał się zdolny do gestu uznania dla atakującej formacji „nieufnych". Inna rzecz, że i to Bryllowe uznanie trudno nazwać pośpiesznym: ofensywny impet „nieufnych" trwa już jakiś czas i postronni zdołali go odnotować w bilansach zeszłorocznych lub jeszcze wcześniejszych. W tej chwili zaś sytuacja wewnętrzna młodej poezji (i zrośniętej z nią krytyki) wydaje się bardzo niełatwa: niezbyt chyba wiadomo, jak utrwalić dotychczasowe efektowne zwycięstwa, w jakim kierunku i jakimi środkami kontynuować natarcie. Jednocześnie naocznym faktem stało się zakorzenienie tej poezji – w jej obecnej postaci – w jakimś gruncie społecznym, wytworzenie dla niej chłonnego i wrażliwego odbioru przede wszystkim w dość szerokiej warstwie studiującej młodzieży, ale także jeszcze młodszych i trochę starszych czytelników ze sfer inteligenckich. Tamte tłumy na warszawskim wieczorze wcale nie były czymś wyjątkowym.

Podobnie ma swoich odbiorców taki skądinąd wcale nie prosty i wielu widzów odpychający film, jak „Iluminacja". To ich reprezentanci odpowiedzieli listami do redakcji na lekceważącą dzieło Zanussiego recenzję w „Polityce".

Możliwe, że warstwa wdzięcznych widzów „Iluminacji" pokrywa się częściowo z czytelnikami młodej i nie tylko młodej poezji.

Możliwe, że w tegorocznym bilansie naszej kultury to zjawisko z dziedziny o d b i o r u zasługuje na umieszczenie przed, a przynajmniej obok zjawisk z dziedziny t w ó r c z o ś c i . W obydwu najistotniejszy jest element wyboru: twórcy zawsze wybierali rozmaicie, ukształtowanie się natomiast publiczności, która t a k w y b i e r a , jest dla losów kultury znaczące.

Na zakończenie – anegdotka prawdziwa z innego jeszcze wieczoru poetyckiego, odbytego we wrześniu, w ramach Warszawskiej Jesieni Poezji, w filii Biblioteki Publicznej na peryferiach stolicy. Poeci przyszli pierwsi, pustawa sala wypełniała się powoli i zażenowana pani bibliotekarka tłumaczyła się: „nie wiem dlaczego nie przyszła ta czytelniczka, która lubi wiersze – pewnie zachorowała". A potem naraz zrobiło się pełno, poeci odczytali wiersze, słuchano ich ze zrozumieniem, i już po wszystkim pani bibliotekarka, rozglądając się po wychodzących uczestnikach spotkania, odezwała się do poetów ni to z podziwem, ni to z pretensją: „panowie przyprowadziliście własną publiczność..."

Czyż nie jest tak, że autentycznie istnieje ta poezja, ten film, w ogóle ta sztuka, która prowadzi za sobą i przyprowadza własną publiczność?

Ale dość; wstaję od pisania (kilkakrotnie przerywanego) już w Nowym Roku 1974; barwne słowo BILANS przestało już ponętnie migotać; znowu chodzi o to, co przed nami.

Styczeń 1974

STĄD I STAMTĄD

Znowu jestem w szpitalu, tym razem – już piąty tydzień. Przepraszam czytelników za powtarzanie tego rodzaju informacji o sobie.

Już kilka miesięcy temu, donosząc o swoim pierwszym pobycie na szpitalnej sali, czułem się nieco zażenowany, ale wydawało mi się, że dwa lata naszego stałego obcowania w tym miejscu wytworzyły pewien stopień zażyłości, upoważniający, a może nawet obligujący również do tak osobistych zwierzeń. Tym razem zaś chodzi w dodatku o wytłumaczenie się z niedbałości, jaka mogłaby mi zostać wytknięta w trzecim roku ciągnięcia stałej rubryki w „Więzi", i z zawodu jaki, być może, sprawiam ostatnio czytelnikom, a także Sekretarzowi Redakcji, panu Smosarskiemu, dawniej dość sobie chwalącemu punktualne dostarczanie przeze mnie materiałów. W ostatnich miesiącach, niestety, punktualność ta zaczęła mocno szwankować, a kilka numerów ukazało się w ogóle bez felietonów. Jestem wdzięczny Redakcji, że parokrotnie zdecydowała się wobec tego w inny sposób zaznaczyć moją obecność w piśmie. Tak oto i w poprzednim numerze wiersze musiały zastąpić felieton, zresztą już rozpoczęty – o podróży hiszpańskiej zeszłego lata – i w stanie rozgrzebanym pozostawiony na biurku. Mam nadzieję, że jeszcze do niego wrócę, a tymczasem, kiedy znów zbliża się termin, a ja ciągle tutaj, spróbuję z innej beczki.

Ale nie, nie o szpitalu tym razem – i nie tylko dlatego, żeby nie zadręczać nim czytelników – lecz dlatego, że sam staram się uciec z niego psychicznie, wyjść n a z e w n ą t r z, poza te widoki, historie, dźwięki zapachy, i przede wszystkim poza własne unieruchomienie w tych murach, własną słabość, strach i upokorzenie w sytuacji, do której nie chcę się przyzwyczaić. To wyjście na wolność nie jest łatwe, bo szpital, zazdrosny o każdą inną rzeczywistość, atakuje człowieka, pochłania go, przykuwa do swojego codziennego rytuału jak więzienie, jak wszelki system zamknięty, i dodatkowo zaskakuje ciosami spoza rozkładu dnia, leżącymi przecież w jego naturze. Próbuję jednak – i mam też sojuszników: tych wszystkich, to wszystko, co przychodzi s t a m t ą d, z normalnego życia – odwiedzających mnie moich najbliższych, sprawy powszednie, o których opowiadają, listy, książki i czasopisma, które przynoszą. W tym, co od nich słyszę o moich sprawach z wolności – na przykład niektórych wydawniczych – odczuwam, co prawda, czasem jakieś niedopowiedzenia; chyba to troskliwość bliskich o moje nerwy cenzuruje mniej miłe wiadomości, zgodnie zresztą z wywieszonym na korytarzu regulaminem dla odwiedzających, zawierającym m.in. zakaz „poruszania tematów, które mogłyby wprowadzić chorego w stan niepokoju"... Doceniam te obawy i wcale nie łaknę nadmiaru pozostawionych w domu zdenerwowań, a jednak... ogołocony z właściwych mojemu życiu konfliktów i niepokojów – jak dalece pozostaję sobą prawdziwym i stałym, nie tym prowizorycznym (miejmy nadzieję) w szpitalnym pasiaku? Ale nie przed wszystkim, co porusza lub wzburza, potrafią mnie moi najbliżsi uchronić. W jednym z czasopism literackich (t y l k o w jednym!) znalazłem nekrolog szczecińskiego pisarza Jana Papugi – i zaraz ogarnęła mnie fala wspomnień. Podejrzewam, że skoro nawet redaktorzy pism, w których nekrologu tego zabrakło, nie wiedzą, kim był Papuga, tym bardziej nie słyszało o nim wielu czytelników. Syn łódzkiego robociarza, jako młodziutki chłopak komunizował i poszukiwany przez policję schronił się na morzu, po czym całą wojnę przepływał jako marynarz floty polskiej w Anglii. Wtedy to zaczął pisać i zadebiutował w londyńskiej „Nowej Polsce". Po powrocie drukował w „Kuźnicy" i uchodził w tym okresie za jeden z najagresywniej realistycznych młodych talentów. Wydał zbiór opowiadań pt. Szczury morskie. I... wnet skończyła się dobra passa Jasiowa. Mieszkał najpierw w Gdańsku, następnie długie lata w Szczecinie, trochę pływał, coś tam pisał, ale głównie słynął z tego, że ze wszystkimi zadzierał, nie mieścił się w rozmaitych miejscowych układach, w pewnej chwili musiał zrezygnować z morza, a z literatury chyba nigdy nie zrezygnował, lecz żyć w skórze zinstytucjonalizowanego „literata" nie umiał, klepał więc biedę i zacinał się coraz bardziej w swoim rozgoryczeniu oraz uporczywym skłóceniu ze związkiem literatów, redakcjami, wydawnictwami i całą tą machiną, od której, jak każdy piszący, pozostawał wszak nadal uzależniony. Przez te wszystkie lata – inaczej niż w łódzkich początkach – widywałem go rzadko. I prawdę mówiąc, nie wiem, czy to, co pisał, dorównywało Szczurom morskim, czy też stanowiło płonny wysiłek ponownego wzbicia się na wysokość, jaką raz tylko – w wojennej, marynarskiej młodości – udało mu się osiągnąć. Wiem natomiast, że Jan Papuga był człowiekiem czystej duszy i szczerego serca; i owszem, dziwadłem, weredykiem nieznośnym, obsesjonatem; ale człowiekiem czystej duszy i szczerego serca, prostych dróg i wrażliwego sumienia; wspominając go zatem z żalem serdecznym, myślę – niech mu ziemia lekką będzie, marynarzowi nie w swoim żywiole pochowanemu. I może – zamiast prowizorycznego nagrobka – zanim ktokolwiek rozejrzy się w jego rzeczywistej i kompletnej puściźnie – znajdzie się wydawca, który szybko wznowi choćby Szczury morskie Jana Papugi?...

W innym czasopiśmie natrafiłem nie na nekrolog, lecz na utwór poniekąd zbliżony doń gatunkowo, mianowicie na tzw. felieton grzebiący. Czasopismem jest warszawska „Kultura", felieton nosi nazwę „Nieobecność", autorem jego jest KTT (Krzysztof Teodor Toeplitz), tym zaś, którego usiłuje pogrzebać w oczach publiczności – Antoni Słonimski, z okazji wydania jego książki pt. Obecność. Książkę przyniesiono mi parę dni później, przeczytałem ją jednym tchem (chociaż składające się na nią teksty znałem już z „Tygodnika Powszechnego" 1971-1972), a następnie ponownie i z jeszcze większym zdumieniem przestudiowałem felieton Toeplitza. Autor przytacza swoiście dobrane, spreparowane i skomentowane cytaty z Obecności, żeby w ostatnim akapicie dojść do konkluzji, iż „całkowita, nieusprawiedliwiona nieobecność Antoniego Słonimskiego w zmaganiach o sztukę naszego wieku jest prawdziwą, poważną przykrością". Hm. A gdyby tak zamiast wykrojonych przez KTT zdań o pop-arcie i piosenkach telewizyjnych sięgnąć na przykład do tekstu Słonimskiego pt. *O zaangażowaniu* (str. 18-21 tak różnie czytanej przez nas książki)?Zaangażowanie – przypomina pisarz – na przedwojennym rynku pracy, m.in. w teatrach, oznaczało „po prostu umowę obustronną". W literaturze jednak „angażować się znaczyło zawsze deklarować swą postawę, działać, brać odpowiedzialność. Dziś lękam się, że oba te znaczenia zlepiają się, mieszają i słowo to coraz częściej oznacza pewien rodzaj usług literacko-publicystycznych. Może istotnie warto przypomnieć, że prawdziwą siłę społeczną ma angażowanie się jako czynność niezależna, jako wynik wrażliwości na sprawy nie swoje, ogólnonarodowe, moralne. Wrażliwość ta zanika, maleje wraz ze wzrostem ośmielonego okrucieństwa... Niechęć przeciwstawiania się okrucieństwu, kłamstwu czy niesprawiedliwości budzi zniecierpliwienie wobec tych nielicznych, którzy kreślą słowa ogniste na ścianach domu ucisku i hańby. Pisarze od literatury zaangażowanej odchodzą w różnoraki sposób. Jedni czynią to zgrabnie, kroczkiem powabnym, inni potykając się, klucząc... Nie bądźmy niesprawiedliwi. Są pisarze, którzy dość mają odwagi, aby zejść w piekła choćby krąg pierwszy, ale których predylekcje pisarskie i rodzaj wyobraźni kierują ku innym przeznaczeniom... Pisarz ma czasem prawo, nawet wbrew Conradowskim zasadom honoru, odejść, odwrócić się od aktualności, ale budzą wstręt ci, którzy z wygodnych pozycji z wyrachowanym lekceważeniem traktują pisarzy walczących i prześladowanych."

Dziesięciu cytatom KTT ze Słonimskiego ośmielam się przeciwstawić ten jeden na dowód mądrej, szlachetnej, imponującej OBECNOŚCI pisarza w zmaganiach o sztukę naszego wieku. I może także o coś, w czym sztuka jakoś się mieści, ale co jest większe, rozleglejsze, ogólniejsze od sztuki (staromodnie wierzę, że i coś takiego istnieje).

Na czym polega obecność w tych zmaganiach samego KTT – nie potrafię się domyślić.

A to, że inaczej niż Słonimski odbieram filmy Wajdy według Żeromskiego i Wyspiańskiego, przychylniej też odczytuję niektórych najmłodszych poetów polskich, nie bardzo natomiast lubię radio i niewiele obchodzi mnie telewizja? Cóż godnego uwagi wynika z tych rozbieżności w pewnych upodobaniach i pojęciach, po części może pokoleniowych, po części zaś po prostu osobistych i przypadkowych? Nic, proszę państwa, nie wynika, w każdym razie nieskończenie mniej niż z rzeczywistej obecności Słonimskiego tam, gdzie mogę na przykład podzielać jego radość, „że pojawią się nowi dobrzy pisarze, że wyszła piękna książka Konwickiego i nowy tom Herberta, że Szymborska znów ogłosiła trzy znakomite wiersze" etc.

Cieszyłbym się, oczywiście, gdyby Słonimski ze swej strony mógł podzielić moją radość, że uparte „Puławskie Studio Teatralne" odrodziło się w Warszawie i wystawiło *Złotą Czaszkę*, mimo że potraktowało naszkicowany zaledwie przez Słowackiego dramat jako scenariusz do własnej refleksji scenicznej. Ta wiadomość także przyszła do mnie s t a m t ą d – i należy do tych krzepiących, pomocnych w wydobyciu się s t ą d , bo młody zespół aktorski znam dobrze i ufam mu, i już się cieszę na myśl, że go zobaczę – może niebawem?

Luty 1974

DWIE LUB TRZY RZECZY, KTÓRE ZDAJE MI SIĘ, ŻE WIEM O HISZPANII

Wiem już na przykład, co oznacza: pies andaluzyjski.

Przez wiele lat „pies andaluzyjski" oznaczał dla mnie tytuł wczesnego, surrealistycznego, nigdy nie oglądanego filmu Luisa Buñuela. Teraz wiem, że pies andaluzyjski – to jedno z tych stworzeń, nieruchomo leżących na skwarnych ulicach Kordoby albo Sewilli, w skrawku cienia zbyt wątłym, by je osłonić, jedno z tych nędznych stworzeń z udręką w oczach i wpadniętymi bokami, które skupiają w sobie całą melancholię Południa, tak że nic nie zostaje już nawet dla niewidomych, sprzedających losy na każdym rogu – i niewidomi (albo dotknięci innym kalectwem), mężczyźni i kobiety, aktorzy trudnej sztuki egzystencji na dnie ubóstwa i beznadziei, wznoszą przypisane ich roli okrzyki z samą tylko radosną werwą, może czasem z odrobiną gniewu, bez krzty jednak zasmucenia i skargi.

Ten donośny chór sprzedających losy jest hiszpańską melodią, której także przedtem nie znałem. Rychło przyzwyczaiłem się do niej i przestała budzić moje zdumienie; bardziej dziwiło, kiedy teatralną bezinteresowność współzawodniczących ze sobą dźwięków zakłócał rzeczywisty zakup losu loteryjnego przez jakiegoś dziwnego przechodnia; ale i to się zdarzało – mniej rzadko niż można by się spodziewać.

Hiszpania jest teatrem, w którym uprawia się różne gatunki sztuki – i wszystkie z jednakowym zapałem. Grają ludzie, pomniki i krajobrazy – i trudno rozstrzygnąć, czyja gra jest bardziej wymowna: kamiennego Cyda na kamiennym rumaku cwałującego przez chmurne Burgos, pustego wzgórza za Granadą, gdzie niewidzialny wzdycha wciąż, oglądając się za siebie, wygnany z rajów Alhambry, nieszczęsny król mauretański Boabdil, czy cherlawego *vigilante* w efektownym mundurze i z bronią u boku, przez całą noc wyklaskiwanego na uliczce Ventura de la Vega dla otwarcia bram wracającym późno mieszkańcom (i my nauczyliśmy się go wyklaskiwać już pierwszego wieczora, który zaczął się w popłochu i rozterce, bo samolot wylądował z wielogodzinnym opóźnieniem i znaleźliśmy się raptem w ciemnym, obcym mieście, bez dachu nad głową, bez umiejętności trafienia pod uzyskane wcześniej adresy tanich hotelików, tylko z niewyraźnym poczuciem kierunku, w którym należy ich szukać – poczucie to nie zawiodło, ale wszystko wszędzie było zajęte – i w tej właśnie chwili zjawił się pierwszy nasz ochoczy przewodnik po labiryncie, i nie opuścił nas, póki, po szeregu prób, nie umieścił w przemiłym i tanim – sześćdziesiąt pesetas czyli dolar od osoby – pensjonacie na wysokim piętrze Calle Ventura de la Vega; a gdy zeszliśmy jeszcze coś przekąsić i po powrocie zastaliśmy bramę zamkniętą, nocne panie nauczyły nas wyklaskiwać *vigilante* z piwiarni na rogu i pojętnie odegraliśmy tę pierwszą swoją rolę w Hiszpanii).

Nawias wyszedł ogromny, a to, co zawiera – nie tak bodaj istotne jest dla czytelników, jak dla wspominającego, dla którego dotyczy pierwszego rozsunięcia kotar przez przewodnika; później było tego więcej, stają mi na przykład przed oczyma dwaj mali chłopcy w staromiejskiej dzielnicy Kordoby – Juderii (brzmienie nazwy mówi o ludności jej sprzed pół tysiąclecia), którzy własnym kluczem (skąd go mieli?) otworzyli nam ukrytą w murach kaplicę Świętego Bartłomieja, po trosze podobną do andaluzyjskiego mieszkania, z zielonym patio po środku, okolonym kamiennymi stopniami, ale również z nieoczekiwaną dzwonnicą, gdzie zaraz jeden z chłopców uwiesił się na sznurze i dzwon zachłysnął się metalicznymi dźwiękami; albo ten młody, ognisty brunet na Sacromonte w Granadzie, towarzyszący nam przez jakiś czas dość natarczywie i nakłaniający do odwiedzenia którejś z „grot" (zambras) cygańskich tancerek *flamenco*, kiedy jednak zabiegi te nie odniosły skutku (mieliśmy już za sobą uroczy, lecz kosztowny jak na naszą chudą kiesę wieczór *flamenco* w grocie słynnej Marii La Canastera), umiejący wycofać się z godnością i uprzejmie odmówić przyjęcia datku za swoje daremne trudy... Ten ostatni epizod – znów bez znaczenia, ale znów – nie całkiem, ponieważ skupia w sobie wiele epizodów pokrewnych, zdumiewających w kraju, który żyje z zagranicznych turystów; niekoniecznie musi dojść do dumnej odmowy, starczy gestu, z którym kelner stawia na talerzyku wyliczoną co do grosza resztę i czym prędzej odchodzi, by nie sprawić wrażenia, że zależy mu na napiwku; albo tego, z którym właściciel skromniutkiego baru częstuje widzianego drugi raz klienta porcją słonej tortilli – zagrychą na koszt gospodarza do kieliszka taniego wina; albo nawet spuszczonych oczu dziewczyny, podającej do stołu w lokalu swoich rodziców; wszystko to – manifestacje hiszpańskiego honoru, hojności, delikatności, i w dodatku ze strony ludzi, których miejsce w układzie społecznym zdawałoby się wcale do tego nie skłaniać...

A jednak ten styl hiszpański dużo mniej zaskakuje niż można by sądzić; a to dlatego, że prócz wymienionych mamy jeszcze innych przewodników, spotkanych wcześniej i nie przypadkiem; ujmują nas przeto za rękę i do swojej Hiszpanii prowadzą Kolumb i Goya, Cervantes i święta Teresa z Avili, Palafox i Garcia Lorca; ta zaś kraina, choć od wieków i cierpieniem wypełniona, i okrucieństwem, utrwaliła w swych rysach ową godność właśnie, ów odważny i dumny poryw, który tak fascynuje przybysza... Z dwóch bohaterów Cervantesa realniejszy w końcu, być może, jest Sanczo Pansa; w każdym razie nieporównanie powszechniejszy dzisiaj jako typ fizyczny (czyżby Don Kichoci wyginęli w bitwach i rewolucjach?); i już po paru dniach hiszpańskiego wędrowania zaczął mi się Sanczo kojarzyć z najcharakterystyczniejszym drzewem tutejszych krajobrazów – oliwką: tak jak ona krępy i przysadzisty, ale krzepki, mocno wrośnięty w niezbyt żyzną ziemię, rozsądny giermek szalonego rycerza stał się elementem trwania narodowego, wytrwałości, przetrwania; tak, ale Don Kichot jest tą szczyptą soli, która trwaniu Sanczo Pansy – często wbrew jego aspiracjom – przydaje posmaku wzniosłości i nadrzędnego sensu; ginąc w starciu z nieheroiczną rzeczywistością. Don Kichot zostawia ś l a d , którego zasapane pokolenia Sanczo Pansów nie mogą ominąć... Czy wiedzą o tym?

Co wiedzą o swoim dwojakim dziedzictwie po bohaterach Cervantesa, rzeźbiąc w metalu i drewnie, klepiąc z blachy, formując ze skóry, słomy czy wosku niezliczone postacie rycerza i giermka na użytek cudzoziemskich turystów, wypełniając nimi wystawy eleganckich sklepów i ubogie pamiątkarskie stragany?... Zmysł handlowy dziedziczą, rzecz jasna, po Sanczo Pansie...

Zresztą i z tym bywa różnie. O La Manczę zdołałem zawadzić w stopniu, w jakim umożliwia to niezbyt gęsta sieć kolejowa; nie bez wyrzutu przypatrzyłem się bielejącym zwycięsko wiatrakom na wzgórzach; i dalej w głąb tej krainy dotrzeć nie mogłem. W miesiąc później wszakże uczynił to za mnie przyjaciel, posługujący się własnym środkiem lokomocji i, nota bene, znacznie bardziej obeznany z Zachodem. Oto kilka zdań z jego listu: „... zajechaliśmy do Toboso – wioska leży na uboczu od głównych szlaków. Czegóż należy się spodziewać w Toboso? Hotelu „Dulcynea", restauracji „Sanczo Pansa", pomnika Don Kichota itd. Otóż nic z tego. Jest to zupełnie głucha wioska, bielutkie domy rzędami, uliczki puste, martwota: jest jeden bar, do którego weszliśmy na kawę, paru chłopów grało hałaśliwie w karty, spojrzeli na nas z niechęcią – najwidoczniej nikt tam nigdy nie zajeżdża. Z bohaterów Cervantesa nie ma ani śladu, a wioska, jak sądzę, wygląda całkiem tak samo, jak za jego czasów."

Z powyższego wynika, że niejedno jeszcze pozostaje do zrobienia, jeśli chodzi o kompletne (jak to bywa gdzie indziej) zmerkantylizowanie symboli, powołanych ongiś do życia przez wyobraźnię wielkiego pisarza...

Minąwszy młyny La Manczy, posuwaliśmy się dalej na południe – i dramat, rozgrywający się przed naszymi oczyma, coraz to przybierał na gwałtowności, teatr sięgał do coraz bogatszych środków, a kurtyna nie zapadała ani na chwilę. Jaki bowiem dramat historyczny może bardziej wstrząsnąć od tego, który wcielił się w architekturę, jak stało się na przykład w Mezquicie – potężnym meczecie kalifów kordobańskich, w którego trzewia na zlecenie Karola V włoczono gotycko-renesansową katedrę! Katedra atakuje jak pędząca z rozwiniętymi sztandarami armia rekonkwisty, już wdarła się w środek mauretańskich szyków, nikt jej stąd nie wyprze – ale czy to aby nie pułapka? Czy nie wzięły chrześcijanki w jasyr te zdobione portale, te kolumny z podwójnymi łukami, ten podwórzec, gdzie kwitną drzewa pomarańczowe? Zmaganie trwa przez wieki, nie słychać jęku wyrzynanych, płaczu wygnanych, stosy wygasły i krew nie leje się strumieniami, a przecież zmaganie trwa, pobożna rekonkwista z równie pobożnym, ale przeciwko niej, szczątkiem muzułmańskiego raju splotła się w zapasach, których nigdy już nikt nie przerwie i nie rozstrzygnie. W Sewilli – trochę inaczej – do strzelistego minaretu imieniem Giralda z zewnątrz dobudowano olbrzymi, największy w Hiszpani kościół, mający Giraldę podporządkować sobie i przyćmić; ale i tu wszystko przemieniło się natychmiast w skamieniały gest współistnienia i wiecznej wojny. Najdalej posunięto się w Granadzie, burząc meczet w Alhambrze i wznosząc na jego miejscu monumentalny pałac Karola V; Alhambra jednak najdalej też posunęła się w oporze, całym swoim migotliwym i wonnym istnieniem wyszydzając pałac i rozpryskami fontann wypluwając go z siebie... I choć na dole, w kaplicy królewskiej, dumnie szeleszczą w gablotach sztandary, z którymi rekonkwista zdobywała Granadę, a na grobowcu Monarchów Katolickich widnieje stanowczy napis: „Mahometice secte prostratores et heretice pervicacie extisctores Fernandus Aragonum et Helisabetha Castelle vir et uxor unanimes catholici appellati marmoreo clauduntur hoc tumulo" – sprawa nie została zamknięta, póki w swojej dziennej i nocnej wspaniałości wywyższa się nad miastem mauretańska Alhambra...

To może najważniejsza z tych paru rzeczy, które wydaje mi się, że wiem o Hiszpanii: poczucie nieprzemijającej obecności – dzięki przedziwnemu wcieleniu w budowle i ogrody – dramatu jej dziejów, pozornie tak odległego w wiekach...

Dużo trudniej spojrzeć w twarz ileż bliższemu dramatowi ostatniej wojny domowej – może dlatego właśnie tak trudno, że bliskiemu i żywemu jeszcze w świadomości ludzi, którzy uczestniczyli w nim po jednej lub drugiej stronie. Daremnie rozglądałem się za jego naocznymi śladami i usiłowałem wyczytać z twarzy mijanych przechodniów, zwłaszcza tych starszych; szybko przeistoczony w powszedniość, która po nim nastąpiła i trwa do dzisiaj, może też rozmyślnie odbarwiony i ukryty pod korcem, dramat ów – przynajmniej w tych stronach Hiszpanii, które odwiedziłem – jest nie do odcyfrowania. Federico Garcia Lorca, zamordowany w pierwszych dniach rebelii, niemo spogląda z fotografii w granadzkim muzeum; być może, doczeka się kiedyś pomnika w ojczystym mieście, jak w Kordobie, na Juderii, doczekał się go filozof i prawodawca wygnanego plemienia, Mojżesz Majmonides; ale czy pomnik poety zechce wówczas przemówić i czy znajdą się przechodnie, którzy nadstawią ucha – któż potrafi przewiedzieć?

A teraźniejszość, owa wzmiankowana powszedniość, będąca dalszym ciągiem ukrytego dramatu wojny domowej? Przed wyjazdem i po powrocie sporo czytałem i wysłuchiwałem zdań o dzisiejszej Hiszpanii; tłumnie bowiem do niej walimy, skoro po latach kompletnego odcięcia raptem uchyliła podwoje, nie pytając, kim jesteśmy i czego szukamy; i co drugi podróżnik, tak jak ja teraz, dzieli się wrażeniami. W samolocie przeczytałem reportaż Samsela z Kastylii i Katalonii, a w nim, obok anegdot o Generalissimusie, Burbonach i Opus Dei, taki szczegół: młody intelektualista (syn znajomej autora), za politykę skazany na dożywocie, w dzień jest przewodnikiem wycieczek po Escorialu, na noc zaś powraca do celi. Faszyzm się zestarzał – skomentował to, co zastał, inny podróżny, niegdyś obrońca republiki, dziś pielgrzym do miejsc swej młodości i klęski – zestarzał się, zęby mu wypadły, to dlatego na tyle pozwala i przymyka oczy... Nie wiem, czy tyranie się starzeją; jeśli tak – czemuż to bezzębność i starczy dygot rąk ominęły na przykład sędziwszy od hiszpańskiego faszyzm portugalski? Widziałem natomiast w Hiszpanii wielki ruch w budownictwie i handlu, widziałem kilometry południowego wybrzeża zajęte przez szkielety nowo wznoszonych luksusowych domów i tuż obok afisze zachęcające do zakupu lub wynajmowania w nich mieszkań; widziałem granice, które wpuszczają i wypuszczają rok rocznie miliony ludzi, i wystawy księgarń, na których nie brak żadnego liczącego się na świecie nazwiska, w tym również antyfaszystowskich emigrantów hiszpańskich, jak Rafael Alberti; w teatrze obok naszego madryckiego hoteliku wystawiano właśnie Bertolta Brechta, w kinach szły między innymi filmy radzieckie, w kioskach mogłem nabyć gazety z całego świata. Faszyzm się zestarzał? Nie – to s p o ł e c z e ń s t w o   k o n s u m p c y j n e (które nie może istnieć, jeśli nie jest też społeczeństwem produkcyjnym, pełnym nieustającej inwencji, a więc wymagającym różnorakich, nawet nie związanych bezpośrednio z produkcją, swobód), pożera, albo ostrożniej: w widoczny sposób nadżera faszyzm. Ten dobry apetyt społeczeństwa konsumpcyjnego – to na dzisiaj chyba ostatnia spośród paru rzeczy, która zdaje mi się, że wiem o Hiszpanii...

Kwiecień 1974

ŚPIEW JASNEGO CHŁOPCA

Ledwie zdążyłem w poprzednim felietonie napomknąć o dobrym zdrowiu sędziwego faszyzmu portugalskiego, a tu – już go nie ma; i dziś, niespełna tydzień po obaleniu dyktatury, nasza prasa donosi, że dzienniki lizbońskie po raz pierwszy od pół wieku ukazały się nie ocenzurowane, nowe władze rozwiązały policję polityczną, otworzyły więzienia, proklamowały wolność zrzeszania się itd. Cieszą mnie i podniecają te wiadomości, cokolwiek bowiem w moich poglądach i emocjach jest niejasnego, skłóconego, niedookreślonego, kimkolwiek i kiedykolwiek czułem się lub nie czułem, do tego jednego – a n t y f a s z y z m u – jak byłem przywiązany, tak zostanę chyba do końca życia, co nie jest skądinąd wyróżnikiem mojej osoby, ale całej formacji, do której mam szczęście lub nieszczęście należeć.

W formacji tej, wraz z naturalną animozją do faszyzmu, zawsze też będzie żyła swoista jego ciekawość: skąd się bierze? jak zyskuje zwolenników? j a k m o ż n a b y ć f a s z y s t ą? czy hołdowanie faszystowskim ideom określa człowieka do końca?...

W amerykańskim filmie „Kabaret", cieszącym się powodzeniem u publiczności i recenzentów, największe bodaj wrażenie robi scena, wielokrotnie już opisana: kiedy w podmiejskiej knajpce na wolnym powietrzu piękny, jasny, jakby prześwietlony od wewnątrz chłopiec z Hitlerjugend intonuje pieśń o ojczystej przyrodzie, o radości prostej i szlachetnej egzystencji w jej odwiecznym rytmie, o niechybnym przyszłym wyzwoleniu z władającej życiem szpetoty, zgnilizny i deformacji. Melodia porywa obecnych, jeden za drugim wstają i przyłączają głosy do pierwszego śpiewaka, chór potężnieje i mimo idyllicznej treści i rekwizytów – łanów, ptaszków, słońca – zaczyna brzmieć groźnie: stajemy się świadkami zbiorowej hipnozy przy pomocy niewinnej na pozór pieśni. Jeszcze chwila – wiemy o tym – i ci zahipnotyzowani poczciwcy wezmą noże w zęby... Sądzę, że sens tego epizodu filmowego polega nie tylko na symbolicznym pokazaniu, jak działa na tłum umiejętnie podany ideowy narkotyk. Rzecz w tym, że faszyzm, zanim dojdzie do władzy, nie jawi się ludzkim oczom jako s a m o z ł o, które druzgoce panującą dotąd na świecie harmonię i dobro. Ten świat – a w „Kabarecie" konkretnie społeczeństwo niemieckie w epoce tzw. republiki weimarskiej – nie jest ani dobry, ani harmonijny; duszno w nim – i pełno rzeczywistej nędzy, deprawacji, nierówności, upokorzenia. Efeb z Hitlerjugend intonujący swoją pieśń, autentycznie buntuje się przeciw złu, które jest naokoło, i tęskni za czystym powietrzem świata odmienionego. Dopiero jutro stanie się może dozorcą w Dachau czy Oświęcimiu, dzisiaj – nic o tym nie wie, s u b i e k t y w n i e c h c e   d o b r a i czuje się szczęśliwy, że pieśnią o polach i rzekach ojczyzny pociągnął innych za rodzącą się przy jego udziale wspólnotą. Oto sens owej sceny z „Kabaretu": szczere ludzkie wzruszenie, autentyczny poryw ku pięknu, szczęściu i dobru, a w domyśle, za kadrem, w nas wiedzących już i pamiętających – dalszy ciąg, który jest grozą, mrokiem, zagładą; w domyśle – przerobienie przez faszyzm tęsknoty za dobrem w zmasowane zło, młodzieńczego buntu w zorganizowany wszystko depczący nihilizm, upojenia pieśnią – w opętanie marszem i mordem...

Ale to są dopiero pierwsze kroki i każdy z osobna człowiek w momencie, który widzimy, jeszcze nie jest skazany; może ten chłopiec już jutro porzuci fałszywą wiarę i nie zdąży zostać zbrodniarzem; może w obliczu nie melodii, lecz myślowego wyboru, niejeden z przyłączających się teraz do chóru zamilknie lub zakłóci swym głosem nieprawdziwą harmonię... Scena jest o t - w a r t a – to przywilej sztuki w stosunku do zamkniętej historii..

Oto zaś inny epizod – z prawdziwego życiorysu nie tak prymitywnego bohatera, jak w „Kabarecie", lecz wytrawnego intelektualisty niemieckiego, laureata Nobla w dziedzinie fizyki, profesora Wernera C. Heisenberga. Fragment pamiętników Heisenberga, w przekładzie Henryka Krzeczkowskiego, opublikowała jakiś czas temu warszawska „Kultura". Mowa w nim o tym, jak w obliczu rugów uniwersyteckich po dojściu Hitlera do władzy nie dotknięci przez nie uczeni szukali w swoim rozsądku i sumieniu motywów, żeby wyrzec się protestu i siedzieć jak mysz pod miotłą. Podobno sam wielki Max Planck wyperswadował wtedy młodszym członkom wydziału pomysł demonstracyjnego ustępowania z katedr: „Opinia publiczna nic się nie dowie o waszym kroku. Gazety albo w ogóle o nim nie wspomną, albo doniosą o waszym ustąpieniu w tak złośliwym tonie, że nikomu do głowy nie przyjdzie potraktować je poważnie. Proszę zrozumieć, nie można powstrzymać lawiny, która ruszyła z miejsca." Po rozmowie z Planckiem Heisenberg podjął decyzję pozostania w kraju i na uczelni. „Nie będzie to łatwe ani bezpieczne – uprzedzał Planck. – Kompromisy, do których człowiek będzie zmuszony, zostaną mu potem wypomniane, być może będzie nawet za nie ukarany. Być jednak może, że właśnie dlatego tak należy postąpić." Oto więc kompromis uczonych o światowej sławie z brutalną rzeczywistością hitleryzmu uzyskuje nie tylko wytłumaczenie, ale zostaje otoczony bohaterskim nimbem...

Ten epizod nie mówi o hipnozie poprzez dźwięczną melodię, lecz o zdarzającym się intelektualistom paraliżu woli i sumienia w obliczu zwycięskiej doktryny, której nie podzielają, z której nawet szydzą. („Przed rozpoczęciem wykładu trzeba było zgodnie z nakazanymi przez partię narodowo-socjalistyczną formami podnosić dłoń. Przecież i dawniej witałem znajomych takim gestem z przymrużeniem oka.") Czy ja wiem, co bardziej niebezpieczne i smutne...

„... z punktu widzenia sumienia – stwierdza Nicola Chiaromonte – faszyzm jest zjawiskiem jednoznacznym, stawiającym nas przed bardzo wyraźnym wyborem". Dalej jednak zaleca „nie zakładać *a priori* ogólnego znaczenia słowa, lecz starać się zdać sobie sprawę ze specyfiki, jaką przedstawia każda z form danego zjawiska".

Myślę, że podobną intuicją kierował się Tadeusz Borowski, kiedy w liście z obozu, po wiadomości o tragicznej warszawskiej śmierci przyjaciół-poetów, napisał: „I dziś, gdy oddziela nas próg dwu światów, próg, który i my przekroczymy, podejmuję ten spór o sens świata, styl życia i oblicze poezji. I dziś zarzucę im ugięcie się wobec sugestywnych idei potężnego, zaborczego państwa, podziw dla zła, którego wadą jest to, że nie jest naszym złem". W parę zaś lat później, w *Portrecie przyjaciela*, dorzucił: „Urzekła go idea polskiego faszyzmu. Cóż, w okresie, gdy naród jest rozbity i staje się mierzwą dla zwycięzcy, wtedy zawsze jak płomień wybucha mesjanizm, wiara w posłannnictwo narodu, w jego ponadludzką wartość..."

Niepogodzony ze sposobem myślenia Trzebińskiego i Bojarskiego, oddawał przecież nieżyjącym przyjaciołom najlepszą przysługę, próbując ich zrozumieć poprzez sytuację historyczno-psychologiczną i nam pomagając w tym zrozumieniu.

W ćwierć wieku później w dyskusji nad filmem Wajdy „Krajobraz po bitwie" (według *Bitwy pod Grunwaldem* Borowskiego) Andrzej Ochalski wyraził przypuszczenie, że reżyser „nie wie zapewne, iż Borowski nie jest jedyną propozycją ideologiczną wśród młodych intelektualistów tamtych lat; że istnieli obok niego Trzebiński, Bojarski, Gajcy" („Ekran" z 13 września 1970); niedługo zaś przedtem jedną z tych propozycji Gajcego – artykuł pt. „Już nie potrzebujemy" ze „Sztuki i Narodu" przedrukowała bez komentarza „Poezja" (sierpień 1969); na to ze swej strony zareagował Julian Przyboś, stwierdzając we „Współczesności" (17 XII 1969-6 I 1970), że Gajcy w wymienionym artykule „zdeklarował się jako nacjonalista i rasista", natychmiast jednak wskazując: „Ileż miał wtedy lat – dwadzieścia? Był przecież niedojrzały jako poeta, a cóż dopiero jako ideolog i polityk. Pozostawał widocznie pod wpływem grup faszystowskich w rodzaju przedwojennej „Falangi" i pisma „Prosto z mostu". Gdyby był przeżył Powstanie, zmieniłby zapewne później swoje przekonania. Nietrudno więc byłoby go rozgrzeszyć i o tych ubliżających jego pamięci jego własnych tekstach zapomnieć".

Wydaje się, że Przyboś – obcy jakiemukolwiek zacietrzewieniu wobec człowieka i odmawiający tolerancji moralnej z j a w i s k u – doskonale wiedział, jak różne bywały „propozycje iodeologiczne wśród młodych intelektualistów tamtych lat"; wiedzieli o tym i Borowski, i Wajda; i wiedział niejeden młody uczestnik dyskusji w „Ekranie", jak na przykład Andrzej Werner, kiedy oświadczał: „W sporze Borowski-Trzebiński, podobnie jak Wajda, opowiadam się za Borowskim".

I ja też – chociaż niejeden tekst poetycki Trzebińskiego budzi we mnie najżywsze wzruszenie i wdzięczny jestem Instytutowi Wydawniczemu „Pax" za ogłoszone dwa tomy tego autora.

P.S. Na marginesie chciałbym sprostować twierdzenie p. M. Jedliczki w liście do redakcji „Więzi" (nr 11 z 1973) jakoby Krzysztof Kamil Baczyński również należał do grupy młodych poetów o proweniencji ONR-owskiej. Tak nie było: Baczyński ani organizacyjnie, ani ideologicznie z nurtem wywodzącym się z tej tradycji nie miał nic wspólnego.

KTO NIE WIERZY W INDIAN?

Ubiegłej wiosny jeździłem trochę po Polsce, zapraszany przez szkoły i biblioteki na spotkania z młodymi czytelnikami. Wyszło akurat kolejne wznowienie *I ty zostaniesz Indianinem* (to książka mojego życia – ze wszystkich, które napisałem, jedyna co jakiś czas wznawiana i najliczniejszemu gronu kojarząca się z moją osobą), o tej powieści była więc głównie mowa. Przez ćwierć wieku spotkań autorskich młodzież wyraźnie się rozgadała, przepadła jej nieśmiałość, nikogo nie trzeba już pociągać za język i świetnie obejść się można bez takich forteli, jak współzawodnictwo między drużynami chłopców i dziewcząt, kto zada więcej pytań.

Otóż w trakcie jednej z tegorocznych imprez wstało takie rezolutne stworzenie, aniołkowate dziewczątko z piątej albo szóstej klasy szkoły podstawowej, i oznajmiło, że książka, o której mowa, i owszem, nadaje się do czytania, tylko dlaczego Mirek (główny bohater powieści) jest t a k i n a i w - n y ? ... – Naiwny? – stropiłem się. – O n w i e r z y w I n d i a n – wyjaśniła dziewczynka, zapraszając mnie uśmiechem, bym podzielił jej politowanie dla niemądrego rówieśnika z powieści. – A ty nie wierzysz? – przepytałem się jeszcze. – Oczywiście, że nie – oznajmiła i spojrzała na mnie wyczekująco. Ogarnięty poczuciem wielkiej bezradności, zacząłem coś mówić na temat, jak niepewna i niepełna jest nasza wiedza o świecie, jak zawodne przeświadczenie, że istnieje tylko to, co da się polizać i dotknąć, jak wzbogaca nas wyobraźnia i pokrzepia marzenie, i pomaga sensownie przyżywać swoją powszedniość dziedziczony symbol, wzór czy ideał, choćby ten Indianin, uosobienie szlachetności z nie wiadomo czy prawdziwych czy wyimaginowanych przygód Mirka Kubiaka. Dziewczynka słuchała nie poruszona; żeby zatem zachwiać jej pewnością siebie, opowiedziałem o psychotronice, powtórzyłem co pamiętałem z artykułu St. Krajewskiego w „Więzi", powołałem się na uczonych profesorów, którzy wahają się, co mają sądzić o tych dziwnych zjawiskach – i co ty na to? – triumfując zwróciłem się do przeciwniczki. – W to ja też nie wierzę – odparła młodociana realistka i obdarzyła mnie jeszcze jednym, najpromienniejszym uśmiechem.

Przypomniało mi się *O prawo do bajki* Kornela Czukowskiego – tłumaczyłem niegdyś tę polemikę sprzed pół wieku, włączoną do klasycznego już zbioru *Od dwóch do pięciu*. Znakomity pisarz ścierał się z tzw. pedologami, którzy w pewnym okresie zdominowali byli pedagogikę radziecką i usiłowali m.in. w imię nowoczesnego wychowania wyplenić z życia dzieci „kłamstwa i zabobony", zaliczając do tej kategorii wszelkie cudowne bajki. „Do trzeźwych, ostrożnych rutyniarzy – pisał Czukowski – należy teraźniejszość, do fantastów – przyszłość ... Dlaczego więc nasi pedologowie uczynili ze słowa f a n t a z j a obelgę? W imię czego usiłowali wykorzenić ją z psychiki maluchów? W imię realizmu? Ale realizmy bywają rozmaite. Bywa realizm Bacona, Gogola, Mendelejewa, a bywa też tępy i duszny realizm kramarza, realizm samowarów, karaluchów i dziesięciogroszówek. Czy o taki realizm winniśmy zabiegać? Czy aby prawdziwym jego imieniem nie jest – kołtuństwo? Kołtuństwo osiąga w tej dziedzinie cuda: do tego stopnia wypiera z życia dzieci bajkę, że niektóre – najbardziej nieszczęsne – nie unoszą jej nawet w podziemie, lecz od najwcześniejszych lat stają się ograniczonymi praktykami. Niemało jest wśród nich trzeźwiejszych, doroślejszych, praktyczniejszych od nas; i jeżeli należy je przed czymś ratować, to właśnie przed strasznym ich filisterskim praktycyzmem. A pedagodzy niepokoją się, drżą, aby dzieci nie pomyślały, że trzewiczki rosną na drzewach. Te nieszczęsne dzieci z taką podejrzliwością traktują wszelkie – najbardziej poetyczne – zmyślenie, że wszystko, co choć trochę przekracza granice powszedniości, uważają za bezczelne i bezsensowne łgarstwo. Kiedy w pewnej szkole wygłoszono im na przykład pogadankę o rekinach, któreś zawołało:

– Rekinów nie bywa!

Bowiem nic osobliwego w ogóle nie bywa dla nich na świecie, jest tylko chleb i kapusta, buty i ruble."

Po pedologach dawno nie zostało śladu, w Polsce nigdy ich zresztą, o ile wiem, nie było (choć zwolenników „realistycznego" wychowania zdarzało mi się spotykać), prawa do bajki nikt naszym dzieciom nie odbiera, a jednak pojawił się na horyzoncie światopogląd, w którego obrębie nie ma miejsca na rekiny, Indian i zjawiska parapsychiczne. Nie wpoiła tego dzieciom żadna doktrynerska szkoła pedagogiczna, lecz, jak sądzę, uczynił to pewien rodzaj praktyki życiowej, pewien gatunek informacji, pewien typ rozrywki masowej. Jak powszechnym zjawiskiem jest ów młodociany „realizm"? Nie mam pojęcia, jeżeli jednak powszechnym – biada przyszłemu pokoleniu! Nie będzie już bowiem innych architektów, poza takimi, jacy zaprojektowali przygnębiające bloki warszawskich Piasków, nie będzie lekarzy, zdolnych do dostrzeżenia poza przypadkiem chorobowym – cierpiącego człowieka, nie będzie wychowawców, zainteresowanych czymkolwiek poza porządkiem, uniformem, wyrównaniem szeregu, no a matematyków, kompozytorów, poetów – tych nie będzie w ogóle!

Takie katastroficzne refleksje snułem po owym poranku autorskim, w trakcie którego pewna błękitnooka dziewczynka spostponowała bohatera mojej powieści za wiarę w Indian. Rzecz działa się w dużym przemysłowym mieście, a w kilka dni później, w innym dużym mieście, inna mała dziewczynka, jeszcze mniejsza, chyba z pierwszej klasy, wstała i oświadczyła: – Moja siostra pisze książkę pod tytułem *Ostatnie dni lata*. – A dużo napisała? – spytałem. – Dużo, jest już na drugiej kartce... Tu podniosło się dwóch chłopców, komunikując, że oni napisali całą powieść pod tytułem *Niemcy*. Najpierw obejrzeli w telewizji takie przedstawienie, a potem napisali, ale nie z telewizji – z głowy. A dwaj inni chłopcy, też z głowy, napisali powieść *Państwo Suzanowicze wyjeżdżają do Włoch.* – Któż to taki, państwo Suzanowicze? – Ich nie ma, wymyśliliśmy ich. – A jak wy we dwóch piszecie? – Ja wymyślam, a on zapisuje.

Tu jeszcze inny chłopiec zeznał, że pisze wiersze – i uprzytomniłem sobie, że znalazłem się w otoczeniu mnóstwa kolegów po fachu, i że jak dobrze pójdzie – wcale nie grozi nam literacka posucha! Nie odważyłem się jednak zapytać tych wszystkich autorów powieści i wierszy, czy wierzą w Indian...

Ostatecznie zostałem podniesiony na duchu przez czteroletnią N.U., która odwiedziła mnie w towarzystwie mamusi i przyniosła pięknie zdobiony album ze swoimi wierszami. Dla ścisłości – N.U. nie umie jeszcze pisać i tylko wymyśla te wiersze, we wpisywaniu zaś do albumu wyręcza ją mamusia. Ale wymyślanie jest przecież najważniejsze. Oto fantazja zoologiczna N.U. (można ją potraktować jako polemikę z Konradem Lorenzem na temat „Tak zwanego zła"):

> Płynie sobie dziewczyna na łódce,
> Płynie sobie dziewczyna na łódce,
> a tu wilki siedzą i rozmawiają na trawce,
> a tu wilki siedzą i rozmawiają na trawce,

Wiersz o życiu przedmiotów martwych:

> Wiszą sobie farby na ścianie
> i nudzi im się,
> i chciałyby namalować dom
> i całe miasto.

Oto zaś zwięzły utwór realistyczny, który matka dziewczynki nazwała „Satyrą na Związek Literatów":

> Siedzą pijani dorośli
> i palą papierosy.

Potrzeba tworzenia, odzwierciedlania rzeczywistości empirycznej i wyimaginowanej, fantazjowania, deformowania, zmyślania, jest więc pierwotna, i chodzi jedynie o to, by jej nie postradać. Przedwczesna niewiara w Indian – to symptom kryzysu kulturowego; oby został oszczędzony naszym dzieciom dzisiaj i jutro.

Czerwiec 1974

PAN COGITO
NIE DYSKUTUJE
O LITERATURZE
TRZYDZIESTOLECIA

Na pierwszych kartkach lipcowej „Twórczości" pojawia się znowu Pan Cogito, ciesząc wszystkich, którzy obawiali się, że – zamknięty kilka miesięcy wcześniej w książce o sztywnej okładce – gotów do nas już nie powrócić. Tym razem Pan Cogito, który wyruszył na spotkanie ze swoim potworem,

> siedzi
> w niskim siodle doliny
> zasnutej gęstą mgłą
>
> przez mgłę nie widać
> oczu błyszczących
> paszczy otwartej
>
> przez mgłę widać tylko
> migotanie nicości

Albowiem, okazuje się dalej,

> potwór Pana Cogito
> nie ma właściwie wymiarów
>
> jest jak rozległy niż
> wiszący nad krajem
>
> nie można go dotknąć
> ani piórem
> ani włócznią

Wewnątrz tego numeru „Twórczości" toczy się tymczasem dyskusja o literaturze XXX-lecia, czym miesięcznik nie wyłamuje się z ogólniejszej konwencji, wszystkie bowiem pisma literackie i niektóre niezupełnie literackie uczciły XXX-lecie PRL dyskusją o literaturze.

Nawet tygodnik telewizyjno-filmowy „Ekran" piórami i włóczniami swoich publicystów oddał hołd tej najdonioślejszej, jak widać, dziedzinie sztuki (czy w ogóle życia) — hołd nieco może przewrotny, bo wychodzący od negatywnej oceny wybranych przez siebie powieści sprzed lat — niemnej przeto wymowny.

To w ramach kampanii polemicznej „Ekranu" padło pamiętne, pełne żalu zdanie pisarza Jerzego Grzymkowskiego pod adresem krytyki literackiej: „Jakoś dotychczas nie udało mi się spotkać krytyków cmokających z zachwytu nad dziełem zaangażowanym, wypływającym z afirmacji" — zdanie odsłaniające całe skomplikowanie duszy autora. Bo przecież zdawałoby się, że twórca zaangażowany powinien odczuwać wystarczające zadowolenie z tego, że jest zaangażowany i że tworzy dzieła zaangażowane — otóż nie! brak mu jeszcze do szczęścia cmokania krytyków, którymi skądinąd pogardza za ich niepryncypialność i brak kośćca ideowego. Czy nie w takim skomplikowaniu duszy pisarskiej kryje się jedna z przyczyn utrudnionego rozwoju naszej literatury?

Tymczasem krytycy zgromadzeni w redakcji „Twórczości" wciąż dyskutują i, nie poinformowani widać o żalach i rozterkach pisarzy, snują takie na przykład refleksje:

„Tak się układa polska rzeczywistość, że jedynym elementem dramatu tutaj było życie społeczne, życie polityczne. Najbardziej eksperymentatorskie powieści polskie były właśnie polityczne. Jedynym prawdziwym dramatem polskim był i jest dramat polityczny". (Andrzej Kijowski).

„A co stanowi jaskrawość, wyrazistość poezji? Fakt. W poezji poprzedniego dwudziestolecia faktem była cywilizacja. Jeśli dzisiaj tamtą poezję czytamy, to nie jej technika, nie jej wkład formalny nas podnieca, lecz fakt, z którego ona wynikła. Ona i dzisiaj żyje swoją pozaliterackością. Poezji popaździernikowej wielką rangę wyznacza stosunek do faktu. Tym poetom tak odmiennym i technicznie, i wyobraźniowo fakt wyznacza wspólną postawę. Fakt moralny. W poezji technika wyjaskrawia formę i ona rzuca się przede wszystkim w oczy. Ale o randze poezji nie ta forma decyduje, ale fakt, który jest jej bodźcem". (Zbigniew Bieńkowski).

Przedstawiciele najwidoczniejszych obecnie nurtów „odłączyli formę od zadań intelektualnych. Pomieszali stojące na granicy makaronicznej polszczyzny projekcje werbalne z dającym się myślowo skontrolować obrazem świata. Ostateczny cel literatury umieścili w ceremonialnym werbalizowaniu i poetyzowaniu materiału i przestali być zdolni do analitycznego i krytycznego traktowania współczesności. Krótko mówiąc, w obrębie prozy ostatniego dziesięciolecia nie wykształcił się żaden nowy rynsztunek pojęciowy, żaden instrument przenikliwości społecznej, żadna aparatura przydatna do krytycznego analizowania i opanowywania aktualnej rzeczywistości". (Tomasz Burek).

Czyżby krytycy z „Twórczości", wbrew przeświadczeniom i żalom pisarzy zaangażowanych, opowiadali się za literaturą „życia społecznego", współczesnego „faktu moralnego", „analizowania i opanowywania aktualnej rzeczywistości"?

Najwcześnej ze wszystkich czasopism powtórką z literackiego trzydziestolecia zajęły się skrupulatne „Teksty" (nr 4 z roku 1973). „... gdzie są dzisiaj arcydzieła? — pytał w artykule wstępnym Jan Błoński i przypominał: — Od odpowiedzi zależy praktycznie spojrzenie na literacką współczesność. Bo przecież arcydzieła to punkty orientacyjne, triangulacyjne wieże kultury. Że wyznaczają gust epoki, to jeszcze głupstwo; kiedy go sobie uświadomimy, zaczyna zwykle umierać. Ale i proces literacki rozumiemy na ogół dzięki książkom najwybitniejszym. Jakich pisarzy uznamy za arcydzielnych, taką będziemy mieć literaturę — kraju czy okresu".

Dalej więc kilkudziesięciu współpracownków „Tekstów" przygląda się z bliska poszczególnym książkom trzydziestolecia, podejrzanym o to, że mogłyby być arcydziełami. Podejrzenia sprawdzają się albo nie – zależy to tyleż od książki, co od krytyka, który wziął ją na warsztat – w sumie jednak trudno powiedzieć, że materiał jest niewart zastanowienia. Sam Błoński sięgnął po *Popiół i diament*, w zakończeniu swego eseju zauważając między innymi: „Pisarz prosił o litość dla zwyciężonych i wyrozumiałość dla zwycięzców. Te uczucia przynoszą mu zaszczyt, porażają jednak prawdziwą szansę powieści: tragiczność. Eskamotują motywacje, w następstwie zaś – wykrzywiają postacie, oglądane raz tak, raz siak, zależnie od interwencyjnej potrzeby. *Popiół i diament* zaczyna się i kończy zabójstwem przez pomyłkę. Więcej spokoju – zdaje się prosić Andrzejewski – rozwagi, mądrości, cierpliwości. Ale jak napisać tragedię, uspokoiwszy Antygonę? I jak powieść polityczną, zasłoniwszy prawdziwe motywacje w obawie, że skrzywdzi się rzeczywiste pierwowzory?"

I ja też mam coraz większą ochotę wtrącić swoje trzy grosze w te literackie debaty; zwłaszcza że „Więź" jedyna z czasopism zaniedbała uczczenie XXX-lecia PRL dyskusją o poezji lub prozie; i zwłaszcza, że to, co miałbym do powiedzenia, nie byłoby w gruncie rzeczy niczym innym od tego, co mówią krytycy z „Twórczości" i „Tekstów", tylko z zastosowaniem nieco innej stylistyki, nieco innych pojęć; jestem zaś przekonany, że kiedy ma się do powiedzenia mniej więcej to samo, co inni, tylko odrobinę inaczej, należy to mówić, na tym bowiem między innymi polega posuwanie wspólnego myślenia naprzód.

Gdyby zatem udzielono mi głosu (mimo że nie jestem krytykiem – ale czy krytykiem jest na przykład Kijowski?) w którejś z toczących się literackich dyskusji, powiedziałbym, jak sądzę, coś w tym rodzaju:

— Proszę państwa, wydaje mi się, że w literaturze (czy tylko w literaturze?) zawsze istnieją dwie rzeczywistości.

Jedna pyta o ż y c i e p r a w d z i w e, druga mimowiednie lub z założenia przyjmuje reguły i elementy z a b a w y (niekoniecznie wesołej) w ż y c i e : w społeczeństwo, w historię, w ludzkie uczucia i motywy postępowania.

Nie chodzi tu o konwencje literackie – obie rzeczywistości mogą zarówno stosować, jak odżegnywać się od tych samych lub rozmaitych – chodzi o konwencje istnienia.

Tę, która ze sporym niekiedy nakładem energii udaje życie, nazwijmy dla wygody a n t y r z e c z y w i s t o ś c i ą.

Antyrzeczywistość literacka przez samą swoją obecność w bibliotekach i środkach masowego przekazu nie przynosi większej szkody kulturze; groźna staje się dopiero wówczas, gdy ma moc ukrócenia konkurencji rzeczywistości i podstawienia na jej miejsce siebie jako jedynej i jedynie możliwej.

Mimo wszystko, nie warto sobie zaprzątać głowy antyrzeczywistością. Rzeczywistość w końcu triumfuje – tyle że koszta wydobywania się spod gruzów antyrzeczywistości bywają ogromne.

Tuż po wojnie rzeczywistość przemówiła głosem Tadeusza Borowskiego w prozie i Tadeusza Różewicza w poezji. Nie ja jeden słyszę ten głos do dzisiaj.

W połowie lat pięćdziesiątych objawiła się *Pierwszym krokiem w chmurach* Marka Hłaski i *Słoniem* Mrożka, a także poezją Herberta.

Rok 1967 – to *Wniebowstąpienie* Konwickiego.

1972 – *Zdarzenie w miasteczku* Marka Nowakowskiego.
Nie sporządzam, uchowaj Boże, bilansu, nawet nie usiłuję – wymieniam to, co przychodzi mi na myśl i wydaje się niewątpliwym p r z y k ł a d e m.
Myśli nieuczesane Leca.
Eseje literackie, filozoficzne, historyczne paru autorów.

Różne wiersze, czasem całe zbiorki, częściej poszczególne fragmenty, poetów kilku pokoleń – tego bodaj najwięcej, bo poezja w Polsce zawsze najlepiej umiała żyć autentycznie.
Czy ciągnąć dalej? Poruszona pamięć byłaby może zdolna do coraz dokładniejszych wyliczeń, ale to niepotrzebne.

Nie chciałem przypomnieć nic oprócz tego, że w literaturze zawsze istnieją dwie rzeczywistości, lecz tylko jedna z nich – ta, która pyta o życia prawdziwe – zasługuje na wierną służbę, niesie źdźbło nadziei twórcy i temu, do kogo twórca się zwraca, ma w kulturze jakieś znaczenie.

... W tym miejscu urwałbym, a Przewodniczący (gdyby dyskusja nasza dorobiła się jakiegoś Przewodniczącego), odchrząknąwszy, zapytałby może, czy ja to wszystko serio, bo czasami na tych łamach pokpiwam z lekka, więc... – na co odpowiedziałbym, że tym razem serio. Przewodniczący skinąłby głową i dyskusja o literaturze XXX-lecia potoczyłaby się dalej, podczas gdy w pobliżu, wcale się tym nie przejmując, Pan Cogito

wychodzi o świcie
na senne przedmieście
zaopatrzony przezornie
w długi ostry przedmiot

nawołuje potwora
po pustych ulicach

obraża potwora
prowokuje potwora

jak zuchwały harcownik
armii której nie ma

woła:
wyjdź podły tchórzu

przez mgłę widać tylko
ogromny pysk nicości

może nareszcie dojdzie
do nierównej walki

powinno to nastąpić
możliwie szybko

zanim nadejdzie powalenie bezwładem
zwyczajna śmierć bez glorii
uduszenie bezkształtem

Ja tam liczę na Pana Cogito w walce z jego potworem.

Wrzesień 1974

EGZORCYZMY

Obejrzałem „Egzorcystę" – amerykański bestseller filmowy, który na widzianego i niewidzianego obśmiano w naszej kulturalnej prasie; obejrzałem „Egzorcystę" – i, poruszony tym filmem, nie potrafię uwierzyć, że wielomilionową „milczącą większość" amerykańskich i innych widzów pociągają w nim wyłącznie „mocne sceny", i że poza tym fizycznym dreszczykiem nie zawdzięcza ona „Egzorcyście" nic więcej.

Fabuła filmu Friedkina według książki W. P. Blatty'ego jest z grubsza następująca: dwunastoletnią dziewczynkę, pełną inteligencji i wdzięku, opanowuje diabeł, najpierw dręcząc ciało, w którym się usadowił, następnie zmieniając całą osobowość dziecka i przeistaczając je w niebezpiecznego potwora. Badanie neurologiczne i psychiatryczne nic nie daje, próby leczenia są płonne, zdesperowana matka ucieka się do pomocy młodego księdza, a następnie starego i chorego na serce księdza-egzorcysty. Stary ksiądz, w asyście młodego, stacza dramatyczną, nużącą i nieomal że beznadziejną walkę z szatanem (przypomina się tu, nawet w szczegółach, znana scena z *Dziadów*); obaj przypłacają to życiem – ale dziewczynka zostaje uratowana, diabeł ponosi klęskę...

Milcząca i przejmująca się tym filmem większość zawdzięcza, jak sądzę, „Egzorcyście", jego doskonałemu realizmowi w przedstawieniu tego, co potocznie realne i co potocznie musi zostać uznane za nierealne, jego żarliwemu aktorstwu, jego obleczonej w to aktorstwo i te realia symbolice, coś naprawdę potrzebnego zbiorowości i poszczególnym ludziom: nie dosłowny, odbierany jednak jako rzeczywisty, obraz swojego świata – tego, w którym czai się jakiś d i a b e ł, jakieś zło dręczące i zwodzące na każdym kroku, ale nie poddające się już tradycyjnym interpretacjom przyswojonych nauk, oporne wobec schematycznej terapii, wyczuwalne, a nieuchwytne, bez twarzy, a groźne... Film, o którym mowa, potwierdza powszechną intuicję, że takie zło istnieje – i twierdzi zarazem, że, mimo jego niesamowitych cech, z diabłem można i trzeba walczyć. Walka jest przeraźliwie trudna, do podjęcia jej zdolni są jedynie wybrańcy – niestrudzeni kapłani dobra, święci bojownicy, których ofiarność nie cofa się przed całopaleniem – podejmują i toczą ją przecież, i choć giną, zwyciężają niekiedy, pozostałych ludzi darząc nadzieją...

Świat „Egzorcysty" to nie tylko świat obecności diabła, ale także – walki z diabłem, możliwego nad nim zwycięstwa. Wzór księdza, poświęcającego w tej walce życie – to wzór heroicznego nonkonformisty. Z filmu płynie pociecha, że nonkonformizm w zmaganiu ze złem jest możliwy, skuteczny i piękny – otóż myślę, że na taką właśnie pociechę ze strony sztuki czekają ludzie, którym powszedniość nie dostarcza jej nazbyt często...

Nie oglądałem „Egzorcysty" w Ameryce, oglądałem go we Włoszech, była jesień, wiatr targał płachty różnego koloru nad głowami manifestantów, szarpał źle przyklejone do muru papierzyska ze znakami i apelami najróżniejszej treści, ludzie czegoś żądali, czegoś próbowali, byli gniewni i zrozpaczeni, tutaj też, jak nie tylko tutaj...

Dwa lata temu, po powrocie z innej podróży, pisałem już o diabłach na ekranie i scenie; wspominałem wówczas między innymi o dwóch świeżo wystawionych sztukach, z których jedna zdawała się uznawać wszelki bunt, wszelkie działanie, zmierzające ku przemianie świata, za prowokację diabelską. O drugiej pisałem: „Diabeł, w moim rozumieniu, nie jest tutaj wyłącznym prowokatorem wszelkiego działania, lecz jego nieodłącznym t o w a - r z y s z e m . Ludzie nie mogą nie kochać, nie pragnąć, nie zmierzać do zdobycia tego, co ich pociąga, nie współzawodniczyć ze sobą, nie zawierać takich lub innych związków. Tak, to prawda, cokolwiek czynią – diabeł jest zawsze obok, plącze im szyki, wtrąca się do wszelkiej akcji, mistyfikuje sens każdego gestu, jest złowrogim sobowtórem człowieka... I mimo wszystko – w sugerowanej widzowi lub czytelnikowi świadomości diabelskiego uczestnictwa w każdym podjętym przezeń działaniu, a więc ryzyka strasznego wypaczenia i zamiarów, i skutków, nie dostrzegam tu propozycji lękliwego konformizmu bądź też kwietyzmu. Raczej: heroizmu egzystencjalnego, czyli pełnego życia we właściwym sobie zakresie m i m o wiedzy o diabelskich knowaniach, zdolnych do przeinaczenia wszystkiego".

Teraz w angielskim miesięczniku, w artykule pt. „Czy diabeł może zostać zbawiony", czytam – po trosze z poczuciem, jakby mi to z ust wyjęto, po trosze z zaskoczeniem oraz podziwem: „Zbyt dobrze wiemy wszyscy, że nie ma takiego osiągnięcia umysłu, takiego aktu ludzkiego geniuszu, które nie mogą być obrócone przeciw człowiekowi lub w jakiś sposób użyte jako narzędzie diabła. Nasza pomysłowość nigdy nie będzie wystarczająco potężna, aby przechytrzyć diabła i przeszkodzić mu w obróceniu naszych najszlachetniejszych tworów przeciwko nam. Zwątpienie jest jednym z naturalnych zasobów, które możemy uruchomić przeciwko niemu, ponieważ zwątpienie może osłabić naszą prometejską pewność siebie i pośredniczyć pomiędzy nie dającymi się ze sobą pogodzić wymaganiami, które stawia nam życie. Jest oczywiste, że diabeł może zaprząc również zwątpienie w swoją służbę i uczynić je pretekstem do bezczynności i bezruchu kiedy potrzebujemy zdecydowania i gotowości aby zmierzyć się z ryzykiem walki. Nasze naturalne siły nie mogą znaleźć niezawodnego schronienia przed złem; wszystko, co możemy zrobić, to ćwiczyć się w sztuce zachowania równowagi w obliczu niebezpieczeństw. I to jest dokładnie to, co utrzymuje tradycja chrześcijańska, gdy stwierdza, że od pewnych skutków grzechu pierworodnego nie ma ucieczki i że jeśli zbawienie jest możliwe, to tylko przez łaskę. Są to powody, dla których potrzebujemy chrześcijaństwa, ale nie jakiegokolwiek chrześcijaństwa. Nie potrzebujemy chrześcijaństwa, które robi rewolucję polityczną, które śpieszy do współpracy z tak zwanym wyzwoleniem seksualnym, które pochwala nasze żądze lub sławi naszą przemoc. Starczy na świecie sił aby czynić to wszystko bez pomocy chrześcijaństwa. Ludzie potrzebują chrześcijaństwa, które pomoże im wyjść poza bezpośrednie naciski życia, użyczy im wglądu w podstawowe ograniczenia ludzkiej kondycji i zdolności ich zaakceptowania, chrześcijaństwa, które nauczy ich prostej prawdy, że istnieje nie tylko jutro, ale również pojutrze, i że różnica między sukcesem a porażką jest trudna do rozróżnienia. Potrzebujemy chrześcijaństwa, które nie jest złote, purpurowe czy czerwone, lecz szare. Potrzebujemy jednak czegoś więcej niż chrześcijaństwa nie dla abstrakcyjnej satysfakcji różnorodności, ale dlatego, że prawda chrześcijaństwa, jak każda inna prawda, jest jednostronna. Potrzebujemy żywej tradycji myśli socjalistycznej, która apeluje do sił ludzkich wyłącznie w oparciu o tradycyjne wartości sprawiedliwości społecznej i wolności. I tu znowu potrzebujemy nie po prostu jakiejkolwiek idei socjalistycznej. Nie potrzebujemy głupich fantazji o społeczeństwie, z którego usunie się wszelką pokusę zła; ani o rewolucji totalnej, która za jednym zamachem zapewni nam błogosławieństwo ostatecznego zbawienia i świat bez kontrowersji. Potrzebujemy socjalizmu, który pomoże nam pojąć złożoność brutalnych sił działających w historii ludzkiej i wzmocni naszą gotowość do walki z uciskiem społecznym i biedą ludzką. Potrzebujemy tradycji socjalistycznej, która świadoma jest swoich ograniczeń, ponieważ marzenie o ostatecznym zbawieniu jest rozpaczą przebraną za nadzieję, żądzą władzy przebraną za pragnienie sprawiedliwości."

Jak widać, wiele ważnych rzeczy można jeszcze powiedzieć, biorąc za punkt wyjścia odwieczny problem knowań diabelskich.

Listopad 1974

WCIĄŻ WEZBRANE POTOPU WODY

Ledwie przebrzmiała dyskusja antyromantyczna, w której wszyscy byli tacy trzeźwi i nowocześni, tacy bez przesądów, uwolnieni od poetyckiego czaru i czadu, na samych Trzech Wieszczów podnoszący zuchwale rękę, aż tu – nowe szarże, gwałtowniejsze jeszcze od tamtych, lecz tym razem wszyscy są tradycyjni, uduchowieni, sentymentalni, i dłoń na karabeli kładą, gdy prześmiewca lub niedowiarek zza krzaka wychynie.

A cała ta zjednoczona sumiastość – ponieważ średniej klasy reżyser film na miarę swych możliwości w systemie *panavision* nakręcił, średnio zagrany, ze średnio ciekawym romansem, średnią dawką okrucieństwa, średnią pirotechniką oraz wypożyczonymi przez bratnią kinematografię oddziałami piechoty i jazdy.

Taką pseudohistorię kręci się wszędzie – od Rumunii po Hongkong – to i owo trafiło już przecież i na nasze ekrany.

Ale „Potop" pięciogodzinny, owoc pięcioletnich wysiłków mistrza Hoffmana, sienkiewiczowskiej jest proweniencji, Jerzy Hoffman – Sienkiewicza plenipotentem, i kto na film ów średni się targnie – arcydzieło narodowej literatury, okazuje się, kala, świętości szarga, i huzia nań, bracia szlachta, roznieść psubrata!

Jedna tylko pani Tatarkiewicz z właściwym sobie darem irytowania rodaków ośmieliła się parę pytań kłopotliwych na temat „Potopu" zadać; jeden ksiądz z Białegostoku nie rzucił w panią Tatarkiewicz kamieniem; jeden Kisiel – ostatni w Koronie (kto by się był spodziewał?) publicysta rozsądny, spokojny, umiarkowany – perswazji spróbował wobec defensorów zaciekłych pana Henryka.

„Od kilkudziesięciu lat – przypomina Kisiel w felietonie pt. «Bzik zastępczy spóźniony» – wielbiono Sienkiewicza bez granic, lecz także atakowano Go bez pardonu. Atakowali między innymi: Prus, Świętochowski, Dygasiński, Nałkowski, Brzozowski, Witkiewicz, Matuszewski, Nowaczyński, Górka – wcale nie źli Polacy. W ocenie *Trylogii* również zawsze panowała dwoistość. Jedni mówili, że Sienkiewicz krzepi serca, przypominając minioną wielkość narodu, że daje nadzieję, umacnia polskość, odradza tradycję. Drudzy za to mówili, że On, owszem, robi to wszystko, ale usypiając, schlebiając, fałszując historię, idealizując postacie dwuznaczne (Jeremi Wiśniowiecki), osłaniając błędy i zbrodnie (Ukraina). Dyskusja toczyła się, toczy i będzie się toczyć..."

Przechodząc do filmu, Kisiel oznajmia, że ma w jego sprawie „stanowisko niepatetyczne i nietypowe": nie chce go mianowicie oglądać „ze względów literackich". Albowiem: „Jestem przeciwny przerabianiu dobrych powieści na filmy... szkoda mi niezamierzonych bogactw językowo-stylistycznych i nastrojowo-opisowych, które w filmie muszą przepaść na rzecz „westernowej" akcji. Poza tym bardziej jestem przywiązany do mojej amatorskiej wyobraźni niż do profesjonalnej wyobraźni reżysera Hoffmana... *Trylogia* to dla mnie coś osobistego, przy tym naprawdę kocham literaturę jako sztukę słowa... O tym zaś, czy potopowy „western" działa umoralniająco czy przeciwnie, wypowiedzieć się nie potrafię: nie znam filmu, niedostatecznie też znam młodociane warstwy naszego społeczeństwa... Sprzeciwiam się tylko wyrokowaniu o czyimkolwiek patriotyzmie na zasadzie tego, czy podobał mu się film „Potop"... Bądźmy poważni i nie ustawiajmy ołtarzy w kinie – nie tam ich miejsce. A narodowe opium konsumowane być musi dobrowolnie: narkotyki obowiązkowo reglamentowane to już przesada."

Tyle – Kisiel, a defensorzy Sienkiewiczowi – swoje. Możnaby mniemać, że – jeśli nie chwycą się, i to śpiesznie, środków zgoła ekstraordynaryjnych – rozbestwiona tłuszcza wnet za poły Pana Henryka z piedestału ściągnie i zadepce bez pardonu w warszawskim błocku.

Najnieubłaganiej sumiasty Paweł Hertz wreszcie sedna sprawy dotyka: „... u źródła wszystkich późniejszych kłótni o Sienkiewicza – przenikliwie wskazuje – leży jego odejście z obozu pozytywistów i radykałów, gdy po powrocie z szerokiego świata, z większym realizmem patrząc na sprawy krajowe i obce, zaczął z wolna przemieniać się z literata warszawskiego, hołdującego ówczesnej nowoczesności, w pisarza polskiego. Wtedy podniosło się owo larum zgorszenia i niezadowolenia, które trwa aż do dziś. Kiedy na to patrzę, wydaje mi się, że odzywa się tu swoista zaciekłość i nietolerancja..."

Owi aż do dziś brużdżący Henrykowi Sienkiewiczowi „literaci warszawscy", którym jako jedyny „pisarz polski" przeciwstawiony został autor *Trylogii*, to między innymi Bolesław Prus i... Eliza Orzeszkowa. „Sienkiewicz – najwidoczniej bez „swoistej zaciekłości i nietolerancji" kontynuuje krytyk – otworzył przed czytelnikami wielką scenę dziejów narodowych, objął całą wielką Rzeczpospolitą, a to było tu ważniejsze i potrzebniejsze niż obrazy izb piwnicznych Ongrodu czy dalekie, martwe piramidy Egiptu, w których trudno było dopatrzeć się związku z własnymi myślami i uczuciami."

Hm, tu mnie coś ukłuło, bo tak się głupio składa, że pochodzę właśnie z Ongrodu; ale prawda, Spodku drogi, sądziedzie Pawła Hertza z ostatniej kolumny „Tygodnika", a Ty czyż nie pochodzisz z Ongrodu? bodaj że nie tak dawno trąciliśmy się byli kielichami za tę naszą mieścinę; i Ciebie nie ukłuło teraz? nie wierzę; chociaż sami nie z izb piwnicznych, nie mogliśmy z perspektywy naszego dzieciństwa nie dostrzegać ich przecież, jak wysokiego brzegu Niemna i powolnego nurtu pod Bohatyrewiczami, i jeszcze paru obrazów, które współczesny pisarz polski (bo mianem literata warszawskiego nie chcę go dotknąć) „w obronie Sienkiewicza" za nieważne i niepotrzebne teraz ogłasza.

Mniejsza zresztą o prywatne żachnięcia się, ukłucia i inne takie objawy; spróbujmy być powściągliwi i obiektywni; otóż chyba nie tylko wyniesiony z Ongrodu kult Orzeszkowej każe nie się sprzeciwiać twierdzeniu, że zaszczepiony nowszej literaturze polskiej przez tę właśnie pisarkę wątek troski społecznej i podjęta przez nią próba realnego przedstawienia współczesnej egzystencji różnych warstw narodu – to nie są wartości; że nie jest też wartością intelektualizm Prusa, konstruujący w *Faraonie* model konfliktu uniwersalnego w historii ludzkiej, w której istnieje problem władzy i informacji; że nie jest nią też zapewne bolesny rewizjonizm dziejowy Żeromskiego; że „literatura jest wielką, wspaniałą baśnią, opowiadaną całym narodom", i niczym innym, i niczym ponadto, tylko ten zatem, który baśń taką opowiedział Polakom, jest prawdziwie narodowym pisarzem.

W naszej współczesności literackiej nie brak nawróconych grzeszników i rzadko kto na przestrzeni tego trzydziestolecia nie przebył jakiejś metamorfozy; dotyczy to również autora niniejszych zapisek; i nie ma racji, dla której nie mogłoby dotyczyć Pawła Hertza – niegdyś liberała, okcydentalisty i wyrafinowanego miłośnika Prousta, od jakiegoś zaś czasu przystrojonego w kontusz i jakże bezkompromisowego strażnika cnót staropolskich, tępiciela zagranicznego nowinkarstwa i herolda rdzennej, zachowawczej, opancerzonej przeciw zgubnym wpływom swojskości. Prawo do nowego i tak w dodatku malowniczego kostiumu trudno kwestionować; sęk w tym, że Hertzowi polskość-arcypolskość jawi się obecnie w jednym tylko określonym wcieleniu, wcale dokładnie opisanym swego czasu przez Bohdana Cywińskiego w jego studium o zeszłowiecznych antenatach również i dzisiejszych światopoglądów. Otóż obawiam się, że wizja kultury związana z owym nieśmiertelnym wcieleniem jest tak fanatycznie ciasna, poddana tak okrutnym amputacjom, tak samobójczo ocenzurowana i zredagowana, że jedynie szczególnej potędze samowmówienia zawdzięczać można wiarę w jej zbawienność dla narodu polskiego.

Myśl, też, że Henryk Sienkiewicz, choćby nie wiem jak miał na pieńku z „literatami warszawskimi", nie posunąłby się do zaakceptowania tak nieciekawej wizji kultury.

P.S. – Dopowiedzmy jeszcze: póki istnieje w Polsce ślad wrażliwości na urodę mowy ojczystej, na jej bogactwo, barwność, dźwięczność, celność i rozmaitość – ufam zaś, że wrażliwość ta, wbrew niwelacyjnym zabiegom środków przekazu, nierychło przeminie – nie zagraża *Trylogii* odniesienie przez rozśpiewaną młodzież z transparentem „Gardzimy Sienkiewiczem" nad głową, na punkt skupu makulatury. Ale nie znaczy to, że każda sienkiewiczowska fabuła – zwłaszcza zaś fabuła wypreparowana z języka i oddana środkami przeciętnego warsztatu filmowego – ostanie się wobec krytycznego spojrzenia. W tym sensie niepokój defensorów jest może bezpodstawny... Kisiel napomknął o „młodocianych warstwach naszego społeczeństwa" – traf zaś chciał, że wpadła mi do rąk recenzja z pierwszej części filmowego „Potopu", zamieszczona w szkolnej gazecie jednego z liceów. Krytyk z czerwoną tarczą pisze m.in. o swoim odbiorze postaci Kmicica – zastrzegając się, że wrażenia pochodzą z filmu właśnie, iże uprzednia lektura książki nie nasunęła mu tego rodzaju drastycznych refleksji. „Filmowy Kmicic – stwierdza jakby zaszokowany – wydał mi się po prostu potworem. Nic nie jest w stanie odwrócić uwagi widza od przelanej przez niego niewinnej krwi, płonących wiosek, cierpień wielu ludzi – i to rodaków!... Nie rozumiem, w jaki sposób te czyny mogą zostać odkupione i zmazane. Co byśmy powiedzieli, gdyby Niemcy w jakimś swoim filmie twierdzili, że mogą zostać zmazane zbrodnie esesowców, palących polskie wsie, albo Amerykanie – że można za późniejsze zasługi zrehabilitować morderców kobiet i dzieci z Wietnamu? Wracam jeszcze do spraw prywatnych Kmicica. W scenie porwania Oleńki ukazuje on nam się jako zwykły terrorysta i szantażysta. Bo czymże innym jest grożenie baryłką prochu, którą wysadzi się w powietrze wraz z porwaną i wszystkimi dokoła? W książce ta sytuacja wygląda trochę inaczej: Oleńka jest tam bezpieczna..."

Zachowując całą ostrożność, wolno chyba na podstawie tej uczniowskiej recenzji stwierdzić jedno: że są wśród młodych widzów tacy, którzy proponowane sobie przez film wzorce osobowe przymierzają nie do abstrakcyjnie i pobłażliwie traktowanej obyczajowości XVII czy jakiegokolwiek innego odległego wieku, lecz do problematyki moralnej, zarazem i bliższej, i ogólniejszej, choćby tej znanej z podręczników historii współczesnej i dzienników telewizyjnych... Dobrze to czy źle? Pomstować na młodzieńczą prostolinijność i oburzać się na świętokradcze porównania – czy przyklasnąć żarliwości, z którą, wbrew naciskowi opinii, ktoś młody i zapalony odrzuca „patriotyczny" relatywizm moralny? Osobiście sądzę, że jeżeli Sienkiewicz – bezpośrednio czy pośrednio – przyczynia się nadal do takiego fermentu duchowego, jakiego wyraz stanowi przytoczony fragment uczniowskiej wypowiedzi o „Potopie", to i sam pisarz jest jeszcze, dzięki Bogu, ż y w y , i jego młodociani odbiorcy nie pożarci przez smoka amoralnej i aintelektualnej cywilizacji masowej.

Listopad 1974

PAN JERZY

Parokrotnie wspominano ostatnio w prasie Jerzego Stempowskiego – obawiam się jednak, że niewielu czytelników wiedziało, o kogo chodzi. Nie byłoby w tym zresztą nic dziwnego. W jednym z listów Stempowski (10 XII 1893-4 X 1969) wyznawał: „Dzieciństwo spędziłem wśród piszących i poprawiających korekty bez godnego uwagi wyniku. Nie miałem dla tego zajęcia większego szacunku i do 36-go roku życia uważałem sobie za zasługę powstrzymywanie się od czernienia papieru. Pisać zacząłem niemal przypadkiem i nigdy nie przychodzi mi to bez wewnętrznego oporu." Bodaj że w tych zdaniach ukryty został klucz do fenomenu świetnego, a prawie nikomu – ze względu na rzadkość publikacji – nie znanego pisarza. Niewiedza ta mniej może dotyczyła kół ściślej związanych z literaturą. Takie rozprawy jak *Pan Jowialski i jego spadkobiercy. Rzecz o perspektywach śmiechu szlacheckiego* (1929) oraz *Chimera jako zwierzę pociągowe. Próba interpretacji ekonomicznej futuryzmu i surrealizmu* (1933), mimo szczupłych nakładów, odegrały znaczną rolę w polskim życiu umysłowym przed wojną i przez wiele lat były nie do ominięcia w toczących się dyskusjach o treści kultury. Ale poza te koła świadomość rangi pisarskiej Stempowskiego przeniknąć chyba nie mogła.

Wychowany na Ukrainie, od młodych lat globtrotter, absolwent różnych fakultetów krajowych, niemieckich i szwajcarskich uczelni, podobno mason wysokiego wtajemniczenia, wykładowca Państwowego Instytutu Sztuki Teatralnej w Warszawie, który opuścił protestując przeciw zalegalizowanej faszyzacji życia akademickiego, podczas wojny znalazł się pisarz w Szwajcarii i tam już mieszkał do końca, do końca też kultywując surową zasadę nie powiększania bez potrzeby ilości krążącego między ludźmi zadrukowanego papieru.

A jednak zostało po Stempowskim dzieło nie tylko imponujące bogactwem treści, lecz nadspodziewanie obszerne. Rzecz w tym, iż skąpstwu, z jakim wypowiadał się w eseistyce przeznaczonej do druku, dorównywała hojność uprawianej przez całe życie wielkiej twórczości epistolarnej. Jak niezwykłe to dzieło, miałem możność przekonać się, obcując z jego ułamkiem – tuzinem listów i kartek, którym obdarzony zostałem przez Jerzego Stempowskiego w latach 1963-1968. To, co dla autora było zaledwie fragmentem snutych przez wiele dziesięcioleci wątków, dla adresata – z pewnością podobnie jak dla innych adresatów – stało się niezapomnianą przygodą.

W roku 1963, po ukazaniu się mojej powieści opartej na losach XIX-wiecznego rosyjskiego pisarza Sałtykowa-Szczedrina Stempowski pisał: „*Sny pod śniegiem* poruszyły we mnie bardzo dawne wspomnienia. Sałtykowa Polacy nie znali wcale. Rosjanie przestali go czytać w moim pokoleniu. Natomiast dla ludzi urodzonych między 1860 i 1880 znajomość Sałtykowa była rodzajem znaku porozumiewawczego, po którym poznawali się bezbłędnie należący do ściślejszej grupy inteligencji. Z książek jego powstał rodzaj języka konwencyjnego". Tu następowało kilkanaście przykładów owych umownych wyrazów i zwrotów „służących do określania ludzi i sytuacji znacznie pewniej niż wszystkie peryfrazy", dalej zaś wyznanie osobiste: „Tego sekretnego języka nauczyłem się od mego ojca i jego przyjaciół, ale później nie miałem okazji używania go. W okresie dwudziestolecia jedynym człowiekiem, z którym mogłem się nim porozumiewać, był Pużak. O ile wiem, Pużak wyniósł jego znajomość z zesłania. Gdy spotykałem go w sejmie, siadaliśmy latem w ogrodzie, zimą w bufecie i recytowaliśmy całe stronice Sałtykowa. Pamiętałem wówczas jeszcze całą *Kratkuju opiś gradonaczalnikow*, *Żiznieopisanje kupca Paramonowa* i wiele innych rzeczy, posiadających w dwudziestoleciu pewną aktualność. Pużak też pamiętał niemało..."

Po innego jeszcze rodzaju uwagach na temat rosyjskiego pisarza, Stempowski kończył: „Cieszyłbym się niezmiernie, gdyby udało mi się kiedyś Pana zobaczyć. Wytoczyłbym, jak Paramonow, *boczonok santurinskago* i mówilibyśmy samymi cytatami z Sałtykowa".

Marzyłem o takim spotkaniu, ale jednocześnie bałem się go: byłem przekonany, że w posługiwaniu się umownym językiem Szczedrinowskim ja, autor świeżo napisanej książki o autorze *Historii pewnego miasta*, nie sprostam Stempowskiemu, który czytał go kilkadziesiąt lat wcześniej...

Kiedy wiosną 1965 roku zawarliśmy w Paryżu upragnioną przeze mnie znajomość, nie doszło zresztą do rozmawiania „Szczedrinem". Spędziliśmy razem długie popołudnie i wieczór, wałęsając się po Montparnasse, włącznie z cmentarzem, gdzie Pan Jerzy zaprowadził mnie do grobu ukochanego swego poety Baudelaire'a, i przez wszystkie te godziny przeważnie milczałem, słuchając wspomnień o świetności i schyłku niegdysiejszej dzielnicy artystów. Wieczorem, w marynarskiej knajpce nad Sekwaną (nigdy później nie zdołałem już odnaleźć tego lokalu) zaznałem wtajemniczenia całkiem innego rodzaju: w łykanie ostryg... Echa paryskiej włóczęgi i zabarwiających ją opowieści znalazły się później w moim poemacie *Przygoda w Babilonie*. Występujący tam „pewien cudzoziemiec" – to właśnie Jerzy Stempowski. Nie wyobrażam sobie cudowniejszego wprowadzenia w Paryż niż to, które zawdzięczam jemu.

Półtora roku później, kiedy udało mi się odwiedzić go w Bernie, był już bardzo zmieniony. Mówił ledwie dosłyszalnym szeptem, poruszał się z trudem. Mimo to, wspomagany przez swą serdeczną opiekunkę, panią Dieneke Tzaut, uczynił wysiłek pokazania mi i tego miasta, wprowadzenia i w ten odrębny świat. Posiadał niezwykły dar wnikania w głąb każdej kultury, każdej przeszłości i teraźniejszości, która leżała na jego drodze – i dzielenia się tym z innymi. Jak w obcowaniu osobistym, dar ten uderza również w listach...

Jesienią 1967 roku znalazłem się ponownie w Paryżu i zamieszkałem w tanim hoteliku „Gay-Lussac" na rogu ulicy tegoż imienia i głośniejszej St. Jacques. W odpowiedzi na mój list Pan Jerzy zauważył: „Z Pańskiego adresu widzę, że trzyma się Pan najlepszych tradycji. Na tejże ulicy mieszkali Polacy w końcu XIX wieku, w czasach Zapolskiej i Lorentowicza, kiedy tańczono kadryla w Bal Bullier, a Jean Moréas i Paul Fort (późniejszy *prince des poètes*) królowali w Closerie des Lilas. Od tamtych czasów domy, nigdy nie remontowane, podupadły trochę w tej dzielnicy..."

Ten, w którym mieścił się mój hotelik, był rzeczywiście obskurny – ale wiadomość o tradycji, której niechcący uczyniłem zadość, nobilitowała go znakomicie. W pół roku później na rogu ulic St. Jacques i Gay-Lussac, pod oknami hoteliku, tam gdzie przez całą noc nie dając spać lokatorom ze straszliwym zgrzytem i piskiem zatrzymywały się na światłach samochody, stanęła barykada – jedna z najzuchwalszych i najwytrwalszych w Paryskim Maju. Dowiedziałem się o tym z gazet; ale gdyby Pan Jerzy nie był wówczas tak już chory i słaby, niechybnie dowiedziałbym się także od niego – i cały historyczny rodowód barykady pod moim niedawnym oknem poznałbym w najdrobniejszych szczegółach...

Jerzy Stempowski spoczywa na cmentarzu w dalekim szwajcarskim Bernie, jednakże na warszawskich Powązkach, przy grobie rodzinnym Stempowskich, legła 1 lipca 1973 tablica ku pamięci „niespiesznego przechodnia". W skromnej uroczystości uczestniczyło kilkanaście osób – ludzi różnych pokoleń i zawodów, połączonych tym, że w i e d z i e l i , kim był Pan Jerzy.

Może teraz tych w i e d z ą c y c h będzie trochę więcej? Londyńska Oficyna Poetów i Malarzy (której owocne poczynania nieraz bywają kwitowane na łamach prasy krajowej) wydała właśnie *Listy z Ziemi Berneńskiej* Jerzego Stempowskiego, pisane przez ponad ćwierć wieku – poczynając od wiosny 1940 – do jednej korespondentki, Krystyny Marek, Co to za lektura! Otwieram ów zbiór na pierwszej z brzegu stronie i czytam w liście z 5 listopada 1940: „... dla Hachy i Chwalkowskiego Benesz był tylko masonem i przedstawicielem międzynarodowego kapitalizmu i socjalizmu. Oni tylko mieli patent na patriotyzm. Pierwszym ich krokiem była kapitulacja. Drugi rozdział tejże książki przedstawia Słowację: i tam Hlinka i Tiso reprezentowali nacjonalizm integralny z efektem kapitulacyjnym. Potem przyszła Francja, gdzie również partia kapitulacji stworzona została z nacjonalistów i patriotów najgłośniejszych, byłych czytelników *Gringoire'a* i *Action Française*. To samo miało miejsce w Rumunii, gdzie żelaźni nacjonaliści nie zdążyli jeszcze zjeść i wypić, kiedy już kapitulowali i sprowadzili wojska cudzoziemskie do okupowania kraju. Nawet Paleckis w „sejmie ludowym" litewskim, poddając pod głosowanie wniosek o przyłączenie Litwy do Rosji, mówił, że tego wymaga litewski patriotyzm. Nacjonaliści nie mogą już ani chwili znieść niepodległości swego kraju i ścigają swą nienawiścią wszystkich, kto by chciał jeszcze bronić tej niepodległości". Jaka przenikliwość, jaka nieubłagana trafność w tych paradoksalnych obserwacjach! Czyż nie pożywniejsza taka lektura, nie bardziej podniecające obcowanie z takim rozmówcą, którego mądre zastanowienie jakby w obecności czytelnika słychać w tych listach, z ciągłym nawracaniem do poruszonych już tematów, ujmowaniem ich coraz to na nowo, precyzowaniem, dorzucaniem szczegółów – niż studiowanie choćby najdoskonalszej, najstaranniejszej dopiętej, z a m k n i ę t e j eseistyki?

Ale obok ogromnej wdzięczności dla wydawców za tę wartościową i ważną publikację, żywię też do nich trochę pretensji. Przede wszystkim – nie zawsze mamy tu listy w pełnym tego słowa znaczeniu, lecz zdarzają się, i to często, po prostu dłuższe lub krótsze cytaty z korespondencji Jerzego Stempowskiego. Cytaty są interesujące i dają pojęcie o sprawach, których dotyczą – nie dają natomiast jakiegoś poczucia ciągłości ani, co gorsza, nie pozwalają na kompletniejsze zrekonstruowanie postaci piszącego. Wzorowe edycje korespondencji wybitnych osób (np. Orzeszkowej u nas lub Sałtykowa Szczedrina w Rosji) przytaczają wszystkie listy w całości, nie rezygnując nawet z sakramentalnych „Łaskawy Panie" i „Łączę wyrazy niezmiennego szacunku" – bo za tym też stoi sposób bycia autora, jego formacja, konwenans obyczajowy, w którym się mieścił etc. Te pozornie błahe elementy tekstu ucięto tym razem całkowicie – a wraz z nimi również szereg bardziej zasadniczych. Profesor Wiktor Weintraub, określając w przedmowie charakter dokonanych amputacji, nie przekonał mnie do ich niezbędności. Można jeszcze dyskutować skreślenie „ustępów natury ściśle prywatnej" (choć nie wiadomo, czy i w tym nie posunięto się za daleko) lub „ostrych, bezwzględnych sądów" o ludziach, absolutnie zdumiewa jednak decyzja wyeliminowania „rozważań na tematy bieżącej polityki, które w korespondencji tej zajmowały dużo miejsca, zwłaszcza w pierwszych powojennych latach". Jeżeli zajmowały takie miejsce w korespondencji – oznacza to przecież, że zajmowały je w myśleniu Jerzego Stempowskiego, w całej jego egzystencji, że konstytuowały istotną stronę jego osobowości. Niewiele jest również wart dodatkowy argument, że apokaliptycznym proroctwom Stempowskiego „historia zadała kłam" – czy nie za wcześnie na tę pewność i na ten optymizm? Druga pretensja do edytora dotyczy strony informacyjnej: w przedmowie zabrakło nawet daty i miejsca urodzenia, nie mówiąc o dokładniejszych wiadomościach na temat rodziny, środowiska, biegu życia pisarza etc. Przydałby się też choćby zwięzły komentarz do niektórych listów – autorowi zdarza się robić aluzje do faktów, które dzisiaj rzadko komu są znane.

Ale dajmy spokój temu wygrymaszaniu. Mimo niedociągnięć edytorskich, ukazanie się *Listów z Ziemi Berneńskiej* jest przecież wydarzeniem: oto znowu pojawia się wśród nas Pan Jerzy, pojawia się w gronie szerszym niż kiedykolwiek dotąd, przemawia, szydzi, uśmiecha się, poucza, przypomina, wskazuje...

Grudzień 1974

POWRÓT DEJMKA

Każdy powrót ma w sobie coś niezwykłego i podniecającego, niedarmo tyle powrotów legendarnych, literackich, filmowych, powrót syna marnotrawnego, powrót taty, powrót prokonsula, powrót posła, powrót rewolwerowca, w powrocie jest nadzieja i gorycz, radość spełnienia po latach, odwróceniu przeciwnych losów, i ból niemożności, smutek starej prawdy Heraklitowej, że nie podobna wstąpić dwukrotnie do tej samej rzeki, że kto inny wraca gdzie indziej, a tak naprawdę – to powrotów nie bywa...

Są jednak – ciągle są – wymarzone, wykalkulowane, spontaniczne, wywalczone, wydarte, czasem zaś tak skomplikowane, jak w „Powrocie prokonsula" Zbigniewa Herberta:

Postanowiłem wrócić na dwór cesarza
jeszcze ciągle spróbuję czy można tam żyć
....
trzeba będzie na nowo ułożyć się z twarzą
z dolną wargą by umiała powściągnąć pogardę
z oczami aby były idealnie puste
i z nieszczęsnym podbródkiem zającem mej twarzy
który drży gdy wchodzi dowódca gwardii

Zdarzają się też powroty i n n y c h , które przeżywamy jak w ł a s n e : bo z nimi odżywa coś znaczącego dla nas przed laty, otwierają się na nowo zamknięte niegdyś, lub tylko urwane, wątki naszej biografii wewnętrznej, wracamy do siebie, ponieważ k t o ś powrócił do siebie.

Tak jest ze mną teraz, kiedy do Teatru Nowego w Łodzi powrócił Kazimierz Dejmek; teatr Dejmka bowiem – to jakby rozbłysk intensywny mojego życia i życia mojego pokolenia, tego, co w nim było najlepsze, nie, bynajmniej nie nieomylne, ale najżarliwsze, najprawdziwiej przejęte czymś większym od nas, n a j m ł o d s z e ... Wtedy na początku, kiedy byliśmy po prostu młodzi, młodzi całymi sobą, nie zaś jakąś najszczęśliwszą cząstką swego istnienia – wierzyliśmy wtedy, kochaliśmy i pragnęliśmy nie miazgą z gazety, lecz strofą wiersza, melodią pieśni, gwarem filozofującej dyskusji, a wreszcie tchem zapartym na widowni, naprzeciw sceny, gdzie aktorzy w kombinezonach grali prymitywną zapewne sztukę o produkcji, o bohaterstwie pracy, o człowieczej ofiarności i wysiłku mającym ludziom raj przybliżyć na ziemi. Sporo się teraz pisze o nas ówczesnych, rozmaici autorzy (czasem nasi wąsaci synowie) usiłują rozwikłać zagadkę dawnych fascynacji, ale żaden chyba nie zauważył, co znaczyła w tym wszystkim sztuka, jak nakładał się na życie i odmieniał je w naszych oczach rytm poezji – tej przychodzącej do nas skądinąd i tej chropawej, którą uprawialiśmy sami – i migot plam na płótnie, i patos imitujących powszedniość gestów na scenie. Powie ktoś, że bez tego bylibyśmy może trzeźwiejsi i rozumniejsi. A może – odpowiem – tylko cyniczniejsi i przedwcześnie przygaśli? Tak czy inaczej, żyliśmy i wierzyliśmy „Brygadą szlifierza Karhana"; a parę lat później śmialiśmy się z siebie, ze swojego zadufania i skostnienia wystawioną w tymże teatrze „Łaźnią"; a jeszcze trochę później śmialiśmy się donośniej, na większym luzie, lecz i z większą goryczą – „Świętem Winkelrida"; a potem czas zaczął cwałować i, starsi, nie zawsze już bodaj umieliśmy się tak utożsamić z poezją i teatrem, mieliśmy jednak poczucie, że Dejmek – w Teatrze Nowym, następnie zaś Narodowym – również i w naszym imieniu sięga do przysypanych źródeł, tworzy swoje wspaniałe rekonstrukcje średniowieczne, renesansowe, romantyczne, szuka trwałych sensów egzystencji w tym kraju... Po „Dziadach" głos Dejmka dotarł do mnie po raz ostatni ze sceny Ateneum w przedstawieniu „Wujaszka Wani" Czechowa. Był to sezon 1968/1969, w roli tytułowej wystąpił Gustaw Holoubek, jego antagonistę profesora Sieriebriakowa zagrał Jan Świderski, Helenę – Aleksandra Śląska, Sonię – Elżbieta Kępińska. To był znowu trochę inny Dejmek, bardziej powściągliwy, tradycyjniej realistyczny, precyzyjny reżysersko, ale niewiele na pozór dodający do materiału, po który sięgnął, do tego, co u schyłku XIX wieku napisał był uśmiechający się przez łzy lekarz z Taganrogu. A przecież – tak to odebrałem – było i w tym spektaklu p o s ł a n i e ; i choć zawarte w fabule sztuki oraz, jeśli dobrze pamiętam, w finałowym monologu Soni-Kępińskiej, to sam Dejmek, w sposób całkiem osobisty, kierował swe posłanie do mnie i wszystkich, którzy chcieli go słuchać, przemawiając mniej więcej tak: trzeba robić swoje, cokolwiek nas otacza i cokolwiek spotyka, robić swoje, w miarę sił i możliwości, nie oczekując nagrody, rzetelnie i wytrwale, aż do końca, do wiecznego odpoczywania... I jak wcześniej w wielobarwnych wariantach Dejmkowego teatru, tak i w tym szarym, skupionym było znów dygotanie czasu i wskazanie, i pokrzepienie.

„... Nie boi się Pan powrotu? – pyta teraz Dejmka Marta Fik na łamach warszawskiej „Kultury" (17 XI 1974). – Dlaczego Pan wraca?"

Dejmek: „Z różnych przyczyn, zależnych i niezależnych ode mnie. Poza tym – na domowy użytek posługuję się maksymą, która zapisana mogłaby brzmieć mniej więcej tak: człowiek powinien robić to, co do niego należy i jak najlepiej umie, dopóki może i dopóki się da. Ja powinienem robić teatr i dlatego propozycję Łodzi przyjąłem".

Brzmi to znajomo i jakże prosto; dalej zaś Dejmek mówi między innymi: „Przez lat sześć z górą byłem pozbawiony własnego warsztatu pracy... Moje zajęcia w teatrach krajowych i zagranicznych przyniosły mi więcej radości niż zgryzot, a przecież w najlepszych nawet chwilach nie mogłem się pozbyć uczucia goryczy, że oto zmajstrowałem jeszcze jedną imprezę, samą w sobie, jakby znikąd i donikąd".

I jeszcze dalej, program o elementarności nieomal wyzywającej: „... będziemy się starali robić teatr z pożytkiem dla poczucia estetycznego, moralnego i obywatelskiego naszego widza... wydaje mi się w dalszym ciągu, że w teatrze ważniejsze jest c o niż j a k ..." Oto więc powrót Dejmka do domu; a robienie teatru rozpoczyna się tak: na afiszu „Siódmy anioł" – nie istniejąca sztuka Zbigniewa Herberta; na widowni, w dniu dwudziestego bodaj przedstawienia (a wróżono sobie pięć – sześć, nie więcej) ta zwykła łódzka publiczność, o której czytam w „Polityce", że przez ostatnie kilkanaście lat odpłynęła była od teatru, z rzadka tłocząc się co najwyżej na „Trędowatą"; teraz ani ją kto spędził, ani zorganizował – sama przychodzi i słucha w skupieniu; z trzech części skomponowanego przez Dejmka spektaklu najbliższa chyba jest jej środkowa – „Listy naszych czytelników" – zaadaptowane na scenę słuchowisko o pospolitych nieszczęściach i utrapieniach człowieka z tłumu (piękna rola Władysława Dewoyny); ale przedtem z uwagą chłonie „Obronę Templariuszy" w wykonaniu Mieczysława Voita, potem zaś – osiemnaście wierszy, od tytułowego „Siódmego anioła", poprzez „Pana od przyrody", Pana Cogito o postawie wyprostowanej", „Rozważania o problemie narodu", do „Powrotu prokonsula" i „Trenu Fortynbrasa" – wierszy nie „granych", lecz po prostu mówionych przez trzech aktorów – przeważnie najpopularniejszych wierszy Herberta, a przecież, wydaje się, dla tej właśnie publiczności nowych i raczej trudnych, wymagających więc pewnego wysiłku i dobrej woli, na co, mam wrażenie, publiczność łódzka istotnie się zdobywa, darząc swój teatr zaufaniem i przykładając do niespodziewanego spotkania z poezją współczesną jeszcze jedno – n a d z i e j ę ...

Ten spektakl nie jest jaskrawy; Dejmek jak gdyby posunął się jeszcze dalej w powściąganiu ściśle teatralnej ekspresji, w tłumieniu mogących zdominować tekst inscenizatorskich porywów; stworzył spektakl znaczący treściowo i skromny formalnie; niektórych to rozczarowuje; niektórym wydaje się wręcz, że reżyser jedynie wybrał utwory i ułożył je w pewnym porządku, po czym stanął z boku, na zewnątrz, tworząc coś nieosobistego, podczas gdy miał okazję i powinien był sam przemówić poprzez tekst ze sceny, w „Powrocie prokonsula" zmieścić s w ó j p o w r ó t ...

Co do mnie, sądzę, że ten spektakl zawiera jednak, jak te dawniejsze, osobiste posłanie Dejmka – i bez tego nie mógłby wcale istnieć – zawiera je zaś między innymi właśnie w dokonanym wyborze, właśnie w układzie i właśnie w dążeniu do podania Herbertowej poezji bez ozdobników scenicznych, dokładnie i jasno, w niezmąconym blasku wspólnego z widzem myślenia, natomiast bez efektownych „pomysłów", tak ukochanych przez inne teatry i tak niekiedy dwuznacznych...

Ale „Powrotem prokonsula" powrót Dejmka oczywiście nie jest. Ten artysta nigdy nie musiał „układać się z twarzą" i, dzięki Bogu, nie czyni tego również tym razem.

P.S. – Niestety, nie z samych powrotów składa się życie – są odejścia, bardziej lub mniej smutne, bardziej lub mniej dramatyczne.

· Listem datowanym 30 lipca 1974 Marta i Janusz Boguccy zawiadomili o zakończeniu swojej działalności w Galerii Współczesnej KMPiKw Warszawie.

Listem z 20 stycznia 1975 roku zawiadomił o swoim rozwiązaniu nie grający już od jakiegoś czasu zespół Puławskiego Studia Teatralnego. I – najboleśniejsze – odejścia na zawsze, bez nadziei powrotu – Kazimierza Wyki, Włodzimierza Zonna i tego młodego, zachłannego inteligenta, który dwa lata temu wcielił się był w głównego bohatera „Iluminacji" Zanussiego, nie wiedząc, że już na zawsze nim pozostanie. Pisałem kiedyś w tym miejscu, jak zobaczyłem Stanisława Latałłę na mityngu młodych poetów w Domu Literatury, jak przepychając się przez tłum „dość energicznie przedostał się do przodu i przykucnął na podłodze między rówieśnikami – kiedy zaś rozpoczęło się mówienie wierszy i ten kudłaty okularnik, pozostający w polu mego widzenia, reagował równie bezpośrednio i żywiołowo jak inni kudłaci okularnicy wokół, wydało mi się raptem, że film trwa, że jestem wewnątrz filmu jako jeden ze statystów w scenie wieczoru poetyckiego, a bohater rozgościł się w niej jako w jeszcze jednym miejscu swoich prób życiowych, tym razem – próby kontestatorskiej poezji..." Czyżby więc kolejną – ostatnią – próbą była ta śmiertelna himalajska wspinaczka, z której nie powrócił? Czy muszą być tak tragiczne próby?... Bądźmy wdzięczni taśmie filmowej, że przynajmniej na niej będzie czasem wracała ta młoda twarz, ten gest, ta tajemnica bujnego i niedopełnionego życia ludzkiego.

Marzec 1975

JESZCZE POWROTY
I ROZSTANIA

W marcowej „Twórczości" – osiem wierszy Arnolda Słuckiego i towarzyszący im esej Anny Kamieńskiej pt. „Ziemia w płomieniach".

Kamieńska pisze:

„... Od czasu jego rozpaczliwej decyzji wyjazdu, a potem od czasu jego śmierci wyrosła między nami jakby ściana milczenia... Umarł 15 listopada 1972 roku. Przeżył 52 lata. Umarł nagle w samotności... Pogrzeb odbył się w Berlinie. Odprowadzała poetę mała garstka Polaków i kilku zaprzyjaźnionych Niemców. Trumnę owinięto biało-czerwonym płótnem. Nad grobem przemawiał jeden z naszych kolegów-pisarzy, przypadkiem bawiący wówczas w Berlinie".

Dalej – o jego wierszach, tych znanych już czytelnikom i tamtych z obczyzny, w większości pozostałych dotąd w maszynopisie. „Jeśli to możliwe – pisze Kamieńska o tamtych późniejszych – teraz barwa poezji Arnolda jeszcze bardziej się ściemnia. Ziemia obiecana staje się ziemią wygnania. Wygnanie jest formułą własnego losu i formułą bytu ludzkiego w ogóle. Coraz gwałtowniej poeta pragnąłby zacieśnić więź z pokoleniami przeszłości, z wiarą, jaką żyły te pokolenia... Jednak wiara nie zostaje mu dana. Nawet tam, gdzie światło nosi na sobie dedykację Boga, nawet tam – Bóg jest dla niego wielkim Nihil. Osobiście myślę, że poeta pomylił się tu co do siebie. Jego rzeczywisty Bóg ukrył się w sumieniu, ciągle czujnym, ciągle żywym, rozpaczającym... Poezja wygnania staje się wreszcie formułą wszechogarniającą. Jest to wygnanie ze wszystkich ojczyzn, wyznań, ideologii, na koniec – wygnanie ze wszystkich mitów... A przecież, mimo załamania się wszystkich wiar, nigdy nie przechodzi Słucki na pozyeje nihilizmu. Zdumiewa ciągle jego niezmordowana praca przemieniania wszystkiego na poezję, ten trud moralny i filozoficzny... Poezja jest dla Arnolda do końca po prostu sposobem bycia i racją istnienia. I – choć brzmi paradoksalnie – rozpacz jest dla niego ostatnią ocalającą wartością moralną".

Oto jeden z zamieszczonych w „Twórczości" wierszy Słuckiego:

Z PODRÓŻY

A jeśli kiedyś wrócę...
czy zastanę tam kogo?
                    Śpi pamięć.
Ktoś
 – na strzępy –
poezję w porę rozdarł.
                    Kręte
są drogi ubóstwa,
toteż
        każdy gdzieś żyje
                    za karę,
bo żył
                    i stawiał pytania,
gdy w sercu nagle
    odkrył przerwę,
jak fizyk w świetle.
    Zakrzepło w śnie
        wszystko,
Kazanie na Górze,
ścięła klasyczność
i tylko powtarzają nas
                    podróże.

Ten początek wiersza – jeszcze zanim zacznie się właściwy Arnoldowi i nie
dla każdego, dla mnie także, w pełni jasny tok wizyjnych skojarzeń, owa
„niezmordowana praca przemieniania wszystkiego", wciągająca często w
osobliwe skłębienia ciemności, w tropy wędrówek najtrudniejszych do powtórzenia – cóż ten początek wiersza, tak prosty i osobisty, tak odsłaniający
się, że nieomal nagi, on właśnie, ten spontaniczny początek, najbardziej też
wzrusza i olśniewa swą ludzką i poetycką oczywistością, jak nagłe cięcie
przez mrok bytowania:

    A jeśli wrócę...
    czy zastanę tam kogo?

Mam od Arnolda Słuckiego cztery listy z ostatniego roku jego życia –
1972 – z lutego, marca, kwietnia i lipca; i w każdym tkwi, niewypowiedzia-
ne, to najważniejsze pytanie; i chyba także odpowiedź, w której mimo wszystko więcej nadziei niż rozpaczy, a najwięcej bezinteresownej szczodrobliwości serca. W ostatnim liście, z 11 lipca 1972, kwitując odbiór paczek z czaso-
pismami, Słucki entuzjazmuje się, że numery „Odry", które przeczytał, są
„miejscami znakomite i imponują nowym rozmachem piór, nazwisk i problemów". I kilka zdań dalej, znowu: „Cieszą nowe nazwiska poetyckie i debiuty". Ani śladu zawiści, żalu czy naturalnego, zdawałoby się, rozgoryczenia,
że w opuszczonym miejscu krzewi się nowe życie, że choć jego tam nie ma,
są inni, młodsi, o b e c n i, wypełniający swoim talentem i wigorem wszelkie wyrwy i luki; przeciwnie – radość, że tak jest, ulga płynąca z większego

utożsamienia ze społecznym i kulturowym t r w a n i e m w ojczyźnie niż z tragedią własnego odejścia i oddalenia. Ale tragedia ta istniała na co dzień i należał do niej między innymi taki problem: „... wdzięczny jestem za czasopisma, bo to nadal pozostaje jedyną moją formą kontaktu z mową polską... Jak długo będę mógł czerpać z własnych zapasów polszczyzny, nie wiem... Wiem tylko, że są momenty, w których moja językowa dyspozycyjność wydaje się reaktywować, a wtedy żyję, są też momenty gorsze, a wtedy, wtedy..."

A jednak starczyło mu tej polszczyzny do końca, jak starczyło intuicji, pozwalającej witać i radośnie przeżywać fenomeny tętniącej, żywej, odradzającej się w coraz to nowym kształcie, boleśnie ukochanej poezji nad Wisłą.

I może to dlatego – umarły – wrócił przecież wierszami i niejedne zastał tu dla nich drzwi otwarte, i niejedne oczy, uszy, serce człowiecze.

*

Z upływem lat każdemu urasta i rozrasta się – nie może być inaczej – taki własny nekropol, po którym nie tylko w Dzień Zaduszny pamięć krąży i przystaje w westchnieniem. Niech mi wybaczą czytelnicy, że na swój nekropol pomiędzy groby prowadzę ich czasem; i dziś, niestety, znowu – bo umarła Róża Ostrowska.

Urodzona w roku 1926 w Wilnie, po wojnie osiedliła się w Gdańsku, pisała prozę, słuchowiska, krytyki teatralne – w sumie zbyt niewiele napisała, by należeć do najbardziej znanych naszych pisarzy; i może w ogóle nie pisanie było dla niej najważniejsze, tyle razy wyrzekała się go dla p o p r o s t u ż y c i a , dla zanurzenia się w przyrodzie, w uczuciu, w sprawie obywatelskiej, w namiętności, w przyjaźni; lecz to, jak żyła, też w końcu rzucało szczególny blask na to, co pisała; pisząc więc stosunkowo niewiele i rozmaitych planów nie doprowadzając do końca, w swoich książkach także, zwłaszcza w *Wyspie*, pozostała pasmem blasku, zatrzymanym w ruchu promieniem wielkiej urody kobiecej – w każdym, najjawniej uderzającym i najgłębiej ukrytym, sensie tego słowa. Miała w życiu okresy bardzo trudne – potrafiła stawić im czoło z odwagą, szlachetnością i skromną dumą. Niechże będzie tu pożegnana – i pamiętana...

Kwiecień 1975

SUKCESY I WARTOŚCI
CZYLI WIELKI ŚMIECH
W BIAŁYMSTOKU

W powieści białoruskiego pisarza z Białegostoku, Sokrata Janowicza, jest taki epizod: przypadkowo zawarta znajomość między dwiema rodzinami wiejskimi przeistacza się przy zastawionym stole w szczególnego rodzaju licytację:

— Wiesz, kim jest mój syn? Nie wiesz? On jest inżynierem! Uczył się z synem ministra, o!...

— A moja córka jest magistrem!... Przyjeżdżam do niej, do pracy, a tam niby w jakim pałacu: w białych fartuchach, z fryzurami, z malowanymi paznokciami, ze sztucznymi rzęsami, jak ta w telewizorze. A wszystkie do mojej córki: pani magister i pani magister!...

— Co tam baby, ile mogą zarobić! Grosze! Starczy na fryzjera i tyle. Czy dużo można zarobić, pracując w białym fartuchu? O, nasz syn Andrzej, ten zgarnia pieniądze! Siedem, dziesięć tysięcy za jednym zamachem! Pięćset ludzi ma pod sobą! Pięćset!...

— Córka kupuje futro za dwadzieścia tysięcy! Mówię jej, może byś kupiła tańsze? A ona jak się nie rozzłości: sama chodź w tańszym, mamo!...

— Mój syn koleguje z synem ministra!... Przyjechał do nich wołgą ten minister i chodzi po firmie, a jakże, podchodzi do Andrzeja, podaje mu rękę i mówi: Jak się masz? Bywasz w Warszawie, czemu nie zaglądasz do nas?"

Powieść Janowicza (jeszcze nie wydana, bo trzeba ją wpierw przełożyć; Wydawnictwo umożliwiło mi jej lekturę w maszynopisie) jest ironiczno-liryczna: autor kompromituje swojego głównego bohatera – Andrzeja – ale nie odmawia mu zrozumienia, a nawet powściągliwego współczucia; nie lubi jego trwóg i kompleksów, płynącego z nich konformizmu i karierowiczostwa, nieuczciwości, słabego charakteru, samobójczego k u l t u s u k c e-s u ; ale, sam inteligent w pierwszym pokoleniu, z nie przeciętą wiejską pępowiną, mieszkający i pracujący w „wielkim mieście Białymstoku", doskonale zna okoliczności, koleje biografii, zaraźliwe postawy i aspiracje, które takiego właśnie bohatera mogą kształtować; Andrzej jest więc nie tylko antypatyczny – jest nieszczęśliwy; dużo bardziej niż pokolenie pozostawionych na wsi rodziców, którzy ów kult materialnego i ambicjonalnego sukcesu w miejskich biurach i instytucjach żywią „w imieniu dzieci", a więc jest w tym jeszcze jakieś naturalne ciepło, jakaś miłość, jakiś nie całkiem egoistyczny sens życia; Andrzej n i e m a n i c , jest chłodny i pusty wewnętrznie, jego arywizmu nie opromieniają żadne wartości, żadne choćby namiastki transcendencji; jego wyrachowania są żałosne; jego nerwica – nieuleczalna.

Nie chodzi o nerwicę jednostkową, lecz społeczną; i nie o lokalną, lecz nader rozległą w przestrzeni; parę tysięcy kilometrów na zachód od Białegostoku filozof współczesny pisze o „zbiorowości doskonałych egoistów-konformistów", pozbawionych świadomości jakiegokolwiek „dłużnictwa wobec bytu"; „jeśli traktuję cały świat ludzki poza mną jako system opieki nade mną – kontynuuje filozof opis modelowy i ujawnia zarazem sprzeczność wewnętrzną takiej zbiorowości – jeśli zainteresowanie moje skupia się wyłącznie na nieustannym niepokoju, że nie otrzymuję od świata tego, co mi należne, jeśli sądzę, że jest on moją własnością jako rezerwuar satysfakcji, nie będąc nią wszakże jako przedmiot mojego zatroskania – zachowania moje mogą być skuteczne tylko o tyle, o ile jestem wyjątkiem w tej postawie, tj. o ile cały świat zechce zgodnie uznać moje roszczenia w tym asymetrycznym związku... Zbiorowość egoistów doskonałych nie może istnieć bez nieustannego udaremniania zakusów każdego poszczególnego egoisty z osobna... Cynizm i bezwzględność dorosłych są cechami rozkapryszonych dzieci, które liczą na to, że cała reszta ludzkości będzie nieograniczenie długo składać się z pobłażliwych dorosłych; w miarę, jak rozkapryszone dzieci stają się coraz liczniejsze, a starsi coraz rzadziej są pod ręką, dzieci tracą grunt pod nogami i potrafią przypisywać własne klęski temu jedynie, że nie dość jeszcze były rozkapryszone"...

Tyle (choć nie tylko tyle) filozof z zachodu; kilka zaś tysięcy kilometrów na wschód od Białegostoku prozaik kirgiski Czingiz Ajtmatow uwiecznia w powieści *Biały statek* (wydanie polskie: PIW 1972, przekład Marty Okołów-Podhorskiej) postać leśniczego Orozkuła – człowieka brutalnego, bezwzględnego, nieuczciwego, swoją chciwością i złością porażającego wszystko wokół siebie, niszczącego ludzi, przyrodę, tradycje i wszelkie mikroukłady społeczne, w których się obraca. Otóż i Orozkuł ma swoje momenty zadumy lirycznej, swoje rzewne sny o g o d z i w y m ż y c i u : „No tak, w mieście... – wzdycha. – Co tam za figury jeżdżą po ulicach. A co za samochody... Tak, w mieście to dopiero jest życie!... Ożenić się tam z miastową dziewczyną... Z jakąś aktorką, na przykład, taką piękną, co śpiewa i podtańcowuje z mikrofonem w ręku; podobno dla nich najważniejsze, żeby mąż był na stanowisku... A potem ani się obejrzeć – dzieci by się narodziły. Syna wykształcić na prawnika, a córka niech by grała na fortepianie. Miastowe dzieci od razu można poznać – są mądre. W domu mówią tylko po rosyjsku: ani myślą nabijać sobie głowy wiejskimi wyrazami. Tak też wychować własne. Tatusiu, mamusiu, chcę tego, chcę tamtego... Czy pożałuje się czegoś swojemu dzieciątku?" Negatywny bohater Ajtmatowa jest postacią odrażającą i groźną – ale, jak widać, jest on też wcale bliskim powinowatym sfrustrowanego inżyniera z białostockiej powieści i „rozkapryszonego dziecka" z oksfordzkiego eseju...

Wróćmy do Białegostoku. Wróćmy do Białegostoku, mimo że aż korci by zatrzymać się po drodze w Warszawie, w której młoda, rzutka dziennikarka oddaje głos „młodemu, rzutkiemu dyrektorowi": „Rok temu wyszedł na jaw w naszym zakładzie jeden szwindel. Trzeba było kogoś ofiarować. Upatrzono paru, akurat moim zdaniem niesłusznie. Nie otworzyłem gęby w ich obronie, a powinienem. Świństwo, nie?..." Dziennikarka zgadza się, że świństwo, i dodaje: „Ale dzięki temu kompromisowi moralnemu placówką kieruje nadal młody, rzutki dyrektor i mam nadzieję, że będzie dalej awansował ku pożytkowi społecznemu. Siły przebicia nie traci się przecież z miesiąca na miesiąc". Jakże więc słysząc to nie zatrzymać się – nie przy dyrektorze, lecz przy dziennikarce podziwiającej jego młodość, rzutkość i siłę przebicia, za spodziewane w przyszłości sukcesy wybaczającej mu „kompromis moralny" (trudno, kiwa głową, „życie jest takie jakie jest: głęboko niesłuszne") i życzącej mu dalszych awansów „ku pożytkowi społecznemu". Jest to przecież pewien wykład wartości, pewna ich (nie wymyślona przez dziennikarkę) hierarchia, w której siła przebicia punktowana jest nieporównanie wyżej niż siła charakteru, a nad świństwem, które umie się nawet nazwać świństwem, można przejść do porządku w imię hipotetycznego sukcesu i awansu. Cóż, pouczające, ale po pierwsze, o tym wszystkim już było (np. w „Tygodniku Powszechnym" nr 19 i 26 z br.), po drugie zaś, młoda dziennikarka ze swoimi zachwytami wcale nie jest rarogiem, lecz kimś nader typowym, oczywistym, żeby nie powiedzieć – banalnym. Tymczasem w Białymstoku, dokąd jednak wracamy, nie zachwycają się, o dziwo, sukcesem, lecz piszą powieści jak ta Janowicza, gdzie młody inżynier, jeszcze nie dyrektor, ale mierzący na dyrektorski stołek, także nie ma skrupułów, nie udaje mu się wszelako urwać swojego kąska, bo – patrz wyżej, co na ten temat filozof. Albo, jak Włodzimierz Pawluczuk, znakomity socjolog („Światopogląd jednostki w warunkach rozpadu społeczności tradycyjnej" PWN 1972) i reporter („Wierszalin", WL 1974), obserwują i badają gromadną ucieczkę w świętość, w nawiedzenie, w inscenizowaną eschatologię – przed cywilizacyjnym trzęsieniem ziemi, przed trwającym od kilkudziesięciu lat k o ń c e m ś w i a t a . Albo, jak Edward Redliński, tworzą ambiwalentne wizje, w których z miłosnego zderzenia niepewnej siebie „wiejskości" z agresywną, choć na swój sposób nie mniej prymitywną „miejskością" (inaczej: wstydliwego tradycjonalizmu z triumfującym nowatorstwem, jeszcze inaczej: modelu pośpiesznie tracącego swoje dawne wartości z modelem, który w pośpiechu nie zdążył jeszcze wypracować wartości nowych) rodzi się pokraczny, niezdolny do autentycznego życia i nieszczęsny w swojej nieautentyczności kulturowy obojnak. Skoro o Redlińskim mowa, to zdaje się, że tak właściwego jego satyrze dramatu ambiwalencji nie zrozumieli krytycy, którzy odczytali *Konopielkę* zaledwie jako parodię na lansowany u nas wzór „literatury wiejskiej", ani inscenizatorzy *Konopielki* i *Awansu* pod sołtysa Kierdziołka, ani recenzenci filmowego „Awansu" reż. Zaorskiego (bardzo wiernego literackiemu oryginałowi), którym wydał się on za mało śmieszny albo za mało realistyczny, albo z karygodnym minimalizmem wyśmiewający Panią Cepelię. Tymczasem śmiech Redlińskiego jednakowo godzi w „miejscowe" zacofanie i w przybywające doń z ratowniczą misją cywilizatorstwo; a jeśli w Cepelię, to nie tylko w tę zewnętrzną, instytucjonalną, lecz w tę, którą hodujemy w sobie i której językiem próbujemy się porozmieć z sobie podobnymi, co jest niemożliwe, bo tym językiem żadnych treści przekazać się nie da...

Niedawno w warszawskiej „Kulturze" (nr 17 z 27 kwietnia br.) ukazał się nowy tekst Redlińskiego pt. „Dotrzymać kroku". Ten sam co zawsze u tego autora świat postępowo przenicowanej sielskości jawi nam się tym razem jako coniedzielny konkurs sukcesów. Premiowane są różnorakie osiągnięcia zespołów rodzinnych: pralka i telewizor, studia syna, złota szczęka żony i alimenty pobierane przez córkę... Po skrupulatnym obliczeniu punktów za te i inne sukcesy następuje parada zwycięzców w kolejności uzyskanej lokaty. „Za Ziębami Baliccy ruszyli – parą koni, ale jakich koni! Lwy to były, nie konie! Balicki z żoną rozparli się na furze wysoko, w siedzisku z oparciem – między nimi zajął zaszczytne miejsce Florian, ich słynny baran, laureat wielu wystaw i konkursów. Przy wozie, jako eskorta honorowa – dwaj synowie, chłopcy modni, dorodni, radośni, na motocyklach. Na kolanach wieźli: jeden podwozie przyszłego samochodu małolitrażowego, drugi kaloryfer sześciożeberkowy, znak, że c.o. w robocie. Stary Balicki ostentacyjnie palił papierosy w eksportowym opakowaniu. Balicka obierała pomarańcze – sama jadła, ale i Floriana częstowała: białowełnisty laureat żuł limona z wielkopańskim grymasem i pogardliwym okiem po publice toczył..."

I ja tam byłem – i kiedy spotkałem się wzrokiem z laureatem, odczytałem w jego spojrzeniu Gogolowskie: „z kogo się śmiejecie?"

Z siebie, odpowiedziałem ochoczo, z siebie się śmiejemy, Panie Wełnisty.

Na co laureat z dezaprobatą pokręcił rogatym łbem, jakby chcąc mi uprzytomnić, że co jak co, ale śmiech z siebie z pewnością nie mieści się w kodeksie współczesnych ludzi sukcesu.

Lipiec 1975

KONIEC SEZONU
W SOZOPOLU

W nocy zrywa się wielki wiatr od morza i dmie przez trzy doby, pędząc ku brzegowi białą pianę do wierzchu, a pod nią – ciemne kłęby wodorostów, zbijających się w gęstą i napastliwą masę. Nad plażami łopocą czarne flagi. Na trzeci dzień sztorm się ucisza.

Opustoszałą plażę biorą w posiadanie zziębnięte mewy: chodzą po piasku jak wrony, coś tam dziobiąc poważnie – całkiem niepodobne do samych siebie w onegdajszym białoskrzydłym locie, w natchnionym szybowaniu nad jasną falą.

Kiedy zaś o zmierzchu wychodzimy z domu, towarzyszą nam dwojakie dźwięki w ciemności: z prawa – jakby potężny i niestrudzony dozorca olbrzymią szuflą miarowo przerzucał zwały morza z miejsca na miejsce, z lewa – przenikliwy, świdrujący gwizd jakichś upartych cykad czy świerszczy. Posuwamy się wąską ścieżką ciszy, pomiędzy tymi dwiema nocnymi muzykami, z trudem balansując, by o żadną z nich nie zawadzić.

Nazajutrz znowu świeci słońce, migocą w nim (a także lekko pobrzękują na łagodnym wietrze) blaszanki dla odstraszenia ptactwa rozwieszone wśród winorośli.

Wydaje się, że nową upalną falą ogarnęło nas czarnomorskie lato – ale owych n a s, ulegających mu jest już dużo mniej niż przed sztormem – a ludzie miejscowi wiedzą, że jutro będzie jeszcze mniej – i zamykają jeden po drugim kramy na rynku, jak również smażalnię ryb nad zatoką i jadłodajnię koło pola namiotowego, zabierają z niej drewniane ławy i stoły, nawet zlew wykręcają ze ściany, na chodnikach piętrzą się jeszcze góry skrzyń z pustymi butelkami po coca-coli, winie Pamid i gronowej rakiji, ale wnet i one znikają, załadowane na ciężarówki i wywiezione szosą na północ.

Nowych, pełnych butelek już nie dowożą; coraz to brakie w sklepach także oliwek i sera; ale za to sprzedają z koszy na ulicy ogromne różowe pomidory, strąki ostrej papryki podobne do zielonych jaszczurek, małe gotowane krewetki; kupujących jednak niewielu.

Życie miasteczka przestaje się oglądać na obcych: oto na białym chodniku rozłożona schnie kukurydza, jezdnią konie i kłapouche osiołki ciągną wozy z winogronami na wino, przed domami gospodynie rozpalają ogniska i chochlami mieszają w żelaznych garach ciemną maź figową, pieką i odzierają ze skóry czerwoną paprykę, nawlekają na nici i suszą w dymie złowione przez mężów ryby. Obok trwa wielkie naprawianie sieci, kręcenie lin z konopi, łatanie i smolenie łodzi.

W domach, które opuścili już letni goście, rozpoczyna się sprzątanie i pranie; pościele, materace, chodniki suszą się wywieszone przez okna jak sztandary jesiennego święta w miasteczku.

Lubię Sozopol; lubię go w sezonie i lubię w owych dziwnych, z lekka melancholijnych dniach końca sezonu.

Chciałbym być jak to bułgarskie (a niegdyś trackie i bizantyjskie) osiedle nad Czarnym Morzem: znać swoje pory, tę powitań i tę pożegnań, tę gościnności i tę zasklepienia w sobie, tę rozświetlonej fali morza i wina – i tę monotonnej roboty, tę plonów i tę zapasów.

Chciałbym raz na rok demontować to, co jest we mnie, prać do czysta i wystawiać na wiatr i słońce uprane myśli, wyobrażenia, zamiary, i zapadać w odrętwienie zimowe, i na nowo z niego powstawać, kiedy dotknie mnie promień wiecznego życia.

Wrzesień 1975

KSIĄŻKI, O KTÓRE CHODZI

Chyba skończą się wreszcie wyrzekania na brak współczesnej beletrystyki politycznej, na jej niemożliwość, na pisarskie uniki, odwracanie się od – jak to określili krytycy – „świata służbowych delegacji, sal ze stołem prezydialnym pokrytym czerwonym suknem, pochodów pierwszomajowych, konferencji", na dominację twórczości oderwanej od życia społecznego, pozbawionej godnych naśladowania bohaterów, kultywującej pięknoduchowską moralistykę oraz czcze igraszki formalne.

Jest wreszcie literatura, o jaką chodzi.

Nie poszczególne nieśmiałe próby – ale cały wzbierający nurt literacki; nie lektury obowiązkowe – ale książki, po które czytelnik wyciąga drżące z niecierpliwości ręce, wykupuje spod lady, nie cofa się nawet przed przepłacaniem, choć i ceny nominalne nie są zbyt niskie; odmawia więc sobie tego i owego, na przykład ptasiego mleczka czy lodów z Hortexu, byle zostać szczęśliwym posiadaczem książek, na które, co tu owijać w bawełnę, wszyscy czekali.

Również ich autorzy mają poczucie wartości swoich dokonań. Włodzimierz Sokorski pisze z uzasadnioną dumą: „Mówimy dużo o naszej ofensywie ideologicznej, sądzę, że moja książka nie reprezentuje nic innego, jak właśnie postawę ofensywną i co najważniejsze – optymizm" (*Notatki*, PIW 1975, str. 185).

Jak zwykle, trudno się z Sokorskim nie zgodzić.

Poczuwam się do miłego obowiązku zasygnalizowania także czytelnikom „Więzi" zjawiska, jakim stały się w bieżącym sezonie owe rozchwytywane pozycje; nie mogę, oczywiście, mówić o wszystkich, chociaż przeczytałem ich sporo i niejedna była mierzwiącą ochłodą w upalnych dniach minionego lata – ot, choćby powieść znanego z tych łamów Ryszarda Zielińskiego pt. *Wyspy nie zawsze samotne* (Wyd. MON 1975); ale narzucając sobie, nie bez żalu, konieczne rygory, zajmę się jedynie najwybitniejszymi – cytowanym już dziełem Sokorskiego oraz czterotomową (na razie) epopeją Władysława Machejka *Czekam na słowo ostatnie* (Wydawnictwo Literackie 1975).

Wbrew pozorom, są to książki jednorodne gatunkowo: p o w i e ś c i a u t o b i o g r a f i c z n e, tyle że pierwszy autor, posługując się nieco swobodniejszą narracją, maskuje charakter powieściowy swojego dzieła (temu też służy mylący w swej skromności tytuł *Notatki*), drugi natomiast, obdarzając głównego bohatera oraz inne postacie zmienionymi imionami lub przydomkami, tuszuje autobiografizm powieści, nie o tyle zresztą, by można go było nie zauważyć.

Najbardziej zbliża obie książki zaczerpnięty z życia model bohatera pozytywnego: to rewolucjonista, ideowiec, od dziecka niemal związany z komunizmem (a jednocześnie dobry Polak; co prawda, ten element u Machejka wydaje się bardziej wybity niż u Sokorskiego), przez całe życie służący Partii na wszelkich posterunkach, na które zostaje wyznaczony. Tak więc, bohater *Notatek* jest m.in. działaczem gimnazjalnym, działaczem studenckim, działaczem PPS-Lewicy, starostą więziennym, literatem, wojskowym, związkowcem, ministrem, redaktorem, prezesem; bohater *Czekam na słowo ostatnie* – partyzantem, sekretarzem Komitetu Powiatowego, pracownikiem Urzędu Bezpieczeństwa, członkiem egzekutywy KW, szefem Komisji Specjalnej, partorgiem na Wielkiej Budowie, organizatorem spółdzielczości produkcyjnej na wsi, publicystą etc.

Pewna odmienność doświadczeń wynika z różnicy wieku (bohater *Notatek* jest o kilkanaście lat starszy) i pochodzenia społecznego: jeden pochodzi z inteligencji miejskiej, drugi – z chłopów, nie najbiedniejszych, co prawda, ale świadomych. Odmienność ta ujawnia się nie tylko w szczegółach akcji, ale i w wypowiedziach postaci, na przykład na temat kobiet. Starszy wiekiem rewolucjonista inteligencki poetyzuje: „Kobiety? Mój Boże, kto liczy kobiety, które są niepowtarzalne jak westchnienie?" (*Notatki*, str. 138). Młodszy rewolucjonista chłopski mówi z brutalną szczerością: „Ale kobieta zawsze jest jak ślina. Nieodzowna, ale ślina." (*Czekam na słowo ostatnie*, t. IV, str. 111).

Doświadczenia erotyczne stanowią istotny wątek jednej i drugiej książki – i na dobro bohaterów trzeba zapisać, że obaj przeżywają te sprawy nieodłącznie od stale obecnej w ich świadomości perspektywy politycznej, rewolucyjnej. Jakże jednak uderzająca jest zarazem niejednakowość tych doświadczeń! Oto Sokorski, uczeń gimnazjum w Łomży i działacz kółka komunistycznego, bywając u swego przyjaciela Henryka spotyka się z jego matką: „Chcesz – powiedziała mi kiedyś – przeczytam ci po rosyjsku poemat Błoka *Dwunastu*. Oniemiałem z wrażenia. Ukląkłem i zacząłem całować jej kolana. Henryk wstał i zagrał *Etiudę rewolucyjną*. (...) Mijały dni. Henryk wyjechał i wtedy mi się oddała. (...) Kiedy wróciłem po trzech dniach, całowała mnie bez wytchnienia i oświadczyła, że jeśli ją rzucę, umrze. Wiedziałem, że nie umrze, ale byłem jej wdzięczny za jej własne upokorzenie. (...) Nie mogłem nawet zrozumieć żalu rodziców i głuchej nienawiści Henryka. Miłość z Zofią trwała blisko rok. Henryk wyjechał do Warszawy i oddalił się od naszej grupy również politycznie." (*Notatki*, str. 15-16).

Oto zaś bohater Machejka, również uczeń przedwojennego gimnazjum w mieście powiatowym: „Tu kontakty z koleżankami poza gimnazjum. (...) Nie pchały się w objęcia chłopskiego syna – jakoby śmierdział gnojem. Ale nie wpadałem w żaden kompleks, raczej budziły zaciekłość i prawie zawsze dobijałem swego. Ostatecznie, myślałem, po rewolucji same przyjdą. Niedługo." (*Czekam...*, t. II, str. 9).

Być może, z tych właśnie wczesnych przeżyć, uwarunkowanych pochodzeniowo, wynika, z jednej strony, sentymentalizm Sokorskiego, który zwierza się na przykład: „Ściskało mnie za gardło, gdy odchodziłem od Maryny, nie mogłem uwierzyć w pożegnanie z Haliną, a później z Barbarą" (*Notatki*, str. 149), z drugiej zaś twardość i trzeźwość Machejka, który bezpośrednio przed odbyciem aktu płciowego z poznaną tego dnia dziewczyną snuje następujące refleksje: „Henryka pomyśli, że ona jest dla mnie najważniejsza, i nic już nie zechce robić, tylko kochać i kochać. Muszę to z niej wybić. Byłoby najlepiej, gdyby ona zdobyła się na inicjatywę. Inaczej pomyśli, że kobieta jest dla mnie najważniejsza". (*Czekam...*, t. II, str. 185-186). Miłość bohatera z Henryką okazuje się zresztą, mimo takiego początku i nie innego dalszego ciągu, gorąca i trwała; przechodząc z narracji w pierwszej osobie (subiektywnej) na narrację w trzeciej osobie (obiektywną), wyjaśnia to autor: „Jego pewność w obcowaniu z Henryką wywodziła się z przekonania i nietuzinkowej wartości, jaką reprezentuje działacz i bojowiec dla kobiety choćby trochę myślącej..." (j.w., t. III, str. 140).

Już pierwsze przykłady (a możnaby je mnożyć) pokazują ogromne bogactwo i rozmaitość psychologiczną w obrębie jednego modelu bohatera współczesnego; czyż to nie przekonywająca odpowiedź dla wszystkich, którzy obawiają się zglajchszaltowania wizji literackiej w jednolitym współczesnym nurcie? Głębsze zaś znaczenie tych właśnie wątków erotycznych u Machejka i Sokorskiego – wraz z którymi jakże oddaliliśmy się, na szczęście, od oschłego, ascetycznego, naiwnie moralizatorskiego wzorca bohatera pozytywnego, lansowanego niegdyś w literaturze, słusznie nazwanej schematyczną – otóż głębsze znaczenie tych wątków polega na pokazaniu, że działacz i bojowiec jest zarazem witalnym, męskim, aktywnym biologicznie indywiduum, zdolnym do usatysfakcjonowania nie tylko społeczeństwa, ale również kobiety, niezależnie od tego, czy podchodzi do niej jak Sokorski, czy jak Machejek.

W powieści Sokorskiego jest co prawda epizod odrobinę kompromitujący od tej strony bohatera: ten mianowicie, gdy na zjeździe Szwedzkich Związków Zawodowych w roku 1947 w Sztokholmie, zaproszony na noc przez członkinię rządzącej partii socjalistycznej, zawiódł ją w ostatniej chwili, wskutek czego w drodze powrotnej nie miał nic po powiedzenia o szwedzkich kobietach indagującemu go delegatowi Związku Górników (*Notatki*, str. 154).

U Machejka takie blamaże nie zdarzają się nawet postaciom epizodycznym; i nawet kobieta, której poświęcone jest mimochodem jedno jedyne zdanie, wspomina „rozpalone kochanie sprzed ośmiu lat, kiedy dzisiejszy mąż jako porucznik porwał ją prawie w marszu, pieścił jak najdogłębniej między jedną a drugą bitwą z bandytami, w ciężarówce i w stogu z jedną ręką ciągle na automacie" (*Czekam...*, t. IV, str. 135).

No trudno, bylibyśmy utopistami, oczekując w tej intymnej dziedzinie kompletnego zrównania szans. Mimo wszystko, ogólna wymowa książki Sokorskiego także pozostaje optymistyczna.

Felieton się rozrasta – i nic dziwnego – bo książkom, które wywarły na mnie takie wrażenie, należy się obszerny, uczony esej, może nawet nie jeden. Brak mi do tego, niestety i kwalifikacji, i miejsca, w zakończeniu wspomnę więc tylko o jeszcze jednej przewadze Machejka nad Sokorskim: o dramatyzmie warstwy językowej, jakże adekwatnie wyrażającej dramatyzm treści. Sokorski pisze znakomitą i jasną polszczyzną literacką, niekiedy aforystyczną (por. przytoczone już zdanie o kobietach), często dowcipną, ale pozbawioną wewnętrznej konfliktowości słów i struktur składniowych. Co innego Machejek: tutaj każde zdanie, a tym bardziej ciąg zdań, jest bitwą pomiędzy treścią a formą, nazwą a desygnatem, pojęciem a pojmowaniem; i nigdy nie wiadomo, kto z tej bitwy wyjdzie zwycięzcą. Dla Sokorskiego znaczenie słów, jakich używa, jest oczywiste; Machejek żmudnie, a nawet bohatersko, przedziera się ku domniemanym znaczeniom, i rezultaty tego, chociażby kwestionowali je niechętni semantycy, zawsze imponują z tego lub innego powodu. Oto na przykład uzyskana w widocznym trudzie myślowym definicja „definicji": „Definicja? Określając prościej, to podporządkowanie pewnych rodzajów działalności nadrzędnemu celowi strategicznemu. Cel strategiczny znaczy tyle, co ideał wynikający... no, z ideologii, którą sobie wybraliśmy. Wybrałeś albo nie wybrałeś. A jeśli wybrałeś, to słuchaj! Dyscyplina! Świadoma!" (jw., t. III, str. 87-88). Polecam także interpretację słowa „meches" (t. III, str. 13) i wiele innych, które chętni czytelnicy sami odnajdą.

Osobny zakres badań tekstologicznych epopei Machejka mógłby stanowić skatalogowanie kontekstów, w których występują ulubione jego słowa-klucze, a może raczej pojęcia-klucze, bo pisarz używa bogatego wachlarza synonimów. Oto kilka z nich, wyłowionych przeze mnie metodą chałupniczą z tomów II i III omawianego dzieła:

„Cieszyła się także sekretareczka Dariusza, radowała się noskiem jak guziczek, błękitnymi oczkami i nawet ruchliwym tyłeczkiem w ciasnej spódniczce..." (t. II, str. 282).

„Baby uciekały, aż spódniczki pękały na zadkach" (t. III, str. 79).

„W wannie stała naga Pelka, namydlona, w różowej pianie, w dłoni trzymała gąbkę, pochyliła się, żeby tą gąbką dotrzeć jak najgłębiej, okrągłe pośladki pulsowały". (t. III, str. 274).

„Półksiężyc błysnął radośnie oczami i nadspodziewanie lekko wykręcił się na pięcie, głowa szybko wykonała obrót, niestety, dwie szynki na tyłku obciążały ten ruch radości". (t. II, str. 79).

„Zły wyprzedził mnie w sekretariacie i trzasnął drzwiami, pod portkami przesunęły mu się szynki". (t. II, str. 83).

„Na Rysia mówili bysio ze względu na kark i przewalające się półdupki, ściśle opięte spodniami, które często głaskał niczym panienka". (t. II, str. 102).

„Pewnego letniego... a może już wrześniowego ranka, w każdym razie już kawałek czasu po referendum, w łazience klepnąłem Rysia w półdupki opięte w piżamę". (t. II, str. 102).

Jeżeli pierwsze przykłady mogą się wydawać zupełnie przypadkowe, dalsze wyraźnie zachęcają do uważnych roztrząsań psychologicznych, obyczajowych, a nawet politycznych; i wreszcie w ostatnim zdaniu naocznie dostrzegamy zakorzenienie całego systemu pojęć-kluczy w żyznej glebie niedawnych dziejów i spraw pokolenia.

P.S. – Parę miesięcy temu Kisiel zaproponował swoją listę Akademii Literatury, na której mieliby się znaleźć wyłącznie pisarze, „którzy są czystym wytworem naszej krajowej atmosfery, naszego klimatu psychologicznego, społecznego, politycznego i nie, naszego położenia fizycznego i nie, naszych warunków wydawniczych, konkurencyjnych i wszelakich".

Gorąco apeluję do Kisiela, żeby, zgodnie z własnymi założeniami, tak zmodyfikował swoją listę, by znaleźć się na niej mogli twórcy, których, obawiam się, nie czytał dotychczas dosyć uważnie: Włodzimierz Sokorski i Władysław Machejek.

Październik 1975

SZCZUR W NASZEJ POEZJI WSPÓŁCZESNEJ

W scenie czwartej aktu trzeciego *Hamleta* królewicz duński dobywając szpady woła (w przekładzie Józefa Paszkowskiego): „Cóż to? szczur? Bij, zabij szczura!" Przebija kotarę i trafia ukrytego Poloniusza, który z okrzykiem „Zabity jestem!" pada i umiera.

Szczur – czyli dworak, dworactwo, dworska intryga – jest, fizycznie i psychicznie, n a z e w n ą t r z bohatera; za zdradliwie pofałdowaną kotarą; na odległość ostrza, którym kieruje wstręt i determinacja broniącego się przed szczurem człowieka.

Na jednej z pierwszych kart *Dżumy* Camusa (w przekładzie Joanny Guze) „gdy Bernard Rieux stojąc na korytarzu szukał kluczy, zanim wszedł na schody, ujrzał, jak z ciemnej jego głębi wynurza się wielki szczur, o wilgotnej sierści, poruszający się niepewnym krokiem. Szczur zatrzymał się, jak gdyby szukał równowagi, skierował ku doktorowi, zatrzymał znowu, zakręcił w miejscu z nikłym piskiem i upadł wreszcie, wyrzucając krew na wpół otwartymi wargami. Doktor przypatrywał mu się przez chwilę i poszedł do siebie".

Szczur – czyli, w tej powieści z lat okupacji i Ruchu Oporu, faszystowska zagłada, ludobójstwo, zapowiedź i znak totalnego zniszczenia – jest ciągle czymś odrażająco zewnętrznym w stosunku do człowieka i człowieczeństwa, ale jednocześnie czymś z a r a ź l i w y m , piętnującym swoją ohydną i groźną bliskością, spowinowaconym z ludźmi przez możliwość obdarzenia ich szczurzą chorobą. Doktor Rieux nie ma u boku szpady Hamleta, ale dla niego zadżumiony szczur jest również w y z w a n i e m .

W wierszu Andrzeja Bursy z roku 1957 rozmarzeni kochankowie na nocnej ulicy chcą „mieć najpiękniejsze zwierzęta, drapieżniki prężne i złote", jednakże z betonowej rury wyskakuje na nich szczurza zgraja i:

Szybko, zwinnie, lubieżnie... cicho sza,
Szczurze pląsy, śmietników girlandy,
Szczur się płoni, szczur na flecie gra,
Szczur różami obsypuje szczurzą bandę.

Łożem, salą betonowe rury,
Tańce, harce, zaloty bezszelestne.
Otoczyły ruchliwe wieńce szczurów
Patetycznych kochanków współczesnych.

Czym są szczury Andrzeja Bursy? Chyba prozą powszednią, miałkością
rzeczywistej egzystencji, która przeciwstawia się górnej młodości, romantyczności, poezji, osacza ją na każdym kroku i złowrogo przedrzeźnia wszystkie jej gesty. Czy kochankowie z wiersza potrafią się jeszcze bronić przed
szczurami, czy potrafi ich obronić autor tej wizji? To nie jest pewne, ale
sama wizja mieści się w dotychczasowej tradycji: „ruchliwe wieńce szczurów" pozostają na zewnątrz tego, co ludzkie – miłości, marzenia, piękna – są
zagrożeniem, agresją, której może już niepodobna odeprzeć, ale za której
odparciem nie przestaje się tęsknić. Andrzej Bursa pozostawił po sobie legendę współczesnego „poète maudit", nie był jednak, jak widać, nowato-
rem, jeśli chodzi o stosunek estetyczny do szczura, o umiejscowienie człowieka wobec szczura w przestrzeni poetyckich wzruszeń i znaczeń.

A przecież już w tym samym bodaj 1957 roku, którym datowane są
„Szczury" Bursy, Stanisław Grochowiak deklarował w znanym erotyku „Do
Pani":

Lubię głaskać twego szczura,
Gdy się do mych nóg przyczołga –

rehabilitując wreszcie i estetycznie, i emocjonalnie to deprecjonowane dotąd
stworzenie. Kierunek reprezentowany przez Grochowiaka nazwano turpiz-
mem (od łacińskiego *turpis* – brzydki), nie podejrzewając ani jego prekur-
sorstwa, ani – z drugiej strony – przejściowości i niekompletnego jeszcze
radykalizmu w porównaniu z tendencjami, mającymi się objawić parenaście
lat później. Dziś trzeba z szacunkiem odnotować wysiłek, na jaki musiała się
zdobyć wyobraźnia poety, zdecydowanego na wyzwolenie z wielowiekowej
konwencji wstrętu i wrogości do szczura i wyciągnięcie doń czule głaszczą-
cej dłoni... Ale zarazem trzeba też stwierdzić, że to zaledwie pierwszy krok
na owej drodze nowości, u której kresu (czy rzeczywiście kresu?) stoi dużo
więcej niż dotknięcie sierści miłego poecie gryzonia – bo całkowite u t o ż -
s a m i e n i e   s i ę z jego postacią! Taką drogę przebył już nie Grochowiak,
lecz Ernest Bryll, kiedy w jednym z nowszych swych wierszy (tom „Zwierzątko", 1975, cykl „Ogród ziemi") wcielił podmiot liryczny w kreaturę tak oto
opisaną:

Ta szczurza zwinność moja, miękkość dialektyczna
Obfitość cierpkiej śliny – co sklei, oblepi
Najbardziej sprzeczne – i tym brzuch pokrzepi
Ta ciętość zębów niby myśl logiczna
Oczy, których kamienna ciemność nie oślepi

Ta złość, co tak buzuje we mnie – jaśniejąca
Jako nadziei gwiazda – w przyszłość prowadząca

Istnieje też nieco wcześniejszy – i bardziej dopowiedziany – wariant owego wcielenia (w tomie *Zapiski*, 1970):

Tylko spokojnie oddychać pod śmieciem
zwalającym się na nas.
Umieć grzbiet osłonić
jamę wygrzebać, powietrza nie trwonić
mieć ołów we krwi. Poczekać bez drgania
aż się to szumowisko zestali, aż ziemia
przegryzie papier, kości, butelki – aż krety
przemielą wszystko, że już nikt nie pozna
Kto tu co ciskał...
Uczyć się uśmiechu
jaki przystoi szczurom, uczyć się oddechu
płytkiego jak w letargu...

O wcieleniach demonstrowanych przez Brylla z pewnością wiele się już
pisało i drukowało (a przynajmniej, jak mniemam, powinno się było pisać i
drukować); w tej chwili chodzi mi nie tylko i nie tyle o wyrażenie podziwu
dla ,,zwinności, miękkości dialektycznej" tego właśnie poety; ani też nie będę próbował analizować warsztatu, dzięki któremu możliwe są tak przeko-
nywające metamorfozy; chcę zwrócić uwagę, że dorobiliśmy się oto całego
n u r t u poetyckiego, w którym szczur przeniósł się z zewnątrz d o w e -
w n ą t r z bohatera; i kto wie, czy zapis liryczny owej przeprowadzki nie
jest najbardziej charakterystycznym wyróżnikiem procesu literackiego, o
którym mowa.
Żeby nie być gołosłownym: jednocześnie z ostatnim tomikiem Brylla (ur.
1935) ukazał się zbiorek poety o półtorej pokolenie starszego, Andrzeja
Kuśniewicza (ur. 1904; obecnie Kuśniewicz bardziej słynie jako prozaik, ale
ma w swoim dorobku kilka tomów poezji) – *Piraterie*, a w nim utwór zaty-
tułowany ,,Poniekąd o szczurze, lecz niezupełnie". Wiersz zaczyna się od
następującej sytuacji: bohater (mężczyzna, raczej niemłody) o zmroku do-
strzega szczura na publicznym skwerze i goniąc go usiłuje zabić ,,ciasno zwi-
niętym w lancę parasolem". Raz trafia, raz chybia – i w końcu szczur umyka
do kubłów na śmieci.

Zadyszka teraz
zataczanie się po corridzie na miękkich nogach
za serce chwytanie
drzewa na skwerku czarnym już na oślep czepianie
oczyma błyszczenie w ciemności

Wtedy to właśnie
dziewczynka iluśtam-letnia
szybko przebigła na ukos przez lśniącą po deszczu jezdnię
wołając triumfalnie
wskazując rączką na mnie zdyszanego:

O, o, o! – szczur! szczur! szczur!

Może to i nie na miarę Brylla; rzecz nie w mierzeniu łokciem rozmaitych,
choć ciążących ku jednej szkole talentów; istotne, że powtarzając jak gdyby
początkowo morderczy gest Hamleta, bohater Kuśniewicza ostatecznie
n i e z a b i j a s z c z u r a, ale podobnie bohaterom Brylla solidarnie

z a m i e n i a   s i ę   w   n i e g o ; niech mi wolno będzie dostrzec w tym nowy humanizm, a może nawet nowy romantyzm poezji współczesnej, mimo że na wystawie w Zachęcie wśród haseł wywoławczych romantyzmu (Naród, Uniwersum, Eschatologia etc.) hasła S z c z u r na razie zabrakło.

Czytelnicy wybaczą, że na tym urwę niniejszą zwięzłą rozprawkę – być może, pierwszy szkic obszerniejszej pracy, do której jeszcze nie dość jestem przygotowany; między innymi dokuczają mi znaczne luki w lekturach – nie wiem na przykład, jak wygląda szczurza problematyka w twórczości... nie, ugryźmy się w język, przed zbadaniem sprawy *nomina sunt odiosa*; ale gdyby czytelnicy zechcieli mi pomóc w nadrobieniu braków, nadsyłając swoje obserwacje i wskazówki bibliograficzne, byłbym szczerze zobowiązany.

Styczeń 1976

PSIA ELEGIA

Poświęcam ten felieton pamięci Kluchy, psa, który śmiał się i płakał jak człowiek, i był człowiekiem bardziej od niejednej dwunogiej istoty, jeżeli bowiem prawdą jest, że człowieka czyni człowiekiem cierpienie i miłość, to Klucha zaznała jednego i drugiego, a doświadczyła też – przed laty, w młodości – potężych ciosów historii i niepowetowanych strat, po których podniosła się z najwyższym wysiłkiem, by radować się jeszcze, choć z utajonym smutkiem w oczach, i radować innych, i towarzyszyć ludziom, w pracach powszednich i wytchnieniu, i dopiero wtedy odejść na zawsze, gdy na wszelki możliwy sposób dopełnił się jej arcyludzki życiorys.

Z obrazem Kluchy w sercu nie tylko piszę, ale i czytałem ostatnio parę książek o psach i ludziach, między innymi *Zapiski psubrata* Leszka Proroka – zbiór refleksji, który powstał również (co autor wyznaje już na początku dokładniej zaś o tym pisze w ostatnim rozdziale) jako „epitafium dla przyjaciela". Przyjacielem tym był Trop, siwoczarny wyżeł ostrowłosy, zagubiony lub porzucony w dzieciństwie przez gospodarzy, zaadoptowany następnie i zadomowiony w rodzinie autora, by przeżyć w niej kilka dobrych lat, pilnie strzec tego, co w swej psiej świadomości uznał za p r a w o, i przedwcześnie zginąć na pasach ulicznych z winy nieodpowiedzialnego kierowcy, zginąć przy tym, jak podkreśla pisarz, „w służbie, chroniąc na swym zwykłym miejscu – u nogi – członka domowego stada..." I dalej, pisząc o śmierci Tropa, osamotniony opiekun zwierzęcia dorzuca: „Jego ofiary nie umniejsza fakt, że była nieoczekiwana i nieświadoma. Cóż zresztą możemy wiedzieć o świadomości istoty tak bardzo wyczulonej na prawa: na prawo życia i prawo stada oraz na płynące zeń korzyści i ciężary. Towarzyszy nam nieprzenikniony obszar świadomości stworu, który jedyny spośród zwierząt zdradził naturę dla przyjaźni z człowiekiem bez zastrzeżeń. Obszar ten fascynuje nas podobieństwem do dziecięcych szczebli naszej świadomości. Może nigdy nie uda się nam wniknąć do tego świata, tak samo jak nie znana pozostaje dla nas treść kresu ludzkiej świadomości, ostatnie wrażenia, uczucia i myśli człowieka. Wszelako mamy prawo wnosić, wychodząc z nikłych analogii, że i w tym psim przypadku kres świadomości pogłębia ją i potęguje, pozwala ogarnąć w mgnieniu przebieg, sens lub bezsens życia. Ilekroć zatem zastanawiam się nad tajemniczą świadomością zwierząt i nad świadomością samego Tropa, przyznaję sobie prawo do mniemania, iż podobny blask mógł stać się – na miarę możliwości gatunku – i jego udziałem. W niepojętym kataklizmie, który się na niego zwalił, wyraźny był może nie tylko ból, może towarzyszyło mu również, choćby w zalążku, poczucie, że ochronił sobą jakieś dobro stada..." W świadomości dogorywającej Kluchy zabrakło najpewniej – bo nie było do tego podstaw – treści tak ambitnych i heroicznych, ale nie zabrakło rozdzierającego smutku rozstawania się z najbliższymi i cierpliwej wiary, chyba do ostatniego tchnienia, że ją jeszcze ocalą, nie zawiodą ufności w swoją ludzką potęgę i wierną przyjaźń...

Zapiski psubrata dotyczą nie tylko dzielnego Tropa i innych konkretnych psów, znanych autorowi; zawierają liczne ogólniejsze obserwacje i rozważania o tym, czym jest pies dla człowieka, a także o stosunku człowieka do całego świata zwierzęcego, o różnych tradycjach tego stosunku, utrwalonych w kulturze, religii, sztuce; piękne są na przykład karty o świętym Franciszku i kontynuacjach franciszkańskiego wątku w postawach ludzkich aż po dzień dzisiejszy; a jeśli nawet nie wszystko w książce Proroka zajęło mnie jednakowo, liczą się te fragmenty, którym zawdzięczam impuls wyjścia poza ich obręb, strefę własnych dociekań czy fantazji na podobne tematy.

Ten na przykład: czym bywa pies dla człowieka. Najbliższym, najuchwytniejszym – jak wynika z refleksji pisarza – upostaciowaniem n a t u r y ; człowiek współczesny ogromnie już się od niej oddalił, ale tym bardziej tęskni za utraconą, pragnie odtworzenia niegdysiejszych więzów, i w obcowaniu z psem dopatruje się takiej szansy. Otóż, wolno chyba ciągnąć, chodzi nie tylko o naturę znajdującą się na zewnątrz nas, tę, z której człowiek czuje się wyodrębniony, a nawet przeciwstawiony jej jakoś przez swe człowieczeństwo. Chodzi zarazem o n a t u r ę l u d z k ą , pewne jej atrybuty, pewne potrzeby, których żywym odbiciem i realizacją staje się stowarzyszony z człowiekiem, swym opiekunem, pies-przyjaciel. To on, pies, bywa odbiciem dominującej samotności człowieka, nadziei jakiegoś jej przezwyciężenia, wreszcie – samotności realnie przezwyciężonej... Bywa odbiciem wstydliwej nieco potrzeby bezinteresownej czułości, dobroci, instynktu opiekuńczego, tęsknoty za wiernością, za przywiązaniem bez słów, bez humorów, bez egoistycznej dominacji istoty kochanej nad kochającą... bywa – mimo niedługiego swego żywota – odbiciem potrzeby trwałości (która też jest jakąś odmianą wytęsknionej wierności), pamiętliwości, tego, co przetłumaczony przeze mnie parę lat temu wiersz ujmuje w następujące słowa:

Podobnie, starej hołdując pamięci,
na dawnym miejscu, zdarza się, że pies
zadziera łapę... Płot zniesiony dawno,
a jemu ciągle tu się roi płot.
Jego rojenia przekreślają jawę,
lub może ziemia zachowała zapach,
asfalt zapachu psiego nie pokonał.
I cóż kundlowi do szpetnego domu?
Dla niego jest tu ogród. Nic innego.
I to, co oczywiste dla człowieka,
dla psa jest absolutnie obojętne.

To właśnie nosi miano „psiej wierności".
I jeśli serio mówić o sztafecie
pokoleń – wierzę tylko w tę sztafetę.
Ściślej – w tych wierzę, którzy czują zapach.

A więc – pozorny paradoks – pies, którego dopiero co uznaliśmy za pełnomocnika n a t u r y w naszym życiu, występuje tu jako nosiciel pamięci, tradycji, k u l t u r y, rozumianej co prawda w tym kontekście nie jako wybór, ale jako zakodowane w osobniku dawne doświadczenie, przeżycie, ukryta wartość.

Pies jest odbiciem człowieka i jako t e n pies t e g o człowieka, i ogólniej jako pies w tym społeczeństwie, formacji cywilizacyjnej, epoce. Jacy my – w danym miejscu i czasie – takie nasze psy; nasze psy mówią o nas. „Podobnie jak człowiek – zauważa Prorok – a nawet w wyższym stopniu, psy podlegają wynaturzeniom, popadają w kompleksy, nerwice, histerie". Są to choroby zwierząt wciągniętych w obręb ludzkiej, wielkomiejskiej cywilizacji. Istnieją też psy deprawowane przez człowieka, który uczynił je narzędziami i wspólnikami własnej deprawacji. To na przykład los psów, tresowanych do pilnowania więźniów obozów koncentracyjnych – opowiada o tym przytoczona przez Proroka historia oświęcimska pt. „Pasiak". Opowiadanie to zawiera zresztą akcent optymistyczny: doglądane przez weterynarza w pasiaku psy wartownicze zatraciły wpajaną sobie przez swoistą tresurę nienawiść do więźnia, czyli, z punktu widzenia esesowców, „zdemoralizowały się", a w rzeczywistości – wyleczyły się samoistnie ze złowrogiej demoralizacji...

O tak tresowanym psie czytałem też niedawno obszerniejsze opowiadanie innego autora; tu nie było pomyślnego rozwiązania – lecz wyłącznie wstrząsające dzieje stworzenia, którego najlepsze instynkty, m.in. zdolność kochania człowieka i ufnego podporządkowania się prawu, wykorzystane zostały w służbie nieludzkości i bezprawia; zwolniony zaś z owej służby czworonogi bohater nie zdołał już wrócić do normalnego życia, lecz trwając w tym, czego nauczyli go ludzie, potrafił tylko zginąć w bezsensownym, morderczym starciu. Oto opis ostatnich chwil tego psa: „Ranne zwierzę żyje, póki chce żyć – ale oto pies poczuł, że tam, gdzie zapada się już raz po raz, nie będzie żadnej piwnicy, nie będzie bicia smyczą ani kłucia igłą, ani musztardy, nic nie będzie, ani dźwięku, ani zapachu, żadnych niepokojów, tylko spokój i mrok – i po raz pierwszy tego zapragnął. Nie miał do czego wracać. Jego uboga, wypaczona miłość do człowieka umarła – innej miłości zaś nie znał, w inne życie się nie zabłąkał. Leżąc w swoim śmierdzącym kącie i pochlipując z bólu, słyszał dalekie gwizdy, stukot zbliżających się pociągów, ale nic już po nich nie oczekiwał. I dawne, jeszcze rozbłyskujące w nim wizje – niegdyś rozkoszne, opromieniające życie – terez męczyły go jak zły, hańbiący po przebudzeniu sen. Dość już dowiedział się na jawie o świecie dwunogich, przesyconym okrucieństwem i zdradą... Pora, żebyśmy zostawili Rusłana, zresztą jest to teraz jedynym jego pragnieniem – żebyśmy wszyscy, winni wobec niego, zostawili go wreszcie i nigdy już nie wracali."

Kiedy rozpamiętuję ostatnie chwile psa, którego pamięci poświęcone są te zapiski, pocieszam się, że jego gasnąca świadomość nie musiała być napiętnowana aż tak gorzkim rozczarowaniem do świata ludzi.

Luty 1976

Z DZIENNIKA KONSUMENTA KULTURY

W Domu Plastyka na Mazowieckiej – wystawa Jana Dziędziory. Dobrze jeszcze pamiętam tę sprzed dziewięciu lat – po raz pierwszy zobaczyłem wtedy w malarstwie Dziędziory owo właściwe mu pasowanie się z powszednią treścią egzystencji, wytrwałe codzienne budowanie walącego się w gruzy świata – i fragment Dziędziorowego budowania udało mi się potem unieść, i mam go u siebie, krzepiący i stale obecny w mojej własnej szamotaninie ze światem, w mojej rekonstrukcji istnienia. I oto po latach – wciąż ten sam Dziędziora, tylko może bardziej jeszcze skupiony, bardziej zacięty, więc trudniejszy wewnętrznie, jego *noże* ranią przechodnia, jego *fufajki* opinają nas nieubłaganie, jego *zawieszenia* – ludzkie torsy na piętrach rusztowań – bolą jak ukrzyżowania dawnych mistrzów, jego *uśmiech klęczącego* upokarza i wywyższa, jego *martwe natury, pejzaże, autoportrety* są samą rzeczywistością, ale rzeczywistością przeżytą w najwyższym napięciu odpowiedzialności za siebie i za to, co wokół, z tą dozą koniecznej zgody, bez której życie staje się bezsensem, i z tą niezgodą, z której wywodzi się godność człowieka, impuls twórczy artysty. A wszystko to tkwi nie w samej tylko warstwie przedmiotów i symboli, do której nie tak łatwo zresztą dotrzeć, niekiedy trzeba się w obrazy Dziędziory długo zagłębiać, nim dostrzeże się całą ich przedmiotową zawartość; lecz naocznie tkwi to w samym malowaniu; ,,przezwyciężanie oporu materii tworzy formę, która jest wyzwoleniem i bólem jednocześnie" – jak w katalogu wystawy Dziędziory pisze Jacek Sempoliński, jego rówieśnik i sam znakomity malarz; symbole i przedmioty tego malarstwa ,,bolą nas same przez się, ale bolą też i przez ból tworzenia artystycznego, poprzez samą grudkę farby, przez rysowane i rozmazywane linie na papierze, przez sztukę"...

*

Przeczytałem jeden po drugim, w niedługim odstępie czasu, nowe tomiki poetów K. i D. – i pojąłem, że jako czytelnik wierszy zrobiłem się z wiekiem okropnym eklektykiem. Przez całe życie bliższa mi była poezja niepokoju i gwałtu, niż poezja harmonii; niepokoju nie tylko myśli, także niepokoju słów, składni, całych struktur wierszowych; gwałtu na opornym materiale języka, wzdragającego się przed wypowiedzeniem czegoś, czego dotąd nie mówił; chropowatości, nie zaś melodyjności; barbarzyńskiej prozy w wierszu (prozy, której dopiero zdarza się eksplodować poetyckim olśnieniem), nie zaś konwencjonalnej „poetyczności"; raczej ekspresji niż urody; raczej „romantyzmu" niż „klasycyzmu". Młody K. z pewnością należy – i programowo, o czym świadczą jego wypowiedzi, i spontanicznie, z natury swego talentu – do tegoż właśnie nurtu, który jest mi bliski; ma przy tym własne, nietuzinkowe oblicze; cóż dziwnego, że nowy jego tomik przeczytałem z podziwem i przejęciem, i po pierwszej lekturze od deski do deski wracam do niego, otwieram w różnych miejscach, mam już swoje ulubione wiersze, które czytam ciągle na nowo; tak, to zrozumiałe, ale dlaczego podoba mi się również tomik D., który nurza się w dźwięcznościach i ozdobnościach, archaizmach i folkloryzmach, stylizuje, cyzeluje, herbaryzuje? przecież po pierwszym zbiorku przed laty, urzekającym czupurnością młodzieńczą i marzeniem o niedosiężnej Kolchidzie, w następnych miałem za złe autorowi uleganie inercji formy, melodii, figury stylistycznej, „ładnego słowa; cóż się tedy zmieniło? D. pisze tak jak pisał, ale w którejś z rzędu książce odbieram go inaczej: jego upór stylizowania – jego charaker, jego chętne dopuszczanie do głosu echa innych głosów – jako głos najprawdziwiej własny, jego uładzenie – jako odmowę; i przynajmniej w kilku wierszach (czy to mało?) spokojna ich uroda objawia mi się jako kształt namiętności i myśli. Stawiam ostatni zbiorek D. na półce obok książki K. – zobaczymy, czy się nie pogryzą – i ze skruchą myślę, jaki okropny zrobił się ze mnie eklektyk...

⁎⁎

F. skarży się na swoje słabsze niż dawniej rozeznanie w bieżącej produkcji beletrystycznej: kiedy wchodzi do księgarni, nie jest pewny, na której ze świeżo wydanych książek powinno mu naprawdę zależeć, której zaś może z czystym sumieniem nie brać do ręki. Dawniej – twierdzi – orientował się w lot, o pozycjach wartych czytania rozmawiało się w towarzystwie, teraz nastąpiło jakieś rozproszenie uwagi, hierarchie nazwisk i tytułów zostały rozmyte przez ilość, opinia publiczna skapitulowała, każdy, mający jeszcze nawyk czytania, zdany jest na własną intuicję (która zawodzi) i czysty przypadek. Tyle F., którego codzienne zajęcia nie mają nic wspólnego z literaturą; no a ja – było nie było, zawodowiec? przecież też nie potrafię tego ogarnąć, wielu współczesnych autorów znam z nazwiska i nie wiem, co o nich sądzić, mało tego – nie starczy mi już czasu, ciekawości ani ambicji, żeby starać się połapać w literackich nowościach (krajowych i zagranicznych), umieć wybrać dla siebie i doradzić znajomym wedle jakiejś obiektywnej miary; w lekturach swoich idę tropem dawniej ustalonych predylekcji albo nowszych przypuszczeń, zainteresowań i przeczuć, których „konieczność" i „słuszność" jest nie do sprawdzenia; ale cóż ja! zawodowiec wyższego stopnia wtajemniczenia, bo czynny krytyk literacki, zwierza się w trakcie opublikowanej dyskusji, że z obowiązku sprawozdawcy przewertował 243 wydane w roku 1974 pozycje prozy polskiej i... jego czytelnicza sumienność osłabła gdzieś przy setnym tytule – skądinąd wcale nie tak wcześnie, przeto całe moje uznanie dla pracowitego krytyka – ale wystarczająco wcześnie, żeby i jego naturalnego zmęczenia nie uznać za kryterium wyboru. We wzmiankowanej dyskusji poszczególni krytycy proponowali kilku lub kilkunastotytułowe zestawy książek do reprezentacji roku (i rad byłem, kiedy trafiały się wśród nich takie, które i ja zdążyłem przeczytać); później inni krytycy w artykułach korygujących proponowali odmienne zestawy; ale nad wszystkimi dyskusjami wznosiła się góra lodowa 243 (albo trochę mniej, albo trochę więcej, bo chodzi już o rok 1975) książek i mroziła swoją spiętrzoną obecnością, którą należałoby przecież jakoś uwzględnić, ba, ale jak? nie wiadomo naprawdę. Cóż więc odpowiedzieć F. na jego rozterki? Może to: pogódź się, że już nigdy nie będziesz należał do wspólnoty dobrych czytelników, nie będziesz znał najwłaściwszego dla wszystkich kanonu lektur obowiązkowych, nie porozumiesz się ze swoją współczesnością na gruncie najdoskonalej odzwierciedlających ją powieści, zawartych w nich problemów, ucieleśniających je bohaterów. Pogódź się z tym – i dalej czytaj na własny rachunek, wybierając wedle swej zawodnej intuicji, niepełnej informacji i nieuniknionego przypadku. Być może, i tą drogą natrafisz niekiedy na coś, co cię wzbogaci, ucieszy lub zastanowi. Niekiedy też traf sprawi, że będziesz to dzielił z innymi – kiedy indziej zaś zachowasz tylko dla siebie – i bez sprzeciwu przyjmij oba warianty czytelniczego sposobu bycia w świecie nadmiernej obfitości tekstów, niepewnego ich gatunku i przyśpieszonego krążenia.

W tygodniku „Kultura" – trzyodcinkowy serial Artura Sandauera o Zbigniewie Herbercie. Co za nieomylne poczucie właściwej chwili: Sandauer zawsze wie, kiedy pisać o Adolfie Rudnickim, kiedy zaś o Mrożku, Przybylskim czy Międzyrzeckim. To nie może być wykoncypowane, to jakiś cudowny instynkt, chciałoby się rzec – fizjologia autentycznego krytyka współczesności. A przecież na tym rzecz się nie kończy: Sandauer wie nie tylko k i e - d y, ale i j a k – analizując teraz Herberta, potrafił na przykład wykazać, że to autor pozbawiony własnego języka, własnego tematu i własnej myśli, że cokolwiek odczytujemy na kartach jego książek, wszystko to w oryginalniejszym wariancie znaleźć można bądź i Iwaszkiewicza, bądź u Białoszewskiego, bądź u innych pisarzy polskich i obcych.

Godne podziwu; gdyżby jeszcze odrobinę wielkodusznej wyobraźni dla naszych iluzji, bo my, mniej wytrawni czytelnicy Herberta, łudzimy się, że go odróżniamy od innych i że właśnie jego utworom zawdzięczamy satysfakcje odrębne od tych, jakie zdarza nam się czerpać gdzie indziej; gdyżby tedy Sandauer zniżył się do poziomu naszych przeświadczeń i spróbował zrekonstruować tego osobnego Herberta, nie istniejącego w jego rachunku, ale nader intensywnie istniejącego dla naiwnych, jak piszący te słowa, odbiorców poezji dzisiejszej; nie po to jednak krytyk-nonkonformista sporządził swoje równanie, by podważać je przy pomocy innego; tak, to także godne podziwu.

Marzec 1976

KRZYŻ W MÁRIABESNYÖ

3 kwietnia tego roku, na Nabrzeżu Bema w Budapeszcie, czekałem na „Panią Grację-Węgierkę", która obiecała zabrać mnie do Máriabesnyö, na grób Hrabiego Telekiego. Podnosząc wzrok znad książki, widziałem Dunaj, mosty i naprzeciwko, po drugiej stronie rzeki, kopuły Parlamentu w porannym słońcu, i miałem uczucie, jakbym wszystko to już kiedyś był widział z tego samego miejsca, tylko dużo młodszymi oczyma. Kiedy zaś wracałem do książki, zabranej z Warszawy, trafiałem na rozważania o Conradzie i o duchu cywilizacji, i w chwili, w której Pani Gracja stanęła przed moją ławką, doczytałem właśnie do zdań na stronie 27 i 28: „Bo skoro sfera ładu absolutnego pozostaje niedostępna naszemu poznaniu, musimy przynajmniej okazać się godni tego ładu, który nas ukształtował, którego dziedzictwo uznajemy z dumą za własne i którego prawom winni jesteśmy wierność. Dochowanie owej wierności ma być naszym celem i naszą nagrodą". Tu autor urywał własną interpretację i cytował Conrada: „Ale jest faktem niezaprzeczonym, że swojej nagrody trzeba dotknąć czystymi rękoma, aby nie obróciła się w zeschłe liście i ciernie".

Jechaliśmy koleją i następna miejscowość za Godollo (nazwę tę pamiętałem z dzieciństwa, bo kilka lat przed wojną odbyło się tam jamboree, w którym uczestniczyli także polscy harcerze, i pisano o tym w „Płomyku"), następna tedy miejscowość za Godollo – to było właśnie Máriabesnyo, znane z odpustów, ale nie był to dzień odpustowy, lecz obchodzony tylko przez Panią Grację i jej przyjaciółkę Panią Erikę dzień podwójnej pamięci czegoś, co zaszło trzydzieści pięć i trzydzieści dwa lata temu. Dziś jednak Pani Erice nie udało się zwolnić z pracy, więc ja ją zastępowałem na pustawej drodze obok zamkniętego jeszcze kościoła i muru klasztornego ogrodu, i na tym cmentarzu pnącym się po pochyłym zboczu do lasku na szczycie góry. Grób Telekiego, prawie pod szczytem, nie należał do najokazalszych na cementarzu, ale był dobrze widoczny już z dołu: z popękanej ziemi wybuchał masywny drewniany krzyż, którego wierzchołek i obydwa ramiona przybierały kształt lilii harcerskich – a to na znak, że Pál Teleki, arystokrata, uczony i polityk, był też organizatorem i wieloletnim przywódcą węgierskich skautów.

Politykiem był konserwatywnym, co tu owijać w bawełnę – prawicowym, ale starej daty, nie mającym zrozumienia dla takich nowinek międzywojennej Europy, jak faszystowski uniformizm, system totalnego terroru wewnątrz kraju, a w stosunkach międzynarodowych – permanentne przeniewierstwo i wojna. We wrześniu 1939 roku rząd, którego był premierem, odmówił przepuszczenia przez Węgry wojsk niemieckich, pragnących i od tej strony wtargnąć do Polski. Niespełna dwa lata później, kiedy kolejnym celem hitlerowskiej agresji stała się Jugosławia, sprawy zaszły dalej i Teleki był już bardzo osamotniony w swojej woli dochowania wierności traktatom (traktat o wieczystej przyjaźni między Budapesztem a Belgradem podpisano w grudniu 1940 roku) i stawiania oporu cynicznym gwałtom. W liście do przyjaciela pisał wówczas ze smutkiem: „Sytuacja moja jest krańcowo ciężka, ponieważ Regent, armia, połowa rządu i większość członków parlamentu stają przeciwko mnie w tej sprawie" (cytuję za książką J. R. Nowaka „Węgry 1939-1969", Warszawa 1971). Po otrzymaniu zaś wiadomości, że sztab generalny zawarł już z dowództwem Wehrmachtu tajne porozumienie na temat wspólnego zaatakowania Jugosławii w najbliższych godzinach, zdesperowany Teleki w liście przedśmiertnym napisał: „Podeptaliśmy nasz honor. Stanęliśmy po stronie zbrodniarzy. Staniemy się narodem szakali – najgorszym z narodów" – po czym zamanifestował swój sprzeciw w jedyny sposób, jaki zdawał mu się możliwy...

3 kwietnia 1941 roku dwie uczennice jednego z budapeszteńskich gimnazjów dowiedziały się o samobójstwie Premiera. Patrząc szeroko rozwartymi oczyma na niemieckie czołgi, przewalające się z łomotem po Nabrzeżu Bema, dziewczyny przyrzekły sobie, że nigdy nie zapomną tego dnia – i tego starszego pana, który był hrabią, profesorem geografii, skautem w krótkich spodenkach i konserwatywnym politykiem, ale nade wszystko człowiekiem honoru i zasad moralnych, i określonego pojęcia o prawach, których nigdy nie wolno złamać. Pál Teleki pochowany został najpierw w Budapeszcie – dopiero po wojnie zwłoki przeniesiono, jak prosił w testamencie, do Máriabesnyo – więc 3 kwietnia 1942 i 1943 roku na budapeszteńskim cmentarzu klękały przy grobie i składały kwiaty obie przyjaciółki. 3 kwietnia 1944 roku nie doszło do umówionego spotkania, ponieważ wczesnym rankiem Pani Gracja – już nie uczennica, lecz studentka uniwersytetu i praktykantka w pewnej redakcji – została aresztowana przez gestapo, by po niedługim stosunkowo pobycie w miejscowych więzieniach znaleźć się w Oświęcimiu i wyjść z niego, wraz z innymi ocalonymi, prawie rok później. Tak oto przybył drugi powód do zapamiętania na zawsze owej daty 3 kwietnia...

Tą samą rozsłonecznioną drogą, obok muru klasztornego ogrodu, nad którym snuł się dym palonych liści, wracaliśmy z cmentarza w Máriabesnyö; zrobiło się tymczasem południe i otwarto kościół; wstąpiliśmy w jego chłód i półmrok, i Pani Gracja, jak co roku tego dnia, uklękła przed Matką Boską, by podziękować za ocalenie... Później pojechaliśmy autobusem do Gödöllő, stamtąd kolejką elektryczną do Budapesztu – był to ostatni dzień mojego krótkiego pobytu na Węgrzech, miałem jeszcze to i owo do załatwienia, a wieczorem, już w pociągu, znów sięgnąłem po zabraną z Warszawy książkę, której autor, Jan Józef Szczepański, dał tytuł: *Przed nieznanym trybunałem*. „... wiedzieliśmy – czytałem – że zalewa nas żywioł chaosu, groźna fala atawizmów historii i że musimy się przeciwstawić tej katastrofie... w imię wszystkiego, co dzieliło nas od barbarzyńskich początków tego kontynentu, co z takim trudem rosło przez tyle wieków..." — i myślałem o chwili, trzydzieści pięć lat temu, kiedy hrabia Teleki, zapewne pełen lęku i wahania jak każdy człowiek, stawił się przed owym trybunałem, gotów odpowiadać za podłość innych i za własną bezsilność.

Kwiecień 1976

EMIGRANCI I LUDZIE WOLNI

Znakomity Dedal z „Twórczości" odczytuje *Emigrantów* Mrożka jako „sofizmat na temat wolności, który brzmi mniej więcej tak: człowiek dąży do wolności, to dążenie jest mu wrodzone, objawia się na każdym szczeblu rozwoju umysłowego i społecznego, łączy intelektualistę z chamem we wspólnej doli, ale jest bezcelowe, beznadziejne i tragiczne, albowiem czyni człowieka niewolnikiem rzeczy, idei, instytucji, które są źródłami lub gwarantami jego wolności, albo też ludzi innych, którzy jako władcy nią dysponują".

Taki pogląd na świat – wpisany w sztukę czy też przypisany przez krytyka sztuce – budzi jego sprzeciw. „Mnie proszę do tego nie mieszać – deklaruje. – Ja nie dążę. Ja j e s t e m wolny, natomiast świat mnie z mojej wolności ustawicznie okrada. Nie dążę do wolności, nie szukam jej, lecz jej b r o -n i ę . Takie jest moje przekonanie. Bardzo współczuję wszystkim, którzy sądzą inaczej, albowiem, szukając źródeł wolności poza sobą, w rzeczach, w prawach, w instytucjach, w ludziach sprawujących władzę i stosujących przemoc, istotnie wpaść mogą w niewolę owych rzeczy, idei, praw, instytucji, ludzi właśnie jak wpada w nią każde stworzenie, które godzi się na to, aby mu życiodajne minimum wydzielano na porcje".

Dedal – w opozycji do „szukających źródeł wolności poza sobą" – wraz z Kantem uważa, iż „to jednostka z jej uroszczeniami jest niewyczerpanym źródłem wolności i nieustanną szansą jej odnowy"; z czym i ja się skwapliwie zgodzę, zauważę tylko, że źródła wolności i wolność zrealizowana – to dwie różne rzeczy, zaś mieszając je niepostrzeżenie Dedal bardzo ułatwił sobie dyskusję.

Z tego, że źródłem wolności jest „pojedyncza osoba ludzka", nie wynika bowiem wcale, że każda taka osoba wolność swą może li tylko aktem woli zrealizować! „Świat mnie z mojej wolności ustawicznie okrada" – przyznaje przecież Dedal. To więc, na co się zżyma jako na dążenie do wolności poza sobą, oznaczać może po prostu dążenie do sytuacji, która umożliwi realizację wolności w sobie; czyli ucieczkę przed zniewoleniem; targanie kajdan; wyśliznięcie się światu-złodziejowi; obronę wolności i – w chwili podjęcia tej obrony – wolność prawdziwą.

Nie wierzę w obronę wolności, polegającą na tym, że ktoś, zewnętrznie spętany, powtarza sobie i innym: ale wewnętrznie pozostaję wolny, ponieważ to ja sam, moja inteligencja, moje poczucie moralne jest źródłem wolności lub jej braku, nie zaś te przypadkowe postronki na moich przegubach.

Wierzę w obronę wolności, podjętą przez wewnętrznie wolną jednostkę na obszarze jej zniewolenia; strategia tej obrony może być rozmaita; jeden zdecyduje się na działanie destrukcyjne w stosunku do świata, który go niewoli, na protest, na agresję, na r e w o l u c j ę ; drugi podejmie ryzyko t w ó r- c z o ś c i , łamiącej normy owego świata, wykraczającej poza jego granice, swoim wymiarem i niezawisłością zaprzeczającej jego wszechwładzy; trzeci wybierze e m i g r a c j ę , unosząc swą wolność tam, gdzie będzie bezpieczna; może też istnieć strategia, łącząca elementy każdej z tych decyzji i jeszcze innych; w różnych wariantach możliwa jest tedy skuteczna obrona wolności – ale nierzadko też zdarzy się przy tym popadnięcie w nową niewolę – albo obrona będzie pozornie tylko skuteczna, przy trwającym w rzeczywistości zniewoleniu, jeżeli już nie przez instytucję, to przez ślad, koleinę, jaką instytucja ta wyżłobiła w duszach...

W bohaterach sztuki Mrożka widzę właśnie ludzi próbujących u c i e c z - k i   z   n i e w o l i ; dla XX-a (którego Dedal, zasugerowany, być może, przedstawieniem, jakie oglądał, nazywa Chamem, a ja wolałbym nazwać Proletariuszem) jest to niewola ubóstwa, zaś dla AA (Intelektualisty) – niewola zakazów, obwarowujących w jego kraju myśl i wypowiedź; obaj zdają się mieć szansę ucieczki skutecznej; ale klęska ich polega na tym, że w istocie nie potrafią uciec, określeni są i nadal spętani przez kategorie tego, co ich niegdyś zniewoliło; to dlatego XX jest człowiekiem zapracowującym się na śmierć i ustalającym dla siebie najniższy z możliwych w tych warunkach poziom egzystencji, a zarazem obrzydliwym ciułaczem i chciwcem; AA – sadomasochistycznym eksperymentatorem, na prymitywnej psychice towarzysza niedoli; każdy z nich zaś – człowiekiem gardzącym tym, co zniewala drugiego, i niezdolnym do solidarności, współczucia, braterstwa z bliźnim; i dlatego muszą się tak beznadziejnie borykać, szamotać, zadawać sobie rany i brzydko cierpieć – a ja nie mogę oświadczyć: ,,proszę mnie do tego nie mieszać''...

W ogóle zaś – sądzę, że *Emigranci* nie są rozpisanym na głosy sofizmatem ani wymyślną parabolą, lecz r e a l n o ś c i ą ; może dlatego tak sądzę, że zrezygnowałem z obejrzenia warszawskiego spektaklu (bałem się, że mi pokażą k o m e d i ę), czytałem natomiast *Emigrantów* – tak się złożyło – w jednym z tych tanich zagranicznych hotelików, z kiepskim światłem i burczącymi rurami, gdzie zawsze, choćby przez chwilę, sam czuję się emigrantem przepełnionym dławiącą nostalgią, w rok później zaś oglądałem tę sztukę również zagranicą, i dwaj młodzi emigranci grali ją jak fragment swojego życia, a widownia, przeważnie z emigrantów złożona, śmiała się z siebie i płakała nad sobą, odzyskując odrobinę wolności dzięki takiemu utożsamieniu się z sobą i wyjściu poza siebie jednocześnie, jakie możliwe jest w teatrze, co zresztą w jeszcze większym stopniu stało się udziałem aktorów... Ale nie, niezależnie od sytuacji, w jakiej czytałem i oglądałem *Emigrantów*, nie przypuszczam, żebym w ogóle zdolny był ich odebrać jako literaturę bądź teatr, gdyby nie byli przede wszystkim realnością, dopiero potem zaś, być może , również bardziej wyabstrahowanym sądem na tematy ogólne; przestałem już bowiem wierzyć w twórczość operującą słowem, jeżeli nie ma w niej realnej sprawy, realnego losu ludzkiego; w sztuce Mrożka, jak sądzę, jest – to sprawa pełnych życia, prawdziwych, okropnych w swej prawdziwości, tragicznych XX i AA – poprzez którą prześwieca, mniej wyraźna, trudniej uchwytna, co nie znaczy, że nie prawdziwa, sprawa nas wszystkich...

Na zakończenie chciałbym Dedalowi z „Twórczości" powtórzyć własnymi słowami znaną mu dobrze historię jego imiennika, Dedala (Daidalosa) z Aten. Pominę zawiły wstęp i zacznę w miejscu, w którym Daidalos – rzemieślnik, artysta, wynalazca – a więc ten, który wolność swą realizuje w twórczości – postanowił opuścić Kretę, gdzie cieszył się zasłużonymi łaskami króla Minosa. Czy pragnął gdzie indziej ścigać fantom wolności – czy raczej uciekał przed zniewoleniem, jakim była służba królewska? Moim zdaniem, to drugie, Wnet uprzytomnił sobie wszakże kolejną niewolę: geografii – Kreta była wyspą, otoczoną bezbrzeżnym morzem. Oba zniewolenia – administracyjne (król odmówił mu paszportu na wyjazd) i naturalne – pokonał, budując skrzydła. Mimochodem wyzwolił się więc także z niewoli przyciągania ziemskiego, co uczy, że targanie więzów, raz zaczęte, niekiedy posuwa się coraz dalej. Aliści w chwili, gdy wraz z synem Ikarem wzbili się na dwóch parach skrzydeł w przestworza, rozpoczął się dramat. Rozsądny Dedal pojmował, że nawet szybując między morzem a niebem nie jest całkowicie wolny; swobodę jego ogranicza żar promieni słonecznych z jednej strony i wilgotność wody z drugiej; musi więc manewrować pomiędzy tymi strażnikami swojej niewoli, aby unieść swoją wolność i dotrzeć z nią do przystani. Tego też uczył syna, ale młodzieniec, upojony poczuciem wolności, zlekceważył przestrogi i pomknął ku słońcu, które stopiło wosk jego skrzydeł i nieszczęsny runął do morza. Nie sądzę, żeby z historii tej płynął morał, iż człowiek nie powinien realizować – w najzuchwalszy nawet sposób – wolności, której źródło w nim bije. Ale zwalczając zniewolenia, którymi otacza go świat, nie może woluntarystycznym aktem wyobraźni przekreślać ich i s t n i e n i a – bo to nie wolność, lecz zdradliwa iluzja.

PS. – Kończyłem pisać ten felieton, kiedy nadszedł kolejny numer „Twórczości", z bardzo mi bliskimi rozważaniami Marty Fik o „nowym" Mrożku. Autorka wskazuje, że *Emigranci* są „sztuką o ludziach", w której bohaterach „uderza przede wszystkim ich k o n k r e t n o ś ć ". A zatem: „Nie byliby sobą w innej sytuacji; wszystko jest ważne: że to właśnie emigranci, że jeden jest inteligentem, a drugi robotniko-chłopem, że przybyli z kraju, który nie dopuszcza używania wszystkich słów, że nie mają ojczyzny, że mieszkają w takim a nie innym wnętrzu itd., itd. A zarazem z owego konkretu... wyrasta wiedza o człowieku dzisiejszym w o g ó l e ". Jednakże: „prapremiera warszawska... sprowadzała znów rzecz w rejony komedii... co więcej, udało się tu rozładować całe napięcie... Być może zdarzy się przedstawienie oddające dziełu temu sprawiedliwość. Jeśli nie, stracona zostanie szansa..."

Maj 1976

CZECHOW

Jakiś czas nie zaglądałem do Czechowa, to błąd – trzeba zaglądać do Czechowa, bo zawsze się tam coś znajdzie dla siebie. Piotr Wierzbicki w jednym ze swoich felietonów przypomniał mało znane opowiadanie Czechowa „Maria Iwanowna" – uderzyły mnie zacytowane urywki – i sięgnąłem po tomy w wypłowiałych oprawach na wysokiej półce. Okazało się, że „Marię Iwanownę" czytałem już był za młodu – i nawet zakreśliłem te same fragmenty – a przecież nie pojmowałem chyba całej ich dramatycznej treści – nie mogłem pojąć w owych młodzieńczych latach burzy i naporu – i dlatego zapewne wypadły mi na długo z pamięci. Pierwszy wątek „Marii Iwanowny" – nie będę go tutaj streszczał – jest normalnie literacki; coś się zawiązuje, coś zmierza do takiej czy innej pointy; ale równolegle rozwija się drugi wątek – dyskurs pomiędzy niezadowolonym z fabuły czytelnikiem a pisarzem, który broni tego, co robi. Czytelnik, być może, ma rację, że fabuła nie jest rewelacyjna; ale pisarz jest tylko człowiekiem, dręczą go choroby, chandry i inne okoliczności, i nie zawsze może się zdobyć na najwyższe loty. Więc niech nie pisze! A nie, przepraszam, to nie wyjście – bo jeżeli każdy z żyjących literatów przeżywa aktualnie jakieś trudności czy depresje – kto będzie pisał?

„My wszyscy – perswaduje Czechow – zawodowi literaci, nie dyletanci, lecz autentyczni wyrobnicy literaccy, ilu nas jest, wszyscyśmy tacy sami ludzie jak ty, jak twój brat i szwagierka, mamy takie same nerwy, takie same bebechy, dręczy nas to samo co was, i smutków mamy nieporównanie więcej niż radości, i gdybyśmy chcieli, to codziennie znaleźlibyśmy powód żeby nic nie robić... Ale gdybyśmy posłuchali twojego „nie piszcie", gdybyśmy wszyscy poddali się znużeniu, nostalgii czy chorobie, to możnaby całą bieżącą literaturę od razu zamknąć na cztery spusty. A nie wolno jej zamykać ani na jeden dzień, czytelniku! Mimo że wydaje ci się mała, szara i nieciekawa, mimo że nie pobudza cię do śmiechu ani gniewu, ani radości, to przecież ona istnieje i robi swoje. Bez niej żyć niepodobna... Jeżeli odejdziemy i opuścimy nasze role choćby na chwilkę, natychmiast zastąpią nas pajace w błazeńskich czapkach z dzwoneczkami, zastąpią nas kiepscy profesorowie, kiepscy adwokaci i podchorążowie opisujący swoje bzdurne przygody miłosne na komendę: lewa! prawa!"

Więc już wtedy, w 1884 roku (tak datowana jest „Maria Iwanowna"), bardzo młody, dwudziestoczteroletni Czechow to wiedział: że trzeba robić swoje, nie ulegać gorączce, melancholii i kłopotom domowym, nie przejmować się dąsami takiego czy innego lektora, popędzać znużone i przygnębione natchnienie, bo ważniejsze od natchnienia jest powołanie i trzeba mu sprostać choćby w najżmudniejszym mozole, bo – ponadto – nie tylko w ekonomii kiepski pieniądz wypiera dobry, trzeba więc temu kiepskiemu pieniądzowi stawiać opór i to także należy do powołania, trzeba robić to co się umie, w czym się jest kompetentnym, w czym się widzi jaki taki (względny zresztą) sens swojego istnienia na tym padole, trzeba to robić z różnych przyczyn, w tej liczbie i negatywnej – żeby nie oddać pola cynicznej niekompetencji, rozpychającej się łokciami pustce, łakomemu błazeństwu i grze pozorów...

To nie był program li tylko literacki; to był program egzystencjalny; i Czechow przeniesie go przez całe życie, i będzie powtarzał z niesłabnącym przekonaniem, to mimochodem, na marginesie innych spraw i problemów, to znów obudowując go całą dramaturgiczną konstrukcją, jak w „Wujaszku Wani" (1897), o czym zresztą swego czasu wspominałem już na tych łamach, opisując inscenizację Dejmka w Ateneum w sezonie 1968/1969. Posłanie spektaklu odebrałem wówczas jak następuje: „trzba robić swoje, w każdych okolicznościach robić swoje, w miarę sił i możliwości, nie oczekując nagrody, rzetelnie i wytrwale, aż do końca, do wiecznego odpoczywania..." Czyż to nie kolejny wariant – teraz to widzę – posłania „Marii Iwanowny"? A jeden z „kiepskich profesorów", zagrażających autentyczności „bieżącej literatury" – w trzynaście lat po młodzieńczym opowiadaniu, w sztuce dojrzałego pisarza – wystąpił z anonimowego tła i przybrał postać antagonisty Wujaszka Wani, potwornego profesora Sieriebriakowa...

Robił więc Czechow swoje; a czy zawsze był rozumiany w tej paskudnej epoce, w której żył, leczył chorych i pisał? bardzo wątpię; należał przecież do autorów, których najmniej czepiała się ówczesna, złośliwa i podejrzliwa, carska cenzura; i odwrotnie – zacny i postępowy publicysta Michajłowski ubolewał nad Czechowem jako jednym z pisarzy współczesnych, dla których, jak twierdził „istnieje tylko rzeczywistość, w jakiej sądzono im żyć, ideały zaś ojców i dziadów nie mają nad nimi mocy. Nie znam widowiska smutniejszego – wzdychał krytyk – niźli ten daremnie ginący talent..." No bo w samej rzeczy – gdzież te ideały – i czegóż poza miałką rzeczywistością dopatrzeć się można, dajmy na to, w anegdocie o urzędniku, który miał nieszczęście kichnąć w teatrze na łysinę dygnitarza? Tak się tym biedak przejął, wielokrotnie chodził przepraszać, aż w końcu niepewny wybaczenia, położył się na kanapie i umarł. Albo o dwóch kolegach ze szkolnej ławy – „Grubym i chudym" (taki tytuł nosi opowiadanie) – którzy spotkali się po latach i rozmawiają serdecznie, po przyjacielsku, jak niegdyś, aż do chwili, gdy wychodzi na jaw, że gruby o kilka szczebli prześcignął chudego w urzędniczej hierarchii. Odtąd chudemu nie przechodzi już przez gardło poufałe „ty", zwraca się do grubego per pan i uniżenie poleca jego przychylności siebie, żonę i dziecko... Albo o emerytowanym podoficerze, który ochotniczo, z niepohamowaną gorliwością, pilnuje „porządku" we wsi: żeby ludzie nie zbierali się w kilku, nie śpiewali pieśni, nie palili świateł w chałupach... Albo...

Jednakże u kogoś miało to powodzenie; ktoś wykupywał te „Budilniki" i „Striekozy", w których Czechow drukował; ktoś kogoś trącał łokciem chichocząc, a ktoś zasępiał się może na chwilę i marszczył czoło; więc jeżeli nawet – jak carski cenzor i postępowy krytyk – ten nieznany czytelnik również nie domyślał się jeszcze, że w opowiadaniach Czechowa zawarte jest nie tylko odbicie pewnej rzeczywistości, ale jej głęboka demaskacja i nieubłagana destrukcja, istotne było, że czyta, że przyzwyczaja się patrzeć na świat oczyma tego pisarza, że podpatrzone czy stworzone przez Czechowa postacie i sytuacje stają się coraz bardziej zrozumiałymi symbolami i zajmują trwałe miejsce w publicznym obiegu pojęć; i tak oto pisarz r o b i ł s w o j e , był na swoim miejscu, miał to miejsce nie z nominacji, nie z wysługi lat i nie z podoficerskiej zachcianki, był u siebie i robił swoje.

„Wiśniowy sad", grany obecnie w Teatrze Współczesnym (w reżyserii Macieja Prusa i z olśniewającą Mikołajską w roli Raniewskiej) oglądałem tedy jako pełną współczucia (ale także ironii) sztukę o ludziach, którzy nie robią swego, bo nic swego nie mają; świat, którego są mieszkańcami, jest światem rozchwianym, światem zatraconych kryteriów, niejasnych aspiracji, degrengolady społecznej jednych i dwuznacznego awansu innych; nikt nie jest pewny swojego miejsca, nikt nie wie, kim jest naprawdę, nikt nie jest szczęśliwy; może wyjąwszy sędziwego lokaja Firsa (wyśmienita rola Henryka Borowskiego). To nie jest sztuka w obronie zrujnowanych obszarników, którzy tracą swoje wiśniowe sady; ani ku chwale przedsiębiorczych kupców, którzy je parcelują; wszyscy są żałośni – z lekkomyślnym *charme*'em jednych i pazernym rozsądkiem drugich; i taki sam, niestety, jest żelazny student Trofimow z gębą pełną bezsilnej frazeologii, i swoisty reprezentant „ludu" – młody lokaj, cham bez sumienia... Nie z *schadenfreude*, nie z triumfalną zaciekłością – ale ze współczuciem i odrobiną ironii głosił Czechow podzwonne dla tego pustego świata, jednego z pustych światów, jakie znają dzieje; i tak robił swoje.

Czerwiec 1976

GORĄCE LATO

Tego lata trawniki i łąki Anglii żółkły w oczach i kłującym stepem porastały ziajaną wyspę; krany usychały z pragnienia, w ich otwartych pyszczkach – ani kropli zbawczej wilgoci; węże gumowe – oklapnięte, zwiotczałe, o pustych brzuchach – wczołgiwały się w skrawki skąpego cienia, przypadały do nisz kamiennych i zwinięte śniły o wielkiej strudze; a nad wszystkim unosił się głos piorunowy: „nie będziesz trwonił kropli wody nadaremnie"; i słuchano go w osłupieniu i trwodze.

Po drugiej stronie kanału Paryż pienił się światłami jak zawsze, ale pod powłoką świateł i gwaru, na dnie rozprażonych ulic, ludzie poruszali się jak nurkowie oblepieni gęstą mazią spiekoty; i tylko poczciwe dziewczyny z rue Pigalle i okolic, poprawiając co chwila płynące szminki, nie dawały za wygraną i w blasku słońca czułym szeptem wabiły przechodniów: „ja mam *air condition*, no chodź, milutki"; i gangsterzy z Barbés-Rochechouart, obojętni na klimat, w zatrzymanym między stacjami pociągu metra przechodzili z wagonu do wagonu i przykładając pasażerom lufę do piersi kiepską francuszczyzną żądali swego...

Znikąd ratunku; utytłane w skwarze chrzęściły szmaciska gazet i łypały szklane oczy telewizorów; tam, w porwanym samolocie „Air France", selekcję udręczonych ofiar kopniakami przeprowadzała para najemników niemieckich – mężczyzna i kobieta – dwa wskrzeszone widma sonderkommanda; gdzie indziej wciąż toczyła się wojna, w rozgrzanym powietrzu wybuchały pociski i wirowały strzępy ciał żywych i umarłych, wydarte grobom, szpitalom i zwykłym domom; gdzie indziej spocony i wiarołomny sąd czynił powszednią, okrutną niesprawiedliwość; jeszcze gdzie indziej przez smolisty mrok posuwało się czarne wojsko, otaczało bezszelestnie siedzibę czarnych swoich braci-studentów i na znak oficera zamieniało ją w piekło, gwałcąc i mordując; jeszcze gdzie indziej...

I ja byłem tego lata w Europie; i dwukrotnie – na paryskim i londyńskim lotnisku – ledwie krok zrobiłem na zewnątrz, obłapiła mnie sucha, gorąca fala, i tłamsiła, i wpijała się we mnie, by już nie odstąpić w dzień ani w nocy; kiedy zaś później skierowałem się na południe, ku hiszpańskiej granicy, za oknami pociągu płonęły lasy, ciemność powiewała żagwiami jakby samej sobie wygrażała namiętnie; pociąg chciał się wyrwać z pułapki, ale nawet jego pęd nie poruszał powietrza, i w otwartej na przestrzał ruchomej klatce dopadła nas i obezwładniła pustynia...

Dopiero za Pirenejami nadeszła ulga; w nieopisanej Barcelonie lekkie tchnienie morza złagodziło żarliwość dnia, cień od gór dookolnych zmieszał się z jaskrawością słońca; i choć upał trwał niezmiennie, naraz przestał więzić i torturować, rozkwitł serdecznymi barwami lata, owionął ciepłem przyjaznym nam i budzącym wdzięczność... Czy naśladował tak sprawy ludzkie? czy ludzie naśladowali przyrodę? tego lata przecież w tych właśnie stronach uchylały się wrota więzień i mężczyźni o błyszczącym wzroku wychodzili na wolność, inni zaś – widziałem ich, byłem obok – wołali, że za wąskie te szpary, że należy uwolnić wszystkich, i wrota uchylały się nieco szerzej, choć ciągle jeszcze nie do końca, wołający gromadzili się przeto i donośniej rozbrzmiewały ich głosy, w których nie słyszałem gorzkiej desperacji, jak niegdyś, lecz stanowczą nadzieję...

I w tym słońcu południa, nie wiedząc, co do czego się upodobnia, świat społeczny do świata powiewów i temperatur, czy odwrotnie, jedno czułem – że gorączka pełna nadziei jest czymś zgoła innym niż gorączka powszechnej beznadziejności, i dzięki składałem gorącemu wiatrowi, który z nieruchomej spieki początków mojej podróży przeniósł mnie tutaj, gdzie rozgrzaną, ale nie wyschłą glebę poruszało owo głośne wołanie...

Sierpień 1976

ZNOWU W KINIE

Byłem na bardzo długim filmie, właśnie wracam z Gdańska i chcę o tym opowiedzieć, pełna nazwa brzmi: III Festiwal Polskich Filmów Fabularnych i obejmuje dwa tysiące trzysta sześćdziesiąt cztery minuty projekcji, obejrzałem piętnaście odcinków z możliwych dwudziestu siedmiu, czterokrotnie rzecz kończyła się kwileniem noworodka, dwukrotnie ktoś z głównych bohaterów chorował na raka (z czego raz naprawdę, a drugi – rzekomo, więc polska *love story* zamknęła się *happy endem*), dwukrotnie ludzie stawali przed sądem, trzykrotnie popełniali samobójstwo (w tym dwa skuteczne), dwukrotnie przemyślne warszawskie gangi w szczegółach planowały swój wielki skok, ale podczas realizacji wpadały, i inne jeszcze rzeczy działy się dwukrotnie albo trzykrotnie, uczt zaś weselnych i innych, odjeżdżania i przyjeżdżania autobusu, pociągu, powozu, nieporozumień małżeńskich i narzeczeńskich, stosunków płciowych i ciosów pięścią – po prostu nie zliczę. Polski film fabularny sprawnie operuje liczmanem, to film całą gębą, zapomnijmy o niegdysiejszej amatorszczyźnie.

Ale kiedy tak, czasem poziewując z lekka, oglądałem owych piętnaście z dwudziestu siedmiu obrazów festiwalowych (pominąłem zaś między innymi, niech mi to będzie odpuszczone, wielkie płótna o królach i bohaterach) i rejestrowałem od niechcenia powtarzające się sytuacje i znaki umowne, chwilami to, co działo się na ekranie, wciągało mnie mimo wszystko naprawdę, ponieważ chwilami właśnie – a cóż w końcu prócz owych chwil warte jest pamięci – widziałem i dojmująco czułem, jak film polski przez zwały stereotypów, uników i łatwizn jednak przedziera się ku r e a l i o m i w a r t o ś c i o m , w skupionym wysiłku i dramatycznym napięciu szuka realiów i wartości, które potwierdzą i uzasadnią zarazem jego własne istnienie i istnienie świata, który odbija; otóż jeśli przynajmniej parę razy nie mogłem nie dostrzec tego przedzierania się i szukania, tych prób, z rozmaitym szczęściem podejmowanych zwłaszcza przez kilku młodych realizatorów filmowych, tego powrotnego urealniania i waloryzowania czasem nawet starych liczmanów (choćby i tego kwilenia noworodka), to może nie były stracone i pozostałe ciągnące się minuty i godziny projekcji, cała owa nieunikniona zapewne miazga kinowa, z której wreszcie wynurza się, mniejsza już o wysiłek i opór do pokonania, może właśnie on hartuje, uszlachetnia to, co ma powstać, wynurza się tedy jakiś kształt autentyczny naszego życia.

Oto debiut Andrzeja Barańskiego: film telewizyjny „W domu". Spokojne małe miasteczko, dwoje ludzi – Ojciec i Matka – po odjeździe jedynego syna do szkół w stolicy, nieśpieszny, ustabilizowany rytm ich dnia powszedniego, codzienne, zwykłe czynności, rozmowy, oczekiwania, ich łagodność, wzajemny szacunek i przywiązanie, ich troska o syna i duma z niego, żadnych efektownych gestów, ale równomierne ciepło promieniujące z tradycyjnego układu, z osadzenia w mikroświecie, który przechował elementarne prawa egzystencji rodzinnej. Barański wyznał w pewnym wywiadzie, że to właściwie film o jego rodzicach, że złożył im hołd w ten sposób i pokazał znaną sobie rzeczywistość, w której sam już nie żyje. Zależało mu na maksymalnej prostocie i wierności szczegółom: „kanapę inspicjent sprowadził od mojej matki z Pińczowa, bo nigdzie nie mogliśmy znaleźć takiej samej". Z owej „prostoty i wierności" daje się przecież odczytać coś więcej: przeświadczenie o ludzkiej wartości takiego właśnie skromnego modelu istnienia, skierowaną pod naszym adresem propozycję dostrzeżenia i uznania tej wartości, której, zauważmy mimochodem, w filmie Barańskiego zdaje się nic nie zagrażać, prócz może pewnej monotonii, no i nieuchronnego przemijania wszystkiego.

W głośnym (zasłużenie) „Personelu" Krzysztofa Kieślowskiego realia i wartości również są dosyć proste (choć nie aż tak proste, jak u Barańskiego): dziewiętnastoletni młodzieniec zostaje przyjęty do pierwszej pracy, uczy się zawodu, uczy się współżycia z ludźmi, zaznaje życzliwości i koleżeństwa, obcuje ze sztuką i uczestniczy w żmudnym, nieefektownym przygotowywaniu jej rekwizytów (rzecz dzieje się w pracowni krawieckiej teatru operowego), marzy o jakichś formach własnej ekspresji oraz aktywności społecznej – wszystko to jest bardzo prawdziwe, bardzo „dokumentalne" i piękne – i tu również wartość wyrasta z nagromadzonych realiów – jest nią na przykład solidarna wspólnota trudzących się w jednym zespole ludzi, jest ukryty w powszednich gestach rytuał inicjacji młodzieńczej, jest powaga pracy, rzemiosła, tworzenia; ale inaczej niż w poprzednio wymienionym filmie, tu wartościom towarzyszy jakiś dramatyzm, bo nie jest tak, żeby mogły one istnieć bez zagrożenia – i owszem, są atakowane przez ludzką małość i wybujałą ambicję, przez elementy rzeczywistości, nie ceniące sobie, dajmy na to, lojalności koleżeńskiej i ponad nią stawiające inne, bardziej pragmatyczne cele, kaleczące tedy jednostkę i dezintegrujące wspólnotę; ich napór jest poważny i do końca nie wiemy na pewno, czy bohater mu nie ulegnie, choć życzymy mu, by nie uległ; film kończy się zawieszeniem, w którym na chwilę każdy z widzów staje się tym chłopcem, mającym podjąć decyzję i wybrać wartość, stanowiącą, być może, o całym jego przyszłym życiu...

Jeszcze inaczej „Niedzielne dzieci" Agnieszki Holland. To film o takich samych, z grubsza biorąc, ludziach, o jakich pisałem swego czasu („Wielki śmiech w Białymstoku"): mieszczanach z niedawnego awansu, żywiących kult materialnego i ambicjonalnego sukcesu, mylących wartość konsumpcyjną z wartością w ogóle, egoistach skazanych w zbiorowości podobnych sobie na wieczne nienasycenie i klęskę. „Nie dałam widzowi szansy na to, by mógł się z którymkolwiek z bohaterów utożsamić, kolejno ich kompromituję" – oświadczyła w wywiadzie autorka filmu, i tak jest rzeczywiście. Fabuła polega tu na tym, że takie małżeństwo z naszej świeżego autoramentu *middle class*, dorobiwszy się już mieszkania, mebli etc., pragnie dziecka, jednakże – jak się okazuje – młoda kobieta nie może zajść w ciążę; wówczas wchodzą w porozumienie z pracującą w mieście wiejską dziewczyną, która spodziewa się dziecka, wcale go jednak nie pragnie; ku obopólnemu zadowoleniu kupują płód w łonie matki – w ostatniej chwili wszakże transakcja zostaje zerwana, ponieważ bezpłodna dotychczas pani zachodzi w ciążę; dziecko dziewczyny po urodzeniu zostaje w państwowym zakładzie dla dzieci osieroconych lub tylko nie chcianych przez rodziców. Nie znam liczb, podobno dzieci takich jest dziś niemało i stanowią one problem społeczny, ale myślę, że kiedy Agnieszka Holland mówi w wywiadzie, iż pragnęła „na bazie tej historyjki wziętej z życia dojść do pewnych uogólnień", chodzi jej o coś jeszcze innego. Zarówno dla pary głównych bohaterów filmu, jak dla ich partnerki w nieurzeczywistnionej ostatecznie transakcji, mające się urodzić dziecko nie reprezentuje żadnej wartości egzystencjalnej, moralnej, uczuciowej – dla nich jest potrzebnym elementem statusu społeczno-towarzyskiego, który muszą sobie wyrobić, dla niej balastem i przeszkodą w utrzymaniu (na niższym, rzecz jasna, szczeblu) tegoż zdobytego statusu. W tym zimnym, nieponętnym świecie, w jakim rozgrywa się akcja, liczy się jedynie egoistyczna motywacja z dziedziny sukcesu, wygody, „poziomu życia". Nie powiem, że z lekkością i wdziękiem, ale w każdym razie z bystrością i rzeczowością pokazała Hollandówna nasycenie tego świata realiami i ogołocenie z wartości.

Kieślowski, oprócz telewizyjnego „Presonelu" zaprezentował jeszcze pełnometrażową „Bliznę" – opowieść o wielkiej budowie, o związanej z nią karierze i degradacji naszego współczesnego menadżera (znakomita rola Franciszka Pieczki), o skomplikowanej dialektyce skłóconych często wartości i racji w życiu społeczeństwa oraz w losie jednostki; o człowieku czynu, oddanym pozytywnemu działaniu i budowaniu, który wszakże uwikłany zostaje w układy destrukcyjne, niszczące to co sam uznaje za wartość; ale nie będę tu streszczał pośpiesznie tego wielowymiarowego, realistycznego, bogatego w szczegóły dzieła – może kiedyś do niego wrócę – na razie zaś wyznam tylko, że oglądałem „Bliznę" z absurdalnym poczuciem n i e m o ż l i w o -ś c i nakręcenia u nas dzisiaj takiego filmu; a przecież został on nakręcony, otrzymał na gdańskim festiwalu nagrodę, wchodzi na ekrany... To napawa optymizmem, a także – odrobiną zazdrości i zawstydzenia...

Wrzesień 1976

PRZYBYSZEWSKA

Przez tydzień wałęsając się nad Motławą i bez wyraźnego planu tam i na powrót wędrując ulicami starego Gdańska, trafiłem w końcu do miejsca, gdzie w baraku na dziedzińcu gimnazjum polskiego (Am Weissen Turm 1, obecnie ulica Jana Augustyńskiego) dwanaście lat głodowała i narkotyzowała się, tworzyła i daremnie oczekiwała dobrej wiadomości z teatru lub wydawnictwa młoda kobieta o gorejących oczach, Stanisława Przybyszewska, pisarka, która fascynuje mnie i odpycha. Tego baraku dawno już nie ma, jego dziwnej mieszkanki nie ma jeszcze dawniej (zmarła z nędzy – niespełna trzydziestoczteroletnia – w roku 1935), nie ma nawet jej grobu, zniszczonego podczas walk o Gdańsk u schyłku minionej wojny; ale od jakiegoś czasu istnieje publicznie – na scenach i w druku – owoc jej gorączkowych nocy, kiedy to bardziej niż we własnym czasie żyła w czasie Wielkiej Rewolucji Francuskiej, z ludźmi owej doby snując marzenia, spierając się i podejmując decyzje; nie mogąc tedy, jak może na chwilę miałbym ochotę, wejść w autentyczne dekoracje jej codzienności (choć zniżało się do mnie to samo szare bałtyckie niebo i obstępowały dokoła szpetne domy z czerwonej cegły), wkraczałem z tomem jej dramatów pod pachą, w teatralne dekoracje świata, w którym Stanisława Przybyszewska była współczesną całkiem innej rzeczywistości.

Była jakobinką; świata, który jakobini mieli zniszczyć (i który wydawał jej się chyba obrazem każdego istniejącego świata) nienawidziła nienawiścią radykalnej lewicy jakobińskiej; być może, była w tej nienawiści zawiedziona miłość, jak w nienawiści Maud, bohaterki jej pierwszej sztuki, do ojca-rojalisty; sama pisarka (nieślubna córka Stanisława Przybyszewskiego) zawiodła się przecież okrutnie w swojej miłości i do ojca, i do świata; „wielbiłam, wręcz ubóstwiałam ojca – wyznawała w pewnym liście, już z gdańskiego baraku – ... uważałam go bowiem wówczas za genialnego pisarza... a geniuszowi gotowa byłam przyznać prawo do wszelkich wad charakteru i pominąć wszystko, co smutne w jego życiu prywatnym... Zawiodłam się w tym, co dla mnie decyduje... a takiego zawodu nie można przebaczyć"; w innym zaś: „żyjemy w wieku potwornym na świecie potwornym, sami potworami będąc... wszędzie, wzdłuż, wszerz, wzwyż trójwymiarowe zło w nieskończonej liczbie postaci. Uciec przed nim nie można... Otacza każdy umysł sferyczną, nieprzeniknioną ścianą. Więc pozostaje nam albo patrzeć spokojnie – i zidiocieć, bo widok nad siły – albo walczyć. Skupić całą treść życia w siłę ciosu."

Maud de la Meuge z "Dziewięćdziesiątego trzeciego", która składa na ojca grożący mu śmiercią fałszywy donos, jest więc potworem, ponieważ wydał ją świat oraz wiek potworny; myli się wszakże dobry ksiądz Michot z tej samej sztuki, gdy mniema, że miłość mężczyzny pomoże Maud "wyzdrowieć"; wchodzący w grę mężczyzna, jakobiński nadczłowiek Josse, odrzuca pokusę, deklarując za aprobatą autorki: "Czuję każdym nerwem, że należę do Rewolucji już nawet nie jak niewolnik, lecz jak martwy przyrząd, narzędzie bez woli własnej ani myśli, n i e p o d z i e l n i e... Nie wolno mi mieć własnych spraw ani stosunków; nie wolno mi wyróżniać jednostki; nie wolno mi być kochanym. Nasz władca nie znosi podziału. Natura, Michot? Drwię z niej."

Oto co znaczy: "skupić całą treść życia w siłę ciosu". Przybyszewska, samotna z winy okoliczności życiowych – w dzieciństwie osierocona przez matkę, nie przygarnięta przez ojca, młodo owdowiała po krótkim małżeństwie – tęskniła za samotnością z wolnego wyboru, tudzież za s p r a w ą , któraby wybór ten uświęciła. Rozszczepiając swoją skłóconą wewnętrznie istotę na Maud, księdza Michot i Josse'a, tylko temu ostatniemu gotowa była przypiąć kokardę Nadrzędnej Racji.

Kiedy kilkanaście miesięcy temu w warszawskim Teatrze Powszechnym podziwiałem efektowną inscenizację "Sprawy Dantona", sądziłem, że to Wajda tak ujednoznacznił konflikt pomiędzy ekstremistą Robespierre'em a bardziej umiarkowanym Dantonem – na wyraźną korzyść tego pierwszego. Teraz, czytając tekst sztuki, widzę, że było odwrotnie: Wajda nawet zatuszował nieco stronniczość autorki, usuwając na przykład scenę, w której Danton ujawnia się po prostu jako szpieg angielski. Ale takt reżysera nie pozwolił mu posunąć się do przeinaczenia tendencji sztuki: nadal tedy cała wielkość jest po stronie zadającego cios potwornemu światu, małość zaś – po stronie tego, który próbuje się z potwornym światem układać.

I, trzeba przyznać, nie zawsze nosi to tak uproszczony charakter, jak w usuniętej scenie z agenturą Pitta, a także w paru nie usuniętych scenach, kompromitujących Dantona od strony obyczajowej. Jest epizod (akt II, odsłona 3), w którym Przybyszewska pozwala Dantonowi wystąpić z argumentacją, godną, zdawałoby się, zastanowienia. „... polityka pańska – perswaduje tutaj pragmatyk idealiście – jest polityką wspaniałego obłędu... Izoluje pan rewolucję, Robespierre! Te nieludzkie wymagania odstraszają stopniowo najzapalczywszych!... Albo terror... wie pan, c o pan tym terrorem zmiażdży? Handel i przemysł. Sprowadzi pan bankructwo, które kraj popamięta z pięćset lat". – „Cóż mi pan zatem radzi?" pyta Robespierre. Na co Danton: „Trzeba osunąć poziom rewolucji do poziomu natury ludzkiej. Złagodzić żądania – do możliwości. Uspokoić sfery finansowe. Słowem – udostępnić rewolucję. A przede wszystkim zdjąć z Francji przekleństwo wojny". I znów Robespierre, z dumą i podzielanym przez autorkę pryncypializmem: „Pan mówi: udostępnić rewolucję. Ja to nazywam: zdradzić ją. Od tajnego rozkładu wolę katastrofę."

Na tym dyskusja właściwie się kończy – i nie wydaje się, żeby wyszedł z niej pokonany akurat Danton, reprezentujący tu jak gdyby ludzką zwyczajność, normalność lekceważoną przez Robespierre'a i innych nieubłaganych gwałtowników historii. Żeby szalę historycznej racji przechylić ponownie na stronę ekstremistów, trzeba Dantonowi włożyć w usta dalsze — najwidoczniej sprzeczne z tym, co prawił dotąd — zdania o pospólstwie, które „ujarzmia się batem i przepychem", o trzodzie, bydle, „próżni huczącej". I sformułować jego końcową propozycję dla Robespierre'a: „Słuchaj, Maxime. Nie do ludzkich uczuć w tobie mówię — bo ich nie znasz, lecz do twej granitowej woli: oprzyj się na mnie — na nas, elicie — na betonowym murze, nie na kupie gnoju!" — co Robespierre, ma się rozumieć, pogardliwie odrzuci.

Nie tylko Robespierre i Saint-Just skazują umiarkowanych na śmierć; czyni to również z całą pasją — ponieważ gardzi ich uwikłaniem w małostki źle urządzonego świata — jakobinka z baraku Am Weissen Turm; to jej triumf, jedyny bodaj w nieszczęsnym życiu; ale niedługo — nie ocali bowiem także Robespierre'a i Saint-Justa przed nieuchronnym upadkiem; już spiskują zdradzieccy termidorianie, słychać ich głosy i kroki; w tej sztuce Przybyszewskiej brak ostatnich kart — zginęły, sama je zniszczyła z rozpaczą w sercu, może wcale nie napisała? — ale wiadomo, co na tych kartach nakreśliła historia. Współczuję Przybyszewskiej, znowu pozostawionej sam na sam z potwornością świata i niezdolnej już do zadania ciosu, w którym „skupiałaby całą treść życia"; ale cóż warte moje współczucie — odrzuciłaby je jak Robespierre umizgi Dantona — skoro zarazem nie bez ulgi myślę, że zbliżające się głosy i kroki termidorian zwiastują setkom czekających na śmierć skazańców wypuszczenie z więziennej celi.

WYMIANA DOŚWIADCZEŃ

W październikowych numerach czasopism literackich dzielą się z nami doświadczeniem różni wybitni ludzie. Może przyniosłoby jeszcze większy pożytek, gdyby podzielili się doświadczeniem ze sobą nawzajem.

W „Literaturze" doktor Maria Szulc, emerytowany profesor AWF, opowiada o swoich sukcesach w leczeniu hipnozą rozmaitych nałogów i deformacji charakteru. Chyba nie zawsze pani doktor odnosi sukcesy. Bo na przykład Jerzego Ficowskiego przez wiele seansów odzwyczajała od palenia, a on – o ile zdołałem zauważyć – kopci jak kopcił. Nie wiem, jak w związku z tym zinterpretować wniosek zawarty w artykule, że „podatność różnych ludzi bywa rozmaita, zależnie od ich inteligencji. Im bardziej inteligentni, tym bardziej podatni". Ale opisany obok przypadek miał pomyślniejszy przebieg i wynik. Chodziło o kryminalistę o przydomku „generał", którym doktor Szulc zajęła się na prośbę psychologa więziennego. Generał bił swoich kolegów w celi i kuracja hipnotyczna miała go doprowadzić do poniechania tych praktyk.

„... zaczęliśmy wspólnie się zastanawiać, jak namówić generała do poddania się kuracji... Generał często męczył się z braku papierosów. Postanowiliśmy więc, że psycholog spróbuje go namówić by poddał się zabiegom, które pozwolą mu nie odczuwać potrzeby palenia. Najwidoczniej psycholog potrafił przekonywać", bo generał się zgodził. Nastąpiły jakże owocne seanse hipnozy. „... na początku – żeby go nie spłoszyć – mówiłam mu tylko o papierosach... stwierdziłam, że generał bardzo szybko ulega sugestii. Nabrał takiego wstrętu do papierosów, że aż trząsł się z obrzydzenia, gdy dawałam mu papieros do ręki... zaczęłam obmyślać, jak przemawiać do więźnia, by leczyć go w obranym kierunku. W tym celu nauczyłam się grypsery. W języku grypsery dozorcy nazywają się klawiszami. Pierwszy z tych seansów wyglądał tak, że po wprowadzeniu generała w stan zupełnego odprężenia mówiłam mu, że klawisze są fajnymi ludźmi i chcą, żeby on też był fajny człowiek..."

I oto nastąpił dzień triumfu nauki, czego widomym dowodem stał się następujący list generała do administracji więziennej: „Zwracam się z prośbą o to, żeby mnie zmienić celę. Prośbę motywuję tym, że jestem w mojej celi bity. Ja bowiem kiedyś biłem współwięźniów, to muszę przyznać. Owszem, ja potrafię bić i uderzać, bo mam opanowane te wszystkie chwyty. Ale od pewnego czasu nie mogę bić i uderzać. Jakieś serce się we mnie obudziło. Żałuję tych kolegów i nie chcę ich uderzać chociaż nieraz są powody ku temu, to ja ich uderzyć nie mogę i nie wiem dlaczego stałem się litościwy. Ale ci koledzy, ponieważ ja ich poprzednio biłem, zauważyli, że ja się zrobiłem taki miękki i teraz zmówili się. Teraz oni mnie zaczynają bić po prostu za wszystkie czasy. A ponieważ ja stałem się teraz człowiekiem zupełnie innym niż poprzednio nawet im nie oddaję. Więc proszę dać mnie celę ze starszymi ludźmi, bo starsi ludzie nie będą mnie bić."

„... dla mnie – konkluduje pani doktor Szulc – był to najpiękniejszy list jaki kiedykolwiek czytałam, bo udowadniał, że moja praca nie poszła na marne."

A dla mnie – dorzucę – cała historyjka stanowi kolejny dowód, że życie powtarza sztukę, ponieważ relacja znakomitej eksperymentatorki dokładnie przypomina fabułę „Mechanicznej pomarańczy" Kubricka (film ten wyświetlano w ramach którychś „Konfrontacji" krajowych, ale wątpię, czy doktor Szulc go widziała, zbieżność zatem jest pozasubiektywnej, wyższej natury).

Przejdźmy do sztuki świadomie powtarzającej życie, choć także liczącej, że wywrze nań wpływ swym kształtem.

W „Kulturze" reżyser Marek Piwowski komentuje w rozmowie z Andrzejem Gassem swój ostatni film „Przepraszam, czy tu biją?".

Dziennikarz: „Film mówi: każdy chwyt ze strony organów ścigania, które są ramieniem prawa, jest dozwolony. Szantaż, kapowanie... Wszystko jest dobre, jeśli w ostatecznym rachunku zlikwidowany zostanie przestępca."

Reżyser: „W filmie... milicjanci stają wobec alternatywy: czy używać środków skutecznych, czy uczciwych. Uczciwych w sensie wyidealizowanego obrazu pracy milicji, który u nas został narzucony przez złe powieści kryminalne i nieprawdziwe filmy. A przecież w życiu jest zupełnie inaczej. Wybór pomiędzy środkiem uczciwym a skutecznym bywa często bardzo trudny, ponieważ wybranie, a następnie użycie środka uczciwego nie zawsze zapewnia skuteczność."

Dziennikarz: „Jeden z bohaterów Twego filmu zostaje przez milicję zmuszony do współpracy. Student, który kiedyś sfałszował świadectwo maturalne, zaszantażowany ujawnieniem tego godzi się być wtyczką w bandzie planującej wielki skok... A więc pytania: po pierwsze, czy milicja ma prawo tak postępować? Po drugie: być może student do końca życia będzie miał skazę psychiczną..."

Reżyser: „Prawdziwe dylematy moralne i dramaty zaczynają się tam, gdzie kończy się regulamin. W moim filmie mamy do czynienia z grupą przestępczą, która ma broń, z której – o tym wiadomo – wcześniej czy później zrobi użytek. Wiadomo, że grupa ta szykuje napad. Milicja próbowała ową grupę rozpracować za pomocą metod i środków czystych i to się nie udało.

Przesłuchania Belusa są skazane na przegraną, bo Belus to przestępca inteligentny, cyniczny, chłodno kalkulujący i wiadomo, że sam do niczego nigdy się nie przyzna. Przeciwko Belusowi trzeba zdobyć materiał dowodowy. Ten materiał można zdobyć za pomocą środków, które będą z punktu widzenia prawa w porządku ponieważ istnieje takie pojęcie jak stan wyższej konieczności... Student może do końca życia mieć skazę psychiczną, ale gdyby nie użyto Studenta do zdemaskowania Belusa, to najprawdopodobniej zginąłby człowiek, może nawet nie jeden. Stąd chyba prosty wniosek, że z przestępcami nie można się bawić, postępować z nimi w rękawiczkach, bo im dłużej działają tym większe są koszty społeczne."

Dziennikarz: „Do ról funkcjonariuszy milicji zaangażowałeś dwóch znanych sportowców, bokserów: Kuleja i Szczepańskiego. Czy był to wybór celowy, mający za zadanie wywołać u widzów już z góry sympatię dla tych postaci?"

Reżyser: „Tak. Przyznaję się do tego. Zrobiłem tak między innymi dlatego, iż jestem świadom, że film mój będzie oglądany przez ludzi z marginesu przestępczego i że ci widzowie będą identyfikować się wyłącznie z postaciami przestępców... Chciałem, aby część moich widzów zaczęła się wahać i obdarzyła sympatią Kuleja i Szczepańskiego reprezentujących w filmie ład i porządek. Uważam, że był to dobry chwyt dydaktyczny."

Dziennikarz: „Czy nie obawiasz się, że część widzów może odczytać Twój film jako propagandę pewnych metod do tej pory skrzętnie ukrywanych w archiwach i nie podawanych do wiadomości publicznej?"

Reżyser: „Ale dlaczego się o nich nie mówiło? Dlatego, że różnym autorom — książek i filmów — wydawało się, że milicja nie chce, aby o tym mówiono. Tymczasem milicja wcale nie chce owych spraw upraszczać."

Tyle — w październikowej aurze — dwoje wybitnych ludzi: uczona i artysta, starsza pani i czterdziestolatek, jakże do siebie niepodobni w stylu bycia i mowy, jakże jednak bogaci oboje w doświadczenie i bliscy sobie w żarliwej obronie ładu. Gdyby podzielili się doświadczeniem ze sobą nawzajem, mogliby dodatkowo urozmaicić metody pracy: doktor Szulc, zamiast powtarzać uśpionym pacjentom, że klawisze są fajnymi ludźmi, puszczałaby im filmy ze znakomitymi sportowcami i innymi idolami publiczności w roli śledczych, wychowawców i psychologów więziennych, reżyser zaś, odwrotnie, zamiast inscenizować w pocie czoła sytuacje wpływające pedagogicznie na widzów, wygaszałby od czasu do czasu ekran i w ciemnej sali hipnotyzowałby odbiorców zwykłym powtarzaniem zdań o wyższej konieczności i rękawiczkach...

P.S. — Oto już i listopad. Na łamach „Polityki" doc. dr hab. Kinga Wiśniewska-Roszkowska dzieli się z nami uwagami o słusznym i niesłusznym odżywianiu. Tym razem dowiadujemy się, że „pociąg do mięsa jest po prostu nałogiem", a zawarte w mięsie „substancje smakowo-zapachowe" odgrywają rolę podniecającej „używki". Chyba więc i w tej dziedzinie doświadczenie pani doktor Szulc pomogłoby w przeprowadzeniu kuracji odwykowych. Po paru seansach pacjent trząsłby się z obrzydzenia na widok kotleta, jak opisany nieco wyżej „generał" na widok papierosów. Podobny skutek wywarłoby może pokazanie w kinie naszych sławnych bokserów, odżywiających się wyłącznie chudym twarożkiem i jabłkami, których takie zatrzęsienie w tym roku.

Październik-listopad 1976

OKOLICE PAMIĘCI

Jeszcze jeden rok zbliża się ku końcowi i myślę ze smutkiem, jak zaludnił się znów przez paręnaście miesięcy mój nekropol; a tym smutniej mi, że żadnego jego mieszkańców nie odprowadzałem w ostatnią drogę – kiedy umierali, byłem gdzie indziej.

Owej nocy lipcowej przylecieliśmy właśnie do Anglii, z lotniska Heathrow przyjaciele przywieźli nas do swojego nowego domu w Oksfordzie i długo jeszcze gawędziliśmy z nie widzianymi od lat, była to więc noc radości i podniecenia, nad ranem zaś zadzwonił telefon, głosem pełnym łez mówił Paryż, i dowiedzieliśmy się, że Antoni Słonimski nie żyje. W kilka dni później odpowiadałem na pytania o Słonimskiego przed mikrofonem BBC w Londynie, jeszcze trochę później – ciągle w podróży – dotarły do mnie zdjęcia z pogrzebu, na których w tłumie nieznajomych rozpoznałem też liczne znajome twarze i zrobiło mi się raźniej na myśl, że towarzyszyli mu jednak, choć nie wszyscy, ci najbliżsi, najserdeczniejsi; ale w gruncie rzeczy świadomość, że Antoniego n i e m a, cały czas pozostawała jakaś niepełna, nierzeczywista – i dopiero w kraju puste krzesło przy stoliku, słuchawka bez głosu, fragment ulicy bez szczupłej, eleganckiej sylwetki, pierwszy rząd na literackim zebraniu bez orlego profilu uprzytomniły mi tę n i e o b e c-n o ś ć jako prawdziwą i nieodwracalną...

Ostatni raz widzieliśmy się – jeżeli nie liczyć bardziej przelotnych spotkań na mieście – u nas na Żoliborzu, podczas wielkanocnego śniadania, przy którym zebrała się garść przyjaciół; Antoniego przywieźli Kazikowie z Konstancina, wydawał się ożywiony, dowcipkował, politykował – i przemknęło mi przez myśl, że to godny pozazdroszczenia talent i szczęście: w wieku osiemdziesięciu lat, utraciwszy już większość rówieśników i towarzyszy młodości, umieć współżyć bez dystansu i przyjaźnić się z ludźmi innych pokoleń, rozumieć ich, żyć nie samymi wspomnieniami (choć i one są częścią życia i odgrywają w nim ogromną rolę), ale tą dzisiejszością, którą żyją ci inni, ich sztuką, ich polityką, ich borykaniami ze światem... W ów świąteczny dzień odczuwałem zresztą bardzo wyraźnie ciepło tego grona różnych i niepodobnych do siebie ludzi, cieszyłem się więc, że potrafi ono ogrzać także starego poetę, którego kochaliśmy i podziwiali...

Jeszcze trochę wcześniej – a to chyba było przedostatnie nasze gruntow-
niejsze spotkanie – wezwany telefonicznie, odwiedziłem go w obszernym,
tak pustym od śmierci Pani Janki mieszkaniu w Alei Róż – pokazywał mi z
radością listy, którymi Pan Czesław i Leszek zareagowali na jego niedawno
wydaną książkę; później sięgnął po własną – prywatną – odpowiedź publi-
cyście, który płaskim paszkwilem uczcił był osiemdziesięciolecie poety – i o
innych rzeczach też była mowa – szczególnie jednak utkwiły mi w pamięci
perswazje, żebym wyciągnął rękę do zgody z naszym wspólnym przyjacielem, młodszym ode mnie o dwadzieścia i od Antoniego o ponad pięćdziesiąt
lat, z którym poróżniłem się kilka miesięcy przedtem; przyrzekłem, że się
pogodzę – i pewnie tamten również przyrzekł to Antoniemu, który szczerze
bolał nad naszym rozdźwiękiem – obaj przecież łaknęliśmy zgody; ale doszło
do niej dopiero po śmierci Antoniego i po moim powrocie z letniej podróży; i odczułem wówczas ulgę podwójną – że skończyło się coś, co mi
bardzo ciążyło, i że podając sobie ręce sprawiliśmy z przyjacielem przyjemność czuwającemu nad nami z daleka poecie.

Wtedy w radio nie wspominałem, naturalnie, o zbyt osobistych sprawach;
w ogóle zresztą niewiele potrafiłem powiedzieć, najbardziej może – w odpowiedzi na pewną kwestię – zależało mi na wskazaniu, że w poezji polskiej
zatarły się dawne podziały na tradycjonalistów i awangardę i „współczesność" zaczęła oznaczać obecnie pewien zakres treści, związane z nimi wyczu-
lenie moralne, czujność społeczną, pewną tonację współbrzmiącą z życiem
ludzi nad Wisłą; otóż w tej współczesności Słonimski znalazł się wspólnie z
poetami paru innych pokoleń; i on, dawniej grzmiący na „niezrozumialców",
potrafił z satysfakcją rozpoznać twórców z własnej formacji w takich auto-
rach mojego pokolenia jak Herbert, czy pokolenia jeszcze młodszego jak
Krynicki i Barańczak, oni zaś, tak odlegli pod względem formy od tradycji
Skamandra, przyznali się do wspólnoty ze Słonimskim, w pewnym sensie do
jego „szkoły".

Mówiłem to, odpowiadając na pytanie o Słonimskiego jako poetę – ale
cały czas zależało mi też na wytłumaczeniu, że chodzi o coś ogólniejszego,
większego od poezji – jeżeli zaś o poezję, to nie w sensie układania takich
czy innych wierszy – o poezję, którą najpierw pisze się sobą samym, swoim
słabym, śmiertelnym, ale dumnym i gotowym postawić siebie na kartę istnieniem, później zaś dopiero, niekiedy, również słowami.

Dlatego do szkoły Słonimskiego należeli nie tylko „poeci"; i dlatego Konwicki mógł napisać o nim, także w imieniu innych (ten fragment *Kalendarza
i klepsydry* pozwoliłem sobie przytoczyć w trakcie londyńskiego wywiadu), iż
„kochamy Antoniego za piękną twarz, którą sobie w poetyckim fachu prze-
pięknie na podeszły, co ja mówię, na dojrzały wiek wyrzeźbił... za postawę,
zawsze wyprostowaną" i „póki jest Antoni, mam kogo podglądać i naślado-
wać"...

Już jesienią przybyły w moim nekropolu kolejne groby. Umarł Leon
Przemski, z którym dwadzieścia lat temu pracowaliśmy razem w redakcji
„Nowej Kultury" – uczciwy człowiek, lojalny kolega, skrupulatny literat i
redaktor. Byłem wtedy poza Warszawą, a później dowiedziałem się, że pra-
wie nikt nie przyszedł na pogrzeb, i ogarnęło mnie gorzkie zawstydzenie...
Niebawem jednak tak się stało, że nie zdążyłem również na pogrzeb Marii
Kosińskiej – jeszcze jednego dobrego, porządnego i dzielnego człowieka,

który w jakiejś chwili, parenaście lat temu, był blisko – i potrafiłem już tylko trapić się, że „umarli szybko jadą" i póki żyję, nie dogonię moich umarłych...

Potem zaś wróciła obsesja pamięci, której poświęciłem niegdyś całą niewydaną dotychczas książkę; pamięci, która zdaje się jedynym naszym wspólnym ocaleniem (ale jakże zawodnym); wspomagania pamięci przez trud przypominania sobie, zapamiętywania, utrwalania, przechowywania imion, miejsc i wydarzeń; nie sądzę, żebym był w tej obsesji (i, niestety, w praktycznym sprzeniewierzaniu się jej raz po raz) osamotniony; przypuszczałem, że na przykład powodzenie *Kalendarza i klepsydry* tłumaczy się w znacznej mierze tym, że w książce Konwickiego (jak i gdzie indziej u tego autora) tak bardzo obecna jest p a m i ę ć ; i ja też za kilka przez nią podyktowanych stronic przestaję się zżymać na kilka innych; no bo rzeczywiście, nie lubię w tej książce tego, co jest kawiarnią i nie zawsze wybrednym kumplostwem z tym albo z owym, mniejsza jednak o to, skoro wzrusza mnie, dajmy na to, pamięć o Białorusi, dla której Konwicki znalazł takie oto słowa: „Białoruś, Białoruś. Dlaczego nazywasz się Białoruś, jeśli nie masz w sobie bieli, jeśli bielą twoją są rude rżyska jesienne, jeśli bielą twoją są postawy szarego płótna wyłożone na słońcu, jeśli bielą twoją jest gorący pot umęczonych ludzi. Powinnaś się nazywać Dobroruś, powinnaś się nazywać Dobrą Ziemią Dobrych Ludzi... Nie wryłaś się w ludzką pamięć, Białorusi. Nie odbierałaś innym wolności, nic rabowałaś cudzej ziemi, nie mordowałaś ludzi zza sąsiedzkiej miedzy. Miałaś dla obcych szacunek i gościnny kołacz, miałaś dla rabusiów ostatnią krowę i ostatnią kromkę żytniego chleba ze znakiem krzyża, miałaś dla nieszczęśliwych krwawiące serce i biedne nie pieszczone życie do oddania... Mnie też przypomnę białoruskie słowo, kiedy zawieje wiatr z północnego wschodu, kiedy zobaczę płócienną koszulę ze smutnym haftem, kiedy usłyszę krzyk bólu bez skargi, zawsze uderzy mi żywiej serce..."

Może dlatego tak mnie to wzrusza, że ja też tęsknię za Białorusią i mnie też – kilkunastoletniemu – Białoruś uratowała życie, i ja też myślę o niej jako o Ziemi Dobrych Ludzi, która żegnając mnie przed ponad trzydziestu laty dała mi na resztę życia trochę siły i ufności wynikającej z pamięci o dzieciństwie tam właśnie: ale chyba nie tylko dlatego, ujmują mnie bowiem w książce Konwickiego i fragmenty o Ukrainie, której nie znam, i inne; zagarnia mnie sama materia wdzięcznego pamiętania, łuk pamięci łączącej dawną, odziedziczoną wartość z nową, po omacku tworzoną, pamięć jako obrona przed niwelacją, standaryzacją, anonimowością twarzy i gestu...

Dlatego – odwrotnie – z takim zdumieniem czytałem w prasie relacje z Warszawskiej Jesieni Poezji, w której tego roku nie uczestniczyłem ani ja, ani żaden z moich znajomych, byłem jednak ciekaw, jak przebiegała. I oto w jednej z gazet, pod tytułem „Warszawska Jesień Poezji – rozpoczęta", znalazłem sprawozdanie z otwarcia jakiejś wystawy, zakończone zdaniem: „Kolejną imprezą V Jesieni Poezji był pierwszy wielki wieczór poetycki, urządzony wczoraj w Starej Prochowni". I kropka. „Wielki wieczór poetycki" – bez nazwisk poetów? „Poeci" jako wymienny, standaryzowany element takiej imprezy? W drugiej gazecie trochę szczegółowiej, ale ciągle bez nazwisk: „Słuchacze przynieśli ze sobą życzliwe oczekiwanie słowa, które nie tylko budzi podziw dla kunsztu autora, ale odpowiada na pytanie, co jest piękne, co prawdziwe, co trwałe. Odpowiedź taką dali peoci. Poeci starszej generacji, więc ich poezja, uspokojona i dojrzała, nie szarpała sumień, nie operowała retoryką publicystyczną, tak charakterystyczną dla średnich pokoleń twórców, i nie wgryzała się w problemy codzienności, jak poezja młodych. Trochę satyry i żartu, trochę zabawy w parodoksy i sporo refleksji na tematy odwieczne: przemijanie, odejście, nieuchronność kresu. Była to poezja dobra i łagodna, opromieniona doświadczeniem przeżytych lat". Z aprobatą przecież mówi dziennikarz o tej poezji, która „nie szarpała sumień... nie wgryzała się w problemy codzienności" – dlaczegóż więc pomija nazwiska jej „uspokojonych, dojrzałych" twórców? W codziennej krzątaninie przyzwyczaił się widać do migania jednakowych, bezimiennych sylwetek, opatrzonych taką lub inną pieczęcią (pracownik, konsument, słuchacz, poeta) – i nawet wieczór poezji nie jest tym świętem, które wydobywałoby z mroku niepodobne do innych twarze.

Listopad 1976

GORKI

Zawsze warto czytać Czechowa – o tym już się mówiło, tu i gdzie indziej; ale czasami warto również czytać Gorkiego.

W kartce z dziennika, zatytułowanej „Koszmar" i umieszczonej w piśmie „Nowaja Żyzń" pod datą 3 (16) maja 1917 roku, autor opowiada, jak pewnego ranka odwiedziła go młoda, efektowna kobieta i błagała o ratunek. W pierwszej chwili nie potraktował tego serio, sądził, że chodzi o debiut literacki, ale chodziło o to, że prasa zaczęła właśnie publikować odnalezione w otwartych przez rewolucję archiwach spisy agentów Ochrany (tajnej policji carskiej) i dla młodej pani taiła się w tym groźba kompromitacji.

„ — Niech pan posłucha – wychrząknęła cichutko – jeżeli opublikują moje nazwisko, co ja pocznę? Musi mnie pan uratować, jestem młoda, tak kocham życie, ludzi, książki...

Spoglądałem na tę kobietę – pisze Gorki – i wiosenne słońce wydawało mi się zbędne dla niej i dla mnie. Pochmurny dzień, mgła za oknami, plucha i błoto na ulicach, milczący, przybici ludzie – to byłoby w większej harmonii z jej opowiadaniem, niż wiosenny blask nieba i dobre ludzkie głosy.

Co można powiedzieć takiemu człowiekowi? Nie umiałem znaleźć nic takiego, co trafiłoby do serca i umysłu tej kobiety w jasnej bluzeczce z głębokim dekoltem..."

Próbowała opowiedzieć swoją historię: trzy lata temu miała romans z oficerem żandarmerii, dopiero co skończyła była wówczas pensję i wstąpiła na studia. „W naszym domu zbierali się różni poważni ludzie, politycy... ja nie lubię polityki, nie rozumiem. On mnie wypytywał. Dla miłości wolno wszystko – zgadza się pan?... A ci ludzie tacy nieprzyjemni, wszystko krytykują. Koleżanki ze studiów też mi się nie podobały, oprócz jednej.

Jej dziecięca paplanina – zauważa pisarz – przekonywała mnie coraz bardziej, że nie pojmuje ona swojej winy, że występek jest dla niej zaledwie psotą, o której przykro wspominać."

Próbował z nią jednak rozmawiać, zadawał rzeczowe i nieco sztywne pytania, w rodzaju: „płacono pani?" („ – O nie. Chociaż właściwie...") albo: „dużo ludzi pani wydała?"

Na ostatnie odpowiedź brzmiała:

„ — Nie liczyłam, ma się rozumieć. Ale opowiadałam mu tylko o tych, którzy specjalnie mi się nie podobali.
— Wie pani, jak postępowali z nimi żandarmi?
— Nie, to mnie nie interesowało. Słyszałam, oczywiście, że niektórych wsadzano do więzienia, zsyłano gdzieś, ale polityka mnie nie interesowała..."
Rozczarowana, że Gorki nie może czy nie chce jej osłonić przed nieprzewidzianymi skutkami tego, co robiła („któż mógł przypuścić, że wydarzy się rewolucja"), eks-agentka wyszła, rzucając na pożegnanie: „Pomyśleć, jacy okrutni są ludzie".

A pisarz został ze swoimi niewesołymi myślami o ludziach, którzy wydają i prowokują, z których niejednego znał osobiście i którym ufał. „Kiedy jedno za drugim wychodziły na jaw ich nazwiska, miałem uczucie, jakby ktoś bezlitośnie złośliwy plął mi, naigrywając się, w samo serce. Było to jedno z najpodlejszych szyderstw z mojej wiary w człowieka. Ale najbardziej przerażającym występkiem – jest występek dziecka..."
Po kilku dniach osobliwa interesantka wróciła raz jeszcze, nie tracąc widać nadziei, że przekona pisarza; proponowała mu, że zostanie jego kochanką; wreszcie wyszła, gniewna, wołając: „ – Pańskie gadanie o miłości, współczuciu – to kłamstwo. Wszystko jest kłamstwem... Pan mnie zgubił."
I w konkluzji Gorki z posępnym zdziwieniem stwierdza, że – rzeczywiście czuje się winny.

„Czyż nie odpowiadam za całą tę ohydę życia, które wre wokół mnie, nie odpowiadam za to życie, w zaraniu podle zbrukane błotem przeniewierstwa?... Czuję się przygwożdżony do jakiegoś przegniłego muru, ukrzyżowany na nim ostrymi myślami o zniewolonym człowieku, któremu nie mogę, nie mogę pomóc, niczym, nigdy..."
Dawno już nie sięgam do wczesnych opowiadań Gorkiego o romantycznych włóczęgach, nie chodzę na sztuki o strasznych i nieszczęśliwych mieszczanach, nie wertuję powieści o drapieżnych przemysłowcach i słabych inteligentach – ale formy ulotne i drobne, felietony, wspomnienia, listy, notatki – tak, to czytam i zastanawia mnie w tym pisarz – już nie tylko obserwator, psycholog społeczny i sędzia, lecz również ktoś, kto n i e w y z b y ł s i ę d a r u z d z i w i e n i a ; ach, jakże potrzebny to dar i jak trudno go nie utracić z wiekiem; dziwić się wciąż na nowo, że możliwe jest coś, co możliwe być nie powinno; dziwić się komuś i sobie; współczuć, lecz nie pobłażać; pamiętać o wolnym wyborze danym każdemu, choć nie lekceważyć presji rzeczywistości ciążących na wszystkich; i nie akceptując łatwo wszystkiego, dziwiąc się nadal, winiąc także siebie, mimo wszystko starać się jak najwięcej zrozumieć.
Ja, który tyle zasobów zdziwienia roztrwoniłem już w życiu, tęsknię za nim nadal i z tym większą ciekawością czytam felietony Gorkiego (który w okresie, kiedy je pisywał, zbliżał się do pięćdziesiątki, był zatem moim rówieśnikiem), i próbuję dziwić się z nim razem, mimo że chodzi o sytuacje historyczne, dawno minione, i że niekiedy dostrzegam u pisarza także iluzje, które trudno podzielać w innej epoce.
Wypiszę kilka opinii i konstatacji z publicystyki Gorkiego w okresie po rewolucji lutowej (burżuazyjno-demokratycznej) 1917 roku.
W związku z otwarciem ognia przez oddziały Rządu Tymczasowego do manifestujących robotników (kwiecień 1917): „Zbrodnicze i nikczemne jest

wzajemne zabijanie się teraz, kiedy wszyscy mamy wspaniałe prawo uczciwie dyskutować, uczciwie nie zgadzać się jedni z drugimi. Ci, którzy sądzą inaczej, niezdolni są do tego, żeby czuć się wolnymi ludźmi. Morderstwo i gwałt – argumenty despotyzmu – to podłe argumenty – i bezsilne, ponieważ zniewolić cudzą wolę, zabić człowieka to nie znaczy, nigdy nie znaczy zabić ideę, udowodnić niesłuszność myśli, błędność opinii... Jeżeli nie jesteśmy w stanie, nie potrafimy wyrzec się brutalnego gwałtu nad człowiekiem – nie ma u nas wolności. To po prostu słowo, którego nie jesteśmy zdolni nasycić właściwą treścią. Powiadam – nasi główni wrogowie to głupota i okrucieństwo."

W związku z pewnymi wybrykami rozjątrzonego tłumu (których nie pochwalał) i wiążącym się z tym rozczarowaniem części ówczesnej prasy do idealizowanego uprzednio „ludu" (maj 1919): „Tak, tak – z anarchią zawsze należy walczyć, ale niekiedy trzeba umieć pokonywać i własny strach przed ludem... Ganiąc nasz lud za jego skłonność do anarchizmu, niechęć do pracy, za całe jego zdziczenie i nieokrzesanie, nie zapominam, że nie mógł on być inny. Warunki, w których żył, nie mogły wyrobić w nim ani szacunku dla jednostki, ani poszanowania praw obywatelskich, ani poczucia sprawiedliwości – były to bowiem warunki kompletnego bezprawia, ucisku człowieka, najbezwstydniejszego fałszu i zwierzęcego okrucieństwa. Trzeba się dziwić, że w takich warunkach lud mimo wszystko zachował w sobie niemało ludzkich uczuć i pewną ilość zdrowego rozsądku... Krzyczeć o anarchii jest równie bezużytecznie, jak bezużytecznie i sromotnie byłoby krzyczeć „pożar!", widząc, że ogień pochłania dom, ale nie biorąc żadnego – poza werbalnym – udziału w walce z ogniem... O wiele użyteczniejsze będzie, jeżeli – sąd nad sobą pozostawiając historii – natychmiast przystąpimy do pracy kulturalnej, w najszerszym sensie słowa, jeżeli oddamy nasze talenty, umysły i serca ludowi rosyjskiemu, aby natchnąć go do rozumnego tworzenia nowych form życia."

W jednym z późniejszych felietonów – jakby dopisek do tego: „I należy pamiętać, że w ogóle naród nie może być lepszy niż jest, bowiem o to, aby był lepszy, mało się troszczono."

O słowie drukowanym (maj-czerwiec 1917): „Z rynku księgarskiego prawie w zupełności zniknęła dobra, uczciwa książka – najlepsze narzędzie kultury... Nie ma sensownej, obiektywnie pouczającej książki, rozpleniło się za to mnóstwo gazet, które dzień w dzień uczą ludzi wzajemnej wrogości i nienawiści, szkalują, grzebią się w najtrywialniejszych brudach, wyją i zgrzytają zębami, pracując rzekomo nad rozstrzygnięciem kwestii – kto jest winowajcą rozprzężenia w Rosji? Ma się rozumieć, każdy z dyskutantów jest najświęciej przekonany, że winni są wszyscy jego przeciwnicy, a rację ma tylko on, on złapał, w jego rękach trzepoce ów cudowny ptak zwany prawdą...

Wiadomo – «w walce każdy ma prawo bić czym się zdarzy i gdzie się zdarzy»; wiadomo – «polityka nie zna wstydu» i «najlepszy polityk – to człowiek najbardziej pozbawiony sumienia» – ale uznając nikczemną prawdziwość tej zuluskiej moralności, jaki jednakowoż odczuwa się smutek, jak męczącą trwogę o młodą Ruś, która dopiero co przyjęła komunię wolności! Jaka trucizna spływa i tryska ze stronic tego lichego papieru, na którym drukuje się gazety!"

Publicystyka Gorkiego denerwowała w okresie, gdy ją uprawiał, wiele osób, które reagowały na nią listami, niekiedy utrzymanymi w nie całkiem parlamentarnym tonie. Pisarz w kolejnych felietonach przytaczał te listy i próbował na nie odpowiadać. W związku z agresywną wypowiedzią „grupy pracowników piotrogrodzkich instytucji publicznych" Gorki kończył poświęcony jej felieton:

„Chciałoby się zapytać «grupę» i wszystkich innych autorów gniewnych orędzi do mnie: dlaczego, obywatele, tak się złościcie? dlaczego wasze listy pełne są takiego rozdrażnienia, takich przyczepek i złośliwości?

Nie jesteście już przecież teraz «uciśnionymi ludami», lecz zwycięzcami, powinniście odczuwać radość zwycięstwa, spokojną pewność ludzi, których najświętsze nadzieje urzeczywistniają się. Tak długo i cierpliwie czekaliście na sprawiedliwość w stosunku do siebie — teraz macie obowiązek być sprawiedliwymi dla wszystkich, troszczyć się o triumf upragnionej sprawiedliwości w całym świecie.

A wy się wciąż złościcie, wciąż krzyczycie i wymyślacie. Po co to?

Nie zmienicie ohydnych warunków życia, nie zmieniając własnych uczuć, własnego stosunku do samych siebie i bliźnich."

Chciałoby się, pod wrażeniem świeżej lektury, przytoczyć więcej zdań Maksyma Gorkiego; ale nie mogę przecież zamieniać felietonu w przydługą antologię czy wypisy z najbardziej nawet zajmującego mnie w tej chwili pisarza; urwę tedy, dziwiąc się jego zdziwieniu, podziwiając je, dziwiąc się i temu, że po tylu latach zechciał mnie na moment współobdarzyć swym darem...

Styczeń 1976

CZŁOWIEK Z KIELNIĄ, CZŁOWIEK Z KAMERĄ

Najpierw przez kilka dni usiłowałem dostać się na któryś z seansów w kinie „Wars"; przekraczało to moje siły; w piątek wieczór – przed wolną sobotą – ktoś zatelefonował podniecony, że podobno od jutra film wchodzi na ekrany jeszcze w trzech salach; o świcie dzwonek do drzwi – to sąsiadka, z którą wymieniamy ukłony na schodach i na podwórzu: przed kasą „Wisły" – mówi – jacyś mili młodzieńcy zapisują na listę, niech się państwo pośpieszą; byłem więc sześćdziesiąty w tej przedziwnej wspólnocie ludzi chcących obejrzeć „Człowieka z marmuru" Andrzeja Wajdy, chcących tego chceniem gorętszym, zachłanniejszym, bardziej emocjonalnym niż zazwyczaj miłośnicy takich czy innych filmów; życzliwych sobie przy tym, uprzejmych, w wielogodzinnej kolejce dzielących się parasolem (padał deszcz), uśmiechem i dobrym słowem; spontanicznie i bez konfliktu wyłaniających spośród siebie sprawnych organizatorów, nie dla obdarzenia jakąkolwiek iluzoryczną władzą, lecz dla przestrzegania porządku, który był tu zarazem elementarną sprawiedliwością i demokracją; a potem uważnie wpatrujących się w ekran, ciekawością swą i solidarnością niemal wdzierających się w głąb obrazu, odpowiadających mu oklaskami, śmiechem, wzruszeniem, w s p ó ł g r a j ą -c y c h z aktorami; byłem więc w tej wspólnocie w sobotę piątego marca 1977 przed kinem i w kinie „Wisła"; i przeżywałem tę obecność, to uczestnictwo jako p r z y g o d ę , nie mniejszą niż przygoda samego filmu, tylko przezeń zresztą umożliwioną, ale bodaj że i nawzajem nań wpływającą, na jego odczytanie i przejęcie się nim jako tak ważnym i bliskim.

Miałem, naturalnie, i coś swojego, odrębnego, do podzielenia, być może, z niektórymi widzami, ale na pewno nie z wszystkimi, o tyle młodszymi, o innym doświadczeniu, innej pamięci; w przodowniku Birkucie z Nowej Huty (Jerzy Radziwiłowicz), w gimnastyczce Hani z jasnym warkoczem (Krystyna Zachwatowicz), w nabożnie czuwającym nad przodownikami młodym pracowniku UB (Piotr Cieślak) – rozpoznawałem swoje pokolenie, z jego czarnobiałą (jak na ekranie) wiarą, entuzjazmem i naiwnością, z jego nieprzeczuwaną jeszcze wówczas podatnością na trochę późniejsze rozczarowanie i klęskę; przecież ja tam byłem, rozładowywałem nocą cegły na nowohuckiej bocznicy, brnąłem w błocie, spałem z junakami na wielkiej sali, pisałem o nich poemat, prymitywny jak oni, i czytałem im na głos w świetle pełgającej żarówki; byłem też naocznym świadkiem rekordu Piotra Ożańskiego, kładącego nie wiem już ile cegieł w ciągu ośmiu godzin (bez orkiestry, co prawda, i krakowskich fryzjerów), a potem byłem świadkiem, jak Ożański już nie murował, lecz zasiadał z ważną miną w prezydiach; straciłem go w końcu z oczu – mam nadzieję, że żyje i dawno otrząsnął się z tego, co wykoślawiło jego egzystencję – życzę mu szczęścia z odległości lat, jaka nas dzieli; i tylko w zdolnym reżyserze Burskim, wywierającym tak przemożny wpływ na rzeczywistość wczesnych lat 50-ych, wręcz ją kreującym dla własnych celów, nie rozpoznałem swoich rówieśników – filmowców, poetów i dziennikarzy, z zapałem malujących wtedy, dla powszechnego przykładu i osobistej satysfakcji ideowej, sylwetki Bohaterów Wielkiego Planu; nie skojarzył mi się Burski ani z Tadeuszem Konwickim, autorem pierwszej książki o Nowej Hucie, *Przy budowie*, ani z autorem *Początku opowieści* – Marianem Brandysem, ani z autorem wiersza lirycznego o pierwszym spuście – Ryszardem Kapuścińskim, ani ze spotkanymi kiedyś na Nowej Hucie, półnagimi, ociekającymi potem, z łopatami w ręku, Sławomirem Mrożkiem i Adamem Włodkiem, ani z dającymi tam przedstawienie aktorami Teatru Rapsodycznego, ani z Andrzejem Braunem i Andrzejem Mandalianem, z którymi objeżdżaliśmy i opisywaliśmy zgrzytliwymi strofami „Wiosnę Sześciolatki" (a w sąsiednim przedziale, jak żartuje dziś jeden z nas, też pewnie siedział ktoś taki, jak w filmie Wajdy, kiedy Birkut z Witkiem rozwozili swój pozytywny wzorzec po kraju); wspominam o tym w tej chwili nie z sentymentu do naszej młodości; patrzę na nią – i w życiu, i w filmie – z uczuciami mieszanymi, wśród których nie brak także sentymentu, ale i dotkliwej autoironii, zawstydzenia, goryczy; chodzi mi tylko o pewien unik, jakim stało się wyolbrzymienie i zdemonizowanie roli Burskiego jako rzekomego kreatora tamtej rzeczywistości; naprawdę wpływały na nią realniejsze siły społeczne i uosabiający je ludzie – a Burscy, jeżeli istnieli, i w tych wymiarach, w jakich istnieli, byli, nie inaczej niż Birkutowie, zaledwie produktem nie przez siebie rozpętanych procesów... Co zauważywszy, mimo wszystko przyjmuję w końcu i tę postać z filmu Wajdy (zagraną przez Łomnickiego-seniora i juniora) – jednakże już nie jako fragment biografii mojego pokolenia, jako przeżytą wspólnie z innymi realność pewnej epoki, lecz jako licencję autorską, do której twórca, nie dziejopis wszak i nie badacz struktur społecznych, lecz artysta, wizjoner, skracający dystanse, tasujący dziesięciolecia, ma chyba prawo...

„Człowiek z marmuru" nie jest po prostu konstrukcją; owszem, jest i konstrukcją – znakomitą; ale nade wszystko jest dziełem n a t c h n i o n y m ; jest wysoką falą, zagarniającą strzępy historii, krajobrazy polskie naszej połowy wieku, życiorysy, obyczaje, melodie; falą wynoszącą na szczyty kunsztu, który jest niczym innym jak prawdą ludzką, również aktorów, znanych i nie zawsze najbardziej znanych; a to, oprócz już wymienionych – Magdę Teresę Wójcik (montażystkę), Michała Tarkowskiego (Witka), Kazimierza Kaczora (pułkownika), Zdzisława Kozienia (ojca); i przede wszystkim – „po raz pierwszy na ekranie", jak obwieszcza napis w czołówce – Krystynę Jandę jako Agnieszkę – dziewczęcego Don Kichota obecnych już czasów, upartą poszukiwaczkę prawdy, ostrą, agresywną, prostolinijną, agresywnie też fotografowaną, jak gdyby i wizualnie rozłożoną przez obiektyw na proste linie i ostre kąty, o wydłużonej sylwetce Cervantesowskiego rycerza, chwilami ofiarnie wyzbytą całej swojej jasnej, prześwietlonej urody i miękkości na rzecz gotyckiego, kanciastego wcielenia s a m e j p r a w d y walczącej o swoje miejsce na ziemi; dziewczynę jak pchnięcie kopii i furkot skrzydeł wiatracznych; przynależną do swego pokolenia (rocznik 1952) jak Mateusz Birkut do swego, rekonstruującą jego odległą sprawę i z jednakowym dramatyzmem przeżywającą własną, która – co raptem wynika z gęstej, choć o przerywanej ciągłości, tkanki filmowej – jest tą samą sprawą, tym samym zmaganiem się z życiem, tym samym bohaterstwem, wyborem, niepoddawaniem się klęsce.

Unosi więc ta fala i widzów; na jej stromym grzbiecie, z zapartym tchem, w rozprysku białej piany i współczesnej legendy, pędzimy do chwytającego za gardło finału; i wychodzimy z kina przejęci tym, w czym uczestniczyliśmy przez trzy godziny – tylko przez trzy godziny? i wśród pytań, które sobie zadajemy, musi znaleźć się i to: co nas tak połączyło? co ukonstytuowało tę wspólnotę chcących obejrzeć, chcących przeżyć „Człowieka z marmuru", dokonujących wysiłku żeby znaleźć się na tej sali, wpatrujących się następnie w ekran jak w list od kogoś bliskiego, jak w lustro, jak w układ kart kryjący przeszłość, teraźniejszość i przyszłość?

Myślę, że nie myli się recenzent, kiedy pisze, że chodzi tutaj o „konieczność bycia sobą", o „człowieka uczącego się przede wszystkim godnie i odpowiedzialnie żyć". Ale ważne jest również, że to przesłanie filmu ujawnia się nie poprzez konwencjonalną fabułę, dajmy na to, wojenną, lecz tkwi w realiach naszej rzeczywistości – tej sprzed ćwierć wieku, przynajmniej przez część widowni (do której należę) doświadczonej jako fragment życiorysu, nie do zapomnienia, nie do wydarcia, i tej najbardziej aktualnej, przyjmowanej jako własna p r z e z w s z y s t k i c h . Nauka godności, autentyzmu swojej drogi przez życie, jeśli trzeba – heroizmu w obronie trwałych ludzkich wartości, a wszystko to nie w kostiumie, nie w koncepcie literackim, nie w bezpiecznym opakowaniu odległego miejsca i czasu, lecz w chropawej fakturze naszych dni, dróg, ceglanego miału, szybkich oddechów – oto prawda, za którą tęsknimy, do której się przedzieramy, wokół której skupiamy się, jak wokół tego filmu, nie zawierającego ani jednej sceny łóżkowej i ani jednej sceny brutalnej, a przecież najatrakcyjniejszego ze wszystkich, jakie można dzisiaj obejrzeć w kinie.

Ważne jest jednak i to, co z pewnością nie przez fałszywą skromność, lecz przez mądrą świadomość szerszego i głębiej zakorzenionego w naszym życiu procesu, obiektywizującego także i jego subiektywny poryw, jego natchnienie, powiedział Wajda w wywiadzie udzielonym „Życiu Literackiemu": „że ten film – cytuję – nie powstał samotnie. Nie byłby taki, gdyby nie filmy Kieślowskiego, gdyby nie ostatni film Zanussiego, gdyby nie szereg innych filmów..."

Ja także, ciągle pod wrażeniem „Człowieka z marmuru" i rozmów, które niemal co dzień o nim prowadzę (odnotowuję to zaś ponad tydzień od obejrzenia filmu), nie mogę zapomnieć wdzięczności, z jaką kilka miesięcy wcześniej oglądałem „Personel" i „Bliznę", kilka tygodni wcześniej – „Barwy ochronne"...

A więc stoimy u progu renesansu filmu polskiego? Może – nie tylko filmu?

Marzec 1977

BUDAPESZT, KWIECIEŃ 1977

Rok temu, 3 kwietnia, też byłem na Węgrzech i też pielgrzymowałem do Máriabesnyö, na grób hrabiego Telekiego, konserwatywnego polityka, profesora i skauta, który nie chciał się pogodzić z bezprawiem i niewiernością traktatom (chodziło o przepuszczenie przez Węgry, wiosną 1941, wojsk niemieckich mających uderzyć na Jugosławię), lecz – osamotniony w łonie rządu, którego był premierem, – jedynie samobójczą kulą mógł zamanifestować swój sprzeciw. Może niektórzy czytelnicy pamiętają jeszcze felieton pt. „Krzyż w Máriabesnyö", w którym pisałem o tym dokładniej („Więź" nr 6 – 1976). Otóż i w tym roku, 3 kwietnia, znalazłem się na grobie pod szczytem cmentarnej góry; ale jeśli za pierwszym razem stało się to nieoczekiwanie dla mnie samego; bo na Węgrzech bawiłem wówczas z całkiem innej okazji, teraz chęć złożenia kwiatów na grobie Telekiego w rocznicę śmierci stała się, jeśli nie jedynym, to przynajmniej jednym z uświadomionych powodów, który mnie tu sprowadził. Gest polityka, dla którego honor nie był pustym dźwiękiem, poruszył mnie głęboko – i zapragnąłem, żeby tradycja, której od trzydziestu sześciu lat strzegły Pani Gracja-Węgierka i jej przyjaciółka szkolna Pani Erika, stała się i moją tradycją. Pojechałem na Węgry z myślą, że chciałbym tak już co roku – jeśli tylko siły i okoliczności pozwolą.

Przed rokiem byliśmy na tym grobie tylko we dwoje z Panią Gracją, bo Pani Erice nie udało się zwolnić z pracy. Tym razem 3 kwietnia była Niedziela Palmowa i Pani Erice nic nie przeszkodziło w udaniu się razem z nami; czwarty zaś był Marek, który przyjechał ze mną z Warszawy; w takim gronie wyruszyliśmy z Budapesztu pociągiem, potem szliśmy drogą wzdłuż klasztornego muru, potem staliśmy w milczeniu przed masywnym drewnianym krzyżem, którego wierzchołek i ramiona rozkwitają kształtem lilii harcerskich; potem ksiądz w kościele poświęcił palemki i wróciliśmy, zatrzymując się tylko w Gödöllö, do Budapesztu, gdzie pożegnaliśmy Panią Erikę pewnie na dłużej, a Panią Grację, która bywa w Polsce, miejmy nadzieję – na krócej.

I w tej drodze w obydwie strony, i później, nie bez zdziwienia myślałem, jak wiele się we mnie zmieniło; za młodu, chciwie wychylony na rozgarniające wszelką zastałość wiatry (te z tytułu jednego z filmów Miklosa Jancso), nie przywiązywałem wagi do odwiedzenia ponownie tego samego miejsca, powtórzenia słowa, znaku, symbolicznego gestu, zjednoczenia się z kimś w znanym nam jednakowo i obdarzonym wiadomą treścią rytuale; upajała mnie gwałtowna nowość, niebywałość, niepowtarzalność (której dopatrywałem się, być może, i tam również, gdzie jej wcale nie było); jakże inaczej teraz, kiedy lada miesiąc stuknie mi, bagatela, pół wieku; nie tylko wzrusza mnie uczestniczenie w powszechniejszej tradycji, z której chłonę łagodne ciepło i nieokreśloną otuchę, ale stwarzam sobie tradycje własne, prywatne, dzielone z nielicznymi, i one także splatają się w sieć przywiązań, p r z y - w i ą z a ń w najpierwotniejszym sensie – czegoś, co wiąże z życiem, z ludźmi, przymocowuje, nie pozwala ulecieć z wiatrem, chroni przed zbyt pośpiesznym przemijaniem; więc to samoobrona starzejącego się człowieka? ale nie ja wymyśliłem potęgę tradycji, ja jej tylko uległem; to samoobrona, samopotwierdzenie i przytwierdzenie do ziemi całego naszego maluczkiego rodzaju.

Węgry od dawna zresztą należą do ważnych miejsc mojego przywiązania, mojej trwałości uczuć, mojej tradycji; z biegiem lat, z każdymi nowymi odwiedzinami gęstnieje ona jednak i wzbogaca się o coś nowego (ale nie w sensie absolutnej, ostrej nowości, tylko w sensie odkrycia, zapadnięcia w serce, gruntowniejszego i bardziej osobistego przyswojenia sobie czegoś, co już przedtem istniało); i tak teraz z tym skromnym grobem w Máriabesnyo, ze znajomą drogą do niego i powrotem w bladym kwietniowym słońcu...

A nie tylko tym, co wzniosłe, człowiek żyje, cieszyłem się też dużo błahszymi, nie heroicznymi (ale czy zupełnie nic nie znaczącymi w codziennej egzystencji człowieka?) tradycjami kraju Madziarów; chodząc z Markiem po ruchliwych, wielkomiejskich (może najbardziej wielkomiejskich w tej części Europy) ulicach Pesztu i malowniczych, krętych zaułkach starej Budy, zaglądaliśmy do przytulnych restauracji ze świetną obsługą i apetycznym wyborem dań, piliśmy kawę w secesyjnych cukierniach, pamiętających przynajmniej Jego Cesarską Mość z siwymi bokobrodami, któregoś wieczoru wdrapaliśmy się na Górę Zamkową i kapryśnie przebierając w winiarniach znaleźliśmy najtańszą i najweselszą, w której najmilej nam było sączyć chłodne białe wino, w przezroczystych litrowych karafkach pojawiające się na naszym stoliku, i wraz z tym stolikiem wirowaliśmy radośnie nad zboczami, mostami, światłami i całą ziemią... Innym razem, również wieczorem, siedzieliśmy w cukierni przy głównej, bardzo długiej i pięknej ulicy, noszącej obecnie nazwę Nepkoztarsáság (z wcześniejszych pobytów w Budapeszcie zapamiętałem chyba trzy inne jej nazwy), co pewien polski poeta – jak nam tu powtórzono – zamienił na łatwiejszą widać do wymówienia ulicę Nabuchodonozora, otóż siedzieliśmy w tej cukierni przy marmurowym blacie, na wygiętych krzesełkach, kiedy drzwi brzęknęły i do środka wkroczył ktoś dziwny: bardzo stara kobieta o potarganych siwych włosach, z trudem poruszająca się, niechlujnie ubrana i nie w pełni, jak się zdawało, świadoma swej kondycji oraz wyglądu. Musiała być zupełnie samotna, skoro nikt jej nie powiedział, gdy wychodziła z domu, że ma na nogach trzewiki nie do pary – zimowy i letni. Bez śladu zakłopotania zwróciła się do mnie i Marka (siedzących najbliżej) z czymś, czego nie zrozumieliśmy; ale już podbiegła kelnerka, zaprowadziła starą kobietę do wolnego stolika, przyniosła jej kawy, przyjęła należność pomagając odliczyć ją z garści miedziaków. Tamta zaś wyciągnęła z torby pogniecionego papierosa, zapaliła (i kelnerka podała jej ogień), następnie wrzuciła do filiżanki dwie kostki cukru, nie odwijając uprzednio opakowania, musiała więc po chwili żmudnie wyławiać z kawy mokry papierek... Kim była ta kobieta? Wykwintną damą sprzed wszystkich tutejszych wojen? Niegdysiejszą dziewczyną z półświatka, tutaj właśnie rezydującą? Gubiliśmy się w domysłach, z których dałoby się ułożyć powieść. Kimkolwiek była, zachowała z dawnego życia tych parę zwyczajów i gestów: papierosa, filiżankę kawy w cukierni — respektowano to, bez krzty zdziwienia, w eleganckim lokalu przy ulicy Nabuchodonozora.

Zaledwie pięć dni — włącznie z dniem przyjazdu i dniem odjazdu — zabawiliśmy w Budapeszcie, a zapamiętałem je, jak zawsze, z wdzięcznością. Teraz wklejam te dni tak pieczołowicie, jak umiem, do albumu pamięci; niewątpliwie wyblakną w nim z czasem, ale jakoś chyba przetrwają.

Kwiecień 1977

ZWYCZAJNA TWARZ SZUKSZYNA

Teraz, kiedy wszystko wokół mówi mi o Szukszynie, i on sam do mnie mówi półgłosem, ale wyraźnie, wraca też z ciemności jego twarz, wraca z trudem, bo ani piękna, ani niezwykła, ani blaskiem osobliwej szlachetności znaczona, twarz człowieka z tłumu, szarawa, pognieciona jakby i utłamszona, ale zdolna też do wielu metamorfoz, do rozświetlenia nadzieją albo radością, do stężenia w chytrą i odpychającą maskę, do rozpaczy, ironii i drapieżności, nade wszystko jednak codzienna, zwyczajna, z gruba ciosana, jakich znam wiele, pamiętam jeszcze z dzieciństwa i teraz także często spotykam. Inni opisują go inaczej, niedawno w jednym ze wspomnień przeczytałem na przykład: „Czy był urodziwy? Wydaje mi się, że tak. Tą prostą wiejską urodą – otwarta twarz, poważne, badawcze spojrzenie – oczy głęboko osadzone, zawsze jasne, nawet pod gazem – silna szyja i w ogóle cały jakiś taki harmonijny..." – ale to jest wizerunek młodego Szukszyna z życia, a ja go w życiu nie znałem, tylko widziałem w filmach, i nie był już taki młody, świeży i harmonijny, i jeżeli – jak piszą – podobny w czymś do Jesienina, to nie do młodego i promiennego, prosto z łąk riazańskich (także pochodził ze wsi, urodził się w Srostkach na Ałtaju, nad rzeką Katuń, i także próbował szczęścia, to znaczy wydobycia z siebie głosu i usłyszenia echa, w wielkomiejskim, szerokim świecie), ale do zmęczonego już, który wiele uzyskał, lecz niejedno także roztrwonił, i z niepokojem szamoce się z tym nieuchwytnym bilansem, i z większą świadomością, ale też większym bólem szuka pośród ludzi sam siebie.

Najlepiej zapamiętałem Szukszyna-aktora w dwóch ostatnich rolach: w „Kalinie czerwonej", obrazie, który sam też był, według własnego opowiadania, nakręcił – i gdzie wystąpił jako Jegor Prokudin, kryminalista, próbujący po odbytej karze zacząć życie od nowa, co wskutek różnych okoliczności i zewnętrznych, i wewnętrznych, nie udaje mu się i prowadzi do tragicznego finału, oraz w epizodzie filmu Gleba Panfiłowa „Proszę o głos", gdzie był prowincjonalnym literatem wojującym z miejscową zwierzchnością o dopuszczenie na scenę „kontrowersyjnej" sztuki, co w końcu dochodzi do skutku dzięki interwencji stolicy. Oba filmy były interesujące i nawet na swój sposób nieprzeciętne – i oba pobrzmiewały tu i ówdzie jakąś nieprawdą (o czym zwłaszcza po „Kalinie czerwonej" sporo się dyskutowało) – ale nie o strukturach filmowych teraz rozmyślam, tylko o tej poprzez zacierającą się już pamięć o filmach wracającej do mnie z trudem twarzy aktora, w której nie było nieprawdy („jego dobra twarz tchnęła prostotą, powagą i zrozumieniem" – napisał inny jeszcze autor pośmiertnego wspomnienia o Szukszynie) – i którą na początku określiłem jako twarz człowieka z tłumu, ale nie zadowala mnie to określenie, nie wystarcza mi, więc szukam dalej: twarz człowieka w tłoku – człowieka w ścisku – człowieka poddanego ciśnieniu – jakiemu ciśnieniu? nie złowrogiej historii, lecz szarej codzienności, jej drobnych niszczycielskich układów, chłodu powszedniego i nijakości egzystencji – temu ciśnieniu, które wyzwala z niego i agresję, i drwinę, i odruch ucieczki, także ucieczki w pięciominutową fantazję bycia-kim-innym, ale i coś innego: marzenie, tęsknotę za ciepłem, za dobrocią i sprawiedliwością, za życiem naturalnym i nieskłamanym, gest ręki wyciągniętej w stronę owej tęsknoty i wyciągniętej też ku symbolizującej ją ojczystej przyrodzie (a tu znowu Jesienin) – tak, chyba to wszystko jest w twarzy, którą Wasilij Szukszyn podzielił się z bohaterami swoich ról filmowych, i w głosie wewnętrznym, którym obdarzył bohaterów swoich opowiadań – i pewnie dlatego inni odnajdywali w tym napięcie własnej egzystencji, w niej doświadczane ciśnienie, tęsknotę i opór, wszystko to wcielone najprościej i najprawdziwiej, i żywcem przetworzone w legendę, pewnie dlatego wydawał się ludziom piękny i dlatego, kiedy, czterdziestopięcioletni, w trakcie kręcenia kolejnego filmu, zmarł nagle, odprowadzały go do grobu wielotysięczne tłumy, ludzie cisnęli się z kwiatami i gałązkami kaliny czerwonej do trumny, Andrzej Woźniesienski zaś, może nieco zbyt patetycznie, ale ze szczerym wzruszeniem, opisując ten pogrzeb w wierszu, nazwał zmarłego „aktywnym sumieniem kraju"...

Działo się to trzy lata temu, w październiku 1974 roku, i mnie ominęło jakoś bokiem, nie znałem jeszcze filmów i słabo znałem prozę Szukszyna, a teraz raptem wszystko wokół mówi mi o nim, oto całkiem niedawno przeczytałem w „Literaturze na świecie" dwa jego opowiadania, którym towarzyszą też teksty krytyków o pisarzu, dwa opowiadania – to zaskakuje – oparte na tej samej anegdocie, raz w wariancie „prosto z życia", drugi raz w przetworzonym na fikcję, ale co jeszcze bardziej zdumiewa: wcześniejszy jest ten z fikcyjnym bohaterem i fabułą, a późniejszy – rezygnujący z przebrania, obnażający własne, autentyczne przeżycie autora, jego szkok, jego kac po niefortunnym zmierzeniu się z presją powszedniej obrzydliwości. W opowiadaniu pt. „Wańka Tieplaszyn" tytułowy bohater, wiejski chłopak, z zawodu szofer, leży z wrzodem dwunastnicy w szpitalu, w mieście rejonowym. Pewnego dnia usiłuje go tam odwiedzić przybyła ze wsi matka, ale „kaprawy, czerwonooki" portier nie wpuszcza jej, ponieważ „to nie dzień odwiedzin". Możnaby go, oczywiście, przekupić półrublówką, jak później tłumaczą Wańce różni „życiowi" ludzie, ale w chwili konfliktu z cerberem Wańce nie przychodzi do głowy, jego matka prosi, poniża się, on się gorączkuje, cerber nieustępliwie napawa się władzą nad chorym i jego matką, dochodzi do szamotaniny, w końcu Wańka decyduje się, na znak protestu, nie wyleczony do końca, opuścić szpital. „... wraca z matką na wieś – komentuje to Józef Lenart – unosząc z sobą ludzką godność i dumę. Wracają do swojego świata – innego, jeszcze nie skażonego obecnością takiego, jak ów szpitalny, cerbera. Czyżby istniała taka możliwość?" Cóż, istnieje ona w Szukszynowskim marzeniu – w jego powtarzających się wizjach ucieczki i odmowy – istnieje jako mit i kreacja literacka – a skoro tak, nie należy twierdzić, że nie istnieje realnie i że jest fałszywą pociechą dla walczącej o swą godność jednostki – ale nie istnieje jako rozpoznanie społeczne, jako alternatywa na codzień dla człowieka pod ciśnieniem – i Szukszyn jest zbyt mądry żeby o tym nie wiedział – i stąd chyba powrót do dręczącej anegdoty z życia, do jej najpospolitszych implikacji, do tego „jak było naprawdę" i co w tym tkwi, poza sferą marzenia i buntowniczego gestu. Ten w gruncie rzeczy dramatyczniejszy wariant nazywa się „Klauza", z podtytułem „Próba opowieści dokumentalnej"; to bodaj ostatnie opowiadanie Szukszyna, które ukazało się za jego życia.

Tym, który leży w szpitalu – w jednej z moskiewskich klinik – jest tedy sam Szukszyn; w niedzielę rano (oficjalny czas odwiedzin) przychodzi do niego żona z dwojgiem dzieci; kobieta-portier wpuszcza żonę, ale nie wpuszcza dzieci; ktoś z boku dorzuca: „daj jej pięćdziesiąt kopiejek i wszystko będzie w porządku" (Lenart: taki osobnik żąda „materialnego ekwiwalentu czyjegoś poniżenia i własnej władzy"), ale Szukszyn nie umie i nie chce przekupywać, zaczyna dawać wyraz swemu zdenerwowaniu, wreszcie na interwencję lekarza dyżurnego cerberka wpuszcza rodzinę, ale rzuca ze złością do chorego: „Ja ci to popamiętam". Okazja do odwetu nastręcza się jeszcze tego samego wieczoru, kiedy Szukszyna odwiedzają dwaj przybyli z Wołogdy koledzy-pisarze; przepustka dla nich jest już przygotowana, ale portierka krzyczy: „Przepustka tutaj – to ja" i wypędza przybyszy; upokorzony pacjent w bezsilnej furii może już tylko opuścić szpital razem z kolegami, co też czyni, wybiegając w szlafroku i kapciach, z niewyleczonym zapaleniem płuc, na zimową ulicę, do taksówki... Jednakże tym razem nie ma mowy o „uniesieniu ze sobą ludzkiej godności i dumy" i wycofaniu się do jakiegokolwiek wymarzonego azylu. „Klauza" – inaczej niż „Wańka Tieplaszyn" – ma dwie warstwy narracji: poza anegdotą wyjściową, prawie identyczną w obydwu opowiadaniach, tutaj istnieje ponadto owa tytułowa „klauza", czyli „dokument", jeszcze inaczej – „notatka wyjaśniająca", którą, pieniąc się jeszcze z wściekłości, pisze bohater dla dyrekcji kliniki (i właśnie starając się ją sformułować odtwarza przebieg całego incydentu). Rzecz w tym, że kobieta napisała już swój „dokument" – skargę na pacjenta – i teraz on m u s i przedstawić własną wersję wydarzeń, żeby uniknąć dalszych przykrości; piszą też „notatkę wyjaśniającą" obaj pisarze z Wołogdy; jednym słowem, wszyscy zostają wciągnięci, nie ma ucieczki przed plugawstwem wzajemnych obmów, oskarżeń i kontroskarżeń... i nic dziwnego, że w ostatnim zdaniu opowiadania, jak w nagłym błysku zrozpaczonej świadomości – niejako wychodząc ze skóry uczestnika i stając na chwilę obok – pisarz mówi (zacytuję go, za Lenartem, w oryginale): „Proczitał siejczas wsio eto... I dumaju: czto s nami proischodit?"

Czyli: co się z nami dzieje? – co dzieje się z nami, kiedy wsysa nas ta sytuacja, ten model stosunków pomiędzy ludźmi, ta przemożna chęć poniżenia drugiego człowieka, odegrania się na nim, odparowania podłości czymś bliźniaczo do niej podobnym, kiedy sami nie zauważyliśmy, jak to się stało – zostaliśmy zarażeni pogardą i nienawiścią, małą, powszednią pogardą, małą, powszednią nienawiścią, małą, powszednią żądzą triumfu nad bliźnim...

Przezwyciężeniem takiej sytuacji jest już tylko – uświadomienie jej sobie, pełne determinacji opowiedzenie o niej, próba opowiedzenia b e z   w y - ł ą c z a n i a   z   n i e j   s i e b i e , i przynajmniej postawienie tego dramatycznego pytania: co się z nami dzieje? – na które na ogół brak odpowiedzi. Czyli: literatura, próba złapania tchu przez człowieka pod ciśnieniem.

Twarz Szukszyna z trudem wraca do mnie z ciemności – jest zwyczajna, szarawa, pognieciona jakby i utłamszona, i często pojawia się na niej gorzki grymas, pogłębiający zmarszczki przy ustach – a jednak nie ulegają złudzeniu ci wszyscy, którym aktor i pisarz wydawał się piękny – jest, naprawdę jest jakieś piękno w tym co tak przejmująco ludzkie, także w tym grymasie, w tych zmarszczkach.

Sierpień 1977

Z DZIENNIKA
KONSUMENTA KULTURY

Wypędzanie literatury z malarstwa ma równie mało sensu jak wypędzanie malarstwa z literatury (czego zresztą na ogół się nie robi, przeciwnie, literatura bywa chwalona za element malarski, który zawiera); skoro istnieje ona w życiu społecznym i w życiu kogoś, kto jest malarzem, fanatyczne eliminowanie jej znaków z określonej malarsko przestrzeni może oznaczać tylko jakąś amputację duchową i nieprawdę, a w każdym razie przemilczenie, które też jest nieprawdą. W gruncie rzeczy powinno chodzić tylko o to, żeby w malarstwie nie pleniła się zła literatura – efekciarski gest, fałszywa poza, szmirowata fabuła, apelująca do najłatwiejszych uczuć – no i żeby ta zła literatura (dobra nie podejmie się podobnych usług) nie maskowała niedowładu środków plastycznych.

Notuję to z okazji wystawy Anny Trojanowskiej w Staromiejskim Domu Kultury; bo w jej obrazach i rysunkach pełno literatury właśnie, a także psychologii, psychiatrii, a także „pamiętnika artysty" i dialogów artysty z innymi artystami oraz myślicielami; i gdyby wszystko to zacząć trzebić, nie byłoby Trojanowskiej; ale nie znaczy to wcale, że Trojanowska świeci odbitym blaskiem, że ilustruje lub interpretuje literaturę, a tym bardziej, że maskuje nią swoje trudności z materią plastyczną, lecz – że jest człowiekiem, do którego doświadczenia wewnętrznego należy także w pewien sposób przeżywana literatura, i że jest to doświadczenie tak swoiste i intensywne, iż dopiero próba kamuflowania go (w tym wypadku, na szczęście, nie podjęta) byłaby czymś zgrzytliwym i małostkowym. Znaczący jest tytuł całej wystawy: „Zapis psycho-dramy", a także tytuły poszczególnych cyklów fotorysunków: „Lot nad kukułczym gniazdem", „Schizofrenizacja literatury albo jej dezintegracja pozytywna", „Udręki i okrucieństwa" – już z nich widać, że chodzi o cierpienie człowieka, raczej duchowe niż fizyczne, i takie, poprzez które człowiek wspina się do jakiegoś dostępnego sobie (ale tylko w ten sposób) szczytu; w niedopowiedzianej ekspresji narysowanych twarzy (bo przeważnie są to twarze i prawie nic poza nimi), w ich wtopieniu w ciemność albo wydobyciu z ciemności, w ich rozmazanym grymasie lub geście (kiedy jest to trochę więcej niż twarz, na przykład fragment pochylonej sylwetki) w i d a ć to już zupełnie dosłownie, wzmożonemu zaś jak gdyby i przyśpieszonemu widzeniu służy chętnie stosowana przez artystkę technika: rysunek na małej kartce papieru, z notesu czy z receptariusza, i powiększenie go, a zarazem przeniesienie na inny rodzaj powierzchni, za pomocą fotografii, czasem w paru wariantach – wyrazistszym i bledszym... Barbara Majewska we wstępie do katalogu wystawy określa świat Trojanowskiej jako azyl „prawdziwej wolności wewnętrznej, przemożnej chęci mówienia, a nie produkowania przedmiotów sztuki", dalej zaś wspomina o wolności „także w stosunku do splątanych i sztucznych języków sztuki współczesnej". W trudnym i niewesołym świecie Trojanowskiej doświadczyłem i ja tej wolności, która jest koniecznością.

W „Z dnia na dzień" Jerzego Andrzejewskiego – notatka o świeżo przeczytanych Kamieniach z nieba pisarza estońskiego Jaana Krossa. „Jakaż to piękna, mądra i wzruszająca książka!... Radość, która nie zawodzi – odkryć pisarza!"

Kamieni z nieba jeszcze nie czytałem, ale znam dwie poprzednio wydane u nas książki Krossa – i znam samego Krossa, tak się też złożyło, że miałem swój skromny udział we wprowadzeniu tego znakomitego pisarza na polski rynek. Wczesną wiosną 1971 roku, w Tallinie, mój tamtejszy tłumacz i przyjaciel Aleksander Kurtna ułatwił mi kilka wizyt w domach literatów estońskich i dzięki niemu też zostałem przyjęty przez państwa Krossów. Po tych odwiedzinach pozostało mi wrażenie ciepła i miękkości, nie tylko dlatego, że, jak to w estońskich mieszkaniach, zdejmowało się tam buty w progu i chodziło po miękkim, ale dlatego, że tacy wydali mi się, fizycznie i w sposobie bycia, gospodarze; zaraz potem przeczytałem Cztery wezwania z przyczyny świętego Jerzego (akurat ukazało się to po rosyjsku w czasopiśmie „Drużba Narodow") – i zafascynował mnie c h ł ó d (czyli: precyzja, opanowanie, jasność) przenikliwego spojrzenia na człowieka w jego uwikłaniach biologicznych, kulturowych, metafizycznych, i t w a r d o ś ć gruntu moralnego i gruntu narodowego, z którego wyrastała ta świetna, na najwyższą miarę europejską, proza. Po powrocie do Warszawy zaniosłem Cztery wezwania nieodżałowanej pani Lasoniowej w PIW-ie; była wrażliwa na takie odkrycia i decyzja zapadła szybko; ale nie podjąłem się tłumaczenia – stchórzyłem – zwłaszcza warstwa realiów historycznych wydawała mi się nie do pokonania. Podobno Wiera Bieńkowska wyszła z tego obronną ręką; również Witold Dąbrowski, w którego tłumaczeniu czytałem przed rokiem Immatrykulację Michelsona, doskonale sobie poradził; teraz cieszę się na lekturę Kamieni z nieba, bo jej smak – po tamtych dwóch – łatwo przeczuć; i cieszę się, że do grona czytelników polskich, którzy wiedzą, kim jest Jaan Kross, przybył autor Bram raju i Ciemności kryjących ziemię.

Andrzejewski ma rzadki dar bezinteresownego radowania się pięknem stworzonym przez innych; chwilą szczęścia jest dla niego nie tylko ta, w której sam wysnuje z siebie promień, ale i ta, w której czyjś promień przejdzie mu drogę; zdarza się to zaś nie tylko od święta, bo Andrzejewski z młodzieńczym entuzjazmem wychodzi takim spotkaniom naprzeciw; jego notatki „Z dnia na dzień" są ich pełne; chodzi zwłaszcza o dwie dziedziny – muzykę i literaturę; piękny koncert wysłuchany przez radio, dobra książka, nawet zastanawiający fragment w czasopiśmie – to przygoda warta odnotowania w dzienniku. Jak charakterystyczne jest przytoczone już zdanie o Krossie: „Radość, która nie zawodzi – odkryć pisarza!" Odmiany tej radości bywają różne: Odkrycie twórcy z obcego, mało znanego obszaru kulturowego, odkrycie młodego zdolnego debiutanta w literaturze polskiej, odkrycie nieprzeczuwanej harmonii w dziele rówieśnika lub starszego od siebie pisarza. W związku z tym kolejny rzadki dar: kompletny brak zawiści, szczera do niej niezdolność, tym bardziej podziwu godna, że ci inni nie zawsze płacą koledze tą samą monetą. Trzeba być bardzo bogatym, żeby szafować takimi darami, jak Andrzejewski.

W „Twórczości" – list czytelnika, polemizujący z wcześniej ogłoszonym esejem Dedala pt. „Bajki", który i mnie zniecierpliwił, gdy czytałem go kilka miesięcy temu. Dedal – to wspaniały pisarz, najczęściej czytuję go z podziwem i satysfakcją, ale bywa też kapryśny i chimeryczny, zapatrzony w jakąś swoją obsesję czy zaledwie koncept, wtedy zdarza mu się przedstawić obrany przedmiot w tak krzywym zwierciadle, że już całkiem nie do poznania. Tak właśnie, zająwszy się w „Bajkach" trzema filmami polskimi, o których w minionym sezonie więcej mówiło się niż pisało, Dedal przypuścił na nie gwałtowny atak za uczynienie swoją osnową „dramatu władzy" zamiast jedynie istotnego dramatu ludzi podległych władzy. Awersja Dedala do „dramatu władzy" w sztuce współczesnej jest nienowa; mniejsza o to, czy w pełni trafna i godna tak zawziętego eksponowania przy byle okazji przez lata całe; ale pochłonięty nią autor tym razem prześlepił w rozpatrywanych filmach wszystko, co swoiste, świeże, odważne, wszystko mające ambicję zbliżenia się do realiów życia społecznego, wszystko, co w tych właśnie filmach widzów pociągało i zastanawiało, o czym rozmawiali po wyjściu z kina i co pasjonowało ich bynajmniej nie jako elitarny dramat na szczytach. Czytelnik podpisany A.D. perswaduje teraz w liście do redakcji: „Po pierwsze, Birkut nie jest władzą, lecz *decorum* władzy, obiektem jej manipulacji; po drugie, film Wajdy, mówiąc najkrócej, nie jest o Birkucie, lecz o tym, jak się szuka prawdy o Birkucie; bohaterem tego filmu jest sprawa, sytuacja, a nie postać." Z kolei „film Zanussiego n i e j e s t ani o asystencie, ani o docencie, lecz – by znowu uprościć – o konformizmie, a to jest zjawisko najbardziej dziś demokratyczne, znane wszystkim szczeblom, warstwom i grupom". Również w „Bliźnie" Kieślowskiego, dorzućmy, chodzi o konformizm, o zaplątanie się człowieka (i cóż z tego, że dyrektora, zresztą nie tylko jego) w sieci rzeczywistych i pozornych konieczności i niemożności, a także o parę innych spraw, w których poza dyrektorem uczestniczą „najzwyklejsi" ludzie, gwałcona przyroda i drastycznie przekształcany układ życiowy. „Cokolwiek ten tekst animowało – brzmi konkluzja A.D. o „Bajkach" – ... czyni zeń grę z nieistniejącym przedmiotem, kieruje obok spraw rzeczywiście istotnych. A tak się złożyło, że akurat te trzy filmy, ku tym sprawom się zwracając, są w powszechnym odczuwaniu ważkimi społecznie aktywami ostatniego okresu."

W przypisie do listu czytelnika Dedal bez krzty zgryźliwości dziękuje mu za przywołanie „do porządku i przytomności" i przyznaje, że w eseju, o którym mowa, „stracił miarę rzeczy". No cóż, to jest znowu ten świetny, także własnym pomyłkom nie pobłażający Dedal.

Piękny tom wierszy Artura Międzyrzeckiego *Wygnanie do rymu*(PIW 1977), w znacznej części powstały chyba podczas kilkuletniego pobytu autora w Ameryce, dopisany i skomponowany już po powrocie. W czym tkwi jego uroda? Od wielu lat obserwuję w twórczości Międzyrzeckiego walkę pomiędzy instynktem czy potrzebą uzewnętrznienia w wierszu s i e b i e , swojej osobowości, losu, humoru, goryczy – a jakąś wstydliwością, nieśmiałością czy poczuciem; że nie wypada, pokusą zatem schronienia się w kulturę, konwencję, grę literacką. W tym drugim jest także mistrzem, ale – dla mnie – poetą pełną gębą jest wówczas, kiedy triumfuje to pierwsze, kiedy niebanalna osobowość Artura, ze wszystkim co jego, niedźwiedziowatym gestem burzy zapory, zwala dekoracje, pozwala sobie na luz i nie boi się popełnienia nietaktu; rozmawiamy wtedy z wierszem jak z żywym człowiekiem, nie jakimkolwiek, lecz tym właśnie, to swoje i tylko swoje, po swojemu, mającym do powiedzenia. Po raz pierwszy bodaj takie zwycięskie i wyzbyte skrępowań bycie sobą udało się Międzyrzeckiemu na większą skalę w tomie *Noc darowana*, jakieś dwadzieścia lat temu – potem cieszyłem się, ilekroć ponawiał swój sukces (było to zawsze czymś więcej niż ponowieniem, ponieważ ten, czyją projekcją były wiersze, stawał się kimś nie tylko ponowionym, lecz nowym, powiększonym o wszystko nowe, co nawarstwiło się w nim i w czasie), i bywałem rozczarowany, kiedy jakby wzbraniał się przed tym. Otóż *Wygnanie do rymu* jest znowu twarzą, uśmiechem, doświadczeniem, mądrością, nostalgią, zatrzymanym momentem życia, nawet, zda się, fizyczną obecnością tego właśnie jedynego bohatera wierszy – i wszystko to w słowie przystającym do swojej zawartości nie jak przezroczysta powierzchnia, lecz jak p o w i e r z c h o w n o ś ć , którą żywemu poecie wyrzeźbiło i to, co odziedziczył, i to, co sam przeżył, i która w żaden sposób nie może być inna.

Wrzesień 1977

BEZ SENTYMENTU
DO WENECJI

Dwa teksty, ogłoszone niedawno w prasie tygodniowej, wielce zbulwersowały opinię; i mnie też odrobinę, ale bardziej niż zbulwersowały – zastanowiły.

Pierwszy – to wywiad, udzielony Teresie Krzemień z „Kultury" przez Edwarda Redlińskiego („Raczej krowy na wygonie, niż kossakowski koń..."), drugi – artykuł w „Polityce", pióra Henryka Kowalczyka, przedstawionego przez redakcję jako „młody inżynier", pod równie wymowym tytułem: „ani chmurni, ani durni".

Ponad dwa lata temu, pisząc o autorze *Konopielki*, dopatrywałem się w jego satyrach „dramatu ambiwalencji" i jednakowej bodaj ironii w stosunku do zderzających się tam ze sobą gnuśnej sielskości i dziarskiego cywilizatorstwa. Albo źle go wtedy odczytałem, albo on sam siebie źle odczytuje, albo nastąpiła w jego postawie jakaś metamorfoza – w każdym razie ten Redliński z wywiadu w „Kulturze" nie zna ambiwalencji: to jednoznaczny futurysta, urbanista i plebejski negator starej kultury. Oto jego *credo*:

„W rozwoju naszej cywilizacji miasto jest niewątpliwie etapem wyższym; gdy mówię miasto, myślę nie tyle o krajobrazie, ile o «filozofii» miasta. Miasto jako sposób życia. Funkcjonowanie świadomości «człowieka miejskiego». Poetyka miasta. Magia miasta."

W tym zaś mieście: „Nie jest dobrze, że tysiące widzów ziewają codziennie na Szekspirze, Schillerze, Słowackim, Wyspiańskim... Plebejusze nie wyrastali w krajobrazie sztuki «kulturalnej». Nie pobieraliśmy lekcji gry na pianinie, nie oglądaliśmy Rembrandta – nie mamy wrodzonego sentymentu do Wenecji, Katedry Notre Dame, ni marki Steinway... Choć potem co nieco z «kultury kulturalnej» przyswoiłem, nie wchłonąłem przecież jej aż do rdzenia. Co więcej – dziś już nie jestem pewien, czy powinienem. Tylu ludzi porozumiewa się innym kodem niż kod «kulturalny», tylu ludzi żyje artystycznie, choć poza sztuką formalną, że... Czy doznania kierowcy w «spektaklu ulicy», emocje w «krajobrazie mechanicznym silnika» są uboższe od doznań snoba w muzeum?"

Tu wkracza Kowalczyk, który nie wojuje bezpośrednio z „czcigodnym trupem Szekspirowskim", potwierdza jednak, iż dotychczas „literatura, film tworzone były przez ludzi wiernych tradycyjnemu *ethosowi* inteligenckiemu, przeto inżynier znajdował w niej problemy wydumane, a brakło mu rozważań, refleksji, przykładów związanych z jego codziennymi problemami." Nawiązując do znanych dyskusji o inteligencji, Kowalczyk wytyka im formułowanie kryteriów wedle „wyidealizowanych wyobrażeń, jakie miała o sobie polska inteligencja XIX w. Stąd ta zgoda, że zawód i wykształcenie nie określają jeszcze inteligenta, gdyż dzięki umasowieniu szkolnictwa wyższego, a także drogą awansu idącego bocznymi drogami na tradycyjnie inteligenckie pozycje dostali się ludzie bez inteligenckich tradycji, ludzie inni, o niewątpliwie skromniejszym uczestnictwie w życiu kulturalnym i o gorszych manierach." U tych inżynierów, ekonomistów, lekarzy „nastąpiło najbardziej odczuwalne zerwanie z poetyką dawnej inteligencji", zgodnie z którą „inteligentowi wypada być wrażliwym na piękno muzyki i poezji, wypada być obrońcą zasadniczych wartości kulturalnych i moralnych, wypada być twórcą, wypada inspirować i oceniać, a nie wypada mieć brudnych rąk".

„Oręduję za nową, uformowaną już w Polsce Ludowej inteligencją" – deklaruje autor artykułu. U „technokratów" (jak ich nazywa) „wytworzył się nowy element mentalności – pewność siebie". Dlatego nie są obrażalscy, w obronie swojego autorytetu „wolą raczej spokojnie operować rzeczywistymi sankcjami", niż wdawać się w polemiki. Z równym spokojem „technokrata ignoruje „wiele zewnętrznych form grzecznościowych, tak charakterystycznych dla tradycyjnych środowisk inteligenckich", nie ma też zahamowań „w stosunku do tradycyjnych inteligenckich świętości związanych z rodziną, moralnością, kulturą, religią itd.", i w ogóle „przestał się krygować z wypowiadaniem obrazoburczych poglądów, szczególnie wówczas, gdy system różnych świętości krępował mu ruchy".

W konsekwencji wszystkich tych pozytywnych cech „technokraci" słusznie aspirują „do pełnienia funkcji ideotwórczych", chcą „ferować oceny we wszystkich dziedzinach, tradycyjnie zastrzeżonych dla humanistów", ci zaś muszą ustąpić im tę rolę, ponieważ sami nie są już zdolni „do tworzenia idei, w sposób pełny oddających istotę obecnych procesów społecznych".

Wycytowałem, jak umiałem, pozostawiając zresztą na uboczu znaczne połacie Kowalczykowych dywagacji – wszystko, co mnie mniej interesowało – i w szczególności jego obszerne filipiki przeciwko tradycyjnym inteligentom-„humanistom", odpowiedzialnym za wszelkie nasze kłopoty, dawne i nowe.

Manifesty naszych obrazoburców doczekały się, oczywiście, odpowiedzi w prasie. Redlińskim zajął się na łamach tejże „Kultury" Andrzej Osęka, wskazując przede wszystkim liczne pokolenia jego protoplastów, podpalaczy Luwru i grabarzy Rembrandta (w słowach, w słowach, ma się rozumieć). No pewnie! Też grzebałem się kiedyś w futurystach, i pamiętam te wszystkie „trupy kultury", „poezję miasta", „nowych ludzi" i tym podobne. „Otóż – zauważa Osęka – to był zawsze bunt intelektualistów, mieszających mistykę i politykę, wymyślających od nowa «kulturę proletariacką» w stanie czystym, nie skażonym wpływami poprzednich formacji... Z ich wynalazków nigdy nikt nie korzystał, w każdym razie nie na długo i nie na skalę masową. I jeśli nawet – co też bywało – udało się komuś rozbić istniejące struktury życia artystycznego, to na ich miejscu nie rozwijał się «proletkult». Na opustoszałych obszarach wyrasta w takim przypadku podkultura złoceń, kolumn, gipsowych dewocjonaliów, plastykowych koronek, pluszów, ulizanej radości życia i tandetnego komfortu." Cóż, i to też prawda – ale jeżeli „nowi ludzie", nie skrępowani pamięcią „Katedry Notre Dame" (Redliński) i bez zahamowań gotowi „ferować oceny we wszystkich dziedzinach" (Kowalczyk), to właśnie, z czego kpi Osęka, uznają za piękne?

Nie na tematy estetyczne skrzyżował ostrza z Kowalczykiem najpierw Kisiel w „Tygodniku Powszechnym", a następnie Ireneusz Krzemiński w „Polityce"; tej ostatniej publikacji towarzyszyły też listy czytelników. W polemikach tych wskazywano między innymi, że ani potępieni i wyszydzeni przez Kowalczyka „humaniści" nie są tak źli, ani wzniesieni przezeń na piedestał „technokraci" tak dobrzy, jak usiłował był dowieść. „...czy należy – zapytywał Kisiel – tę nową inteligencję tak na kredyt chwalić i rozpieszczać tylko dlatego, że jest nowa, czyż należy tak odcinać ją od wszelkich tradycji inteligenckich i «poszlacheckich», jednostronnie i płytko przedstawionych jako ideologia wymytych rąk, dobrego wychowania oraz pięknoduchowskich rojeń o poezji tudzież odrealnionej idei? Czyż nie jest lekkomyślne domaganie się odideologizowania, odteoretycznienia, odpolitycznienia, odintelektualizowania tej nowej warstwy? Czyż nie wynikną z tego nowe narodowe wady, czyż technokratyczna inteligencja bez uteoretycznienia, bez ideowo-światopoglądowych uogólnień, bez polityki i politycznej fermentacji nie okaże się czymś kalekim? A może już nieraz się okazała?" Krzemiński zaś: „Na czym opiera uzyskaną samoświadomość «technokrata» Kowalczyk? Jego identyfikacja nie jest wynikiem racjonalnego rozważenia niezbędności swego miejsca i swej roli. Identyfikacja, jaką osiąga w swym artykule H. Kowalczyk, opiera się zasadniczo na wykazaniu swej wyższości w stosunku do innych... Sądzę, że ta postawa, oparta na przyjęciu wyższości swej roli zawodowej nad innymi, jest mechanizmem, którzy rządzi myśleniem i zachowywaniem się ludzi wszystkich chyba u nas kategorii społeczno-zawodowych... Warto jednakże zdać sobie sprawę, że wszyscy ci, którzy tak ustalają swoją tożsamość, posiadają f a ł s z y w ą ś w i a d o m o ś ć." Wreszcie strzały do inżynierskiej bramki ze strony czytelników: „...pomijam pytanie, czy «nowa szlachta» – technokraci – dobrze spełnia swe zadania społeczne. Wiele prostych obserwacji i znanych faktów (np. organizacja pracy u nas a w NRD, wartość licencji sprzedanych a zakupionych) budzi co do tego wątpliwości" (Prof. Edward Romer z Gliwic); „...jestem humanistą z brudnymi rękami w następstwie usuwania skutków partactwa niektórych młodych inżynierów w budownictwie, samochodach, pralkach czy lodówkach" (Prof. Jan Trzynadlowski z Wrocławia).

I polemiści znów mają słuszność, ale...

Bo co do mnie, nie jestem nawet pewien, czy Redliński naprawdę myśli w ten właśnie sposób, czy tylko straszy i epatuje panią Krzemień i czytelników „Kultury"; ani – czy młody inżynier Kowalczyk naprawdę istnieje, czy też kryje się za nim w rzeczywistości któryś ze świetnych publicystów „Polityki", pragnący w ten niecodzienny sposób wsadzić kij w humanistyczne mrowisko. Ale jestem coraz bardziej pewien – i niezależnie od triumfów jednych dyskutantów nad drugimi to właśnie każe mi się zastanowić nad sytuacją – że naprawdę rośnie grupa ludzi z takimi czy innymi (niekoniecznie inżynierskimi) dyplomami w kieszeni, która za swój tytuł do społecznej pewności siebie chce uważać nieprzyswojenie „kultury kulturalnej" oraz odrzucenie poglądu, iż „inteligentowi wypada być wrażliwym na piękno muzyki i poezji, wypada być obrońcą zasadniczych wartości kulturalnych i moralnych, wypada być twórcą".

Nie biadam, nie załamuję rąk; po prostu zastanawiam się nad tym.

Październik 1977

GODZINA ZWIERZEŃ

Kiedy zastanawiam się, czy zmarnowałem życie (a przychodzi mi to do głowy, naturalnie, że przychodzi mi to do głowy, i wcale często odpowiadam sobie, że tak, zmarnowałem, tyle niedokonań i niedokochań, niedomyśleń i niedopowiedzeń, i słów powiedzianych niepotrzebnie, i fałszywych kroków, i niemądrych akcesów, i wahań, i krzywd zadanych innym i sobie), otóż kiedy ciągle od nowa zastanawiam się nad tym, nieraz myślę, że jednak nie, mimo wszystko nie na samych marnościach i daremnościach strawiłem pół wieku, coś ważnego osadziło się w moim życiu i nie dało się spłukać przez strumienie pustego czasu, w każdej chwili podmywającego naszą egzystencję, a to coś – to nie dom, którego nie zbudowałem, nie ogród, to nie są nawet moje książki czy wiersze, te spośród moich książek i wierszy, których się nie wstydzę i które jeszcze nie straciły dla mnie znaczenia, ani nie są to podróże, które tak lubiłem i zachowałem w pamięci, i przerzucam je w niej niekiedy jak zbiory migotliwych widoków i widzeń – cóż więc to jest? – to jest to, co łączy mnie z J., a także to, co łączy mnie z A., B. i Z., to nie do nazwania (nazwy istnieją, ale wzdragam się przed ich użyciem), co jest pomiędzy mną a ludźmi bliskimi od lat albo poznanymi już później, żywymi i umarłymi, moimi rówieśnikami i starszymi i dużo ode mnie młodszymi, będącymi tuż obok albo za górami-lasami, to co mam dla każdego z nich i każdy z nich ma dla mnie, to jest właśnie to, co gęstą treścią wypełnia życie, i skoro jest, skoro wypełnia je rzeczywiście, ono jest wypełnione, nie płonne, nie zmarnowane.

Tak pozwalam sobie myśleć czasami i myślę też szczegółowiej, na przykład w związku z A.: to niemożliwe, żeby wszystko co moje było dymem i prochem, jeżeli tak wspaniały człowiek jak A. jest w moim życiu (a ja w jego), tak utalentowany, odważny i niezależny człowiek jak A., dokonujący tak trudnych wyborów, stwarzający swą sztuką własny niezwykły świat, jeżeli więc moje losy tak się splotły z losami A., jeżeli on mnie zmieścił w swoim obszarze i ja go zmieściłem, to coś w tym jest, naprawdę niemożliwe, żeby nic w tym nie było.

Albo myślę w związku z B.: to niemożliwe, żeby wszystko co moje było słabe i chwiejne, jeżeli ktoś taki jak B. szukał we mnie oparcia, pociechy i rady, i zdarzało się, że znajdował, i to, że tak było, zaraz stawało się, wzajemnie, pociechą i oparciem dla mnie, i niewielką rolę odgrywało w całej sytuacji to, że B. jest kobietą, dużo większą zaś – że wrażliwym i szlachetnym człowiekiem, kimś przeznaczonym do pobierania zewsząd – jak powietrza i światła – czystej poezji, i oddawania przetworzonej, skomplikowanej, naznaczonej przez t ę osobowość, jeżeli więc komuś takiemu bywałem i bywam potrzebny, to...

A w związku z W., też fascynującą kobietą (co w tym wypadku nie jest może całkiem bez znaczenia) i też wielką artystką, myślę: jeżeli ona mi ufa, jeżeli na coś, na co się zdecydowała, miało wpływ między innymi to, że ja w tym byłem, jeżeli do czegoś ważnego w życiu przykłada wspólną ze mną miarę, nie tylko dlatego, że ze mną, ale również dlatego, jak i ja nie tylko dlatego, ale z całą pewnością również, to niemożliwe, żeby wszystko było nijakie i liche, wymienne i niekonieczne, żeby to, co się liczy, było gdzie indziej, nie tu, gdzie W. otwiera drzwi, ja w nich staję i bez słowa się rozumiemy.

Myślę też o tych młodych, którzy zjawili się koło mnie kilka lat temu i są przy mnie odtąd, i nie obdarzają mnie nadmiernym szacunkiem, bo zapominają, że jestem o tyle starszy, a ja nie mam ochoty im przypominać, i jest nam ze sobą zwyczajnie i swojsko, a jeżeli tak – myślę – to niemożliwe, żeby wszystko moje już się wyczerpało, wypaliło, wystygło, coś nadal grzeje, a więc jest owo coś, które mogło przetrwać i nie wygasnąć.

Wreszcie myślę o J., która ponad trzydzieści lat jest ze mną, znosi trudności mojego życia i trudności mojego charakteru, moje uniesienia i moje upadki, moje klęski i (nic wiadomo co gorsze) moje triumfy, wszystko to znosi i starzeje się razem ze mną, i ma, naturalnie, swoje sprawy, ale żyje także moimi, bez zniecierpliwienia, bez wyrzutu, z radosnym oddaniem, jeżeli przeto zasłużyłem (albo i nie zasłużyłem, ale zostałem obdarzony i nie odebrano mi tego, więc mogę wierzyć, że zasłużyłem) na taką obecność J. w mojej młodości i dojrzałości i później, to przecież...

Tak lub podobnie myślę wówczas, kiedy zdaje mi się, że nie zmarnowałem życia, że nie mogłem go zmarnować, skoro zostało wypełnione bliskością z takimi ludźmi – wielkimi nie zawsze wielkością lśniącą w oczach świata (choć i tacy są wśród moich przyjaciół), często skromnymi i pozostającymi w cieniu, i nie kwapiącymi się do wyjścia z cienia, a przy tym przenoszącymi przez życie tyle rozumu, dobroci i ciepła, że wdzięczny jestem Opatrzności, która zaludniła nimi mój kontynent, abym samotny i pełen zwątpienia nie zabłąkał się w jego puszczach.

Jednym z tych ludzi była Wanda Leopold; ją jedyną zaś wymieniam tu z imienia i nazwiska, bo kiedy piszę to, Wanda już od miesiąca nie żyje (to nie do wiary, że ktoś tak ż y w y nie żyje!; pogrzeb jej zgromadził tłumy i ten i ów dziwił się, skąd takie tłumy na pogrzebie cichej, zwykłej, zabieganej kobiety; a to byli po prostu wszyscy ci, którzy ją znali choćby przez chwilę – w gimnazjum, w Armii Krajowej, na uniwersytecie, w redakcji „Nowej Kultury", w PIWie, w Akademii, u literatów, gdziekolwiek – bo każda chwila z jej życia zawierała okruch tego, czym było całe to życie: bezbrzeżnej szczodrobliwości serca i czynnej solidarności ze spotkanym na drodze bliźnim. Ja znałem Wandę nie przez jedną chwilę, lecz przez wiele chwil w tych trzydziestu latach, aż po ostatnią, kiedy odwiedziła mnie w przeddzień swojej mającej się tragicznie zakończyć wycieczki i rozmawialiśmy o świeżo przez nią przeczytanej książce naszego wspólnego przyjaciela i o jej własnych zamiarach pisarskich, od lat odkładanych; teraz, sądziła, nadszedł czas, gdy je wreszcie podejmie. Cieszyłem się na to z nią razem; a w kilka tygodni później stałem nad otwartym grobem na Powązkach i słuchałem wzruszonej mowy kogoś, kto znał ją od dziecka i teraz mówił mniej więcej tak: wybitna inteligencja, talent – i wydane dwie niewielkie książki... bo gorliwiej niż powołaniu pisarza i uczonego oddała się codzienności, obowiązkom żony i matki, instynktowi opiekuńczemu, przyjaźni, a także zgodnej z sumieniem i rozeznaniem działalności społecznej... Stałem obok i: tak, przytwierdzałem w duchu, tak było, i takie właśnie życie, razem z jego rezygnacjami i rozczarowaniami i dramatami, takie właśnie życie Wandy Leopold nie było zmarnowane, lecz wypełnione i dopełnione, mimo że tak przedwcześnie i fatalnie urwane...

A ja, a moje życie, jeszcze trwające? – jeżeli taki człowiek jak Wanda choć trochę dzielił się ze mną swoim, jeżeli ja z nią coś miewałem do podzielenia, to i moje, wierzę w to głęboko, naprawdę bez pychy, lecz z całą należną naszej egzystencji pokorą, jest coś warte i nie zmarnowane...

Listopad 1977

TERRORYŚCI

Czym będziemy się przejmowali, o czym będziemy dyskutowali w tym roku? W roku ubiegłym dyskutowaliśmy (jak od stu lat albo dłużej) o romantyzmie i realizmie, a także (jak od czasu do czasu) o humanistach i technokratach, wreszcie – o prawdziwym bądź fałszywym widzeniu najnowszej historii Polski przez twórców kolejnych filmów i seriali telewizyjnych. Wszystko to nasze stare, dobre znajome sprawy i obsesje, będziemy się nimi przejmowali zawsze i zawsze skakali sobie o nie do oczu. Ale gwałtowna dyskusja rozgorzała też o coś nie naszego, nie tutejszego (i co do tego jednego – że nie nasze i nie tutejsze – zgadzali się bodaj wszyscy uczestnicy): o terroryzm. Nic dziwnego: był to rok nie pierwszy wprawdzie, ale specjalnie intensywny, krwawych zamachów, porwań, szantażów, którym stawić czoło musiały wielkie społeczności i państwa; świat jest nasz, w rozległych obszarach kondycji ludzkiej wszyscy jesteśmy tutejsi; i jeżeli nie tam, gdzie rozstrzygać wypadało, czy szturmować i strzelać, czy też zapłacić okup i wypuścić schwytanych wcześniej przestępców, to tam, gdzie potrzebne jest po prostu jasne rozumienie, solidarność ludzka i wybór moralny, obecności naszej uniknąć się nie da.

Kilkanaście miesięcy temu („Anatomia terroru" – „Odra", październik 1976) ta sama dyskusja toczyła się nie mniej ostro.

Franciszek Ryszka: „Dla naszych doświadczeń współczesnych, dla naszych – powiedziałbym – elementarnych wartości humanistycznych terror jest czymś nie do przyjęcia i dotyczy to chyba nas wszystkich, ludzi XX wieku, mieszkających nad Wisłą, należących do dziedzictwa określonej cywilizacji i kultury."

Ryszard Templowski: „...ja popieram terroryzm polityczny wszędzie tam, gdzie jest to narzędzie używane przez partyzantkę rewolucyjną skrajnej lewicy, dążącej do obalenia kapitalistycznego systemu zależnego w Trzecim Świecie... terror polityczny to po prostu zakwestionowanie państwowego monopolu przemocy... popieramy (terrorystyczną skrajną lewicę – W.W.) tam, gdzie widzimy w niej naturalnego sojusznika tego wielkiego ruchu, który zmierza do przejścia od jednej formacji społeczno-politycznej do drugiej, sprawiedliwszej formacji społeczno-politycznej."

Wojciech Giełżyński: „możemy również dać szereg przykładów bardzo pozytywnych, mówiących o tym, że poprzez akty terroru stwarza się napięcia społeczne, które w dalszej konsekwencji powodują upowszechnienie postępowych ideologii rewolucyjnych. To kryterium skuteczności nie może być oceniane natychmiast po akcie terroru. Często są to długie procesy, procesy społeczne w ogóle są długie i skomplikowane, i możemy dopiero z jakiejś perspektywy akt terroru oceniać, nawet tak drastyczny i tak oburzający, jak zamach na sportowców w Monachium, na lotnisko Lod w Izraelu, czy zabójstwo ambasadora Spretti w Gwatemali. Wreszcie, i chyba to jest najbardziej istotne, terroryzm jest przedszkolem walki rewolucyjnej."

Andrzej Szczypiorski: „sądzę, że istotnych źródeł tego zjawiska należy doszukiwać się w doświadczeniach związanych z ideologią hitlerowską... dla tych ludzi nie odgrywa żadnej literalnie roli, kogo porwą, kogo zabiją. Istota rzeczy polega na tym, żeby temu wydarzeniu nadać maksymalnie największy rozgłos... strzela się do dzieci, porywa się samoloty z Bogu ducha winnymi pasażerami, te samoloty się uprowadza i powiada się, że jeżeli nie załatwicie tego czy tamtego, to wystrzelamy tych pasażerów, czy wysadzimy w powietrze samolot. Przecież jutro czy pojutrze, czy za pięć lat może dojść do tego, że grupa terrorystów porwie byle jakie dziecko na jakiejkolwiek ulicy, w jakimkolwiek mieście! Jedno dziecko! Wystarczy, że porwą dziecko i powiedzą: jeżeli nie wykonacie tego, owego czy dziesiątego, my to dziecko zabijemy!... siła terroryzmu współczesnego polega w jakimś stopniu i w pewnych rejonach geograficznych na tym, że ten terroryzm jest wymierzony w społeczeństwa, w których funkcjonuje ich poczucie opiekuńczej misji w stosunku do jednostki."

Stemplowski: „... należy atakować tę władzę tam, gdzie ona jest bardziej podatna na atak."

Szczypiorski: „Jeżeli pan jednak atakuje autobus, w którym siedzi 25 dziewcząt i chłopców w wieku przedszkolnym, to nie jest to dla mnie atakowaniem władzy."

Stemplowski: „W świetle tego, co przed chwilą powiedziałem, atak na ten autobus był atakiem na państwo, a ponadto: proszę pana, ci Palestyńczycy, którzy dokonali zamachu na cywilów – uważam, że ta sprawa przyniosła dużo dobrego sprawie palestyńskiej... I powiem, że ostatecznie cała ta dyskusja o terroryzmie tylko dlatego ma właśnie sens, że ta akcja atakuje we wszystkich kulturach najbardziej podstawowe wartości, ale tą wartością nie jest wcale życie jednostki jako cel naczelny, cel nadrzędny... Celem nadrzędnym jest przetrwanie gatunku ludzkiego, a nie życie jednostki."

Giełżyński: „W tym procesie będą zbrodnie, będą błędy, być może nie należałoby urządzać akcji typu Monachium, lecz inną, ale nie bądźmy małostkowi. W Trzecim Świecie giną miliony z głodu, a panowie się denerwują o pięciu sportowcach."

Tak to na ostro szło kilkanaście miesięcy temu, w tej dyskusji o „anatomii terroru", a później poszło jeszcze bardziej na ostro w życiu, więc w dyskusji prasowej jakby się zamazało na chwilę, i w komentarzu do akcji komandosów RFN-owskich na lotnisku w Mogadiszu („Polityka" 29 X 1977) ten sam Wojciech Giełżyński napisał: „Należy im się wdzięczność, albowiem ochronili bezcenne wartości humanistyczne: życie człowieka – dziewięćdziesięciu ludzi! – i porządek prawny." Dalej zaś między innymi: „Narody... zjednoczyły się w potępieniu porywaczy i pospólnej radości, że tym razem zakładnicy wyszli cało, a klęska dosięgła tych, co gwałcą najświętsze zasady moralne i depczą prawo." Tak, parę jednak akapitów dalej, w tym samym artykule pt.

„Bez psychozy", znowu: „Można oczywiście obstawać w przekonaniu, iż terroryzmu nie usprawiedliwiają żadne okoliczności, ale należy przynajmniej zrozumieć to, że bywa on nieuchronnym produktem dylematu, jaki powstaje w określonych warunkach: poddać się bezprawiu i lękliwie patrzeć na hekatombę ofiar, które ono pochłania – albo walczyć, skazując siebie samego na niechybną niemal śmierć i chwytając się w imię wyższego celu amoralnych metod walki... Terroryzm jest bronią najsłabszych; sięganie po tę broń rzadko jest skuteczne; ale bywa skuteczne... należałoby z nieco większym zrozumieniem mechanizmów politycznych i psycho-społecznych i w sposób bardziej selektywny patrzeć na zjawiska, które opatrujemy wspólną etykietką terroryzmu; bo wszędzie tam (tzn. w krajach Trzeciego Świata – W.W.) terroryzm był przedszkolem buntu, formował zaczątki rewolucyjnej świadomości, a sam stopniowo przekształcał się w partyzantkę wiejską lub miejską." Z tych i podobnych fragmentów wypowiedzi Giełżyńskiego Czesław Czapów („Skuteczność czy moralność?" – „Polityka, 10.XII.1977), nie odwołując się już nawet do sformułowań tegoż autora sprzed kilkunastu miesięcy, wysnuł wniosek, że „Wojciech Giełżyński aprobuje w pewnych okolicznościach: 1) stosowanie odpowiedzialności zbiorowej, 2) porywanie i zabijanie zakładników", o co ten bardzo się obraził („Polemika czy insynuacja?" – na tej samej stronie „Polityki"), a niebawem również Kazimierz Dziewanowski wziął w obronę kolegę-publicystę, pisząc, że Czapów „ogarnięty gorączką polemiczną, dokonał tak zwanego procesu intencji – i to bez żadnych podstaw" („Signum temporis" – „Literatura", 5.I.1978). Ale nawet protestując przeciw takiej interpretacji swojego stanowiska, jakiej doczekał się od Czapówa, Giełżyński znowu powtórzył: „W Azji, w Afryce, w Ameryce Łacińskiej żyją miliardy ludzi, mających odmienne od naszego spojrzenie nawet na problemy tak, zda się, jednoznaczne i ostateczne, jak życie i śmierć jednostki... dałem szereg przykładów, z Ameryki i Azji, postępowych i doniosłych przemian, które nastąpiły w efekcie walki, zapoczątkowanej przez akty opatrywane potocznie etykietką terroryzmu... Co więcej, niezależnie od krytycznych ocen moralnych, jakie możemy mieć – wedle naszych kryteriów i hierarchii wartości – w stosunku do poszczególnych aktów terroru, doceniam w krajach tego typu znaczenie terroryzmu dla przezwyciężenia pasywności mas i zaostrzenia napięć, które mogą sprzyjać tworzeniu się sytuacji rewolucyjnej."

Nie chciałbym nikomu wytaczać „procesu intencji", ale co to właściwie oznacza, jeżeli publicysta trzykrotnie na przestrzeni półtora roku (conajmniej trzykrotnie – nie czytuję przecież wszystkich orędzi Giełżyńskiego) z naciskiem powtarza tę samą myśl o zbawienności terroryzmu dla „zaostrzania napięć społecznych", mających w przyszłości doprowadzić do rewolucji? Nie – aprobatę takiego rodzaju działania „w pewnych okolicznościach"? A co oznacza propozycja Dziewanowskiego, żeby rozpatrzyć przykład – „teoretyczny, ale prawdopodobny" – kiedy to policja w jakimś kraju aresztuje i męczy rodziny podejrzanych, partyzantom miejskim nic zatem nie pozostaje, jak tylko przeprowadzić „serię zamachów przeciwko żonom i dzieciom policjantów"?

Otóż dobrze – tych „partyzantów miejskich" potrafię poniekąd zrozumieć. Potrafię też sobie wyobrazić sytuację psychiczną i emocjonalną, w której człowiek na zło odpowiada złem, na pogardę i nienawiść – pogardą i nienawiścią. I ja też, mały, słaby człowiek, gdyby mnie, moich bliskich, spotkała wielka krzywda, nie oparłbym się, być może, chęci odwzajemnienia jej krzywdą taką samą lub większą. Spróbujmy się jednak porozumieć: nie o to chodzi, że ból, rozpacz, namiętność zagłusza nieraz nasze poczucie moralne, czyni nas podatniejszymi na pokusę zła niż bylibyśmy nie doznając upokorzeń i tortur. Ani o to, nie rewelacyjne w końcu, odkrycie, że wszelki występek miewa swoje przyczyny niekoniecznie w sferze psychopatologii indywidualnej, lecz często – w patologii społecznej, w niesprawiedliwości, nędzy, ucisku. Wiedząc i rozumiejąc to wszystko, w sobie samych przeczuwając nieszczęsną gotowość do włączenia się w fatalny ciąg zadawanych i odwzajemnianych cierpień, nie mamy, jak sądzę, prawa uznać tego za godziwe czy choćby nieuchronne i wyrzec się współczucia i ludzkiej solidarności z którymikolwiek spośród niewinnie więzionych, porywanych, maltretowanych – wszystko jedno, czy to żony i dzieci partyzantów, czy policjantów. Odmienne, „selektywne" stanowisko jest niebezpieczne z punktu widzenia „abstrakcyjnej moralności" (chociaż warto by już przestać się krzywić i na „abstrakcyjną moralność"), ale także z punktu widzenia realnej historii społecznej. Niezbitą bowiem racją ma Czapów, kiedy, po zgodzeniu się z Giełżyńskim, iż „niejednokrotnie terroryzm jest stosowany w imię takich celów jak niepodległość, wolność, sprawiedliwość społeczna", dorzuca: „Ale, jak o tym świadczy historia, im bardziej w realizacji owych celów dominują metody i postawy charakterystyczne dla współczesnego terroryzmu, tym większe prawdopodobieństwo, że zamiast niepodległości uzyskuje się inną podległość, zamiast wolności nową niewolę, a zamiast sprawiedliwości społecznej nową niesprawiedliwość społeczną.."
Tak to spierano się pod koniec minionego roku o sprawę nie naszą i nie tutejszą, a ja, mając zamiar jedynie zreferować skłócone głosy, nie powstrzymałem się przed stronniczym do nich wmieszaniem. Czy zaś ciągle tym samym będziemy się przejmowali, o tym samym dyskutowali i w nowym roku? Kto to wie...

P.S. – W gronie młodych medyków rozmawiano o strajkach lekarzy w Anglii. Padały zdania, że – dlaczego właściwie nie? Skoro służba zdrowia musi tam walczyć o lepsze warunki materialne, dlaczego ma nie stosować – podobnie jak inni pracownicy, dostępnych sobie środków nacisku na społeczeństwo? Nikomu bodaj z uczestników rozmowy nie przyszło na myśl, że to jest także branie zakładników: chorych, cierpiących, czekających na pomoc, takich, którzy ufnie oddali się w ręce swoich lekarzy... *Signum temporis?*

Styczeń 1978

LISTY WDZIĘCZNYCH
CZYTELNIKÓW

Cóż to za wdzięczny ludek – czytelnicy gazet. Czytelnicy gazet, którzy są zarazem telewidzami. Telewidzowie, którzy nie tylko czytają gazety, ale raz po raz, kiedy ich coś zbuduje i wzruszy, chwytają za pióro, by się tym z gazetą podzielić.

Budują ich i wzruszają seriale telewizyjne; to za nie wyrażają swą wdzięczność; za ich prawdę („Przedstawienie pokazuje prawdę historyczną – piękną, polską, czysto polską... Pokazaliście nam i dzieciom naszym prawdę historyczną. Dziękujemy Wam z całego serca"), a także za artyzm i za doznane uczucie dumy z artystów („Jestem dumna i cieszę się niezmiernie, że mamy tak zdolnych, utalentowanych, wspaniałych aktorów, charakteryzatorów i scenografów. Scenariusz jest napisany wyśmienicie. Było to zadanie niezmiernie trudne dla wszystkich wykonawców, z którego wywiązali się wprost genialnie!").

Powyższe cytaty dotyczą serialu „Przed burzą" i pochodzą z zestawu listów, umieszczonego w „Życiu Warszawy" 31 sierpnia 1977.

A oto, w kilka miesięcy później, głosy o serialu „Polskie drogi" („Życie Warszawy" 11 stycznia 1978):

„...film ten dał nam bardzo dobrą lekcję prawdziwej polskiej historii... Wiem, że telewizja może wszystko, więc proszę w imieniu własnym, a także całej mojej klasy gorąco i serdecznie podziękować panu Jerzemu Janickiemu, który napisał scenariusz – wspaniały scenariusz, Panu Januszowi Morgensternowi za dobrą reżyserię, oraz głównym, a także wszystkim aktorom za wspaniałe odgrywanie swoich ról..." (List z Kręźnicy Jarej).

„Jest to serial o tak wybitnej emocjonalnej treści, że odbiera się go z zapartym tchem i długo jeszcze żyje się jego treścią. I forma tego serialu też jest doskonała. Artyści pierwszorzędni, doskonale dobrani do swoich ról i gra ich tak przejmująca, że stale ma się wrażenie, iż to rzeczywiście tak się dzieje, a nie jest grane." (List z Łęczycy).

„Adresuję ten list do wszystkich – do Autora, Reżysera i Aktorów – z gorącym podziękowaniem za niezapomniane przeżycia... Niech ten list będzie więc uznaniem i serdecznym podziękowaniem dla wszystkich wspaniałych Ludzi Sztuki!" (List z Krakowa).

Publicyści mogą sobie grymasić, pani Józefa Hennelowa w „Tygodniku Powszechnym" może wysuwać „zarzut dezynwoltury w prowadzeniu akcji, zarzut gubienia wątków, pomysłów, nielogicznego wprowadzania i porzucania postaci", może wskazywać „nadużywanie emocjonalnej klawiatury okupacyjnego tematu: bezceremonialne, ostentacyjne, niewspółmierne do wątków, które podpierać usiłuje, sięganie po sceny najtrudniejsze do odbioru, po najbardziej wstrząsające sprawy okupacji", może to uznać za „grafomaństwo pewne swojego sukcesu, jakim jest sięganie po środki na pewno wstrząsające ludzką wrażliwość", dorzucając, że „bez żenady eksploatowanym niby-kronikarskim scenom martyrologii i terroru towarzyszyła niestety przez cały ciąg serialu mała troska o wierność pokazania codziennej prawdy życia pod okupacją", może się krzywić na ten i inne seriale również Jerzy Putrament w „Literaturze", może kwestionować wzorzec bohaterskiego cwaniaka Kurasia Jerzy Andrzejewski (ale już Wojciech Żukrowski zakrzyknie: „My chcemy nowego Kurasia!" w imieniu telewidzów i własnym); wdzięczni czytelnicy, autorzy listów do redakcji nie dadzą się sprowadzić na manowce malkontenckiej krytyki i docenią chórem „prawdę historyczną, piękną, polską" i wcielającą ją po mistrzowsku „wspaniałą sztukę".

Dla niektórych poczta jest za powolna; sięgają po słuchawkę telefoniczną; autor w wywiadzie udzielonym „Życiu Warszawy" opowiada o kobiecie, która do niego zadzwoniła żeby zawiadomić, że pochodzi z rodziny niemieckiej i czuła się Niemką dopóki nie zobaczyła „Polskich dróg". Komentarz, włożony, być może, autorowi w usta przez przeprowadzającego wywiad dziennikarza: „Wówczas sam sobie zadałem pytanie: czy dla tego jednego osobistego celu nie warto było zrobić serialu?"

W tym samym czasie czytelnicy innego pisma – tygodnika „Kultura" – potępiają profesora Andrew Schally, amerykańskiego laureata Nobla, za to, że w zwięzłej autobiografii nie dość mocno podkreśla swe polskie pochodzenie. Gdyby miał okazję obejrzeć „Polskie drogi", kto wie...

Także scenarzysta „Polskich dróg" w wywiadzie udzielonym „Życiu Warszawy" zadowolony jest z listów i telefonów, jakie odbiera. Opinie telewidzów upewniają go, że we właściwy sposób przedstawił okupację, żyjących pod nią i walczących ludzi; i że wykonał też dobrą robotę pedagogiczną w stosunku do młodszego pokolenia. Gdyby nie wdzięczni, wylewni telewidzowie (a zarazem czytelnicy gazet), gotowi wyrzec się nawet własnej tożsamości na rzecz kreowanej przez „Autora, Reżysera i Aktorów" z małego ekranu, uznać prawdę własnego życia za mniej prawdziwą, mniej sensowną i piękną niż tamta zmyślona – czyż zyskałby Twórca ową pewność, potrzebną przecież do podjęcia nowych wspaniałych zadań („myślę o polskich drogach powojennych" – to ostatnie zdanie wywiadu), czy moglibyśmy liczyć, że już niebawem narodzi się nowy Kuraś?

P.S. – Korzystając z tego, że felieton wypadł nie bardzo długi – jeszcze trochę na inny temat. W „Informatorze Związku Literatów Polskich" nr 38-39 za rok 1976/1977 znaleźć można wiadomości, świadczące, że redakcja tego periodyku wcale nie sięga po mocne środki emocjonalne. W sprawozdaniu z posiedzenia plenarnego ZG ZLP 22.X.1976 czytamy na przykład: „Na począstku zebrania prezes Jarosław Iwaszkiewicz poinformował o WIELU SPRAWACH NURTUJĄCYCH ostatnio środowisko literackie oraz o rozmowach i stałych kontaktach Zarządu Głównego ZLP z władzami politycznymi i państwowymi w celu załatwienia i wyjaśnienia RÓŻNYCH PROBLEMÓW." A w sprawozdaniu z posiedzenia plenarnego 28.I.1977: „Centralnym punktem zebrania była szeroka informacja złożona przez prezesa Jarosława Iwaszkiewicza, dotycząca prac Prezydiów ZG ZLP, a następnie TYCH SPRAW, KTÓRE W OSTATNIM CZASIE NURTUJĄ pisarzy oraz instancje naszego Związku. Prezes J. Iwaszkiewicz m.in. stwierdził, że Zarządowi Głównemu znane są WSZYSTKIE SPRAWY, KTÓRYMI ŻYJE środowisko literackie, czasem nawet więcej, niż należałoby się spodziewać. Stąd też podejmuje on WIELE DZIAŁAŃ zmierzających do załatwienia lub złagodzenia RÓŻNYCH PROBLEMÓW, a efekty te są wymierne i łatwe do sprawdzenia. Zarząd też napotyka w swoim działaniu na OKREŚLONE TRUDNOŚCI, wynikające m.in. z faktu, że nie zawsze towarzyszy tym przedsięwzięciom zrozumienie NIEKTÓRYCH CZŁONKÓW ZLP" (Podkreślenia moje – W.W.). Co za gratka dla przyszłych historyków naszych czasów! Ile materiałów do dyskusji na temat wielu nurtujących nas spraw, określonych trudności i różnych problemów! Ale czy da się z tego wykroić scenariusz serialu telewizyjnego?

Luty 1978

NIE MAM O CZYM PISAĆ

Nie mam o czym pisać – nic się nie dzieje; nie mam o czym pisać, bo nic się nie dzieje we mnie, czy – poza mną nic się nie dzieje, więc nie mam o czym pisać? a może dzieje się i we mnie, i dookoła, tylko nie potrafię o tym napisać, więc udaję, że nie mam o czym, wmawiam w siebie i w was, i z tego wmówienia dopiero wynika, że nic się nie dzieje.

A przecież tyle się dzieje, choćby w pogodzie, wiosna tego roku jest dramatyczna, rozpaczliwie szamoce się sama z sobą, ucieka przed sobą, to wybucha nagłym zapałem, otwiera się na lato gorące, to równie nagle, zamrożona lodowatym chluśnięciem, salwą gradu przeszyta, cofa się w pieczarę zimy i tam dygoce samotna, bez nadziei, chwyta się za serce, wielokrotnie umiera zanim odżyje.

I ludzie umierają w te niedobre poranki, kiedy strzałka barometru ciężko opada i mgła oblepia szyby; tak, znowu szliśmy za trumną przyjaciela (tego dnia akurat świeciło słońce); to był człowiek, który wiele przecierpiał, zaznał lat więzienia, wygnania, stracił najbliższych; ale miał szczęście – kiedy wrócił po tylu latach, zastał jeszcze żywą staruszkę-matkę – i spotkał kobietę, przyjaciółkę wczesnej młodości, też wiele przecierpiała, też straciła najbliższych, i oboje nie byli już tacy młodzi, ale wbrew wszystkiemu starczyło im siły, żeby spróbować we dwoje zacząć od nowa, i przeżyli razem prawie ćwierć wieku, i życie to było pełne treści, a przecież ani takiego czasu, ani takiej jego zawartości nie mógł się spodziewać przed laty, kiedy wkraczał dopiero w ogrodzony obszar swojego losu; tak myślałem idąc za trumną i poprzez smutek dodawało mi to otuchy; teraz zaś myślę jeszcze, że księgę możnaby napisać o tym mało znanym, silnym człowieku; tylko że ja nie potrafię.

O czym więc potrafię? co takiego musiałoby się dziać poza mną i we mnie, żebym poczuł, że mam o czym pisać, że nie brak mi słów i tej melodii nie wiadomo skąd, która słowa układa we wznoszące się i spadające okresy, i tej pewności, tego luzu, w którym nie grozi już nagły paraliż myśli, skurcz obcości w stosunku do każdego własnego słowa?

Przez wiele lat myślałem z zazdrością o tych, którzy potrafią pisać o n i c z y m ; zdawało mi się że o c z y m ś sam niekiedy potrafię, ale to stosunkowo łatwe, dopiero pisanie o niczym jest prawdziwą próbą i miarą twórcy; o niczym, dorzucę teraz, które napisane staje się namacalnym czymś; a więc może zawsze było czymś, tylko wydawało się niczym, napisanie zaś wydobyło z niego to, czym było naprawdę; zdjęło pozór niczego i wszystkim ukazało c o ś ; oto sztuka, za którą tęskniłem i nadal tęsknię.

Nadal też nie potrafię o n i c z y m ; tylko że teraz boję się jeszcze gorszej przygody: że c o ś ledwie tknięte zamieni się w nic i zostanę z bardziej pustymi rękami niż przed próbą pochopnie podjętą; tam, gdzie – czułem – coś się działo, poruszało, kipiało, nic się dziać nie będzie, zapanuje cisza i bezruch; i zniechęcony odsunę w końcu kartkę mówiąc sobie z przekonaniem: nie mam o czym pisać – nic się nie dzieje.

Jeżeli nic się nie dzieje w życiu – nie chce się dziać w obecności kogoś, kto na to dzianie się czatuje by je przyłapać – to zawsze pozostaje sztuka, ta, która już jest, już zrobiła swoje, starczy ją odebrać i utrwalić moment odbioru; kiedy nie dzieje się nic innego, dzianiu się sztuki można wyjść naprzeciw; i tylekroć zdarzy się, że zbawienna wtórność obcowania ze sztuką przeistoczy się w pierwotność i niezbędność własnej wypowiedzi; małoż to razy sam chwytałem się tego?

Lecz znowu: czytam, słucham muzyki, oglądam obrazy, chodzę do teatru i kina – i nie mam o czym pisać – nic się nie dzieje; nie, żeby te książki i przedstawienia były złe czy nijakie; sprawiają mi nawet przyjemność (przynajmniej niektóre), trochę o nich myślę, trochę rozmawiam; ale na tym koniec – nic się nie dzieje; no, powiedzmy – niewiele się dzieje; nie tak dawno chodziłem na przykład przez dwa tygodnie na konfrontacje filmowe, sporo filmów podobało mi się, ale dziś jako tako pamiętam już tylko jeden, z którego ludzie wychodzili i który sam oglądałem z przykrością – „Casanovę" Felliniego; ten film o mechaniczności, sztuczności, chłodzie istnienia, o mechaniczności, sztuczności i chłodzie tego, co egzystencji bohatera nadać miało legendarny sens – jego pasji erotycznej, jego męskiej potęgi; o żałosnym Casanovie, bodaj raz tylko w życiu znajdującym okruch ciepła ludzkiego i kobiecego... W ramionach nakręconej lalki; o starym, ubogim Casanovie, któremu nic nie zostało po bujnym życiu – nawet wspomnień, których chciałaby słuchać młodzież: o Casanovie tak śmiesznym, że aż ściska serce.

Może po to, żeby coś się działo, musi razić i ranić?

Może za łatwo, za oczywiście mi w życiu, którym żyję, za wygodnie w sztuce, w której szukam schronienia?

Tej hipotezy także jednak starczy na krótko – zbyt krótko, żeby z przyjęcia jej lub odrzucenia wyniknąć potrafiła p r z e m i a n a , której mi trzeba.

Nadal nic się nie dzieje – nie mam o czym pisać.

Całe szczęście, że mogę w tym miejscu urwać.

Kwiecień 1978

POECI

13 kwietnia w Penclubie – dla uczczenia 35 rocznicy powstania w Getcie – wieczór poezji Władysława Szlengla. Wprowadzenie Władysława Bartoszewskiego i Ireny Maciejewskiej, wiersze i prozę Szlengla czytali Zofia Mrozowska i Aleksander Bardini. Sala pełna, przejęta. Nieco wcześniej (ale sięgnąłem po ten tomik już po wieczorze w Penclubie) ukazał się nakładem PIWu – także z opaską „W 35 rocznicę powstania w Getcie warszawskim" – wybór Szlengla pt. *Co czytałem umarłym* (tytuł, jaki sam autor zdążył nadać komentarzowi do swoich wierszy, spisanemu zanim i jego wyciągnięto ze schronu i zamordowano). Słuchałem więc i czytałem Szlengla, i – poza wszystkim innym – kołatało mi się po głowie niedowierzające pytanie: czy Szlengel był poetą? jakim był poetą? Bo te wiersze, jeżeli przysłuchać się im, przypatrzeć z bliska, bardzo są nieporadne, pełne językowego banału i po prostu złego języka, o wyświechtanych lub niezręcznych rymach, potykającym się rytmie, i takie jakieś kabaretowe, czy może gazetowe, naśladujące pewien łatwy stylik przedwojenny, tylko bez jego gładkości i werwy. Wszystko to dostrzegałem, słuchając i zwłaszcza czytając Szlengla – a jednak... A jednak nie potrafiłbym tak zdecydowanie odsądzić Szlengla od poezji – coś w tych wierszach było, co kazało i mnie połączyć się w skupieniu i wzruszeniu z publicznością w Penclubie – i nie potrafiłbym też twierdzić, że to coś istniało wyłącznie poza poezją, było zjawiskiem od poezji odmiennym i niezależnym. Im dłużej o tym myślę, tym jaśniejsze staje się dla mnie, że jeżeli Szlengel nawet nie był poetą z bożej łaski, z płomiennego natchnienia, z głębokiej kultury języka – to stawał się nim w jakiś sposób z łaski Życia i Śmierci, z natchnienia tych ginących, dla których tworzył, z kultury bezdennego cierpienia i bolesnego zapadania się w czeluść dziejów wraz z całą społecznością, do której należał. Nieprawda, że to są kategorie „pozapoetyckie". Może to najokrutniejszy sposób stawania się poezji, ale właśnie jako jej tchnienie – jedyne, które nawet niewprawne, kiepskim językiem napisane utwory ocala niekiedy dla potomności – odczuwam to, co każe nam dzisiaj na nowo odczytywać, ot, taką chociażby „kartkę z dziennika akcji":

Dziś widziałem Janusza Korczaka,
Jak szedł z dziećmi w ostatnim pochodzie,
A dzieci były czyściutko ubrane,
Jak na spacer niedzielny w ogrodzie...

*
**

W nocy z 9 na 10 maja znaleziono umarłego w łóżku poetę Witolda Dąbrowskiego — mojego młodszego kolegę i przyjaciela, którego pamiętam jako chłopca o wielkich wilgotnych oczach i delikatnym puszku na wardze, jako debiutanta przed drukiem, maturzystę z prowincji, dopiero co przybyłego na studia do znanej sobie z dzieciństwa Warszawy. Był rok 1951, Witold miał osiemnaście lat, pierwsze próby poetyckie za sobą — i wszystko przed sobą. Te pierwsze próby zdumiewały nie debiutanckim bynajmniej opanowaniem formy; ale prawdziwe, wielkie przygody poetyckie były jeszcze przed nim — i dzięki Bogu, w tym zbyt krótkim życiu, zdołał zaznać ich wszystkich. Taką przygodą była dzielona z pokoleniem żarliwa wiara w czekającą za horyzontem Kolchidę, o której śpiewano w STSie:

Wiem, Kolchida jest.
Wiem na pewno — jest.
Ktoś tam dopłynie, wiem.

To Dąbrowski, współtwórca tego teatru, tak ważnego dla wielu z nas, dla całej epoki w naszym życiu, był autorem „Piosenki o Kolchidzie"; umieścił ją również w swoim pierwszym tomiku — *Rocznik 33* — wydanym w roku 1959; tomiku, w którym motyw łodzi i wiosła Jazonowego powtarza się wielokrotnie, aż do wiersza na ostatniej stronicy, gdzie brak już tej pewności z „Piosenki o Kolchidzie", ale na nowo pochwalony zostaje „Jazona niepoprawny gest" i poeta zaleca:

Płyń.
Vivere non est necesse,
navigare necesse est.

Następne zbiorki to: *Koncert hebanowy* (1966), *Ognicha* (1971) i *Arrasowanie* (1976). Piąta książka — *Portret trumienny* — istnieje, jak na razie, w maszynopisie. I we wszystkich tych tomikach — rozgrywa się dramatycznie największa przygoda poetycka Witolda Dąbrowskiego — przygoda p o l - s k o ś c i — poetyckiego istnienia w tym zgrzebnym krajobrazie, który tylekroć malował na przykład:

ta mi tu ziemia spod pokrzyw, spod podków,
w życie i w owsie, i w chwaście,
to mi tu niebo, a na nim w pośrodku
bocian i chmur kilkanaście,

w tej historii („w historii zakochany jestem jak mój naród" — pisał), w tej tradycji, tym obrzędzie, tym śmiertelnym przeznaczeniu, któremu patronują — jak w jednym z wierszy *Koncertu hebanowego* —

anioł brzózek smoleńskich,
anioł drutów kolczastych,
anioł płytkich okopów Kutna,

w tym wreszcie słowie, którego dźwięczności i szorstkości, czary i jady, źródła podziemne i powinowactwa, jawne i ukryte znaczenia znał intymnie, które ukochał był z wzajemnością, w słowie, którym posługiwał się z taką naturalnością i szczodrobliwą swobodą, jak nikt inny w tym pokoleniu.

Istotą zaś jego rdzenności, jego Polski nigdy nie była pycha ani pogarda; należała do niej natomiast, była jej nieodrodną częścią, wielokrotnie zaświadczona miłość, zrozumienie i współczucie dla ludzi innej wiary i obyczaju – dawnych mieszkańców tej samej ziemi, jak również sąsiadów.

Jedna z owych sąsiedzkich kultur zafascynowała go specjalnie; wynikiem tej fascynacji, a więc kolejnej przygody, była ogromna praca, której oddawał się przez wiele lat, praca niekiedy natchniona i błyskotliwa, zawsze rzetelna i wyczerpująca, nad przyswojeniem polszczyźnie wybitnych dzieł literatury rosyjskiej; dokonań jego w tej dziedzinie nie będę wyliczał (w nekrologu napisaliśmy: „tłumacz Bułhakowa i Okudżawy"), ale kiedy przyjdzie czas na wydanie wyboru tłumaczeń poetyckich Dąbrowskiego, wszyscy zdamy sobie sprawę z wymiarów tego, co zrobił i w tej dziedzinie.

Ostatnią przygodą Witolda Dąbrowskiego, o której teraz myślę, była przygoda odrębności poetyckiej, własnej drogi, uniezależnienia kształtu swojej poezji – przy całej wspólnocie pokoleniowej i nie tylko – od tego, co robili inni, oddzielenia się, odgraniczenia od języka poetyckiego innych, osiągnięcia wspaniałej, choć zarazem na swój sposób gorzkiej, s a m o t n o ś c i a r t y s t y – jedynego w tym właśnie obliczu i spełniającego się w swoim losie. Nie przeczuwałem jednakże, kiedy po *Arrasowaniu* dotarła do mnie najwyraźniej świadomość niezaprzeczalnej już odrębności Witolda (i pisałem o tym w tym miejscu), iż los tak widocznie spełniający się tutaj jest już prawie losem spełnionym...

Jedno wiem o Witoldzie Dąbrowskim na pewno: że był przede wszystkim poetą, był nim przez całe życie, a od wszystkiego, co nie było poezją – stronił. Kiedy zaś zdarzało mu się robić coś innego niż pisać wiersze, to było tak, jakby te same brzozy i chmury i fale i anioły, które po nocach dyktowały mu jego najpiękniejsze strofy, tym razem nakazywały poecie taką obecność w swoim czasie, w swoim narodzie. Jak w wierszach, tak i w życiu, wychodził na spotkanie swemu losowi.

Już nie był tym chłopcem, którego ciągle pamiętam – posiwiały, zgarbiony, z zaczerwienionymi oczyma, wydawał się starszy niż był naprawdę. I przecież czegoś całkiem realnego dla każdego z nas bał się, kiedy pisał:

I jest już ten ziębiący cień,
który gęstnieje nieustannie,
a nie wiadomo, skąd się sączy,
aż wreszcie nieoczekiwanie
któregoś dnia nadchodzi dzień,
że nie patrzymy młodym w oczy.

Bał się, mimo że z pewnością mógł spojrzeć w oczy samemu sobie sprzed lat, swoim wierszom i tym nowym młodym, którzy go otaczali.

Maj 1978

WOJNA SKUTECZNA
Z SZYDERCAMI

Nareszcie mam ulubione czasopismo.
Dawno już nie miałem ulubionego czasopisma.

Teraz stał się nim „Ekran" — tygodnik, wbrew mylącemu tytułowi, nie wyłącznie filmowy, ale ogólnokulturalny i społeczny, dysponujący m.in. takimi piórami, jak Redaktora „Poezji" Bohdana Drozdowskiego i Redaktora „Miesięcznika Literackiego" Włodzimierza Sokorskiego.

„Ekran" jest moim ulubionym czasopismem za swoją bojowość, nieprzejednanie i odwagę w walce z zagrażającymi nam szydercami.

Gdyby nie „Ekran", może w ogóle nie zauważyłbym istnienia szyderców (zwanych też niekiedy prześmiewcami i odbrązawiaczami).

Tymczasem w jednym tylko numerze „Ekranu" (Nr 16 z 16.IV.1978) słowa „szydercy", „szyderstwo, „szydzić" pojawiają się w tekstach różnych autorów — jeśli dobrze policzyłem — dwanaście razy; za trzynastym użyto bliskoznacznego „prześmiewiska".

W jednym tylko niedługim artykule z cyklu „Potyczki ze sztuką" („Ekran" nr 20 z 14.V.1978) słowa te pojawiają się pięć razy: „szydercze") „jak zwykle gdy o szydercze racje chodzi, w kąt rzucono — podnoszone chętnie przy innych okazjach — komunały o etyce i moralności dziennikarskiej"), „szydercy" („Na kanwie tej tragedii szydercy zbudują swój perfidny przewód"), znowu „szydercy" („Mówią także młodzi, których szydercy od lat namawiają do bierności i oportunizmu"), „szydercy" po raz trzeci („niech zapamiętają sobie tę wypowiedź szydercy"), wreszcie „szyderstwem" („działania Hubalczyków kwitowano drwiną, szyderstwem i kłamstwem").

Szyderców, jak się okazuje, nazwano szydercami nie bez powodu. Witold Rutkiewicz, „Ekran" nr 27 z 2.VII.1978: „Ta «szkoła myślenia» nie bez powodu nazwana więc została «szyderczą»; jej zadaniem jest podważać — gdzie się tylko da i jak się tylko da — autorytet artystyczny i moralny polskich pisarzy, kompozytorów, malarzy, reżyserów, zaś celem dalekosiężnym — utrwalenie w Polakach pogardliwego stosunku do tradycji."

A dlaczego tak się uwzięli? Grzegorz Królikiewicz, „Ekran" nr 22 z 28.V.1978: „Wydaje się, że jest odpowiedź. Ich kapitalny talent burzenia i grafomania w budowaniu czegokolwiek bierze się z ułomności. Brak w ich osobowości rysu specyficznego naszej tradycji i kultury czynu. Przez swą spekulację, umiejętności imitatorskie, talenty dźwiękonaśladowcze racjonaliści ci potrafią tylko manipulować – na złe – w oparciu o tresurę uzdolnień do kombinatorki. Żyją ersatzami. Nie ma w nich istotnej kultury czynu, bo oni znajdują się poza wszelką kulturą, do żadnej ściśle nie należąc." Szydercy, choć jeszcze tak nie nazwani, już przed wojną szkodzili kulturze polskiej. Z wywiadu ze Stanisławem Szukalskim (znakomitym polskim rzeźbiarzem, od 1939 roku zamieszkałym w Stanach Zjednoczonych, którego pierwsza po wojnie krajowa wystawa rzeźb i rysunków czynna jest w krakowskim Pałacu Sztuki" – „Ekran" nr 22): „Krytycy zawodowi mnie nienawidzili, gdyż miałem dla nich niepohamowaną wzgardę, jako do pretensjonalnych prowincjuszy, którzy jedynie w obcorodnej dekadencji – tak zwanym modernizmie – chcieli widzieć wartości, a Matejkę, Wyspiańskiego, Malczewskiego, Stryjeńską, Szukalskiego usiłowali traktować poniżej swych kuprów bezpiórnych. Nigdy w życiu nie spotkałem tak zadufanych w sobie arogantów jak polscy krytycy. Wszakże to oni spopularyzowali Picassa i innych praktykantów tzw. sztuki demokratycznej, to jest – w moim przekonaniu – bezmyślnego gryzmolenia."

Po wojnie szydercy układali szydercze podręczniki historii Polski („Przyzwyczajony do «racjonalnego» wchłaniania wiedzy historycznej z zakłamanych podręczników mojego dzieciństwa, podręczników wpędzających mnie w bagno szyderstw z własnej tradycji..." – Krzysztof Wojciechowski w „Ekranie" nr 16 z 16.IV.1978), naigrywali się z wojska („wielu z nas, dziennikarzy wojskowych, przeżywało fatalne uczucie bezsilności wobec fali szyderstwa godzącej w żołnierską tradycję" – ppłk Bohdan Świątkiewicz, tamże), kręcili szydercze filmy, jak „Popioły" według Żeromskiego („Kiedy teoria tych «szyderców» przeszła w dzieło sztuki filmowej – mieliśmy od razu «Popioły»" – Bohdan Drozdowski, tamże), mało tego: podstępnie pisywali scenariusze i do takich filmów jak „Hubal" (chodzi o Jana Józefa Szczepańskiego, scenariusz publikowany w „Dialogu" – przyp. W.W.), czujny reżyser Poręba „odszedł wszakże od założeń ideowych pierwowzoru literackiego: zamiast oszczerczym manuskryptem, posłużył się prawdą historyczną" („Ekran" nr 20 z 14.V.1978). I dlatego prawdopodobnie „krytyka nie skąpiła filmowi inwektyw, szkalowano Hubala na łamach tej prasy, która do dziś chce się uważać za «liberalną»" (tamże; z uznaniem odnotujmy utożsamienie krytycznego stosunku do filmu „Hubal" ze stosunkiem do samego Hubala i Hubalczyków – to przykład skutecznej strategii w walce z szydercami).

Obecnie żyjemy „w chwili dla kultury polskiej szczególnie ważnej, gdy szydercy... – bywa – nadal tu i ówdzie podnoszą głowy, by atakować wartości najdroższe i najbliższe polskiemu myśleniu i polskiemu sercu" (Bohdan Poręba w „Ekranie" nr 16 z 16.IV.1978). Walka, jaką w obronie wartości najdroższych toczyć muszą ideologowie skupieni wokół „Ekranu", jest więc trudna i dramatyczna, i przebiega na wielu frontach. Ze sprawozdania na przykład z Ogólnopolskiego Festiwalu Filmów Krótkometrażowych w Krakowie („Ekran" nr 25 z 18.VI.1978) dowiadujemy się z niepokojem, że i tam pojawili się szydercy – zarówno wśród twórców stających do konkursu, jak i wśród sprzyjających im jurorów. Tym razem nie poszło o ułanów, lecz o przodowników pracy. „Pracę – czytamy – można traktować jako szansę i

190   WIKTOR WOROSZYLSKI

nobilitację, można też kpić z niej i dworować. Faworyt Krzysztofa Kieślowskiego, Bohdan Kosiński, autor «Zegarka» wybrał optykę drwiny i szyderstwa z pracy, ściślej: ze sposobu nobilitacji jej dodatnich wyników... Dziwne, że ten nierzetelny i tak uproszczony schemat znalazł wśród jurorów orędowników. Zwyciężył wszakże zdrowy rozsądek i szczypta taktu: «Zegarka» nie nagrodzono!" Jednakże i tym triumfem nad szydercami nie dano nam długo się cieszyć, bo oto dalszy ciąg sprawozdania: „Najlepszą reprezentację przysłała Wytwórnia Filmów Dokumentalnych; twórczość autorów WFD wyróżniała się dobrze pojętym społecznikostwem i równie mądrym, konstruktywnym krytycyzmem. Ponieważ nie kontestowała, juror Krzysztof Kieślowski chciał nagrodzić «Zegarek», jedyny film jaki to ogólnie dobre wrażenie nieco mącił. Próba się nie udała, za co pokarano innych realizatorów WFD, manifestacyjnie pomijając ich w rozdzielniku apanaży." Sprawozdawca – odnotujmy znowu z satysfakcją – zna zatem dokładnie przebieg obrad jury, zasadniczo niejawny, i ukryte sprężyny postępowania poszczególnych jurorów; nie kryje wreszcie przed czytelnikami, o co naprawdę chodzi w takim konkursie – nie o honory, nie o ambicje artystyczne, nie o takie lub inne widzenie świata – po prostu o „apanaże"! Nie dość mocni, żeby je zapewnić jednemu ze swoich, szydercy okazują się czasem wystarczająco potężni, aby przeszkodzić pobraniu apanaży przez innych!

Przykładem perfidnej działalności szyderców jest spowodowanie przez nich – przy pomocy negatywnych recenzji – niechętnej reakcji publiczności na film „Antyki" Krzysztofa Wojciechowskiego. „Ekran odpowiedział na to opublikowaniem dwuodcinkowej (nr 25 z 18.VI.1978 i nr 27 z 2.VII.1978) dyskusji o „Antykach", w której przekonywająco udowodniono, że to, co poczytuje się reżyserowi za niezręczność, zły gust, szmirowatość, słabe rozeznanie w sztuce, jest w rzeczywistości walorem filmu! Oto istotne fragmenty jasnej i precyzyjnej wypowiedzi Grzegorza Królikiewicza: „...szydercy wykorzystują często pewien artystyczny paradoks. Z historii sztuki, z podręczników edukacji powszechnej wiemy, że sztuka to np. Rembrandt i Goya, zaś szara codzienność to szmira i jarmark. (Jednakże) poprzez anektowanie tego, co jest kiczem i bohomazem, a zarazem – poniżej średniego gustu inteligenta polskiego Wojciechowski dokonuje wielce znaczącej operacji merytorycznej. Bierze pod ochronę wszystko, co rozbudza swoisty rodzaj trafnego stereotypu uczuciowego. Jest to o tyle ważne, że Wojciechowski odnosi się do faktów, które występują w naszej rzeczywistości kulturalnej, nie zaś tylko do zjawisk, które jak Rembrandt, jak van Gogh, jak Picasso – nigdy nie będą wyłączną własnością naszej tradycji kulturalnej."

Nie mniej wartościową formą perswazji – zestawem listów od czytelników – posługuje się redakcja w związku ze wznowieniem widowiska telewizyjnego samego Królikiewicza (przez niedopatrzenie tylko znalazł się w zestawie list, który został następnie przez rzekomą autorkę zakwestionowany na innych łamach). We wstępie zaś do listów – i tym cytatem chciałbym na razie uwieńczyć moją pochwałę walczącego czasopisma kulturalnego – wskazuje zastępca redaktora naczelnego „Ekranu" Witold Rutkiewicz: „Szydercy, którzy kontynuują próby podważania moralnych wartości określających nasze charaktery, naszą etykę i naszą godność, niechaj uważnie wczytają się w te listy, pisane nie zawsze błyskotliwym stylem profesjonalnych publicystów, ale zawsze – otwartym umysłem i gorącym sercem. Niech przeczytają i wyciągną wnioski tak bardzo dla nas, choć może nie dla nich krzepiące. Proces społecznej destrukcji, oparty na przekłamywaniu faktów i tendencyjnej ich interpretacji, sianie swoistego zamętu i nietolerancji dla optyki innej niźli szydercza, nie dały zamierzonego rezultatu. Nasze społeczeństwo pozostało społeczeństwm zdrowym, więc o t w a r t y m   n a   i d e e   k o n s t r u k-t y w n e , zgodne z naszym etosem moralnym." (Nr 24 z 11.VI.1978).

Wierzę głęboko, że konstruktywna idea walki z szydercami będzie nadal owocowała tak krzepiącymi wypowiedziami na łamach mojego ulubionego czasopisma.

P.S. – W chwili, gdy zamierzałem odnieść ten pochwalny felieton do Redakcji, ukazała się „Polityka" (nr 30 z dn. 29.VII.1978) z artykułem Piotra Moszyńskiego pt. „Ważne jest, że się bije", poświęconym bojowej publicystyce „Ekranu". Autor – chyba nie szyderca, raczej ponurak – zdaje się nie doceniać doniosłej roli ideowej i moralnej nieustającego natarcia „Ekranu" na plugawego smoka szyderstwa. Pisze on: „Obecny mechanizm funkcjonowania «dyskusji» w «Ekranie» to mechanizm neurotyczno-obsesyjny, rozbudowany wokół walki z wymyślonym wrogiem... Jest to wróg stworzony przez siebie, dla siebie i na swój obraz i podobieństwo. W psychologii istnieje termin, który akurat do nazwy «Ekran» pasuje jak ulał: «projekcja». W psychologii oznacza on przypisywanie innym ludziom własnych nie akceptowanych cech. Chyba dlatego na «Ekranie» tak często pojawiają się pomówienia innych o agresywność, «szyderstwa», zadufanie w sobie i nieuczciwość." Moszyński posuwa się do propozycji pewnej pobłażliwości dla bojowników z „Ekranu": „Rzeczą ludzką jest zareagować neurotycznie na fakt, że pismo, w którym przekazuje się tyle własnych przemyśleń, wątpliwości i propozycji, jest od lat kupowane głównie z powodu ładnych obrazków lub – że filmy, które się robi, zamiast spodziewanego zachwytu i żywiołowej dyskusji nad ich rozwartą głębią intelektualną, wywołują krzywienie się krytyki i brak zrozumienia wśród publiczności..."

Co do mnie, to mimo iż z rosnącym niepokojem obserwuję również u siebie skłonności do szyderstwa (jest, jest takie zagrożenie – „Polityka" nie ma racji, że to wróg wymyślony!), kampanię „Ekranu" traktuję z całą powagą, na jaką zasługuje.

Lipiec 1978

NA KURCZĄCYM SIĘ SKRAWKU

Pośród wielu różnic pomiędzy młodością a wiekiem starszym najbardziej może wyczuwalna dotyczy rozmiarów i dynamiki świata: za młodu nasz świat rośnie, rozszerza swoje granice, zaludnia się coraz gęściej – później zaś maleje, kurczy się i kruszy, coraz więcej w nim wyrw i ubytków, pomniejszających go nieobecności, pustych miejsc po czymś co odeszło i po kimś kto odszedł.

Granicę tę przekraczamy najczęściej niepostrzeżenie, dopiero poniewczasie zdając sobie raptem sprawę, że jesteśmy po drugiej stronie, nie na rosnącym, lecz na kurczącym się skrawku bytu; i zaczynamy lepiej rozumieć słowa Johna Donne'a, postawione przez Hemingway'a jako motto przed *Komu bije dzwon*: „Żaden człowiek nie jest samoistną wyspą; każdy stanowi ułomek kontynentu, część lądu. Jeżeli morze zmyje choćby grudkę ziemi, Europa będzie pomniejszona, tak samo jak gdyby pochłonęło przylądek, włość twoich przyjaciół czy twoją własną. Śmierć każdego człowieka umniejsza mnie..."

Naturalnie – miewa i młodość swoje straty i rany, miewa wiek późniejszy nowe spotkania, olśnienia, przyjaźnie, i zdarza się wypełnienie pustych miejsc nową obecnością znaczącą i intensywną.

Ale zasadnicze prawo przybywania i ubywania, rozszerzania i kurczenia się świata w młodości i wówczas, kiedy młodość przeminie, jest właśnie takie.

Niestety – jestem już po tej drugiej stronie; coraz więcej ludzi, których istnienie określało mapę i granice mojego świata – ludzi bliskich mi, ważnych dla mnie albo po prostu takich, których współobecność ze mną na tym padole była samą rzeczywistością, jej porządkiem, barwą i konsystencją, coraz więcej takich ludzi, coraz częściej i coraz pośpieszniej przenosi się na inne łąki, i rzeczywistość zmiania charakter, i sam się zmieniam, staję się inny i mniejszy.

Minione lato (którego jakby nie było) i wczesna jesień (która aż zanadto była) znowu obfiowały w te odejścia. Ledwie zdążyłem pożegnać (także i w tym miejscu) Witolda Dąbrowskiego, poetę – i nie zdążyłem pożegnać Piotra Zaborowskiego, młodego aktora, w którego romantycznej piosence na scenie STSu przed nie tak wielu laty rozlegały się już kroki przedwczesnej zagłady — kiedy umarł, spokojnie i dyskretnie jak żył, jakby starając się nie zaprzątać niczyjej uwagi swoją skromną osobą, „pan Puchatek", Wacław Zawadzki, któremu jakiś czas temu, na czyjeś niepokoje o niego, zdarzyło się odpowiedzieć z dobrotliwym uśmiechem: „Jedno mi nie grozi — że umrę młodo..." Z tym pokrzepiającym przeświadczeniem (na każdą smutną lub niebezpieczną okoliczność życia znajdował pokrzepiające przeświadczenie) dreptał pomiędzy ludźmi, nieduży, okrągły, z białym puchem na skroniach... Poznałem go ponad dwadzieścia lat temu, był wówczas wicedyrektorem Państwowego Instytutu Wydawniczego, a ja coś wydawałem w tej oficynie, i pewnej środy zgłosiłem się do kasy po honorarium. Ale honorarium nie było w kasie — za tydzień, powiedziano — i bardzo zawiedziony, bo chodziłem bez grosza, z markotną miną wysunąłem się na korytarz. Tu spotkałem pana Zawadzkiego, z którym znaliśmy się do tej pory co najwyżej z widzenia. Obrzucił mnie bystrym spojrzeniem i współczująco stwierdził: „Co, nie zapłacili"? Kiwnąłem głową, a on bez namysłu sięgnął po pugilares: „Pożyczę panu do wypłaty" — i zaskoczonemu wsunął kilka banknotów, czyniąc to w dodatku jak coś najzupełniej oczywistego. Ani przedtem, ani potem nie słyszałem o wydawcy, który w podobny sposób z własnej kieszeni naprawiałby opieszałość swego działu finansowego...

Panu Wacławowi zawsze wydawało się oczywiste, że potrzebującego należy wesprzeć, chorego — odwiedzić w szpitalu, zatroskanemu — dodać otuchy; dobroć praktykował na co dzień, z ujmującą prostotą, bez pozy i bez wahania.

Epizod przed kasą wdzięcznie zapamiętałem, ale do serdecznej zażyłości doszło między nami o wiele później, kiedy mieszkałem już z rodziną na Żoliborzu (przenieśliśmy się tutaj dziesięć lat temu) i pan Wacław zaczął do nas po sąsiedzku zaglądać. Teraz poznałem charakter miłości jego życia — umiłowania książek; wiedząc bowiem już przedtem, że jest znakomitym wydawcą, a także bibliofilem, właścicielem pięknego księgozbioru, znawcą książki polskiej (i nie tylko), smakoszem formy edytorskiej, specjalistą w dziedzinie XIX-wiecznych pamiętników, erudytą, dopiero w tych latach bliższego z nim obcowania zdałem sobie sprawę, że nade wszystko jest zapalonym czytelnikiem, że namiętności zbieracza stoją u niego (inaczej niż u wielu bibliofilów) na dalszym miejscu, na pierwszym zaś — potrzeba codziennego współżycia książką, dla jej treści, dla zawartych w niej wiadomości o świecie, dla myśli, które budzi, dla żywych uczuć... I tak się stało, że w trakcie naszych spotkań, rozmawiając o różnych rzeczach, o polityce, o znajomych, o tym, co usłyszał przez radio, najwięcej uwagi poświęcaliśmy książkom; za każdym razem też dokonywaliśmy jakiejś wymiany, oddawaliśmy sobie nawzajem książki pożyczone przedtem i pożyczaliśmy nowe, i dzieliliśmy się wrażeniami z lektury; i choć moja biblioteka była z pewnością mniej bogata niż jego, ale była nieco inna, więc korzystał z niej chętnie, i również za ostatnim razem, kiedy widzieliśmy się kilka dni przed śmiercią pana Wacława, odniósł mi jakieś tomy i jakieś zabrał i jak zwykle rozmawialiśmy o nich; i dlatego, patrząc na te półki, wśród których trawię życie, myślę, że i moją bibliotekę osierociła ta nagła śmierć spokojna i cicha...

Nie odprowadzałem pana Puchatka w ostatnią drogę — nie było mnie w Warszawie — i niewiele dni później, ciągle w sierpniu, nie uczestniczyłem także w pogrzebie Krystyny Grześczakowej — młodej, ładnej kobiety kochającej i kochanej, troskliwej i otoczonej troską, a ponadto – utalentowanej plastyczki, której ostatni cykl obrazów, malowany już w trakcie choroby, wstrząsnął mną kilka miesięcy temu, nie było to bowiem po prostu malowanie, lecz przejmujące wołanie farb, kształtów, symboli: nie zakopujcie mnie żywcem! wypuśćcie mnie z tego grobu! z tego mroku! – i właśnie oglądając owe obrazy poczułem, że Krystyna odchodzi w nieuniknione, że to, o czym wszyscy wiedzieliśmy, ale nikt nie mówił jej, ani ona nie mówiła nikomu, czai się już tak blisko, i że chociaż w fakcie, iż zdołała zamienić to w sztukę, tkwi może jedno z niewielu dostępnych człowiekowi zwycięstw nad nadciągającą pustką, drugie zaś może jeszcze istotniejsze, trwa w sile i czułości mężczyzny, otaczającego ją do końca ramieniem, to przecież ten grób otwarty, ten mrok zachłanny już jej nie wypuści, tylko będzie wciągał aż do kresu – kresu, który oto nastąpił.

Również malarzem, lecz prawie o pokolenie starszym od Krystyny, znanym (tego lata, kiedy umierał w Nicei, o czym mieliśmy się dowiedzieć z opóźnieniem, jego sławne obrazy można było obejrzeć na wystawie „Arsenału" w Gorzowie), był mój przyjaciel Marek Oberländer, niegdysiejszy kierownik Salonów „Po prostu" i „Nowej Kultury". U Marka było bodaj na odwrót: smutkiem i dramatyzmem wibrowała jego sztuka za młodu – było to chyba jeszcze echo wojny, strat najbliższych, gorzkiej tułaczki – a z biegiem lat zagościła w tej sztuce pogoda, harmonia, nawet radość; i wydaje się, że malarz świadomie pokierował swoim życiem w ten sposób, by uczynić możliwą taką właśnie ewolucję; kiedy przed kilkunastu laty ciężko zachorował na serce, podjął wędrówkę (a może ucieczkę) od naszych wiatrów, niżów, powłoki chmur ołowianych nad głową – pod jaśniejsze niebo, cieplejsze słońce, w krajobrazy obojętniejsze, lecz bezpieczniejsze; i tak dotarł do swojej prowansalskiej przystani, której świetlistość zaczęła rzucać odblask także na jego kartony i płótna; i zanurzenie się w tej nowej fakturze istnienia było zarazem stawianiem czoła chorobie, która zaczynała czas kolejnymi zawałami i zapaściami, i zadośćuczynieniem za mroźną młodość, i pójściem za dobroczynnym instynktem życia, wbrew cieniowi śmierci – przy czym okazało się, że i taki wybór losu może wyzwolić sztukę nie byle jaką... Obcowałem z nią stale – nie tylko dzięki temu, że kilka obrazów Marka wisi i żyje w moim domu, i teraz też od biurka popatruję na jeden, ulubiony – ale i dzięki temu, że przez wszystkie te lata spotykaliśmy się, skutecznie dążyliśmy do spotkania, parokrotnie odwiedziłem go w Nicei, innym razem przyjeżdżał do Paryża, gdzie akurat byłem, łącznie było tych spotkań ze sześć, każde jednak wielodniowe, intensywne i pełne jego nowych obrazów, namalowanych w przerwie między naszymi widzeniami... Ostatnie moje tête-à-tête z Markiem Oberländerem i jego malarstwem – to Paryż, skwarne lato 1976, i podparyska willa jego znajomego, polskiego inżyniera, który zrobił karierę we francuskiej firmie, ma wysokie stanowisko, duże zarobki, i zakupił tyle obrazów Marka, że zajął nimi niemal wszystkie ściany w swojej rezydencji. Oglądałem te obrazy z radością i odczytywałem w nich radość twórcy; parę dni później pożegnaliśmy się na lotnisku, ciągle wierząc, że to nie na zawsze...

Lilę Brik pożegnałem niegdyś w Warszawie na dworcu Gdańskim, gdzie jej pociąg stał godzinę w drodze z Paryża do Moskwy; tym razem nie byłem pewny, czy to nie na zawsze, mimo że Lila, wielka miłość i muza Majakowskiego, dobiegając prawie osiemdziesiątki (teraz, kiedy z własnej woli zakończyła życie, dawno ją przekroczyła), była ciągle wspaniałą kobietą, piękną i błyskotliwą. Nigdy, ani przez chwilę, nie dziwiłem się fascynacji, jaką roztaczała – intelektualnej, erotycznej, po prostu ludzkiej. Ale teraz widziałem także kruchość bohaterki „O tym"...

Jakiś czas wcześniej, dzięki rozmowom z nią i korespondencji (został mi plik listów Lili Juriewny, głównie z okresu, kiedy pracowałem nad *Życiem Majakowskiego* i jej pomoc była dla mnie nieoceniona), jakąś swoją częścią przeniosłem się w tamtą niezwykłą epokę – drugą i trzecią dekadę naszego wieku – i będąc współczesnym Lili Brik, jak gdybym stał się także współczesnym Majakowskiego... Kiedy więc tego lata, upokorzona utratą sprawności ruchów, zdecydowała się powtórzyć gest poety sprzed prawie pół wieku – pomniejszony o jej odejście, poczułem się pomniejszony także o tamten świat, o tamtą epokę...

P.S. – W „Tygodniku Powszechnym" Kisiel po powrocie z siedmiomiesięcznej podróży poświęcił mi znaczną część powitalnego felietonu, stwierdzając, że ongiś byłby mnie utopił z rozkoszą, a po latach „zbrataliśmy się po chrześcijańsku" i że chętnie czytuje moje „zapiski z kwartalnym opóźnieniem". Bóg zapłać za dobre słowa – a o to, że relacjonując dwa felietony „więziowe" Kisiel mnie sobie trochę ustawił, nie mam pretensji. Najcieplej zrobiło mi się na sercu, kiedy przeczytałem fragment o poznanej w Paryżu „Francuzce na dobrym stanowisku", która po jakimś czasie najczystszą polszczyzną wyjaśniła „że pochodzi z Grodna i że... przy jej narodzinach asystował znany grodzieński lekarz, ojciec Wiktora Woroszylskiego". Mój wiecznie zapracowany ojciec, zmarły tuż po wojnie, kilka miesięcy po naszym osiedleniu się w Łodzi, ani byłby przypuścił, że po tylu latach gdzieś daleko będzie ktoś o nim pamiętał, a ktoś inny (i to kto!) uwieczni tę pamięć w druku...

Październik 1978

NAD NIEMNEM

Kiedyż, jak nie latem, wakacyjną porą, wracać do kraju dzieciństwa; wróciłem i ja; nie fizycznie, lecz poprzez lektury – i choć nie wybierałem ich po to specjalnie, żeby wrócić do Grodna, jakimś trafem same wyszły mi na spotkanie; ba, nawet w powieści autobiograficznej sędziwego pisarza rosyjskiego Kawierina pt. *Oświetlone okna* ktoś wdał się w romans z lekkomyślną wicegubernatorową grodzieńską (rzecz działa się przed pierwszą wojną światową); oczywiście, w tym wypadku o Grodno najmniej chodziło; w paru innych – chodziło o nie naprawdę.

Pisałem już w tym miejscu, po wieczorze autorskim Jerzego Sity, o pierwszym akcie jego sztuki historycznej *Polonez*, w którym Katarzyna II przyjmuje w Petersburgu delegację targowiczan z Sewerynem Rzewuskim na czele. Otóż od połowy aktu drugiego akcja sztuki (która w całości ukazała się w sierpniowym „Dialogu") przenosi się – po Warszawie – do Grodna, najpierw do domu barona Bühlera, pełnomocnika rosyjskiego przy Konfederacji Generalnej, następnie do Sali Sejmowej na Zamku Nowym i do izby szynkowej w zajeździe Borysewicza. Gdybym próbował streszczenia, wypadłoby to może nazbyt prosto; Sejm Grodzieński 1793 roku, zwołany z pogwałceniem prawa i tak też prowadzony w zimnym blasku carskich bagnetów, zatwierdził, jak wiadomo, drugi rozbiór Polski; Sito przywołuje ów złowrogi epizod historyczny, pokazując odmiany tchórzostwa, sprzedajności, głupoty, żalów poniewczasie, sterroryzowania, chwiejności, a także rozpaczliwy sprzeciw garstki posłów – i nie urozmaica akcji żadnym wątkiem „prywatnym", ascetycznie poprzestając na tym, co toczy się na scenie publicznej; a przecież porusza to i wzburza bardziej niż jakakolwiek misternie wysnuta fabuła ze zmyślonymi bohaterami – i wcale nie jest tak proste, jak mogłoby się wydawać. Końcowa scena w zajeździe Borysewicza (gdzie on mógł się znajdować? może naprzeciw Zamku, oddzielony od niego rzeką, na drugim, niższym brzegu Niemna, wśród bezładnych zabudowań przedmieścia? nie wiem dlaczego, tak to sobie właśnie wyobrażam) wnosi do posępnego obrazu nutę otuchy: bawiący *incognito* w Grodnie Tadeusz Kościuszko (fakt historyczny) szykuje się „obrać, jak cebulę, naród – z łusek i brudu", „udowodnić światu i sobie, że Ojczyzna wcale nie umarła, że chce żyć, choć ją przemoc do naga odarła". Słyszałem zdanie, że ta scena zakłóca gorzką tonację całości, jest więc nie na miejscu w *Polonezie*, mnie jednak ów nikły promień nadziei pośród grodzieńskiej nocy 1793 zdaje się mimo wszystko równie prawdziwy i potrzebny, jak cała reszta... Ale oto isurekcja upadła;w styczniu 1795 roku, zniewolony przez Katarzynę, ostatni król polski jedzie na osiedlenie do Grodna. „Jedzie porządnie kiedyś utrzymanym traktem, mijając znane miasteczka, osady czy wsie. Jest surowa zima i gęsty śnieg okrywa pola i drogi. Z okien karety widzi kraj, przez który przeszła wojna: sterczące kominy popalonych chat, rozwarte wierzeje opustoszałych doszczętnie gumien, wybite szyby, powyrywane drzwi martwych dworów." Ten opis drogi z Warszawy do Grodna pochodzi z książki Marii Żywirskiej *Ostatnie lata życia króla Stanisława Augusta* (PIW 1978), którą czytając nie musiałem już sobie wyobrażać, gdzie się co znajdowało, wszystko bowiem, jak to w monografii naukowej, zostało dokładnie usytuowane i udokumentowane, są nawet ryciny z epoki, przedstawiające m.in. przeprawę przez Niemen pod Grodnem, zamki Stary i Nowy, jest też późniejsza fotografia pobliskiej Łosośny, tak dobrze mi znanej; nietrudno mi więc było z o b a c z y ć to wszystko, łącznie z ogrodami, wieżami kościołów i pozostałościami budynków przemysłowych Tyzenhauza (niektóre istniały jeszcze za mojego dzieciństwa); wyobrazić sobie musiałem tylko życie nieszczęsnego monarchy, szpiegowanego, podsłuchiwanego, pilnowanego (autorka przytacza np. instrukcję Repnina dla dowódcy garnizonu w Grodnie, dotyczącą m.in. sieci podsłuchu w karczmach i traktierniach, gdzie bywała służba królewska), izolowanego od ludzi bliskich i otaczanego przez agentów... To lektura przejmująca; te uporczywe i w końcu daremne próby niezdetronizowanego jeszcze Stanisława Augusta bycia nadal królem; upokarzająca kuratela Repnina; kłopoty finansowe; czczość życia dworskiego, pozbawionego swojej najistotniejszej treści; złe nowiny dochodzące z całego kraju; bezsilność i słabość króla, niepewność losów własnych, rodziny i – Polski („...Zadość czyniąc życzeniom Wazej Cesarskiej Mości – pisał do Katarzyny – znajduję się w Grodnie, oczekując tu rozstrzygnięcia przyszłego losu Polski..."); mnożące się znaki nieodwołalnego już upadku; rosnące presje; wreszcie wymuszona abdykacja, w nerwach, w płaczu, podpisana w Grodnie 25 listopada 1795; na tym też wszakże nie koniec upokorzeń, smutków, różnych płonnych zachodów; jeszcze ponad rok pobytu w tym mieście; i wyjazd na zawsze z Grodna 15 lutego 1797 roku, tłumnie zgromadzeni żegnający króla mieszkańcy, odwilż, rozmokła droga do Szczuczyna...

Miałem tedy przed oczyma to wszystko, że ściśniętym sercem czytając doskonałą książkę Żywirskiej; ale było tak, jakbym wędrując po znajomych, bez trudu rozpoznawanych miejscach, dramat, który się w nich rozgrywał, ujrzał z bliska po raz pierwszy. Za mojego dzieciństwa niewiele się bowiem mówiło o Grodnie jako o siedzibie Stanisława Augusta; nie żeby w ogóle stroniono tam od historii, przeciwnie – poczucie historyczności rodzinnego miasta było wśród grodnian bardzo rozwinięte i wpajano je także dzieciom; ale chętniej wspominano dzieje dawniejsze, powszechnie używając na przykład peryfrazy „Gród Batorego", albo odwrotnie – nowsze: Powstanie Styczniowe, pobyt tutaj i działalność Elizy Orzeszkowej... Orzeszkową zresztą wielu ludzi jeszcze pamiętało; umarła niespełna ćwierć wieku przed moim pierwszym dniem w szkole, pomnik zatem w Ogrodzie Miejskim, niedaleko domu pisarki, dla niejednego przechodnia ożywał i rozjaśniał się surowym uśmiechem Pani Elizy... Powstańca styczniowego zaś, pana Rogaczewskiego, sam pamiętam: z siwym wąsem, w mundurze weterana, jeździł bryczką po Dominikańskiej, zawsze galopem, i wszyscy – dorośli i dzieci – kłaniali mu się, a on odpowiadał skinieniem głowy... No cóż, wolimy w historii momenty chwały albo przynajmniej nie całkowitej beznadziei, nie ma w tym nic dziwnego; a przegrane powstanie 1863 roku nie bez powodu wydawało się wstępem do triumfu roku 1918, powstaniec – to był dziad legionisty... Z okresem katastrofy narodowej i monarchą, który zdawał się jakimś jej uosobieniem, całkiem inna sprawa; toteż nie przemilczając wprawdzie, ale i nie rozwodząc się zbyt chętnie nad jego tragicznymi latami w Grodnie, moi ziomkowie i nauczyciele nie różnili się zanadto od rodaków i potomnych w ogóle. W zakończeniu swojej książki Żywirska opowiada o pośmiertnych dziejach Stanisława Augusta, m.in. o przewiezieniu zwłok do Wołczyna, gdzie pozostają po dzień dzisiejszy; to także niewesoła historia; a przecież z rosnącego dystansu ostatni król jest już nie tylko symbolem klęski i winy...

Nie wiem, czy w gromadach dzieci, biegnących za bryczką pana Rogaczewskiego, był również młodszy ode mnie o cztery lata Jurek Krzysztoń; nie znaliśmy się wtedy, choć mieszkaliśmy, jak się później okazało, w dosyć niedalekim sąsiedztwie; ale ja w chwili wybuchu wojny miałem dwanaście lat, a on osiem – to w tym wieku przepastna różnica; czas naszego koleżeństwa nadszedł więc dużo później, no i już nie w Grodnie. W *Wielbłądzie na stepie* – powieści Krzysztonia, która ukazała się tego lata – domyślam się rzeczywistej osnowy biograficznej; zresztą autor nie kamufluje tego, obdarzając bohatera własnym imieniem i podając autentyczny adres grodzieński: „budyneczek z pięterkiem, w którym odnajmowali cały parter, przy wąziutkiej uliczce Piaskowej, cichej bardzo"; ale książka ta nie dzieje się już nad Niemnem, tylko w Kazachstanie i Uzbekistanie, gdzie rodzina, o której mowa, znalazła się, wraz z innymi Polakami, w latach 1940-1942. Mimo wszystko, tonacja opowieści jest tym razem raczej pogodna niż dramatyczna; dostrzegłem nawet rodzaj nostalgii za tym stepem, w którym – co Krzysztoń rzetelnie opisuje – warunki życia wcale nie były łatwe; ale, po pierwsze, bardziej niż o czym innym jest to książka o dzieciństwie, uczeniu się przez dziecko świata, chłonięciu różnorakich spraw ludzkich, odkrywaniu siebie; a dzieciństwo, poza przypadkami krańcowymi, zawsze jest piękną na swój sposób przygodą i wspominamy je z sentymentem; po drugie zaś, i tym książka szczególnie ujmuje, autor jest człowiekiem dobrym, życzliwym każdemu, kogo napotka, pozbawionym uprzedzeń w stosunku do ludzi innej mowy, wiary, kultury, nie pamiętliwym, gdy chodzi o doznane zło, i wdzięcznym za każdy przejaw dobroci; cóż, tacy bywali wszak i XIX-wieczni polscy zesłańcy, po których pozostała niejedna relacja, i serdeczna, i niekiedy uczona, o ludach Syberii...Grodno pojawia się w *Wielbłądzie na stepie* jedynie jako wspomnienie doroślejszych bohaterów książki, ale wspomnienie nader wyraziste: „Gdy leżała z przymkniętymi oczami... przypomniały się jej uliczki Grodna, takie swojskie, kamieniczki w żółtawym odcieniu, o osiemnastowiecznych fasadach, kasztany, barokowy kościół farny, schody, po których schodziło się wąwozem nad Niemen obok pałacu Tyzenhauza... zachodziła pod dworek Orzeszkowej, nietknięty od czasów jej śmiertelnej choroby, kiedy ludność okładała bruk naręczami słomy, aby przejeżdżające powozy nie zakłócały ostatnich godzin starej pisarki, zaglądała do sędziwego parku, w którego głębi krył się teatr..." I Grodno 1939: „Spalone czołgi na ulicach miasta. Któż by zapomniał ten dojmujący swąd. Zgromadzeni w piwnicy pili wino z gąsiorów, medykament na czarną godzinę. W sadzie stał wymierzony w niebo karabin maszynowy..." I dokładna data: 13 kwietnia 1940 roku, kiedy młoda kobieta z dwojgiem dzieci i młodszą siostrą opuściła rodzinne miasto.

Takie to były moje lektury tego lata, nad siwym Bałtykiem, daleko od kraju dzieciństwa; zresztą daleko mi do niego już nie tylko w sensie geograficznym...

Listopad 1978

O CZYM ROZMAWIAŁO SIĘ
W ŚWIĘTA

Święta były długie; starczyło ich i na wzajemne odwiedziny i nieśpieszne rozmowy przy zastawionym stole; o czym? o krewnych i znajomych, kto się ożenił, czyim dzieciom jak się wiedzie w szkole albo na studiach, kto ma kłopoty ze zdrowiem; skoro zaś o zdrowiu – to o Clive'ie Harrisie, komu pomógł dotknięciem, komu nie pomógł, i czy zasługuje na wiarę jego siła uzdrawiająca, a jeżeli tak, to skąd się bierze, na czym polega; o pospolitych sprawach – jak trudno było zdobyć karpia na święta i że już nawet zrezygnowano, niech tam, będzie raz wigilia bez karpia, aż w ostatniej chwili...; o niedogrzanych mieszkaniach (to było jeszcze przed klęską żywiołową w ostatnim dniu roku i nie wszędzie stygły kaloryfery, ale gdzieniegdzie stygły, czasami – mówiono – udawało się zwabić majstra do domu i skłonić go do r o z k r y z o w a n i a , to pomagało); o brakujących lekach, że niektóre z powrotem pokazały się w sprzedaży, ale nie wszystkie, i że cofnięto wreszcie zarządzenie, pozwalające przepisywać tylko po jednym opakowaniu każdego specyfiku na recepcie – całe szczęście, bo cóż za marnotrawstwo czasu z tego wynikało, mitręga dla pacjentów i dla lekarzy, no i marnotrawstwo papieru; o niektórych mężach stanu; o Ojcu Świętym w rzymskiej stolicy – jak mu tam w te grudniowe dni w dali od Krakowa? o obcych krajach; o literatach i ich nowych książkach; o filmach oglądanych niedawno; z książek na przykład rozmawiało się o ogłoszonych jeszcze latem szkicach Tomasza Łubieńskiego *Bić się czy nie bić?*, z podtytułem: „O polskich powstaniach"; zastanawiano się, co właściwie autor uważa; jedni z przykrością odczytywali książkę jako pamflet na powstania i zdecydowane ich potępienie, inni, przeciwnie, jako opowiedzenie się za powstaniami, przy wskazaniu całego dramatyzmu podejmowanych ówcześnie wyborów, trzeci mieli Łubieńskiemu za złe niejasność przewodu i uchylenie się w końcu od odpowiedzi na wysuniętą w tytule kwestię, jeszcze inni sądzili, że celem pisarza nie musiało być stawanie po tej albo innej stronie w ciągnącym się od wieku sporze, było nim natomiast wydobycie na jaw skomplikowanych uwarunkowań niegdysiejszych postaw, decyzji, działań; okoliczności historycznych, ale i modelowych; realiów oraz mechanizmów psychologicznych – przemijających, mających wszakże swoje odpowiedniki w różnych czasach i sytuacjach; niezależnie zaś od stosunku do treści szkiców i ich przesyłania, jedni chwalili polszczyznę i styl Łubieńskiego, inni krzywili się na takie zwroty, jak „zapewnić należytą pewność" czy rodem z publicystyki ostatniego dziesięciolecia „rozliczyć z patriotyzmu".

Z filmów – mówiono o „Bez znieczulenia" Wajdy; dochodziło do scysji; jedni stawiali ten film wyżej od „Człowieka z marmuru" i zdumiewali się, że nie przyciąga on takich tłumów, nie budzi tak wyraźnie manifestowanych emocji jak tamten; a przecież, twierdzili, to jest dopiero film współczesny, podczas gdy tamten był historyczny, mówił o zamkniętym już, choć nie bardzo dawnym okresie; nieprawda, oponowali inni, nie historyczny, lecz owiany tchnieniem historii, a to coś zupełnie innego, w tchnieniu historii bowiem zjednoczyła się tu niezastygła przeszłość z pulsującą teraźniejszością, uosobioną w postaci granej przez Krystynę Jandę, w jej poszukiwaniu prawdy o ludziach poprzedniego (żyjącego jeszcze i nie tak znowu starego) pokolenia, w tym wszystkim, co ją spotyka w trakcie prób rekonstrukcji; mniej to spektakularne od ciosów spadających na znakomitego dziennikarza (świetna rola Zbigniewa Zapasiewicza) w „Bez znieczulenia", ale czy nie bardziej nośne i poruszające, rzeczywiste i wzbudzające autentyczniejszą solidarność widowni? nie o fabuły i nie o postacie chodzi, obstawali ci pierwsi, porzucając już porównania z „Człowiekiem z marmuru", ale o k l i m a t – klimat współczesności, oto co jest siłą „Bez znieczulenia", dzięki niemu proces rozwodowy z finału filmu jest czymś więcej niż procesem rozwodowym; każda scena jest czymś więcej niż przy płaskim opowiedzeniu; i wątek z żoną, która opuściła męża, znaczy więcej, ma nadwyżkę znaczeniową, która decyduje o bogactwie i mądrości obrazu; nie znaczy więcej, sprzeciwiali się oponenci, jest banalnym, żałosnym melodramatem, co gorsza mało wiarygodnym ze względu na postać żony; a ze względu na miejsce, jakie zajmuje w filmie – przytłaczającym resztę, rzeczywiście doskonałą i wymowną w wielu miejscach (na przykład we wszystkich scenach z Romanem Wilhelmim); gołym okiem widoczny jest też w filmie elementarny błąd dramaturgii – dwie klęski życiowe, dosięgające bohatera, nie mają ze sobą żadnego związku, przeniewierstwo żony nie jest ani rezultatem, ani przyczyną jego degradacji społeczno-zawodowej, po prostu przypadkiem wszystko dzieje się równocześnie, przypadkiem też przestaje się dziać wskutek wybuchu piecyka gazowego, który nie należy do żadnego z obydwu wątków i reprezentuje jak gdyby moce zupełnie nie związane z uczuciami i szamotaniami człowieka; ale jeśli to film tak słaby i błahy, nie dawali za wygraną obrońcy, czemu tak się przejmujecie jego potknięciami i unikami, i zamiast machnąć ręką, jak na tyle innych rodzimych filmów, niewartych wspomnienia, gniewacie się na nas, którzy widzimy w nim więcej? bo też chcielibyśmy widzieć więcej, i żal mamy o dystans pomiędzy oczekiwaniami a ich zbyt fragmentarycznym spełnieniem – brzmiała odpowiedź. Trochę rozmawiało się też o innych filmach; ci, którzy zdążyli już obejrzeć komedię „Co mi zrobisz, jak mnie złapiesz" Barei, opowiadali gagi z niej i całe sekwencje; śmiejąc się, także w tym filmie dostrzegano znaczenia nie zawsze zabawne. Kiwano głowami nad powodzeniem niektórych naszych filmów w Paryżu; co Francuzi potrafią odczytać z gąszcza ociekających polskością symboli, jaki stanowi każdy film Wajdy? – pytano z niedowierzaniem; a może to kłębowisko jest bardziej uniwersalne niż się nam wydaje i na nie znaną nam modłę pociągające dla innych? O Francuzach tedy; o korespondencjach z Polski w prasie francuskiej; o czyimś liście w paryskim „Le Monde" na tematy polskie, pełnym ignorancji i nie najlepszej woli; o różnorakich trudnościach polemiki z takimi listami; o polemice podjętej mimo wszystko przez Kisiela w „Tygodniku Powszechnym" i przez inne osoby w samym „Le Monde"; o Kisielu; o „Tygodniku"; o różnych rodzajach felietonów; o owocach cytrusowych, że sporo ich się pojawiło w przedświątecznym handlu, ale trzeba je starannie myć, a skórek nie używać do żadnych nalewek czy przetworów, bo można się zatruć; o pogodzie; o muzyce.

Długo, nieśpiesznie, mieszając tematy, nastroje i myśli, przy zastawionym stole; o naszych snach i obsesjach; o tym, co jakże zewnętrzne, i o tym, co w duszy śpiewa; o tym, co zawsze.

Styczeń 1979

NIEZBYT MŁODZI OBOJE

Po raz pierwszy zdarza się, że w jakimś okresie coraz to staje mi przed oczyma pewna sytuacja – w rozmaitych wariantach i wcieleniach – niekiedy równocześnie w życiu i sztuce – i nie zawsze, kiedy dni i tygodnie niżą na siebie te epizody, natychmiast rozpoznaję ich jednorodność – częściej dopiero któryś z nich, wcale nie najważniejszy, rzuca raptem światło na pozostałe – i dziwię się temu, co je połączyło, i temu, że właśnie teraz wszystkie zbiegły się do mnie.

Przed kilkoma dniami odwiedziła nas L. – widujemy się przeciętnie co dwa lata, bo w takich odstępach czasu przyjeżdża do Polski; dawniej przyjeżdżała z S. swoim mężem, którego znałem dłużej i bliżej, a gdy sześć lat temu S. umarł nagle, zaczęła przyjeżdżać sama i szukać bliskości z jego przyjaciółmi, odbudowywać jakąś rzeczywistość, w której jego wprawdzie już nie ma, ale więź między gronem osób oparta jest także na tym, że on był, że znano go i lubiano, że się go pamięta. L. jest aktorką, Kozaczką, wysoką, mocnej budowy i niespożytej witalności – tę podziwiałem najbardziej – zachwycało mnie, że niemłoda kobieta, matka dorosłych dzieci, która mają już własne dzieci, nie tylko intensywnie pracuje w zawodzie i czuwa nad wydaniami książek zmarłego S., ale podróżuje, prowadzi wóz, jest świetnym kompanem przy stole, z ożywieniem opowiada i ciekawa jest tego, co mówią inni, a kiedy śmieje się, to dźwięcznie, donośnie, z całego serca... Ale tym razem było trochę inaczej, to znaczy cały wieczór był prawie taki sam, mieliśmy sobie wiele do powiedzenia, L. nie odmawiała kielicha, była jak zawsze czarująca i pełna życia, tylko naraz... zadrżały jej kąciki ust i: – Nie ma S. – powiedziała bezradnie – jestem zupełnie sama. To taka nieprawda – zwróciła się przez łzy do J. – że oni są nam potrzebni kiedy jesteśmy młode, że to co się liczy dzieje się pomiędzy kobietą a mężczyzną póki są młodzi, nie, najważniejsze zawiązuje się przez lata wspólnego życia i chodzi o to, żeby wtedy, później, być razem, a ja bez S. jestem jak... jestem jak... – nie dokończyła.

Jakieś trzy miesiące temu otrzymałem po długiej przerwie list od M., który ciężko chorował, przebył skomplikowaną operację serca i wreszcie wrócił ze szpitala do domu. O jego chorobie wiedziałem zanim się ujawniła, E. po powrocie z Paryża powiedział mi: – Twój przyjaciel jest ciężko chory. – Badałeś go? – Nie, ale widziałem jego twarz... I rzeczywiście, pół roku po tym, jak E. wyczytał z twarzy M. chorobę, wszystko się stało. Wydzwaniałem do Paryża i czasami późnym wieczorem udawało mi się dopaść Ż., która mówiła mi o M., o szpitalu, lekarzach i o tym, co się teraz ważyło na niepewnej wadze życia, w każdej chwili przechylając się to na jedną, to na drugą stronę. Ż., taka zawsze nerwowa, wydawała mi się spokojna jak nigdy, tylko bezgranicznie znużona, ale ten spokój trwożył mnie bardziej niż jej dawne wybuchy. Teraz M. napisał: „Filozofując w przerwach między zastrzykami, doszedłem do nadzwyczaj banalnego stwierdzenia, które jednak, widać, musi się wymęczyć samemu: nie należy przywiązywać się do drugiego człowieka tak, że stajesz się jego częścią. Ja i Ż. przeżyliśmy już 35 lat i ona, biedactwo, bardzo cierpiała." W zdaniu tym odczytałem przecież niezupełnie to, co zostało w nim tak wprost powiedziane. M. był szczery, nie chcąc, żeby Ż. przez niego cierpiała, ale kiedy wymyślił, że przyczyniłoby się do tego jej mniejsze przywiązanie do niego, kierował się własnym przywiązaniem i miłością do niej, towarzyszki tylu lat wspólnego życia, i nie mógł nie czuć, że to wzajemne, co przysparza im cierpień, jest też najprawdziwszym ocaleniem obojga przed zagładą w mroźnym oceanie samotności i nieczułości, i wspomaga, być może, także kunszt chirurgów i kardiologów, wyciągających go z tej toni, w której pogrążał się z bólem...

Tego samego dnia, kiedy odwiedziła nas L., otrzymałem do przeczytania manuskrypt nowej książki K. – a może jeszcze nie książki, lecz fragmentów przyszłej książki czy notatek do niej; forma była luźna, a treść bardzo osobista, bez udziału fikcji, coś w rodzaju dziennika, ale nie dzień po dniu, lecz z koncentrowaniem uwagi na wybranych wydarzeniach, wspomnieniach, refleksjach... Czytałem, jak prawie zawsze tego autora, z zainteresowaniem i podziwem, ale bardziej od błyskotliwych wątków intelektualnych uderzył mnie tym razem tak rzadki u powściągliwego K. wątek liryczny – wątek tkliwości i przywiązanie do M., odnowionej fascynacji M. młodą i efektowną, pamięci dawnych, jeszcze w czasach studenckich, zabiegów o nią i niedawnej troski i lęku, gdy rozchorowała się w zagranicznej podróży, i czułej akceptacji takiej, jaką jest dzisiaj... A przecież przez tyle lat bywałem świadkiem nie tylko ich rozstawania się ze sobą, ale i wzajemnej irytacji (zwłaszcza jego na nią), nawet scen gwałtownych. Ubiegłego lata, gdy wrócili z tej podróży, w której ona zachorowała, prosto z lotniska do szpitala, i gdy zobaczyłem ich kilka tygodni później, poczułem, że coś się między nimi zmieniło, a może wydobyło się coś, co było zawsze, tylko przysypane ambicjami, gniewami, uporami lat młodszych, dopiero teraz oczyszczone z tego, prawdziwe...

Przepisuję – waham się, czy wolno mi to zrobić, zanim całość ukazała się drukiem – fragment z maszynopisu K., który specjalnie mnie przejął:

„Dziś nad ranem obudziliśmy się w tej samej chwili, o brudnoszarym mroku, i M. opowiedziała mi swój sen. Czy to on nas zbudził? We śnie przyszła do niej ona sama, dwudziestoletnia, piękna, z uśmiechniętymi oczami, i przytuliła ją do siebie, zapewniając, że jest nią... Mówiła jej: błagam cię, pamiętaj, że my obie jesteśmy tobą i kiedy będziesz umierała, wiedz o tym. Twoja choroba, twoje zmarszczki, to wszystko nie ma znaczenia, nie martw się. Po śmierci nie wiadomo którą z nas będą wspominać, istniejemy razem, obydwie razem, pamiętaj. Obejmowała ją. Młoda Maria obejmowała starszą

Marię gładząc ją dłonią po twarzy. Nad ranem, gdy opisała mi ten dziwny sen, milczeliśmy leżąc obok siebie. Po chwili dokończyła: – Przyszłam w jasno niebieskim kostiumie i granatowym berecie, musisz go pamiętać, tak jak na tej fotografii, gdzie stoję przez wejściem do Muzeum. Mnie się nic nie śniło. Ale pamiętam ten niebieski kostium. Kiedy ją pierwszy raz w nim zobaczyłem, powiedziałem: – Jesteś dziś niezasłużenie ładna." A ja, czytając ten fragment i inne fragmenty dzienników K., i przedtem czytając list M., i słuchając wieczorem płaczącej L., ciągle jeszcze nie wiedziałem, że to o tym samym, to wszystko, zbiegające się do mnie, ciągle nie skupiało się w jedno, i dopiero wychodząc z filmu rosyjskiego „Wyznanie miłości" (z którego wielu innych widzów wychodziło przed końcem), o dwojgu starych ludzi, którzy przedtem tak długo byli młodzi, ona piękna, on utalentowany, i którzy przez tyle lat żyjąc ze sobą i kochając się nie byli tego pewni, nie potrafili się porozumieć, on ją niecierpliwił swoją nieporadnością, nieprzystosowaniem do praktycznego życia, ona jego przerażała swoją łapczywością życia i nieukrywanym pragnieniem zrobienia z niego kogoś innego niż był w swej istocie, teraz zaś, na ławce w ogrodzie szpitalnym, w dniu odwiedzin jego u niej, pojęli, jak byli sobie bliscy, potrzebni i p r z e - z n a c z e n i, otóż dopiero wychodząc z tego filmu, nie najświetniejszego spośród widzianych w życiu, ale prawdziwego w jakichś swoich momentach, wszystko tamto ujrzałem już nie z osobna, lecz razem, i zdałem sobie sprawę, że to zbiega się do mnie z różnych stron, puka do mnie, staje mi przed oczyma też nie całkiem przypadkowo, lecz z jakiegoś powodu, którego nie muszę zgłębiać, pewnie nie potrafię, ale wystarczy, że już wiem: on istnieje.

I po powrocie do domu, już świadomie idąc odkrytym tropem sięgnąłem po *Mapę pogody* Jarosława Iwaszkiewicza, a w niej odszukałem tylekroć czytanego, zawsze ze wzruszeniem, „Starego poetę", z tym apelem:

Żono! nie odchodź
Zostań chwilę ze mną –

z tym

Byliśmy kiedyś młodzi
widzieliśmy ocean w Skagen
i Barcelonę

czytaliśmy Jądro Ciemności
Annę Kareninę
Popioły

A teraz jesteśmy starzy
jesteśmy sami

Kłócimy się
szukamy ciągle
pogubionych książek

Chustek
zapałek
okularów

A kiedy będziemy przed Panem Nicości
już zaraz
nic to nie będzie znaczyło

że byliśmy piękni
że tańczyliśmy na chłopskich weselach
i na królewskich pokojach – – –

i odczytuję w tym, wbrew słowom, że nie może nie znaczyć, chociaż więcej
może od tego, że młodzi i piękni, będzie znaczyło, że coraz starsi i coraz
usilniej szukający siebie nawzajem i wołający: ,,nie odchodź Zostań chwilę
ze mną"...

Marzec 1979

CZŁOWIEK SIĘ RODZI

Tyle razy pisałem tutaj o tych, którzy umarli – i ani razu o tych, którzy się narodzili.

Może i nie ma w tym nic dziwnego: tych, którzy umarli, znałem dobrze, odgrywali jakąś rolę w moim życiu, i teraz, żegnając się z nimi, rozmyślałem o tym, jacy byli, jak ułożyły się ich losy, co po nich zostało, a co odeszło z nimi na zawsze.

Myślałem też o sobie, żegnałem się z czymś w sobie i wokół siebie, utrwalałem nie określone do końca, ale dojmujące poczucie zmienionych odtąd wymiarów i kształtu mojego świata, poczucie rozmazywania się, kruszenia brzegów mojej wyspy dryfującej po nieznanej jeszcze przestrzeni dni, jakie mi zostały.

Tych, którzy się urodzili, nie znałem przecież, byli czymś nowym i niewiadomym, nie tylko dla mnie zresztą, i nie mieli za sobą żadnego losu. Cóż mógłbym mieć o nich do powiedzenia, poza samym odnotowaniem, że w znajomej rodzinie urodziło się dziecko, obdarzone przez szczęśliwych rodziców imieniem Kasia lub Wojtuś?

A jednak... a jednak ostatnio coraz częściej zaczyna docierać do mnie swoisty rytm nowych narodzin wokół, jego krzepiąca powtarzalność zaczyna mi towarzyszyć tak samo nieodstępnie jak złowroga miarowość tamtego drugiego rytmu – rozstań i śmierci, i zaczyna coś znaczyć, coś wypełniać i odbudowywać, i te nowe istnienia (stwierdzam to zdumiony) nie są dla mnie wydającą nieartykułowane dźwięki i wykopującą się z pieluszek abstrakcją, lecz – ciekawym początkiem nowych linii na mojej pofałdowanej mapie, nowych połaci życia, w którym będę albo nie będę, ale póki będę – one będą się dla mnie liczyły.

I to nieprawda, myślę, że te pomarszczone, puchate, niewidzące stworzenia nie zaznały jeszcze kategorii losu, więc są jakby nie całkiem ludźmi, bo dopiero los czyni człowieka; nie ma narodzin poza losem, i im także został jakiś dany, tylko trzeba go rozpoznać, jego pierwsze, szkicowe fragmenty, jego niedopowiedzenia, znaki zapytania, przymiarki; nie tylko los biologiczny czy fizjologiczny – że Dorotka przyszła na świat przedwcześnie i w większym niż normalne cierpieniu swojej młodej matki, następnie prawie przez miesiąc przebywała w inkubatorze, a kiedy to piszę (dwa miesiące po narodzeniu dziecka), przybrała już na wadze, ale ma kłopoty z brzuszkiem; również los, który wynika ze szczególnego sprzęgnięcia czyjegoś życia z uczuciami innych ludzi oraz z wydarzeniami, które poza nim ułożyły się w pewien niepowszedni i niewytłumaczalny sposób; a to właśnie los, chociaż o nim nie wiedzą i może nigdy się nie dowiedzą, urodzonego w styczniu Mateusza i młodszej od niego o miesiąc Ani.

Ojciec Ani — to mój przyjaciel Z., z którym wspólnie przeżywaliśmy pewien burzliwy epizod naszej młodości; później na lata całe straciliśmy się nawzajem z oczu, a gdy odnaleźliśmy się na nowo, okazało się, że Z. nie jest już artystą, lecz uprawia prywatną działalność gospodarczą w dziedzinie, w której przynosi to pożytek i jemu, i innym. Jakiś czas potem Z. został aresztowany — obciążyło go fałszywe zeznanie uczestnika pewnej afery, który upadając usiłował pociągnąć za sobą także i nie mających z tym nic wspólnego. Przez rok nieobecności Z. młoda kobieta, z którą był związany, żyły z siebie wypruwała, żeby miał do czego wrócić, żeby nie doszło do ruiny tego, w co razem włożyli tyle wysiłku i nadziei. Na rozprawie sądowej tamten człowiek odwołał pomówienie i wychudły, o nadszarpniętych nerwach Z. wyszedł na wolność. Zajął się odbudowywaniem tego, co mimo jej wysiłków, trochę podupadło bez męskiej ręki. I — teraz dopiero zaprowadził przyjaciółkę swoją do ołtarza. Ania urodziła się niespełna rok po wyjściu Z. z kryminału; prawie jednocześnie został ojcem i dziadkiem, bo również jego synowi z pierwszego małżeństwa powiększyła się rodzina. Oto powszedniość dużej, silnej Ani i jej rodziców: bardzo ciasne mieszkanie (zdałoby się wymienić) na wysokim piętrze bez windy (z wózkiem wychodzić i wracać nie sposób, jakiś czas trwały poszukiwania torby czy pudła na paskach, żeby małą nosić, wreszcie udało się to zdobyć), trudności z opieką, bo oboje rodzice o różnych porach dnia i nocy potrzebni bywają w gospodarstwie (ale jak znaleźć opiekunkę chętną, sprawną i godną zaufania?)... A spoza tej powszedniości wyłania się przecież l o s : dziecka późnego (dla mężczyzny, nie dla kobiety), ale przybyłego w samą porę, chcianego, przybyciem swoim znaczącego nie tylko życie rodzące się, ale i odradzające się, wspólnie odbudowywane, dziecka, które jest i nie przestanie być kimś ważnym w tym nowym życiu...

Moment odradzającego się życia — i w bardziej dramatycznej postaci — jest też w losie Mateusza, którego ojciec umarł nagle, nie wiedząc jeszcze, że jego żona spodziewa się dziecka; i ona sama nie wiedziała, bo było zbyt wcześnie, żeby płód w jej łonie dał znać o sobie, a ponadto przez wiele lat nie mogła zajść w ciążę i oboje z mężem przestali już liczyć. Po jego nagłej śmierci bardzo rozpaczała, była samotna i zagubiona, prawie nieżywa, nieomal bez przerwy płakała. I wtedy pewnego dnia odezwało się o n o i przywróciło ją z powrotem do życia. Widywałem ją wtedy, widziałem, jak z dnia na dzień wszystko się w niej odmieniło, nawet twarz się jej zmieniła i barwa głosu... Teraz, kiedy odwiedzam R. i patrzę na nią, skupioną, rozświetloną od wewnątrz, z Mateuszem przy piersi albo przewijającą go i kąpiącą umiejętnymi ruchami, staje mi czasem przed oczyma inna matka z synem, już kilkunastoletnim, wyższym i bardziej rozrośniętym od niej; o nią także bardzo się bałem w pewnym momencie, kiedy ktoś ją opuścił — i raptem przestałem się bać, kiedy zobaczyłem tego syna, ogarniającego ramieniem jej kruchość, i ją, składającą mu głowę na piersi; bo zobaczyłem, że ma swojego mężczyznę i opiekuna. Więc przypomina mi się to, bo Mateusz — najpierw nie urodzony nawet, a teraz, po urodzeniu, drobny, chudziutki, wywijający krzywymi nóżętami i wysuwający dzióbek w poszukiwaniu mlekodajnej piersi – taki bezradny, taki zależny od matki – zarazem jest także owym synem-ostoją, mężczyzną ogarniającym ją ramieniem (na razie metaforycznie) i mówiącym: mamo, będziemy żyli dalej... I to, że się pojawił właśnie w tym momencie, jest wspaniałym triumfem i mądrością życia; a jeżeli ojciec patrzy nań z zaświatów, kiwa aprobująco głową i mruczy: tak, synu, musisz i mnie zastąpić, być dobry dla matki i bardzo na nią uważać.

I jeszcze o jednym dziecku chcę powiedzieć, które pojawiło się trochę wcześniej od Ani i Mateusza, ma teraz ponad rok, mówi „mama", „tiatia" i toczy się na swych pulchnych nóżkach: mianowicie o Magdzie, nie urodzonej przez swoją obecną mamę, ale przybranej przez nią i przez tatę, na którego widok jej twarzyczka rozjaśnia się promiennym uśmiechem. Tych dwoje ludzi – on bardzo męski, ona bardzo kobieca, oboje pełni ciepła, dzielni i ładni – nie doczekało się dziecka, którego bardzo pragnęli, zdecydowali się zatem wyjść losowi naprzeciw i cudze, nieznajome uczynić s w o i m . I kiedy się przypatruję tej rodzinie, widzę, że są prawdziwymi ojcem i matką, ona jest prawdziwą ich córeczką, bo w układzie tym nie ma nic sztucznego, jest naturalne, spontaniczne wydatkowanie p r a w d z i w e j czułości i troskliwości, jaka się w nich nagromadziła, i w obcowaniu z dzieckiem akumulowanie czułości i troskliwości gromadzące się stale. Los małej Magdy? – w tym, co zależy od rodziców, rodziny, domu, widzę go jako los szczęśliwy.

„Witaj, plemię młode, nieznajome..." I dla mnie świat się gęściej zaludnił z pojawieniem Ani, Mateusza, Doroty, Magdy. Ciekaw jestem rośnięcia, opierzania się tych piskląt, ich dojrzewania i uczenia się świata, ich przerabiania świata, języka, którym o nim i o sobie w nim będą mówili. Ciekaw jestem czy – jeżeli dożyję tej chwili – będzie nam łatwo czy trudno się porozumieć, czy zdołamy się zaprzyjaźnić. Ich los już się rozpoczął; ciekaw jestem ich dalszych losów.

P.S. – Przed kilku laty wspominałem w tym miejscu o małej N. U., która odwiedziła mnie w towarzystwie mamusi i przyniosła pięknie zdobiony album ze swoimi wierszami; przytoczyłem też niektóre z tych pełnych fantazji utworów.

Teraz N. U. ma już prawie dziesięć lat; wierszy, niestety, od dawna nie pisze; po nich nastąpił okres zapału do malowania, który też już zdążył przeminąć; teraz dziewczynka chodzi do szkoły muzycznej, uczy się grać na fortepianie (ma podobno znakomity słuch), ale najchętniej czyta książki, wprost zaczytuje się nimi. – Okres twórczości dziecięcej minął – mówi nie bez żalu jej matka – teraz ona nie daje, lecz bierze, zachłannie przyjmuje wszystko od świata...

Słucham tego z uśmiechem, i ta pani też się uśmiecha, bo wiemy oboje, że w tym dziecięcym braniu jest zarazem dawanie szczodre i niewyrachowane; mała N. daje światu siebie, swoją ciekawość, ufność, zdolność wzruszania się i przeżywania bajki jak życia. Co za szczęście: jeszcze tyle przed nią tego brania i dawania, dźwięczenia i oddźwięku na inne dźwięki...

Kwiecień 1979

PIĘĆ WIECZORÓW KWIETNIOWYCH

Ś r o d a ,   w i e c z ó r   z   „Ż y w ą   ś m i e r c i ą"   E w y   L i p -
s k i e j : to moja lektura czy mój sen? to jej sen czy jej poezja (pisana
przeważnie prozą), jej sen, który śnię, w którym jestem śniony, jej poezja,
którą czytam, która mnie odczytuje? to sen jej bohatera, pacjenta Z. (który
twierdzi, że jest jedynie symbolem), czy jego choroba, która może jest jej
chorobą, moją chorobą? to sen na pewno, bo nic w nim nie jest do końca
tożsame z sobą, wszystko staje się czymś innym, wszystko jest nieuchwytne,
chociaż dotkliwe, ale czy to nasz sen powszedni, czy sen ostateczny? sen--
świat? sen-miłość? sen-wyzucie, opuszczenie swego domu, ciała, pamięci?
sen-dar, powrót do domu w popłochu opuszczonego? W smutku i niepokoju
– w radości i ukojeniu – zapadam w „Żywą śmierć", w bycie kim innym, w
sen, chorobę, poezję.

C z w a r t e k ,   w i e c z ó r   z   i n t r u z a m i : młodzi, pewni siebie,
pewni swojego prawa do zakłócenia mojego spokoju, do hałaśliwego najścia
i zadawania niemądrych, obelżywych w intencji pytań, lekko podpici (i z
kolei obrażeni o to posądzenie: „Ja piłem?", „ja jestem pijany?"), niewiele
wiedzący i niewiele chcący wiedzieć o sprawach, które niby to ich sprowadzi-
ły, chcący jedynie dotknąć, upokorzyć kogoś dużo starszego od siebie, kogo
nazywają „postacią historyczną" – po to tylko, by wymusić na nim udział w
owej pożal się Boże „dyskusji". Nie chcę z nimi dyskutować, nalegają, ich
agresywność rośnie, potem opada i wreszcie dają za wygraną. Wychodząc, są
ostentacyjnie uprzejmi: „Dobranoc, dobranoc". A kiedy ich już nie ma i
zostaję sam z domownikami oraz gośćmi pożądanymi, bliskimi, przypomina
mi się raptem opowieść A. sprzed jakiegoś czasu. Wyglądając prze okno, A.
stał się kiedyś mimowolnym świadkiem napadu kilku mężczyzn na jednego;
była to scena bardzo brutalna; i odtąd, mówił A., ten miły, swojski róg ulicy
pod własnym domem stał się dla niego jakoś splugawiony i odstręczający.
Coś bardzo podobnego odczuwam teraz, rozglądając się po moim gabinecie
dopiero co okupowanym przez intruzów; bo każdy gwałt plugawi, nawet tak
werbalny jak ten, którego usiłowali się dopuścić ci młodzi ludzie; szukam

oparcia w znajomych grzbietach książek na półkach, w starym biurku, obrazach, dzbanku z kwiatami; to minie, pocieszam się, to minie.

Piątek, wieczór w kościele świętego Michała na Mokotowie: trzeci rok z rzędu uczestniczę w wieczorach poetyckich, urządzanych w kościołach warszawskich z okazji Tygodnia Kultury Chrześcijańskiej.

W tym kościele nigdy przedtem nie byłem: w pierwszej chwili – jak to się zdarza dużym, nowoczesnym kościołom – sprawia on wrażenie jakiegoś chłodu i pustki, ale kiedy wypełnia się ludźmi i zaczyna się Msza, całe to wnętrze naraz się ociepla i zwyczajnieje, dostosowuje się do tych ludzi właśnie, z wyglądu prostych, zapracowanych i przybyłych tu z powszedniej potrzeby serca. Jeszcze cieplej i przytulniej robi się, kiedy schodzimy do dolnego kościoła; tu tym ludziom, ciągle skupionym i ufnym, jak podczas nabożeństwa, czytamy wiersze; występuje Mikołaj Bieszczadowski, Mieczysława Buczkówna, Mieczysław Jastrun, ksiądz Jan Twardowski i ostatni ja; wiersze księdza Twardowskiego czyta również Zofia Małynicz, a Bieszczadowskiego i moje – Ewa Smolińska, aktorka, której dotąd nie znałem, trochę przypominająca młodą Barszczewską; cieszę się z jej wykonania, bo nie robi z wiersza teatru, nie dodaje tego, czego w nim nie ma, po prostu precyzyjnie czyta tekst, i tak właśnie być powinno; a w przerwach między wierszami ksiądz Orzechowski, prowadzący ten wieczór, włącza magnetofon z Schubertem, i podnosi go do mikrofonu – trwa tak przez kilka minut z muzykującym czarnym pudłem w ramionach, a ludzie w ławkach wciąż zasłuchani...

Sobota, wieczór w nowym mieszkaniu naszej przyjaciółki Z.: najpierw je oglądamy, to nie trwa długo, bo mieszkanko jest małe, mniejsze od poprzedniego, ale ładniejsze i bez tego nieustającego zgiełku za oknem. Więc szczerze chwalimy, niektórzy coś tam doradzają, jak ustawić, jak urządzić, potem siadamy do stołu, jest nas kilkoro starych dobrych znajomch, więc mamy o czym mówić przy kolacji i cały czas jest nam ze sobą przyjemnie. I dopiero po wyjściu stamtąd uprzytamniam sobie, że Z. nie była tak wesoła i podniecona, jak można by się było w takim dniu spodziewać, było w niej jakieś przyćmienie czy przytłumienie – skąd to się wzięło? Czy stąd, że nowe mieszkanie jest tylko dla niej – córka, kończąca właśnie studia, nie zamieszka już z matką, i Z. wśród naszego przyjaznego gwaru poczuła się raptem nieodwołalnie sama? Czy – że poprzednio było w życiu pragnienie zmiany, nadzieja i dążenie do zmiany, a teraz jest już po zmianie i nie ma na co czekać, i z tym nowym mieszkaniem wiąże się budzące lęk pojęcie zawsze, na zawsze? Ale może tak mi się tylko zdaje, a naprawdę nie było w Z. tego cienia, tylko zmęczenie przeprowadzką i chęć cichego przycupnięcia pod osłoną naszej wesołości i ożywienia.

Poniedziałek, wieczór jednego wiersza w kościele Świętej Anny, finał V Tygodnia Kultury Chrześcijańskiej: siedzimy w prezbiterium – trzydziestu literatów i aktorów – a naprzeciw wielki, zbity tłum, z przodu ludzie siedzą, z tyłu stoją ściśnięci przez wiele godzin, tłum po części taki sam, jak u świętego Michała i w innych parafialnych kościołach, zwyczajny i korny, po części zaś bardziej inteligencki i młodszy, trafiają się też znane ogólnie twarze. W tym roku nie ma z nami Prymasa: niedomaga – i tylko na końcu usłyszymy z taśmy Jego zwięzłe Słowo Pasterskie. Mszę świętą celebruje ksiądz biskup Miziołek, następnie zebranych wita ksiądz Niewęgłowski, a przemówienie wstępne wygłasza Jerzy S. Sito, który został współorganizatorem wieczorów poezji po nieodżałowanym Bogdanie Ostromęckim. Sito przypomina m.in. i próbuje zinterpretować zdanie, dwa lata temu wygłoszone w tym miejscu przez księdza Prymasa: „U stóp ołtarza dość jest miejsca dla wszystkich". Przyjąłem wówczas to zdanie wdzięcznym sercem i zrozumiałem je – i nadal rozumiem – najprościej, najdosłowniej. Jerzy mówi wiele mądrych rzeczy, ale czy nie za bardzo komplikuje to, co jest tak proste, jednoznaczne i piękne? Potem, jeden po drugim, w porządku alfabetycznym, mówią swoje wiersze poeci, staram się słuchać uważnie i kilka wierszy podoba mi się, a największe wrażenie robią trzy: Barbary Sadowskiej o matce, Stanisława Barańczaka parafraza „Ojcze nasz" i Julii Hartwig „Ależ tak".

Ale słuchając tego wieczora wielu innych wierszy, raz po raz pogrążam się w zwątpieniu.

Czy rzeczywiście tak prosta i jednoznaczna jest nasza obecność tutaj?

Czy jestem tu na swoim miejscu choćby ja, któremu nie starczy pobłażania dla niedobrych wierszy, wyzbytych myśli i obrazu, nie mających w istocie nic do powiedzenia Bogu i ludziom?

Któremu nie starczy wybaczenia i który daremnie staram się zapomnieć komuś, układającemu swój tekst ze słów Ewangelii, świeży jeszcze gest nienawiści i fałszywe świadectwo?

Czyż wszystkie te rozterki nie powinny były zostać za progiem kościoła, ustępując miejsca pokorze i wielkiemu uspokojeniu?

Ale oto już koniec i młodzież wręcza nam kwiaty, i wstajemy z miejsc, i widzę, jak z tłumu przepycha się ku nam jakaś kobiecina, także z kwiatami w koszyku, drobnymi i wątłymi, ledwo żywymi: – To z działki – mówi – specjalnie dziś nazrywałam dla was – i wzruszona wciska nam kwiaty w rękę.

Maj 1979

URODZINY JERZEGO

Trzydzieści lat temu, jak niejeden raz przedtem i potem, zaczynałem właśnie nowe życie: zwolniłem się z pracy w pewnym ważnym biurze (w którym cała udręka polegała na tym, że ani ja, ani moi zwierzchnicy nie wiedzieli, co właściwie miałbym tam do roboty) i wyjechałem z żoną do Szczecina. Tu, na zielonym przedmieściu nad jeziorem, mieszkało już kilku moich starszych kolegów; niektórych znałem przedtem i oni właśnie zachęcili mnie do tej przeprowadzki, innych poznałem dopiero teraz. Do jednego zostałem wprowadzony akurat w dniu jego urodzin: kończył czterdzieści lat, wydał mi się więc człowiekiem sędziwym (ja miałem dwadzieścia dwa). A potem – czas ruszył naprzód i posuwał się, niekiedy ociężale, niekiedy zaś mknąc gwałtownymi skokami, i mój przyjaciel stawał się coraz młodszy, aby dziś, kiedy to piszę, a on kończy właśnie lat siedemdziesiąt, wydawać mi się bardziej oddalonym od wieku podeszłego niż ja sam i wielu moich kalendarzowych rówieśników.

Mówię – niektórzy już to może odgadli – o Jerzym Andrzejewskim. Wielu krytyków, zajmując się tym pisarzem, posługiwało się kategorią m ł o d o - ś c i ; być może, sięgną do niej i ci, którzy gruntownymi esejami zechcą uczcić jego siedemdziesięciolecie; krytykom chodzi jednak o zafascynowanie młodością, zapatrzenie w młodość, młodość jako temat i obsesję jego twórczości. Nie jestem krytykiem i chyba nie całkiem to samo mam na myśli, co oni; interesuje mnie literatura, ale jeszcze bardziej – człowiek, który żyje w swojej literaturze i poza jej obrębem; i kiedy myślę o Jerzym Andrzejewskim, myślę o kimś, dla kogo młodość stała się przygodą literacką i życiową, stała się s p o s o b e m   n a   ż y c i e.

Kiedy zaprzyjaźnił się ze mną i z moim pokoleniem, było trochę tak, jakby chciał się w nas wcielić, patrzeć na świat naszymi oczyma, w naszej skórze, z naszym zapałem i naiwnością przeżywać to, co nam przypadło w udziale (albo cośmy wybrali). Chyba mu się to udało, ale przygoda była karkołomna i zapłacił za nią wysoką cenę. Kiedy zaś dobiegła końca, napisał *Ciemności kryją ziemię* – i w dalekich ciemnościach, półmrokach i blaskach, w zaludniających je fanatykach i kacerzach, w gorliwcach podpalających stos i płonących na stosie rozpoznaliśmy jego i siebie.

Wcześniej nieco przeżył był inną, trochę starszą od naszej młodość – i już wtedy w Szczecinie, za pierwszą wizytą, spojrzały na mnie z fotografii na jego biurku, jak do dziś spoglądają w Warszawie podczas każdych odwiedzin, jasne oczy Krzysztofa Kamila.

Później przeżywał kolejne młodości – a pomiędzy nimi tę, której reprezentantem był barczysty, agresywny zdobywca świata, dziesięć lat temu samotnie umarły wśród cudzoziemskiej nocy – oraz ledwie wykluwającą się z dziecięctwa, usynowioną młodość kogoś, kto mógłby być synem tamtego...

I za każdą nową młodością – nową falą istnienia – nieuniknienie oddalał się od naszej – a nasza młodość tymczasem oddalała się od nas – i pozostawaliśmy w tyle za jego odnawianiem się i odradzaniem, i gubiliśmy własne tropy – aż któregoś dnia, nie bez ulgi, odnaleźliśmy się wszyscy (poza tymi, których bezpowrotnie zabrakło) w nowej przestrzeni życia, która już nie była młodością.

Dla Jerzego Andrzejewskiego – księgą tej nowej przestrzeni życia stało się „Z dnia na dzień", co tydzień (a czasem z większymi przerwami) ogłaszane w felietonie „Literatury".

Często spotykam się z niezrozumieniem tej księgi, przede wszystkim ze strony tych, którzy sądzą, że felieton – to popis nieustającego dowcipu, wysilenie konceptu tematycznego i stylistycznego, cyrkowa parada point. W tygodnikach naszych roi się od felietonów skonstruowanych wedle tej recepty – i od lat nudzą mnie one śmiertelnie. Ale ich zwolenników nudzi Andrzejewski – zbyt zwyczajny, zbyt codzienny, dzielący się wrażeniami z lektur, koncertów i widowisk telewizyjnych, notujący fenomeny pogody, niektóre rozmowy z ludźmi i ich opinie o nich, a także ogólniejsze myśli o kondycji ludzkiej, o charakterach, o sztuce, o czasie, niekiedy przywołujący jakieś wspomnienie, niekiedy sny, własne i opowiedziane przez domowników, zwierzający się też z pomysłów i zamiarów literackich. A więc wydaje im się, że to za mało, nie tylko nie rozbrzmiewają im w uszach „Cztery pory roku" Vivaldiego, kiedy pisarz notuje, że słuchał ich w zachwyceniu, ale brak im słuchu i na całą resztę, nie są zdolni do współuczestnictwa w tej egzystencji, do której fragmentów zostają dopuszczeni, wolą być zabawiani i olśniewani, wolą być publicznością, a nie świadkami i rozmówcami. Niektórzy twierdzą także: to pycha – demonstrować własne mijające dni, ich powszednią zawartość, te lektury właśnie, tę telewizję, te potoczne obserwacje i myśli nie przewrotne, jakby było się kimś nadzwyczajnym, lepszym lub ważniejszym od innych. Ale jest akurat na odwrót: wszystkim, tylko nie pychą jest poczucie minimalnego dystansu pomiędzy ludźmi, pomiędzy intelektualistą a jego rozmówcą, wrażliwością własną i innych, gotowością odbioru tego, z czym się stykamy, ze strony własnej i innych. Autor „Z dnia na dzień" bynajmniej się nie wywyższa, lecz w sposób bardzo prostolinijny ufa, że jego ciekawość świata, a przede wszystkim – kultury, a w jej obrębie – kultury umasowionej przez środki przekazu, nie jest obca innym, że jego doświadczenie jest im dostępne, nie dzieli go ostra granica od ich doświadczenia, że kiedy zwierza się bez jakiejkolwiek pozy: „Ostatecznie, przy lekturach, które się liczą, prawie zawsze szukam siebie samego, może nie wprost, dosłownie, lecz poprzez porównanie" – to dotyczy to również i czytelników, którzy w jego dzienniku literackim szukać powinni nie olśnienia, nie oszołomienia, nie ucieczki od siebie, lecz tak samo jak on – linii własnej egzystencji, znaku własnego przeżycia, powrotu do siebie. I znajdą, nie tylko wtedy, kiedy pisarz toczy swobodną rozmowę o tym, co podobnie jak oni oglądał wczoraj na małym ekranie, albo co czytał ostatnio, a co oni niekoniecznie czytali, chętnie jednak dowiedzą się, co jest w tej książce, albo o tym, kto go odwiedził i co mu zastanawiającego powiedział – nie tylko wtedy zatem, ale również wówczas, kiedy porzuca sferę wydarzeń i doznań w sposób jawny zakotwiczonych nazewnątrz niego i zagłębia się w niedopowiedzianym, nieuchwytnym, niepewnym, tyleż osobistym, co ogólnym, tam gdzie każde słowo może się wydawać niewystarczające lub nadmierne, i realność wynika z przeczucia, domysłu, intuicji, nie zaś ze złapanego za rękę faktu, nie przestając wszakże być realnością, kiedy na przykład Jerzy Andrzejewski pisze:

„Wydaje się, iż długa zażyłość usypia czujność, która u początków przyjaźni lub miłości zaostrza naszą spostrzegawczość. Opuszcza nas niepokój, jaki drąży nas zawsze, gdy zdajemy sobie sprawę, iż człowiek, do którego pragnęliśmy się zbliżyć, jest nam w istocie nieznany i trudny do odgadnięcia. I nie zdając sobie z tego sprawy, wpadamy w zdradziecką pułapkę. Lecz też i jak żyć ze świadomością, iż wszelkie intymne zbliżenie nie usuwa oddalenia, a cierpliwa miara czasu nie musi doprowadzić do kresu poznania? Jak istnieć z taką bezradnością? Czy można czuwać wciąż i zawsze? Szukać aż do końca? Być może musi się pomiędzy ludźmi dziać właśnie tak, jak się dzieje, ponieważ spośród wszystkich pragnień dążenie do harmonii oraz porozumienia wydaje się pragnieniem najbliższym powszechności..."

Pytania, na które brak odpowiedzi, migotliwe i fragmentaryczne prawdy życia wewnętrznego, rozterek i zadumań pisarza – to również realność, którą odsłania on czytelnikom nie na zasadzie wyodrębnienia jakościowego, lecz współistnienia w czasie, miejscu i sytuacji z namacalniejszą realnością zalewającego mieszkanie śniegu z dachu, łamania w kościach, odwiedzin przyjaciela, czarującej twarzy młodej aktorki.

A co w ogóle jest dzisiaj sztuką, co jest literaturą? Wbrew pozorom i częstym domniemaniom, nie żonglowanie konceptem, nie kokieteryjna gra, nie sprawność (jak staniała, jak o nią łatwo!), lecz ż y c i e   w   s ł o -w i e , męka pomieszczenia w nim swojego „z dnia na dzień" – nie! swojego z dnia na dzień bez cudzysłowu, tego z dnia na dzień, w którym jest przecież wszystko, i trwanie, i przemijanie, i ból, i zachwyt, i przyziemność, i wzniosłość, i szarzyzna powszedniości, i święto, i bezbrzeżny lęk, i nadzieja, i niemożność całkowitego otwarcia się, wypowiedzi kompletnej, i heroiczny wysiłek zerwania przyrodzonych pęt, „dążenie do harmonii oraz porozumienia"...

Jerzy Andrzejewski nie jest jedynym autorem, który w dzienniku literackim podjął taki wysiłek, przyznał się do takiego dążenia. Ale jest chyba jednym z niewielu, który uczynił to z taką (czyżby znowu młodzieńczą?) determinacją, z taką hojnością, więcej – rozrzutnością, nie troszcząc się o rezerwy „na czarną godzinę", wykładając wszystkie karty, nawet kartę całej pozostałej twórczości, pomysłów powieściowych, fabuł, urojonych i skonstruowanych postaci. Te niezrealizowane w odrębnym i samodzielnym kształcie powieści wpisane zostały w dziennik, początkowo – jakby równolegle do prac nad nimi, jako namysł nad ich ujęciem czy towarzyszący im komentarz, ale dziennik pożarł powieści; i istniejąc intensywnie w nim – nie potrafiły już zaistnieć inaczej; może to wielka strata, a może właśnie szansa, może najwłaściwszy w tych latach, najautentyczniejszy dla literatury, czyniący ją najbardziej żywą, sposób istnienia? Z jedną z tych nienapisanych powieści – pt. *Sto lat temu i teraz* – mam i ja coś wspólnego. Któregoś dnia Jerzy wynotował z mojego *Życia Sergiusza Jesienina* historię, opowiedzianą niegdyś porzez Stefana Żeromskiego Gorkiemu, a przez tego uznaną za figurę losu Jesieninowskiego: o wiejskim chłopcu, który zabłądził w kamiennym labiryncie Krakowa i nie mogąc się zeń wydostać, zrozpaczony i stęskniony za szczerym polem, w środku miasta rzucił się z mostu do Wisły. Poruszony tą anegdotą, Jerzy osnuł na niej powieść o chłopcu z nadbużańskiej bodaj wioski, imieniem Sokrat, i jego przygodach w Warszawie, przed stu laty, i ciągnął ją dosyć długo, aż któregoś dnia urwał, nie doprowadzając do tragicznego finału, który przecież był obecny w każdym zdaniu tej powieści, od samego początku. Czy bardzo źle się stało, że ta książka nie została napisana o s o b n o, zamknięta w sobie, odgraniczona od reszty, lecz istnieje jako wątek, w dodatku nie ukończony, nie dopowiedziany, tej rzeczywistości bez granic, którą autor nazywa swoim dziennikiem literackim? „Literatura czysta" została tu poświęcona na rzecz – czego właściwie? Hybrydy, formy skażonej, niższej, lekceważąco pomijanej przez podręczniki teorii literatury? Czy – czegoś większego od literatury: istnienia twórcy, któremu granice i sztywne formy nie są już potrzebne, ba, zawadzają, w jego nieustannym łączeniu się z wszystkim, co istnieje, w jego życiu dla siebie i życiu dla wszystkiego?

A czy inaczej stanie się z opowieścią, o której rozmyślania Andrzejewski od paru miesięcy wpisuje do dziennika – historią (wyimaginowaną) ostatniej podróży sędziwego Odyseusza? Czy powstanie ta osobna opowieść pod gotowym już tytułem: „Nikt" (z odpowiedzi Odyseusza, gdy go Polifem pyta o imię) – a jeżeli nie, jeżeli i tym razem jedyną utrwaloną postacią pisarskiego zamierzenia będzie to z niego, co wrośnie w tkankę „Z dnia na dzień", czy ubolewać nad takim trwonieniem się artysty w amorficznym dzienniku, czy też pojąć, że tak być musi, że t o   j e s t   t a k ż e   f o r m ą – mniejsza o to, literatury czy życia?

Niezbyt dawno temu, w jednym z odcinków „Z dnia na dzień" autor zastanawiał się nad zmiennością swoich upodobań literackich: „czy oznacza to, że wciąż jestem ż y w y ? – i w tym samym odcinku, innego dnia, opisywał kontuzjowanego młodego zawodnika, który „musiał zejść z boiska i siedząc na ławce rezerwowych z pochyloną głową, twarz zasłaniając obu bardzo ciężkimi dłońmi – płakał. Serce się ściskało na widok nieszczęścia tego chłopca. Poczułem się bardzo stary, lecz trochę młody jeszcze też". I jeszcze innego dnia, również w tym samym odcinku, w związku z odwiedzinami dwudziestolatka, „promiennego i niecierpliwego", w drodze autostopem z Gdyni do Lublina na mecz Wisła-Arka: „Mój Boże, mój Boże... Żeby we mnie choć jedno wzniesienie podobnej siły żyło! Żebym tak pragnął b y ć !"

Kochany, kapryśny, ale zawsze sprzymierzony z młodością Jerzy, nawet nie wiesz, jak bardzo pragniesz być (choć czasami – to też w Tobie dostrzegam – pragniesz n i e   b y ć i mściwie unicestwiasz sam siebie), jak bardzo, jak intensywnie j e s t e ś!

Bądź jeszcze długo – i pozostań młody, jak dzisiaj.

Czerwiec 1979

POETKI

W czarnej sukni, w czarnych włosach, w upalnej nocy basów i skrzypiec, w zasłuchanym teatrze, w mroku i rozświetleniu sceny, w mroku i rozświetleniu swoich przepastnych oczu, Ewa Demarczyk śpiewa poezję, Ewa Demarczyk j e s t p o e z j ą , nie śpiewa nic innego oprócz poezji, nie jest niczym innym, jej ekspresja to więcej niż sztuka, to rozdzierające, zachłanne, miłosne istnienie w świecie, jej głos jest krawędzią, po której posuwamy się, na której żyjemy z zapartym tchem, z determinacją, z rozkoszą i bólem, dokąd idziemy? k u ź r ó d ł u , każdy sam na sam ze źródłem poezji, źródłem prawdy, zbliżamy się do niego, jeszcze krok, jeszcze spazm, a zespolimy się z nim ostatecznie, zamienimy się w jasne krople jego rozprysku, czy uczynimy kiedykolwiek ten krok? posuwamy się po ostrej krawędzi, wyciągamy ręce...

W filmie Agnieszki Holland „Aktorzy prowincjonalni" bohater buntuje się przeciw teatrowi sprowadzonemu do reżyserskich ‚pomysłów", unikającemu wielkich spraw, namiętności, pytań. Inscenizator *Wyzwolenia* Wyspiańskiego niemiłosiernie kreśli tekst, eliminując wszystko, co budzi niepokój, co wymaga rozstrzygnięć, szukania sensu, wysiłku myśli współczesnego artysty.

Ze scenariusza („Literatura" 9.VIII.1979):

KRZYSZTOF (krzyczy) ...Dyrektorze, ojczyzna, los człowieka, wolność, nie ma nic, nie ma. Maska piętnasta, jedenasta, ósma, nie ma. „Warchoły to wy..." nie ma. (Zwraca się do reszty członków zespołu, którzy w tym czasie nadeszli). „Warchoły to wy! wy hołota! Którzy nie czuliście dumy nigdy, chyba wobec biedy i nędzy, której nieszczęście potrącaliście sytym brzuchem bezczelników i pięścią sługi. Wy lokaje i fagasy cudzego pyszalstwa".

Ale ta w a l k a o t e a t r , o sztukę, przeciw jej znijaczeniu i poniżeniu – to jedna tylko warstwa filmu, konstytuująca zresztą rzeczywistość o fakturze tak realistycznej, jak właściwe to jest tej reżyserce i bodaj że w ogóle formacji, do której należy. Przesłanie całości zdaje się jednakże tkwić głębiej – i o b r o n a p o e z j i to nie tylko bunt przeciw skreśleniom w tekście, lecz niezgoda na s k r e ś l e n i a w s o b i e . W każdym z nas życie dokonuje skreśleń, sami skreślamy się żyjąc, przez lenistwo, wygodnictwo, tchórzostwo, instynkt przystosowania do otoczenia, ospałość myśli i uczucia, fałszywe rozumienie wartości. Wszyscy bohaterowie „Aktorów prowincjonalnych", Krzysztofa nie wyłączając, są jak rękopisy upstrzone bardziej lub mniej dobrowolnymi skreśleniami, dawniejszej lub świeższej daty; stąd ich degradacja. Rozpaczliwe borykanie się Krzysztofa z nijakim teatrem jest borykaniem się z nijakim życiem; tęsknota za pełnią poezji jest tęsknotą za pełnią życia.

Agnieszka Holland, nie pochlebiająca nikomu rejestratorka tego co rzeczywiste, więc nieraz małe („na codzienność patrzy pani lodowatym okiem" – stwierdził krytyk przeprowadzający z nią wywiad), napisała swoim filmem płomienny poemat o tym co nie pogodzone z małością.

Debiutantka Anna J.: dziewczyna, prawie dziewczynka, miedzianowłosa, o niewinnym spojrzeniu, w którym kryje się coś niespodziewanego, może niebezpiecznego; pragnie przytulności, spokoju, ciepła – i żywiołowo tęskni za dramatyzmem, za burzą:

> uratuj mnie
> – przyleć w mokrym rozpostartym płaszczu
> rozepchnij stulone ściany
> i rozrzuć głuche pola wkoło mnie
> ....
> skrusz mi gardło do krzyku
> uratuj

– rozdwojona tedy jak wszyscy poeci, zagmatwana wewnętrznie, choć z wyglądu taka dziecinna (i już odezwał się surowy czytelnik w liście do redakcji, już potępił to rozdwojenie); a reporterka pyta zdziwiona: „skąd w ogóle wiesz to wszystko – o miłości, o strachu, o śmierci – co jest w twoich wierszach?"; nie umie odpowiedzieć, ale trochę później, w innym fragmencie rozmowy, rzuca: „przeżywam życie o pewien fragment do przodu, wszystkie moje wiersze wyprzedzają mnie realną" – i w zdaniu tym zwierza tajemnicę, która czyni poetów; może odkrywa tę tajemnicę, nieoczekiwanie dla siebie samej, w chwili kiedy ją wypowiada.

Wszystkie poetki żyją z wyprzedzeniem, zaglądają w twarz przyszłości, która może zostanie im oszczędzona, wróżą światu z ręki, z chmur, z wnętrzności ptasich, są patetycznymi Kassandrami i zwykłymi Cyganichami, wydają się doświadczeńsze od mężczyzn, jakby w ich rodzaju trwalej niż w męskim odłożyło się cierpienie przyrody i dziejów, w jakimś jasnowidzeniu przeto, a zarazem tak zwyczajnie, jakby nie odchodziły od sprzątania, od kuchni, mówią mężczyznom rzeczy okrutne, zdumiewające i oczywiste. Julia Hartwig w wierszu „Ależ tak" (w zbiorku *Czuwanie*, Czytelnik 1978) stwierdza spokojnie:

> Ależ tak ty również nadajesz się na męczennika
> z tym swoim słabym zdrowiem z zadyszką
> z delikatnymi przyzwyczajeniami
> i upodobaniem do codziennej gorącej kąpieli
> Ależ tak Nie jest nigdzie powiedziane
> że zawsze będziesz chodził zamyślony
> z tym swoim łagodnym uśmiechem
> że któregoś dnia nie rozrzucą twoich książek
> że z twojej pobitej twarzy nie poleje się krew

W czym uroda tego wiersza? Nie ma tu żadnej wymyślności, żadnego wysilenia wyobraźni i stylu – tylko p a m i ę ć , nie jednostkowa przecież – biologiczna? historyczna? poetycka? – której nam, mężczyznom, brakuje, słuchamy więc zaskoczeni, z lekka niedowierzający, oporni wobec kobiecej wizji i ulegający jej w końcu wbrew sobie...

Sierpień 1979

CO ZABIJA POETĘ

Co – czy kto? Według Jarosława Marka Rymkiewicza („Juliusz Słowacki pyta o godzinę", „Twórczość" nr 6 – 1979), poetę zabija grupa etniczna, której się naraził. Sprzysięga się przeciwko niemu i zabija. Juliusza Słowackiego zabili mściwi Litwini. „Bo Litwini chcieli go zabić – zawsze i tego dnia – to też rzecz całkiem pewna. Pewna dla niego i pewna dla nas." (Dla nas – dla autora i jego czytelnika). Ropelewski, który wyzwał Słowackiego na pojedynek, miał po temu jawne powody osobiste: w III pieśni *Beniowskiego* został obrażony on sam i panna Plater, w której się kochał. Ale naprawdę pchali go do pojedynku „wszyscy Litwini", z Mickiewiczem na czele. „Okazuje się – autor cytuje współczesną epistołę – że Litwa nie zdołała strawić nowych poezji Słowackiego, że ją ubodły do żywego, i nie rozumiejącej dziczy obyczajem chcą we krwi obmyć obrazę." Jednakże i o te wiersze też nie chodziło: Litwini postanowili go zabić, zniszczyć, unicestwić jeszcze przed ukazaniem się *Beniowskiego*. O, znacznie nawet wcześniej. I zabijali go rok po roku, wytrwale, systematycznie, z litewskim uporem i z litewską mściwością. Wówczas, kiedy jeszcze nic złego im nie uczynił". Więc – formułuje badacz swoje zadanie – „musimy opowiedzieć, jak go zabijali".

Opowiedzieć to da się dzięki figuralnemu użyciu słów. Opinia Mickiewicza o poezji, co jest jak piękny kościół, w którym nie ma Boga, to była „opinia zabójcza". Echo tej opinii – zdanie Ludwika Platera, że poezje Słowackiego są bezbożne i brak w nich czucia – czyż nie było próbą zabójstwa?" W dzienniku George Sand Słowacki pojawia się bez nazwiska jako „pewien poeta, dość mierny i nieco zawistny" – któż jej go w ten sposób zarekomendował? – „jasne, że Litwini", i była to także „próba zabójstwa". Ktoś odnotował, że na słynnej uczcie grudniowej u Januszkiewicza Słowacki „rzucił się pod stopy Mickiewiczowi, ale nie z czci, tylko zabity" – i Rymkiewicz dopowiada: „Zabity, bo go zabijali". Ktoś inny doniósł w liście, że w czasie improwizacji Mickiewicza Słowacki szlochał, a Rymkiewicz już czuwa: „Szlochał, bo został trafiony, bo go zabijali". Ktoś podobno ukrył przed członkami Towarzystwa Polskiego przychylną recenzję o Słowackim; ktoś odmówił wydrukowania płatnego inseratu o ukazaniu się *Beniowskiego* –

„czyż nie były to próby zabójstwa?" Ale najstraszliwsze były poczynania Mickiewicza, który „robił wszystko, aby wpoić paryskim Litwinom przekonanie, że Słowacki jest nikim. Mówił im, że go nie warto czytać i on go nie czyta. Mówił, że wciąż go czyta, lecz nic nie rozumie. Mówił, że stara się go zrozumieć, choć go nie lubi. Mówił, że nie warto o nim mówić. A dlaczego nie warto? Bo to zły poeta. (...) Tak to więc – znowu konkluduje autor – Pierwszy Litwin starał się go zabić."

Uczestnicy i świadkowie spisku – to wszyscy Litwini, a także „ci, którzy się zlitwinili, jak Witwicki", nie mówiąc już o Klaczce, który „był Litwin, choć Izraelita, więc bardzo lubił Mickiewicza (...) i bardzo nie lubił Słowackiego". Także kobiety, na przykład Paulina Platerówna – „na szczęście – z ulgą zauważa interpretator – nie zakochał się on w Paulince, w której wszyscy się kochali, bo można sobie wyobrazić, jakby go ta Paulinka dręczyła".

I wreszcie ów pojedynek, który się nie odbył, bo Ropelewski się nie stawił, a zamiast niego przybyli mediatorzy. „Więc wszystko skończyło się jak najlepiej – śniadaniem u Cezarego Platera – ale jednak mogło skończyć się całkiem inaczej. Bo gdyby Litwini na kozła ofiarnego «za Litwę całą» wybrali, powiedzmy, nie Ropelewskiego, ale Szemiotha, o którym nic nie wiemy, ale który, być może, był człowiekiem odważnym? I który, być może, był wybornym strzelcem? To jak wtedy zakończyłby się ten pojedynek? I jak potoczyłyby się dzieje literatury polskiej? Potoczyłyby się, za sprawą jakiegoś Ropelewskiego, jakiegoś Szemiotha, jakiegoś Januszkiewicza, całkiem inaczej. Strasznо o tym myśleć..."

Tak to Litwini zabijali (chcieli zabić, mogli zabić, byliby zabili) wielkiego poetę – ale dlaczego właściwie powzięli ten nikczemny zamiar? „Przyczyną, dla której Litwa chciała zniszczyć Słowackiego, mogła być litewska mściwość połączona z litewską pamiętliwością. (...) Trzeba jednak wiarygodnej przyczyny, dla której Litwini postanowili zniszczyć Słowackiego, szukać (...) w jakimś konflikcie, który Słowackiego litewskiej psychice uczynił nienawistnym."

Konflikt polegał na tym, że „Mickiewicza traktowano jak ojca" i on sam „jeśli nawet miał świadomość, że w ojcostwo został przez emigracyjne sieroctwo wepchnięty, to postępował tak, jakby to ojcostwo było mu przeznaczone", Słowacki zaś odepchnął rolę „syna", zakwestionował ojcostwo, uważał się za równego starszemu poecie. „... zagroził tym samym fundamentalnej – choć utajonej – zasadzie istnienia społeczności. (...) Musiał więc zostać usunięty. Musiał zostać unicestwiony, zniszczony, zabity."

Czy tylko Słowackiego to spotkało? Czy tylko on jeden został zabity (mógł zostać zabity, byłby zostać zabity) przez mściwą i pamiętliwą grupę etniczną, której zakłócił mroczny rytuał plemiennorodzinny?

A inni? A Mickiewicz, od pierwszego tomu poezji postponowany przez warszawskich klasyków (przeszywany ostrzem szyderstwa, zabijany), i na wileńskich salonach nieraz spotykający się z afrontami (wszak i Rymkiewicz przytacza taki incydent z Janem Śniadeckim u państwa Bécu – czyż to nie była próba zabójstwa?), i tylekroć później, do końca życia, raniony, znieważany, nie rozumiany (zabijany systematycznie, rok po roku) – ale Rymkiewicz jakoś nie wysuwa tej hipotezy – może dlatego, że trudniej by mu przyszło określić w kategoriach etnicznych zbiorowego zabójcę (Mazurzy? Ukraińcy?), trudniej zgadnąć motywy?

A Norwid, jego odtrącenie, nędza i zapomnienie – tyle lat samotnego konania wśród społeczeństwa – kto to uknuł i ukartował, kto zabijał Norwida? „Ale Norwid (pisze Rymkiewicz) – trzeba to wreszcie powiedzieć – to jeden z epigonów, jeden z tych, którzy zapisywali dziwacznymi gryzmołami marginesy kart, co już były zapisane przez Wielkie Duchy romantyzmu polskiego." Że zaś „mozolny trud tysiąca umysłów nic nie waży, pracowite skrzypienie tysiąca piór nic nie znaczy", a „literatura jest w każdej epoce dziełem kilku Wielkich Duchów", to możemy nie zaprzątać sobie głowy zarówno „aberracyjnymi dziwactwami" Norwida, jak okolicznościami i przyczynami jego konania.

Mimo wszystko nie poprzestaniemy na Słowackim; jest jeszcze w innej epoce literatury, ale czyż nie dla każdej epoki pozostają ważne te same nadrzędne prawa? – Jarosław Marek Rymkiewicz, którego ja oto zabijam, muszę zabić, swoim nawiasem duszącym i cudzysłowem podkopującym, swoją kpiną, niedowierzaniem i niechęcią, nie do niego samego, znakomitego pisarza, lecz do jego konstrukcji w eseju o Słowackim, konstrukcji, którą wyhołubił i do której czuje się przywiązany, tedy moja niezgoda i zgryźliwość jest krwawym zamachem na samą jaźń Rymkiewicza; ale jaka mafia za mną stoi, czyja zmowa złowroga uczyniła mnie swym narzędziem? nie mogę dłużej ukrywać, to milcząca zmowa tych, których odrzuca od spiskowej historii literatury, czy to nowszej, czy to dawniejszej, i którzy gęsiej skórki dostają od stereotypów w rodzaju „litewskiej mściwości", i nie wierzą w tajne postanowienie jakichś gremiów plemiennych, zmierzające do „usunięcia, unicestwienia, zniszczenia" upatrzonego poety, których wreszcie – stokroć bardziej niż, dajmy na to, w ilustrowanym tygodniku filmowym – przeraża domieszka ksenofobii i specyficznej manii prześladowczej w pięknie napisanej, natchnionej rozprawie (niemal poemacie) na łamach „Twórczości" – tak! to j e s t pięknie napisana rozprawa, zawiera fragmenty uderzające erudycją i wnikliwością, zawiera miejsca, które czytam z podziwem; zawiera też ową aberrację, mniej skądinąd oryginalną i twórczą od rzekomych „aberracji" Norwida.

Czy muszę jednak zapytać: kto zabija poetę?

Nie kto – lecz co.

Poetę zabija – tak sądzę – to samo, co wszystkich ludzi. Los poety (mam na myśli nie tylko poetów pióra) jest zintensyfikowanym losem człowieka. To, co go zabija, jest w nim i jest wokół niego; w naelektryzowanej przestrzeni pomiędzy tym, co w nim, a tym, co wokół. Ta niewypowiedziana, usiłująca się wypowiedzieć, krwawiąca jedyność tego, co w nim; to niezrozumienie, odtrącenie, przeoczenie ze strony tego, co wokół. Dotkliwiej od „zabójczej opinii" wielkiego współzawodnika rani i upokarza obojętność „całego świata". Bardziej od natrząsań „nie rozumiejącej dziczy" (jakaż to ulga, gdy można tak zaklasyfikować swych krytyków) boli i gniewa ślepota powołanych do rozumienia (jak, w wypadku Słowackiego, zdanie Krasińskiego o Beniowskim – ale, przytaczając je, Rymkiewicz nie zalicza Krasińskiego do zabójców, bo trudno też zrobić z niego Litwina czy chociażby kogoś, kto się „zlitwinił"). I od wszystkich wyimaginowanych sprzysiężeń okropniejsze jest to, że nie sprzysięgając się, mimowoli, bez zdradzieckich zamiarów, każdy na własną rękę, my, nie-poeci, obojętnością swoją i niezrozumieniem co krok śmiertelnie razimy poetów, i my, poeci, zasklepieniem wizji i chłodem powszednim dobijamy innych poetów, i my, ludzie, wierzący w Wielkie Duchy poezji (które, naturalnie, dawno nie żyją), opryskliwym pośpiechem, nieciekawością, lenistwem, zabijamy poetów, poezję w sobie i w innych... Jak to łatwo! Niedawno w pewnym towarzystwie ktoś liczący się w swojej dziedzinie i obdarzony niewątpliwym wpływem na otoczenie wydął wargi na dźwięk nazwiska artysty i tytuł jego dzieła: – To na pewno a m - b i t n e... – i jął dowcipkować na temat swoich wyobrażeń o „ambitnym" (określeniu temu nadał sens pogardliwy) utworze. Grób artysty, żywego jeszcze i nieświadomego, co go spotkało, został ochoczo przyklepany łopatami bezmyślnie paplających jęzorów...

Zapewne nie wszystkie zabójcze opinie o Słowackim, które przytacza Rymkiewicz, dotarły też były swego czasu do poety. Te, które dotarły, raniły go nie dlatego, że były elementami jakiegoś demonicznego „spisku" (choćby i sam go podejrzewał), ale dlatego, że należały do jego naturalnej kondycji; zawiniona przez wszystkich i nie zawiniona przez nikogo, jedynie taka, niestety, mogła być owa kondycja – i tropienie jej „projektantów", doszukiwanie się pomiędzy nimi swoistej więzi, choć mile odciąża zbiorowe sumienie w s z y s t k i c h   n i e w i n n y c h , wprowadza w błąd co do istoty rzeczy.

Zdarzają się momenty wrażliwszego zrozumienia tej sytuacji – i jakby żalu czy skruchy; najczęściej na pogrzebach; 28 lipca tego roku na pogrzebie Edwarda Stachury, który nie był jednym z „kilku Wielkich Duchów" epoki, ale był poetą, borykał się z niewypowiedzianym i niekiedy odnosił nad nim zwycięstwo, a więcej, jak prawie każdy ponosił klęski, i zdarzało się, że nim także pomiatano i szydzono z niego, otóż na tym cmentarzu, w słońcu, znienacka dla wszystkich, także tych, którzy nigdy nie znali go osobiście, znaczenia nabrało tylko to, że był sobą, że był poetą, że wpatrywał się w całą jaskrawość świata, że – najdosłowniej – śpiewał piosenki, że zginął...

A Słowacki – Słowacki nie łudził się przecież, że inne bywa poety niż „za grobem zwycięstwo"; i jego się też, zabijany, spodziewał.

Wrzesień 1979

STUHR

Usiłuję sobie uprzytomnić istotę przeżycia, jakim ponad trzy lata temu stało się dla mnie obejrzenie „Blizny" Krzysztofa Kieślowskiego (a był to pierwszy film Kieślowskiego, jaki widziałem); i zobaczenie w tym filmie – nie w głównej roli, ale w jednej z ważnych – zupełnie mi dotąd nie znanego aktora, którego nazwisko nawet umknęło mi wtedy i musiałem się dopytywać lepiej zorientowanych („Stuhr, mówili, z Krakowa"); co się właściwie stało, co mnie tak uderzyło i zachwyciło? zobaczyłem kogoś r z e c z y w i - s t e g o , a zarazem będącego z n a k i e m jakiejś rzeczywistości; wytłumaczonego do końca i do końca zagadkowego; jednorazowego jak fabuła, w którą został wpisany, i powtarzalnego, mieniącego się wariantami we wszystkich fabułach, w które wpisze go życie; odpychającego i fascynującego – i ciągle nade wszystko rzeczywistego. Co tu było Kieślowskim, co Stuhrem, co – czymś spoza nich obydwu, co – moją zachłannością wpatrzoną w ekran? W każdym razie istota doznania była estetyczna, ponieważ „w życiu", na co dzień, spotkanie kogoś takiego jak kreowany przez Stuhra bohater nie zrobiłoby na mnie wrażenia.

Spotykałem go, ma się rozumieć, że spotykałem, tego małego (lub trochę większego) arywistę, człowieka, którego jednym bogiem jest sukces, przymilnie uśmiechniętego i skaczącego do gardła, intryganta, kameleona, drapieżnika z biurowej dżungli; i adwokat z „Bez znieczulenia" kojarzył mi się z adwokatem, którego widziałem w Sądzie Pracy (bezwzględny, cyniczny, brutalny – reprezentował pracodawcę, który bezprawnie usunął pracownika – ale przegrał tym razem); a dziennikarz z „Aktorów prowincjonalnych" kojarzył mi się nie z jednym nawet, lecz z paroma dziennikarzami, których od dawna znam jak zły grosz; tylko „Wodzirej" nie kojarzył mi się ze znajomym wodzirejem, bo nie mam, niestety, żadnego znajomego wodzireja... Spotykałem go więc, ale dopiero spotkanie w kinie – nie odtworzonego, lecz s t w o - r z o n e g o na nowo – skonstruowanego z budulca, który z samozaparciem ofiarował mu aktor – z jego twarzy, gestu i głosu, a także z jego przeczuć, intuicji i tego niewypowiedzianego, co, być może, decyduje o wszystkim – jak i pisarz, zdarza się, z siebie, z elementów swojej biografii, ze swojej intonacji i wyobraźni, tworzy kogoś innego, potępionego i godnego litości – tak

Tadeusz Borowski powołał był do życia vorarbeitera Tadka, walczącego o życie obozowe konformistę, postać literacką, bardziej rzeczywistą od rzeczywistych häftlingów i nie opuszczającą nas od tej chwili – otóż taki stał się wyprowadzony z siebie (niewątpliwie całkiem innego s i e b i e) współczesny arywista Jerzego Stuhra – i spotkanie go w kinie, prowokując przeżycie estetyczne, utrwaliło go jako punkt stały i niepokojący w polu mego widzenia.

Są dwa rodzaje znakomitego aktorstwa: pierwsze – aktorstwo wielu masek, rozmaitych ról i wcieleń, które istniejąc z osobna składają się na bogatą i efektowną biografię artysty; i drugie – aktorstwo ról i wcieleń w szczególniejszy sposób wzajemnie ze sobą związanych, które nakładają się na siebie i tworzą nie tylko biografię artysty, lecz znak, obraz czegoś poza nim, jakiegoś losu, jakiejś współczesnej aktorowi kondycji. W wywiadzie ze Stuhrem na łamach tygodnika „Kultura" (15.IV.1979) w podobnym kontekście padło nazwisko Zbyszka Cybulskiego. Po śmierci Zbyszka pisałem o nim; tak, jego role układały się w jakiś l o s ; czy los pokolenia? Zbyszek był moim rówieśnikiem, dokładnie z tego samego rocznika, nietrudno mi więc było utożsamić się z tą linią losu i jej wariantami, chociaż wydarzenia mojego życia nie zawsze odpowiadały wydarzeniom życia tych naszych rówieśników, w których się wcielał. Ale rozumiałem i tę zuchwałość, i fanfaronadę, i gatunek klęski pokoleniowej, która ich spotykała... Teraz, w odpowiedzi na padające z ust dziennikarki porównanie do Cybulskiego, Jerzy Stuhr wzrusza ramionami: „Pani to powiedziała. Ale kiedy tak sobie myślę, co on wyrażał poprzez to swoje pokolenie, jakie to było heroiczne i wspaniałe... Mój bohater jest mały, spsiały wewnętrznie, żadny taki. Ale takiego muszę grać, bo tacy dzisiaj jesteśmy przeważnie". – „Świetnie przystosowujący się do okoliczności?" – pyta pani Krzemień. – „A tak, dookoła są osobnicy o kolosalnych możliwościach adaptacyjnych. I to jest *signum temporis*. (...) Mnie tych moich bohaterów ogromnie żal..."

Nie wiem, czy ta charakterystyka naprawdę dotyczy pokolenia, czy czegoś innego. Myślę też, że w pewnych warunkach kreowanie bohatera „małego, spsiałego wewnętrznie" może zmierzać do czegoś „heroicznego i wspaniałego".

Bohater „Amatora" nie jest kimś diametralnie różnym od postaci kreowanych przez Stuhra w poprzednich filmach; i owszem, łączy go z nimi istotne powinowactwo – to także człowiek awansu i sukcesu, nasz kolega z pracy, który się wybija; nietrudno wyobrazić go sobie w wariancie jeszcze bardziej pokrewnym asystentowi dyrektora z „Blizny", „Wodzirejowi" i adwokatowi z „Bez znieczulenia": byłby to Filip mniej wsłuchany w swój głos wewnętrzny, który każe mu być artystą, szukać prawdy i tworzyć prawdę, lecz Filip wsłuchany w zewnętrzny głos układów i okoliczności, i nade wszystko w tubalny głos Dyrektora; ten „amator" szybko ulegnie, dostosuje się, odnajdzie w sobie pokłady usłużności i zapobiegliwości, i wycinając to i owo z nakręconej taśmy, a następnie wcale już nie próbując zdejmować czego nie trzeba, zdejmując natomiast gorliwie coś całkiem innego, także zrobi karierę, może trochę w innym gatunku, ale i jego ostrożne filmy mogą być na swój sposób nieźle, przecież ma zdolności, a giętkość karku uchroni go przed prześladowaniami, i w dodatku pewnie nie opuści go żona... Łatwo możemy sobie wyobrazić takiego „Amatora"; i ten obraz byłby się nam może podobał,

choć na bohatera spoglądaliśmy bez sympatii, a na jego klęskę wewnętrzną
(bo taką poniósłby bardziej lub mniej widocznie) przystalibyśmy jako na
zasłużoną; jednakże twórca „Amatora" tym razem zaproponował inną możliwość, nosicielem jej zaś uczynił tego samego aktora o przeciętnej twarzy, tę
samą sylwetkę obciążoną już określonymi skojarzeniami – tego „jednego z
nas", skazanego, zdawałoby się, na wieczny konformizm i przepychanie się
łokciami, na szczurowatość i sukces wyzuty z autentycznych wartości – jego
to twórca filmu obdarzył możliwością niepogodzenia z przypisanym mu podobnym wariantem losu i wybrania twórczości, jakkolwiek by to kompliko-
wało życie; i Stuhr udźwignął tę metamorfozę bohatera, czyniącą go z kolei
pokrewnym na przykład „aktorowi prowincjonalnemu", którego w filmie
Agnieszki Holland gra jego kolega z Teatru Starego, Tadeusz Huk (ciekawe,
że i w warstwie konfliktu, i w warstwie symbolu, w obu filmach, o których
mowa, chodzi o to samo – o niezgodę na skreślenia w tekście dramatu bądź
na cięcia zmontowanej taśmy filmowej, a więc o sztukę nieokrojoną, sztukę i
życie bez skreśleń); ale „aktor prowincjonalny" jest bohaterem romantycznym, jego pole bitwy – to wysoka materia teatru Wyspiańskiego, a Filip
Mosz z amatorskiego klubu filmowego kręci prozę życia – odrapane mury,
robotnika-kalekę, wstydliwe kulisy zakładowego święta... Znaczącym *novum*
ostatniego filmu Kieślowskiego jest chyba i to, że zbliżył tych bohaterów,
zaprzeczył granicy między możliwościami bohatera romantycznego a „pro-
zaicznego", a zarazem pokazał, jak z tej samej gliny życiowej może zostać
ulepiony mały drapieżnik naszych czasów i broniący wartości t w ó r c a , z
tej samej gliny, w którą c o ś nie tchnęło albo też tchnęło iskrę...

Niektórzy widzowie „Amatora" nie taili rozczarowania, że i ten bohater
poniósł na końcu klęskę, ulegając demagogii i szantażowi Dyrektora i nisz-
cząc własny film; ale przecież tak bywa! Przed pokusą przystosowania się,
przytaknięcia argumentom silniejszego, uwierzenia w nie – nikt nie jest
chroniony, pokazanie zaś, jak się pokusa spełnia, nie oznacza aprobaty; ponadto, życie byłoby bardzo proste, gdyby argumenty Dyrektora były t y l -
k o szantażem i demagogią, gdyby nie zawierały i jakiejś racji życiowej,
przeciw której buntujemy się, co prawda, ale która istnieje – umiejmy dalej
się z nią nie godzić, nie ukrywając jej istnienia przed sobą i przed bohaterem, któremu sprzyjamy... Wreszcie, czy klęska „amatora" jest ostateczna?
Tego nie wiemy. W ostatniej scenie Filip Mosz kieruje obiektyw kamery na
własną twarz – twarz człowieka przegranego, upokorzonego, pogrążonego w
rozterce – czy to spojrzenie n a   s i e b i e   t a k i e g o okiem twórcy nie
może oznaczać nowego początku, nowej nadziei, podniesienia z upadku i
jakiejś drogi?...

Przed kilkunastu dniami po raz pierwszy zobaczyłem z bliska Jerzego
Stuhra żywego, obok Huka zresztą i kilku innych świetnych aktorów; Teatr
Stary przywiózł do Warszawy „Sen o Bezgrzesznej" Jerzego Jarockiego, to
poruszające n i e-przedstawienie, ani sztukę, lecz działanie teatralne i dyskurs, w którym uczestniczymy razem z twórcami, chwilami zmęczeni, ale nie
obojętni; nie będę go opisywał, tyle razy już to robiono, przypomnę tylko
dwa momenty wieczoru – więc najpierw ten, pomiędzy pierwszą a drugą
częścią, kiedy aktorzy swobodnie gawędzą z publicznością, pokazując i ko-
mentując swoje autentyczne pamiątki rodzinne – fotografie dziadków z
POW i kółek samokształceniowych, pożółkłe dokumenty nominacyjne, stare

gazety, albumy, odznaczenia wojskowe... dzieje się to bardzo zwyczajnie, bezpośrednio, i raptem niezwykle jasny staje się sens tego prościutkiego intermedium: to przypomnienie, że jesteśmy nie tylko w teatrze, wszyscy razem tkwimy w losie prywatnym i narodowym, i materia teatralna, z którą obcujemy, nie przestaje być materią tego losu, tej sprawy, nie próbuje oddzielić się od niej, lecz przeciwnie, czuje się z nią tożsama... I drugi moment, już z pewnego dystansu: na scenę żwawym krokiem wchodzi gromadka osób — to Piłsudski w otoczeniu legionowych przyjaciół — Stuhr ustawia ich do pamiątkowej fotografii, zanurza głowę w staroświeckim, czarno udrapowanym pudle — ciemność, błysk magnezji, znowu jasność, wszystko zniknęło, tylko na białej ścianie wyświetlona znana fotografia z 1914 roku. I oto jakbyśmy fizycznie odczuli tę chwilę, która mija pomiędzy żywą obecnością kogoś, człowieka, grupy, a wypłowiałą pamiątką i nieuchwytnym do końca śladem pozostawionym w historii; to okamgnienie, w którym może się zmieścić czyjeś życie i więcej niż jedno życie; a z mgnień takich tka się owa narodowo-osobista historia, i teatr raz jeszcze dał nam odczuć jej r z e c z y - w i s t o ś ć ...

Jerzy Stuhr w „Śnie o Bezgrzesznej" jest czymś w rodzaju wszechobecnego konferansjera czy wodzireja (fotografowanie Pierwszej Kadrowej to także fragment tej funkcji); być może, to po prostu jedna z kolejnych ról aktora o wielkiej sprawności zawodowej i nie należy temu przypisywać nadmiernego znaczenia; ale wydaje mi się, że może właśnie o to chodziło, jeżeli nie reżyserowi, to przypadkowi, który także czasem miewa coś na myśli, żeby naszym przewodnikiem po tym świecie zapadającym się w archiwa, albumy rodzinne, sny (i wyłaniającym się z nich na nowo), po świecie naszych splątanych korzeni, odbitek pamięci i wyobrażeń o sobie — był aktor, przez którego rysy i gesty już przeświecają te inne, współczesne role, inne sensy, inne przebudzenia i zawstydzenia. Takie ujęcie byłoby może rodem z Żeromskiego, na którym w tak znacznym stopniu oparto przecież „Sen o Bezgrzesznej".

Październik 1979

CIENIE W OBORACH

Okres świąteczny – od paru dni przed Wigilią do paru dni po Nowym Roku – spędzam tym razem, wbrew swemu zwyczajowi, poza domem; ale nie w miejscu obcym, bo tutaj, w Oborach (nazwa pochodzi podobno nie od swojsko pachnącej obory, lecz od wykwintnego *au bord*, chodzi o brzeg stawu, nad którym stoi dawny dwór czy – jak go nazywają – p a ł a c Potulickich i przylegający doń park), otóż w Oborach znam wszystkie kąty, po raz pierwszy znalazłem się tu chyba ze trzydzieści lat temu, znam tutejsze rozsłowiczone maje i dżdżyste październiki, spojrzenia z ukosa ciemnych portretów w pałacowej jadalni i tajemnicze trzeszczenie drewnianych pował w oficynie; przyjeżdżałem tu, co prawda, nie każdego roku, był nawet dłuższy okres, kiedy jakiś uraz kazał mi stronić od Obór (bo tu dosięgły mnie kiedyś niedobre i przytłaczające nowiny), ale później otrząsnąłem się z tego i od paru lat znowu tu bywam, wsłuchuję się w oborską ciszę, przerywaną klekotem maszyn do pisania (Obory są domem pracy twórczej związku literatów), spotykam znajomych i przyjaciół, krążę z nimi wokół wielkiego klombu przed pałacem, a najwięcej spotykam cieni, cienie umarłych i nieobecnych krążą razem z nami dokoła klombu, a tam, gdzie tyle tych cieni, nie podobna już czuć się obco.

Na słoneczny taras wychodzi Antoni, szczupły, elegancki, z orlim profilem, ma ruchy fechtmistrza, toczy wieczny swój pojedynek z głupstwem, jakie to dziwne, że głupstwo nadal istnieje. Jak u boku każdego Don Kichota, przy nim też pojawia się mały, okrągły Sanczo Pansa, to pan Józio, z wykształcenia lekarz, z zawodu tłumacz, a z najszczerszego natchnienia gawędziarz, nikt nie przeżył tyle co on, nikt nie wie tyle o świecie, zwłaszcza minionym, zamkniętym na cztery spusty żelaznymi ryglami wojen, a czy nie wymyślił sobie wszystkich tych anegdot i przygód, to przecież nie ma znaczenia. Zza drzew okrytych gęstym listowiem (w krainie cieni jest lato, choć jednocześnie są i inne pory roku) słychać uderzenia piłki, tam młode cienie grają w siatkówkę (gdzież ten placyk z rozpiętą siatką, już i śladu po nim nie podobna odnaleźć), ja też gram, spocony, i widzę, jak bezbronnie podnosi rękę Witold o sarnich, wilgotnych oczach, jest młodszy ode mnie, prawie uczniak, wydrukował ze trzy wiersze, wszystko przed nim, sława, pieśń i nieszczęście (a teraz, po tylu latach, raptem ujrzę jego wielkie oczy w twarzy tej drobnej, ciemnowłosej dziewczyny, i cień Witolda, czule w nią wpatrzony, powoli opuści ramię). Po alejach parku i dróżce otaczającej klomb, i alejce wprost od tarasu i klombu prowadzącej przez szosę na przełaj do czarnej drogi, pod górkę i w las, w skupieniu przesuwają się siwe panie, długoletnie rezydentki tutejsze, autorki zacnych książek mojego dzieciństwa, mijają się z lekkim skinieniem głowy albo bez spojrzenia i gestu, któraś z nich porusza się o kulach, chodzi tak, mimo widocznych trudności, które jej to sprawia, godzinami, czy to zawsze ta sama? chyba nie, twarze się zmieniają jak kolejne jesienie i zimy, ale sylwetka w ciemnej długiej sukni, w surowym obramowaniu dwóch kul drewnianych, nieprzerwanie przemierza aleje i ścieżki wokół pałacu. Inna, bardzo sędziwa i okazała, która nie wychodzi już na dwór, tylko ciężko stąpa po pałacowych posadzkach, wlecze za sobą szeleszczący tren legendy: jako trzpiotliwe dziewczę spodobała się była w i e l - k i e m u p i s a r z o w i, na jej widok w rozczuleniu przecierał cwikier, pochlebiła jej ta adoracja, lecz co dalej – to już materia dyskretna. I znowu młodsze cienie, Krzysztof, pykając fajeczkę, opowiada pomysł nowej sztuki, której nigdy nie napisze, jak w ogóle nic nie napisze, bo pali się już tylko tymi krótkimi rozbłyskami, których starczy na opowiedzenie pomysłu, jakże to się stało, cóż go wypaliło, przecież jeszcze wczoraj było inaczej; i jego śliczna żona, kędzierzawa Zosia, z lękiem w oczach, tej wczesnej wiosny zaczęły ją tu nawiedzać złe sny, noc po nocy zaczęło wracać minione i straszne, więc chce uciekać przed snami, jak on pewnie chciałby uciec przed grząską niemożnością, jeszcze chwila i wezmą się za ręce żeby razem rzucić się do ucieczki. I teraz ta wielka aktorka, wierzę, że wielka, choć nie widziałem jej nigdy na scenie, ale i w tej oborskiej scenerii jej majestatyczny cień nie miesza się z innymi, skromniejszymi cieniami – kiedy przechodzi, ma się ochotę za każdym razem złożyć ukłon głęboki i zejść z drogi – a Maria Dulęba z wyrozumiałym uśmiechem kiwa głową (choć trudno o pewność, czy naprawdę nas spostrzegła) i przechodzi dalej, z wysiłkiem, ale jakby nie zdając sobie z niego sprawy, zawsze w tym samym kierunku i celu, w półkoliście odgrodzony drzewami najdalszy kąt parku, gdzie wśród kwiecia czeka na nią malowana, gipsowa, wiejska Madonna, by intymnie z nią pogawędzić, do tych zwierzeń nie zostanie dopuszczony nawet mężczyzna, na którego ramieniu opiera się większą część drogi, a potem on pozostaje w tyle i zostawia ją sam na sam z Przyjaciółką. Oto i on wreszcie, ten szlachcic kresowy, z czujną podłużną twarzą i wąsem pod drgającymi nozdrzami, bardzo uprzejmy i zarazem jakby nieobecny pomiędzy nami, pewnie obecny gdzie indziej, w swych dalekich pieleszach, znakomity pisarz, który tak niewiele książek napisał i wydał, i mało kto je zna, również i ja – teraz, kiedy obserwuję wracającą z parku wielką aktorkę i jej męża, tyle od niej młodszego, a tak w nią zapatrzonego, zafascynowanego miłośnie – jeszcze nie czytałem tych książek; ani później, kiedy ona już nie żyje, a on przez dwadzieścia prawie lat błąka się po tych samych alejach i komnatach, coraz bardziej garbiąc swoją wysoką, ułańską sylwetkę, coraz mniej widząc, coraz samotniej zasklepiając się w sobie... Dopiero po jego śmierci dowiem się od Juliusza Gomulickiego, że właśnie owej wiosny 1958, w Oborach, po długiej i uciążliwej przerwie (nie pierwszej i nie ostatniej w życiu), w nagłym i radosnym przypływie natchnienia Julian Wołoszynowski napisał swoją najpiękniejszą książkę – *Opowiadania podolskie*; to znaczy, pięć opowiadań napisał był parę lat wcześniej, a teraz, od 17 kwietnia do 15 maja napisał pozostałych dwanaście, i tak powstała książka; siedemnastka zaś (łączna ilość opowiadań i data, kiedy do nich ponownie zasiadł) – zawsze była liczbą znaczącą dla Marii Dulęby, której książkę poświęcił...

A ja teraz, u schyłku roku 1979, znowu w Oborach, czytam *Opowiadania podolskie*, i choć jest to książka o czasach, kiedy mnie nie było, i miejscach, których nigdy nie widziałem, o innych pałacach, innych parkach i innych ludziach, odczuwam ją jako bliską, bo jest w niej świat prawdziwy i krwisty, czuły i namiętny, pełen odurzającej urody, która, mijając w rzeczy, zachowała się w wiernym rzeczy słowie, a wreszcie – świat cudownych i fatalnych przypadków, dziwnych przeczuć, jasnowidzeń, duchów i cieni; i cienie młodości Juliana Wołoszynowskiego i młodości jego ojca wychodzą z tej książki i łączą się z cieniami mojej młodości w jeden nieustający korowód, i w korowodzie tym przesuwa się ciągle na nowo, nieustannie przesuwa się historia, sztuka, życia...

Grudzień 1979

UZUPEŁNIENIA

Nie wiem, czy jest taki wątek lektur, myśli, notatek, o którym dałoby się powiedzieć, że raz na zawsze postawiło się pod nim kropkę. Miesiąc temu pisałem o Julianie Wołoszynowskim, którego cień nawiedził mnie w oborskiej alei, i oto znowu ciągnie mnie do jego książek, najpierw sięgam po *Było tak* i odkładam rozczarowany, ale zaraz potem biorę *Przed wschodem księżyca* i od tej kontynuacji *Opowiadań podolskich* trudno mi się oderwać, bo to ten sam urzekający świat, w którym z taką rozkoszą zanurzyłem się na przełomie roku, jego obłoki, promienie, wonie, szmery źródlane, jego twarze i głosy, stroje i obyczaje, świat realny, krwisty, najprawdziwszy z prawdziwych, a zarazem podszyty jakąś niesamowitością, zaludniony przez duchy i wilkołaki, pełen przeczuć i spełnień fatalnych, i tęsknoty za niedoścignionym, świat romantyczny. Ale wbrew pozorom *Przed wschodem księżyca* nie jest po prostu dalszym ciągiem *Opowiadań podolskich* ta książka ma inny rytm, bardziej zdyszany, poza jednym wyjątkiem są to raczej krótkie obrazki i szkice niż pełne opowiadania, czuje się w nich popłoch, nie jest już tak, jakby autor w spokojnej i tkliwej zadumie wracał do kraju młodości, lecz jakby w pośpiechu, w nieustannej trwodze, czy zdąży, oglądał się wstecz i wydzierał gęstniejącej mgle, za każdym razem przekonany, że to po raz ostatni, jeszcze jeden strzęp fabuły, przypowieść, postać. Ten skrócony, bolesny rytm nie odejmuje książce uroku, ale przydaje jej jakiś szczególny, dojmujący ton, którego w *Opowiadaniach podolskich* nie było albo był w dużo słabszym stopniu. Skąd to? Przecież Wołoszynowski miał jeszcze przed sobą ładnych kilka lat życia, jeszcze zdążyłby to napisać spokojnie, cierpliwiej... Czyżby po śmierci Marii Dulęby to, co w nim samym było jeszcze trwaniem, wydawało się już niepewne i nierzeczywiste, a jedyną rzeczywistością stawało się przemijanie, kruszenie, wypadanie fragmentów świata z bezradnych dłoni, poczucie niemożności wypowiedzenia go w sposób skończony i pełny?... Najdziwniejsze wrażenie robi utwór pt. „Testament", który zaczyna się, jak dawniejsze, nieśpiesznym zaczerpnięciem tchu do rozwlewanej narracji i charakterystyką (pośrednią, przez styl) narratora – jakby ktoś sadowił się wygodnie, na długie godziny, w fotelu i przystępował do opowieści – i wtem urywa się na słowach: „Na futorze, pod lasem, trzy wiorsty od Serbów", aby przejść w ciąg oderwanych zdań, zapisków różnego rodzaju, surowca, jaki każdy pisarz gromadzi w swoim notatniku, na przykład: „Gdy nożyczkami coś krajała, to poruszała ustami w takt." „Sekretera (jesionowa) – szufladka z dnem ukrytym (złoto?...) przez kogoś, kto tam coś schował." „Na uwagę potomności zasługują tylko ludzie nie pogodzeni ze swą epoką, jej wrogowie albo ofiary, co na jedno wychodzi. (1863)." „Śniło mi się, że poszedłem przed siebie daleko, daleko i zaszedłem na koniec świata. (Sen w nocy 1 kwietnia)." I ostatni z tych zapisków: „Dalszy ciąg nastąpi..." – po którym nie ma dalszego ciągu.

Prawie półtora roku temu odnotowałem niezwykłe wrażenie, jakie wywarł na mnie cykl obrazów Krystyny Grześczakowej, malowany w trakcie śmiertelnej choroby – „nie było to bowiem – zapisałem po prostu malowanie, lecz przejmujące wołanie farb, kształtów, symboli: nie zakopujcie mnie żywcem! wypuśćcie mnie z tego grobu! z tego mroku!"

Od niedawna jeden z obrazów Krystyny – ten właśnie, który najbardziej mną wstrząsnął i który najwyraźniej przez cały czas pomiętałem – wisi na mojej ścianie i często się weń wpatruję, i – kiedy wszystko już się stało – obcuję z nim nie jak ze zwiastunem katastrofy, lecz jak z sygnałem we mgle głoszącym niemożliwy ratunek; i widzę już nie tylko te mroczne skłębienia w dole obrazu, lecz również rozjaśnienia, różowienia, nowe zamykania się w formę ku górze; nie tylko rozpacz rozstawania z t y m światem, lecz nadzieję na jakiś świat i n n y , ku któremu droga jest niejasna, lecz malarka jej szuka, także na tym płótnie...

A Marian, który – też już po wszystkim – ogłosił prozę pt. *Sześć obrazów Krystyny*, nie powtarzającą ich treści, lecz wchodzącą z nimi w dialog (dialog różnych mów poezji), pisze: „Malowanie... malowanie... Pędzel zawinięty w białe prześcieradło jest jak żywe ciało okryte szpitalem. Wielka posoka krwi rozmazana po wszystkich pejzażach ziemi nie jest dla niej wyrokiem... To jest naprawdę piękne, kiedy góry biegną na pomoc swoim dolinom."

Dobrych parę lat temu rozważałem (mniejsza o to, czy całkiem serio) problem szczura we współczesnej poezji polskiej. Zastanawiało mnie odwrócenie znaku w stosunku do tradycji literackiej, dla której szczur był czymś odrażającym i wrogim, rehabilitacja szczura, ba – solidarne wcielenie podmiotu lirycznego pewnej serii utworów w żerującego na śmietnisku gryzonia (np. tomik *Zwierzątko* Brylla, tegoż autora wcześniejsze *Zapiski*, wiersz „Poniekąd o szczurze, lecz niezupełnie" Kuśniewicza ze zbiorku *Piraterie*); i zadawałem też sobie pytanie, czy tendencja ta będzie się szerzyła, czy znajdą naśladowców wyznania poety: „ta szczurza zwinność moja, miękkość dialektyczna, ta ciętość zębów" etc.

I oto w tygodniku „Literatura" czytam recenzję z tomiku młodego autora, zatytułowaną „Poeta-szczur". Recenzent (też młody) tak odczytuje wiersze rówieśnika: „Degradacja Mitu to już nie tylko jego sprowadzenie na ziemię, lecz p o d ziemię... Najwyższym przymiotem staje się zwierzęca odporność i wytrwałość. Jedynym celem – własne biologiczne przetrwanie... W ogóle wszystko dookoła szczurzeje – ludzie, tramwaje, domy, niebo, wiersz..." Tak zachęcony, zdobyłem (nie bez wysiłku) tomik młodego poety, czytam go uważnie i – niby to, a przecież nie to. Szczur jest (może nawet natchniony przez Mistrzów, od nich zapożyczony) – ale to nie pycha ze szczura w sobie, to szczur, który boli wewnątrz; nie wkradanie się w niego, lecz wyrzucanie go z siebie; szczur-eiężka choroba, o której chory wie, z którą się boryka w gorączce. Jego godność każe mu się pogodzić z chorobą i nie ukrywać jej przed otoczeniem, ale ta postawa nie zmniesza męki. I wreszcie: szczur tej poezji jest może nawet widoczniejszy od szczura-triumfatora, który szczerzył do nas ostre ząbki parę lat temu, a jednak jestem pewien, że ten szczur nie rzuci się na nas. Odetchnijmy: to już nie wykwintne zaszczurzanie, to od-szczurzanie poezji.

Styczeń 1980

MÓJ BILANS DZIESIĘCIOLECIA

Pod koniec minionego roku niektóre czasopisma zagraniczne zamieściły nie – jak zazwyczaj w tym okresie – dwunastomiesięczny bilans wydarzeń, lecz takiż bilans dziesięcioletni, pod efektownymi nagłówkami: 1970-1980, w czym tkwił zresztą pewien błąd, bo rok 1980 dopiero się zaczął. Na osobnych kolumnach zgromadzono ilustrowane zestawienia przewrotów i rewolucji, wiekopomnych odkryć, strasznych katastrof, rejestry upadłych władców i wielkich ludzi, którzy opuścili ten padół. Specjalne hasła mówiły o czasie nafty, czasie zakładników, czasie islamu, o torturach, o wygnaniu, o głodzie... Przed oczyma czytelników jeszcze raz zastygał na chwilę i zapadał w niebyt j a k i ś świat, i wyłaniał się świat odmieniony, bardziej jeszcze zagmatwany i groźny. Moment, pod wpływem magii liczb obrany dla bilansu, nie miał w sobie bodaj nic szczególnego, szczególniejsze były inne, które teraz sumował, a które uprzednio przemknęły były niepostrzeżenie. Ale ogarnięcie tamtych jednym spojrzeniem, ściśnięcie ich na ograniczonej przestrzeni tej właśnie chwili – zdawało się tworzyć coś nowego, o własnym wyraźnym sensie.

Ogarnęła mnie raptem pokusa sporządzenia swojego prywatnego bilansu dziesięciolecia, dotyczącego wyłącznie mojego życia, z pominięciem – o ile to możliwe – domeny publicznej i wszystkiego, co przeżywałem lub mogłem przeżywać jako członek zbiorowości. Przecież ze mną, jak z każdym człowiekiem, też działo się coś osobnego, coś ze mnie przemijało, coś osadzało się może trwalej, przechodziłem przez jakieś rzeki, wychodziłem na drugi brzeg – odmieniony... Przede wszystkim taka najprostsza metamorfoza – że zacząłem to dziesięciolecie jako mężczyzna 43-letni, pełen rozmaitych zapałów i spodziewań, a kończę je 53-letni, bardziej znużony i opieszały, któremu wszystko przychodzi z większą trudnością – również napisanie każdego zdania, tego, które piszę w tej chwili, nie wyłączając – i spodziewam się dla siebie nie tak znów wiele...

W styczniu 1972 zmarła w Łodzi moja Matka – i przestał istnieć ostatni szczątek domu dzieciństwa, ponad ćwierć wieku wcześniej przewieziony tu z innych stron w wagonie z dymiącym po środku piecykiem żelaznym; dom ten dawno już opuściłem, gnany młodzieńczą niecierpliwą potrzebą oderwania się od gniazda, ale przez wszystkie te lata, ilekroć wdrapywałem się na strome schody przy ulicy Piotrkowskiej, czułem w sercu niespokojny i słodki skurcz p o w r o t u   s y n a   m a r n o t r a w n e g o ; powtarzało się to tyle razy, że – zdawało się – tak będzie zawsze; i teraz dopiero...

I – jakby śmierć Matki była uderzeniem w dzwon: dawniej „nikt nie umierał", w tym dziesięcioleciu zaś – niczym na froncie albo na obszarze nawiedzonym epidemią – raz po raz ktoś pada, milkną znajome głosy, twarze nikną w cieniu, od tych, którzy wyjechali, przestają nadchodzić listy – pobojowisko szerzy się z miesiąca na miesiąc, a przestrzeń życia maleje; przebieram w myślach imiona, już ponad dwadzieścia, samych tych, z którymi kiedyś choćby przez chwilę byłem blisko, którzy zostawili ślad we mnie – Marian, Anna, Wanda, druga Wanda, Arnold, Elwira, Aleksander, Antoni, Celina, Wanda, Maria, Zygmunt, Witold, Roman, Wacław, Krystyna, Zbyszek, Tadeusz, Zofia, Edward, Marek, Zygmunt, Elżbieta... – i niektórych wciąż intensywnie pamiętam, i nie wierzę w ich nieobecność, a inni, niestety, zblakli i nieobecność ich stała się oczywista – jeszcze innych zaś może w ogóle nie umiem wspomnieć w tej chwili, imiona ich nie wychynęły na powierzchnię, i ci nie żyją najbardziej...

Ale czy to zdrada wobec nich wszystkich, że w tym samym czasie pojawili się inni, żywi? Często młodsi ode mnie, nawet o wiele młodsi, których dawniej po prostu nie mogło być obok, a czasem rówieśnicy, albo i starsi, z którymi teraz dopiero zetknął nas los, a zdarza się również, że od dawna znaliśmy się przelotnie lub z daleka – i teraz zrobiliśmy ten krok ku sobie, teraz coś nas popchnęło do zrobienia tego kroku. Więc – te nowe zażyłości, nowe przyjaźnie z żywymi – czy to zdrada wobec umarłych? Czy – samo życie po prostu, które musi sprzeciwiać się umieraniu, wypełniać wyrwy, sprawiać, że skrawek istnienia kurczący się z jednej strony rośnie z innej, zielenieje z wiosną, zaludnia się nowym spojrzeniem i głosem? Chyba właśnie tak; i jeżeli mają nas trapić wyrzuty sumienia wobec umarłych, to o to, czego nie dopełniliśmy, póki żyli – o za mało uwagi, za mało ciepła, za mało obecności w potrzebnej chwili; rzadko z którym, zaiste, nie mamy takich rachunków; ale nie o to wielkie dobro, o ten triumf życia, jakim jest coraz to nowa bliskość między ludźmi, coraz to nowe zbijanie się w gromadkę ocalonych z ostrzału.

O mnie też zawadziło mocnym podmuchem; jesień-zimę 1973-1974 przeleżałem, z przerwami, w szpitalach, potem żmudnie przychodziłem do siebie, ale ten, do którego przychodziłem, nie był dokładnie mną sprzed choroby, sprzed szpitalnego szoku i sprzed – tak! – również jakiegoś olśnienia, przejrzenia, nieoczekiwanego ogarnięcia mizerii ludzkiej solidarnością własnego drżącego ciała; w owej metamorfozie, która we mnie zaszła w ciągu dziesięciolecia, tamta zima szpitalna miała może największy udział; ślad tego został w paru wierszach z *Zeszytu 1974-1975"*.

Kiedy później t o przechodziło o włos od moich przyjaciół – kiedy Michał w Paryżu z miażdżoną bólem klatką piersiową zamykał oczy na stole operacyjnym, kiedy Tadeusza z niewielką chrypką (ale dlaczego tak długo nie ustępuje?) zatrzymanego w szpitalu nie wypuszczano po pierwszym zabiegu i mówiono: „jeszcze nie ma wyników" – we mnie też zamierało serce i dopiero wówczas znów uderzało z ulgą, kiedy nadchodziła wiadomość: tym razem przeszło obok.

A życie miało coraz to nowe pomysły na wywinięcie się strachom i zagrożeniom; leżałem jeszcze w szpitalu, kiedy mój syn, sadowiąc się na stołku przy łóżku, z uśmiechem ni to zakłopotanym, ni to szelmowskim oznajmił, że zamierza się żenić. Koledzy ze wspólnej sali buntowali mnie – nie pozwalaj pan! jakże to, student, grosza nie zarabia – ale ja bez wahania dałem mu swoje błogosławieństwo... Dziś mój wnuk ma już ponad cztery lata – i jego dźwięczny głosik niejedno zagłusza. Przyzwyczaiłem się już do tytułu „dziadka" (trochę trudniej mi dostrzec w mojej żonie „babcię")...

Od bilansu rodzinnego wypada przejść do zawodowego. W pierwszej połowie dziesięciolecia wyszło kilka książek, nad którymi częściowo pracowałem wcześniej, jak *Antologia nowoczesnej poezji rosyjskiej* (ułożona wespół z Witoldem Dąbrowskim i Andrzejem Mandalianem), zbiór felietonów *Dziesięć lat w kinie* czy tomik wierszy *Zagłada gatunków*. Cykl *Po zagładzie* (wydany w małonakładowej serii dla prenumeratorów *Generacje*) powstał już w tym okresie, podobnie jak *Życie Sergiusza Jesienina*, powieść dla dzieci *Mniejszy szuka Dużego*, przekłady powieści pisarza białoruskiego Bykowa. W roku 1975 „Czytelnik" wydał dość obszerny wybór moich wierszy; najwcześniejszy z umieszczonych tam utworów pochodził bodaj z roku 1948, ostatni – z cyklu *Po zagładzie*; i wtedy to ktoś stwierdził zaskoczony, że dopiero w tym wyborze odczytał mój o s o b n y   l o s poetycki, a kategoria losu, dorzucił, bywa najbardziej znacząca w poezji; i mnie to z kolei zaskoczyło, bo kategorią tą myślałem od dawna, choćby wówczas, kiedy pisałem książki o fascynujących mnie Rosjanach – Majakowskim, Jesieninie, wreszcie Puszkinie (tę ostatnią napisałem w tym właśnie okresie, ale jeszcze nie wydałem), nigdy jednak nie przykładałem jej do siebie samego, bo po to musiałbym wyjść z siebie i spojrzeć z zewnątrz na wybranego czy zebranego, a to było za trudne... W chwili, kiedy wyszedł wybór, coraz rzadziej pisywałem już nowe wiersze, właściwie potem był tylko ten zeszyt szpitalny i poszpitalny, i w roku 1977 – poemat *Jesteś*, a dalej – wyłącznie pojedyncze wiersze, wydobyte ze mnie przez jakieś specjalnie emocjonujące momenty życia i, czemu się sam dziwiłem, ciążące ku zarzuconej od młodych lat formie tradycyjnej, ku dźwięcznościom, ku rymom... A jeszcze później – aż po dzień dzisiejszy – już tylko wiersze-sny, to znaczy takie, które w nie znanym mi sposobem wyłaniały się z gmatwaniny sennych obrazów, nieświadomości i mroku, i które zapisywałem po przebudzeniu, niepewny, czy są w ogóle wierszami...

Ale jeżeli w okresie, o którym mowa, stopniowo opuszczały mnie wiersze, nie oznacza to, że odeszła mnie całkiem poezja; była przy mnie, przybierając najrozmaitsze postacie (lasu, ulicy, podróży, śniegu, katedry, czyjegoś poematu, obrazu, życia) i pozwalając mi się też w c i e l a ć w niektóre z nich; tak się stało, kiedy tłumaczyłem średniowieczne pieśni ormiańskie, ciemne liryki mojego przyjaciela Czuwasza Gennadija Ajgiego (jego *Noc pierwszego śniegu* ukazała się w PIWie w roku 1973) lub wibrujące blaskiem strofy mojej przyjaciółki (jak i Ajgi, z lat studenckich, choć oboje są ode mnie młodsi), poetki moskiewskiej Junny Moric (jej *Ślad w morzu* wyszedł rok później); i również, trochę inaczej, kiedy pisałem książkę o Puszkinie; i kiedy pisałem na nowo – opowiadałem „własnymi słowami", nie stroniąc od osobistej, późniejszej o czterysta lat refleksji – przygody uwielbianego bohatera mojego życia, Don Kichota z La Manczy... I właśnie *Don Kichot* był, nie licząc szczupłego zbioru wierszy, który się „sam ułożył" i zbioru tych „więziowych" felietonów, który się jeszcze z miesiąca na miesiąc układa, ostatnią książką, jaką zdążyłem napisać (i nie zdążyłem wydać) w tym dziesięcioleciu.

A felietony i cała moja przygoda z „Więzią", rozpoczęta pod koniec roku 1971 i trwająca ku mojej radości do dzisiaj, i wszystko, co pociągnęła za sobą — tak, w tym także niejednokrotnie czułem oddech towarzyszącej mi poezji i okazję do przywoływania jej, szukania wokół siebie i w sobie — i wiem, że czytelnicy „zapisków z kwartalnym opóźnieniem" nie byli na nią niewrażliwi... — jednakże o tej przygodzie, zwłaszcza zaś o niektórych wątkach, jakie zapoczątkowała, trzeba by opowiedzieć trochę dokładniej, tego zaś, obawiam się, ten odcinek już nie udźwignie, urwę przeto w tym miejscu i resztę mojego bilansu dziesięciolecia zostawię do następnego naszego spotkania — za miesiąc.

Luty 1980

CIĄG DALSZY MOJEGO
BILANSU DZIESIĘCIOLECIA

Przed miesiącem urwałem w połowie mój bilans dziesięciolecia; a kilka dni po tym, jak zaniosłem go do redakcji, w kolejnym odcinku „Gry z cieniem" Jerzego Andrzejewskiego („Literatura" z dn. 6 marca 1980) przeczytałem zdania zaskakująco zbliżone do tych, które dopiero co sam napisałem. Wyliczywszy nieżyjących przyjaciół, którzy przyszli mu na myśl w dniach ostatniej choroby Jarosława Iwaszkiewicza, Andrzejewski odnotował: „Ach nie! wcale mnie nie przeraża taka mnogość bliskich zmarłych. Raczej zdumiewa owa niezwykła siła życia, która sprawia, iż luki zasklepiają się szybciej, wolniej, lecz ostatecznie się przecież zasklepiają, rany się goją i zabliźniają, i zmarłych przyjaciół zastępują przyjaciele nowi, i tak się toczy to przedziwne istnienie, mogłoby się nieraz zdawać, iż skamieniałe przestanie oddychać pod śmiertelnymi ciosami, i jednak kamień znów oddychać zaczyna, i jakże tu mówić o zdradzie, gdy nowa przyjaźń zastępuje umarłą, i miłość wzrasta na śmierci poprzedniej, skoro zdrada nie tracąc znamion zdrady przeobraża się w prawo ludzkiej egzystencji?"

To również jedna z zagadek egzystencji osobnych, ale jakoś biegnących równolegle, a może przecinających się w nieogarnionej przestrzeni, zbiegających się gdzieś i mimowiednie skomunikowanych ze sobą, aby raptem, niezależnie jedna od drugiej, przeżyć i pomyśleć to samo, przemówić prawie tymi samymi słowami... Takie spotkania nie tylko zaskakują, ale i krzepią, przypominając, że nawet w zadumanej swej samotności i jedyności naprawdę nie jesteśmy samotni...

Po tej dygresji wracam do miejsca, w którym urwałem swój bilans, to znaczy do przygody z „Więzią", rozpoczętej pod koniec roku 1971 i ciągnącej się do dzisiaj, a więc najbardziej trwałej, najwyraźniej znaczącej to dziesięciolecie swym miesięcznym, z rzadka tylko gubionym rytmem. Jednakże owa miarowość, powtarzalność prac i terminów – to zaledwie forma, nie chciałbym rzec rutyna, ale zewnętrzny porządek, skądinąd miły, czegoś, co – gdyby się sprowadzało tylko do niego – rychło przestałoby być przygodą (przez przygodę rozumiem sprawę nieoczekiwaną w swoim przebiegu, życiowo ważną i poruszającą nami głęboko). Zresztą czy ja wiem – sama praca, stałe zajęcie, kontynuowane z przekonaniem i mimo upływu lat nie uprzykrzone, życie w pracy, w gromadzeniu się tego co wypracowane, jak życie drzewa w narastaniu słojów, to chyba i samo przez się jest wartością, a więc czymś, czego nie ma powodu przeciwstawiać przygodzie.

Ale wdzięczny losowi za podobne osadzenie w pracach i latach, myślę o innych wymiarach tego, co zaszło – nie o każdym nawet potrafiąc tutaj powiedzieć, bo jest i taki, który nie nadaje się do publicznych zwierzeń, chyba że wierszem – myślę więc na przykład o tym, że przyszedłem z innej trochę przeszłości, innej młodości, innego za młodu rozumienia świata niż większość skupionych wokół „Więzi" ludzi, trudno więc to spotkanie uważać za zwyczajne, a trudno również – za przypadkowe. W ciągu paru lat poprzedzających moją systematyczną współpracę z „Więzią" zdarzało mi się tutaj drukować (przekłady poetyckie, eseje o literaturze rosyjskiej), ale propozycja stałego felietonu w pierwszej chwili wprawiła mnie w zakłopotanie; coś bardzo mnie w niej pociągało, a coś ostrzegało – że znajdę się w roli intruza albo zgoła mistyfikatora strojącego się w cudze piórka; atoli po wahaniach przyjąłem ją – i znalazłem się na nowym obszarze wzajemnego zaufania i solidarności, gdzie użyczono mi miejsca przy wspólnym stole nie oczekując, że stanę się kimś innym niż jestem (a przecież był to pewien zakręt w moim życiu, i w pewnym sensie, pozostając sobą, stawałem się też kimś innym, ale to następowało nie mocą jakiejkolwiek zewnętrznej decyzji, lecz całkiem inaczej); i rozpoczęła się ta moja rozłożona na lata rozmowa z czytelnikiem, którego przedtem nie znałem i który mnie nie znał, ale, jak się zdaje, nie odmówił mi teraz uwagi i zrozumienia; rozmowa na ogół serio, czasem żartobliwa lub ze szczyptą ironii, rozmowa-raptularz mojego trwania i przemijania, zapis wyłaniających się, zanikających i znowu powracających wątków, wędrówka po moich ścieżkach, gościńcach, bezdrożach; rozmowa często sprawiająca trudności (wydobycie głosu z gardła bywa dla mnie problemem), ale w moim żywocie pisarskim tak niezbędna, tak ważna, ważniejsza niż hipotetyczne d z i e ł o do napisania w cichej samotni; i było w mojej przygodzie z „Więzią" coś z tego, o czym mówi Andrzejewski w przytoczonym fragmencie i o czym ja próbowałem powiedzieć w poprzednim odcinku, dotyczącym innego trochę zakresu życia – to odnowione, odbudowane istnienie na miejscu jakiejś luki czy straty; w mojej biografii coś zamknęło się uprzednio, wygasło, powstała pustka, i oto na tej goliźnie coś się znowu zazieleniło, zaczęło nabrzmiewać; i wreszcie tu również, gdzie rozwinęła się „nowa przyjaźń" w sensie nowej pracy, nowego horyzontu literackiego, nowej rozmowy z czytelnikiem, doszło przecież i do zwyczajnej ludzkiej nowej przyjaźni...

Mojemu poletku w „Więzi" zawdzięczam niechybnie zauważenie przez inne bliskie jej środowiska, zdarzało się więc w tym dziesięcioleciu, że zapraszały mnie na spotkania duszpasterstwa akademickie i kluby inteligencji katolickiej w kilku miastach – i rozmawialiśmy na ogół o tym, o czym miałem coś do powiedzenia i co wspólnie nas obchodziło, i były to jak gdyby „odnogi" czy dalsze ciągi (takie, w których słyszy się głos i widzi się twarz rozmówcy) tej jednej długiej rozmowy na łamach pisma... W ostatnich latach uczestniczyłem też w kolejnych Tygodniach Kultury Chrześcijańskiej w Warszawie – w tych szczególnych momentach Tygodni, jakimi stały się wieczory poezji w warszawskich kościołach; ode mnie ani od nikogo nie żądano przy tym wierszy religijnych, ale jakiekolwiek były, o człowieku, o przyrodzie, o

gwiezdnym niebie, kiedy rozbrzmiewały do ołtarza i odbite od kamiennego
sklepienia spływały pomiędzy zasłuchanych, skupionych ludzi (starających
się je pojąć; a nie zawsze byli to ludzie nawykli do obcowania z poezją; lecz
dawali jej wiarę), stawały się te wiersze jakby donioślejsze i bardziej uroczyste
niż w innych okolicznościach. 30 kwietnia 1977 roku, w kościele św. Anny,
na zakończenie III tygodnia Kultury Chrześcijańskiej, przemówił do nas
Ksiądz Prymas i ze wzruszeniem słuchaliśmy tych słów: „Wiedzcie, że to jest
wasze miejsce. Wystarczy tu miejsca i dla was, i dla kapłanów... wystarczy,
najmilsi, miejsca i chleba w świątyniach Bożych i dla Ewangelii, i dla waszej
twórczości..." Parę zaś miesięcy wcześniej, w styczniu tegoż roku, na Jasnej
Górze, z nie mniejszym przejęciem w gromadce literatów i muzyków słuchając
apelu Kardynała Wojtyły, przyszłego Papieża, o odwagę, zadawałem sobie
pytanie, czy mi jej starczy; ale w tym miejscu, znów o krok od tego, z
czego zwierzać się nie podobna, zamilczę.

Co jeszcze było w tym dziesięcioleciu, co robiłem, czym wypełniałem dni
powszednie i święta? Było zwykłe życie, czynności domowe, zakupy i posiłki,
spotkania z ludźmi, przechadzki, odwiedziny i przyjmowanie gości, wędrówki
po Żoliborzu z psem, z moją poczciwą Kluchą (aż do jej śmierci w listopadzie
1975 roku; nie odważyliśmy się już na nowe psie przywiązanie), było
trochę muzyki poważnej (mniej niż dawniej), trochę piosenek (w pewnej
chwili zapaliłem się do nowej zabawki – magnetofonu – i nagrywałem piosenki,
które w naszym domu śpiewali Okudżawa, Stachura i Stanisławski, a
także spisywałem inne z taśm już nagranych; potem zapał minął), trochę
teatru (też nie tyle co niegdyś), bodaj więcej malarstwa (o moich stosunkach
z malarstwem może jeszcze napiszę)... Czytałem książki – i chyba nawet nie
mniej niż za młodu – ale jakby wolniej i nie tak dokładnie pamiętając je
później, i nie tak często namiętnie je przeżywając. Jakieś odkrycia i pamiętne
lektury mimo wszystko były: parę grubych książek rosyjskich, *Sto lat samotności*
Gabriela Garcii Marqueza, fantasmagoryczna proza Konwickiego,
czyjeś zapiski z przeszłości. Z poezji – najbliżej obcowałem z Herbertem
(Pan Cogito zwłaszcza bywał towarzyszem moich wieczorów) i z młodszymi o
dwadzieścia lat poetami z Krakowa i Poznania, ale także z Miłoszem, z późnym
Iwaszkiewiczem (*Mapa pogody*) i nie tylko z nimi. Prawie nie słuchałem
radia i nie oglądałem telewizji, chętnie natomiast, jak dawniej, chadzałem
do kina; została mi z tego w oczach „Mechaniczna pomarańcza" Kubricka
i liczne obrazy z filmów Felliniego – „Clownów", „Rzymu", „Amarcord",
„Casanovy"... Ciągle jeszcze sporo podróżowałem – i przynajmniej
niektóre z tych podróży wplotły się w trwalsze wątki całego życia i może nie
całkiem dowolnie przypisałem im znaczenie wybiegające poza (tak przyjemne
skądinąd) oglądanie zabytków i krajobrazów. Po raz drugi od końca wojny
pojechałem do Grodna, tym razem zabierając ze sobą żonę i córkę – i
było tak, jak gdyby i one stały mi się jeszcze bliższe po dotknięciu stopą
mojej ziemi rodzinnej, i ta ziemia, wysoki brzeg niemeński i sam Niemen
wolno toczący wody, wszystko to, odległe jak dzieciństwo, powróciło do
mnie w niezmąconym blasku poranka... Wątek węgierski był w moim życiu
nienowy; hiszpański – nowy i niespodziewany; podróże na Węgry – to były
powroty, choć wzbogacone o nowe krajobrazy Visegrádu, Szentendre i Esztergomu,
obdarzone nowym sensem przez ten krzyż w Máriabesnyo, o którym
tu kiedyś pisałem; a podróże do Hiszpanii – też powroty, lecz do cze-

goś, co się przyśniło, do bajki niegdyś zasłyszanej lub takiej, którą samemu pragnie się opowiedzieć. To po pierwszej podróży hiszpańskiej, podczas której pozdrawiały mnie ze wzgórz białe wiatraki La Manczy, ośmieliłem się osiodłać rumaka i wręczyć kopię Don Kichotowi... Były jeszcze przyjazne ulice Paryża, malowniczy teatr placów florenckich i nabrzeży Neapolu, i pewien dom gościnny w Oksfordzie... Dziś, kiedy już nie ruszam się z miejsca, myślę o tym bez żalu, bo napodróżowałem się dosyć i tyle zostało we mnie miejsc, ludzi, ruchu, piękności i dziwności świata, że kart tego albumu pamięci i wyobraźni starczy do przewracania na resztę życia. Tyle samo zaś, ile podróży, było w tym dziesięcioleciu powrotów do domu, i w nich także była radość, której mi nic nie odbierze...

Marzec 1980

ODWIEDZINY U MARKA

Po długiej przerwie odwiedziliśmy Marka – i było tak, jak zawsze w ciągu tych kilkunastu lat: żeby go odwiedzić, trzeba było wyjechać, odmienić codzienność na niecodzienność, znaleźć się raptownie gdzie indziej, w miejscu nieznajomym i pociągającym, w którym główną sprawą było właśnie odwiedzenie Marka i jego obrazów – nie zaś tak, jak w latach jeszcze dawniejszych, kiedy po prostu przebiegaliśmy do siebie nawzajem na drugą stronę ulicy, on przychodził rano żeby od nas telefonować na miasto, my wieczorem skrzypiącą windą wjeżdżaliśmy między fantazyjne mroki i podniebne jasności jego pracowni, na szklankę dobrej herbaty i nieśpieszną rozmowę, by mimochodem jedynie zawadzić wzrokiem o kanciastość niedomalowanego obrazu (w tym okresie malował swoje niesamowite garbuski i figury z odwróconymi głowami) lub o sterty rysunków...

Znowu odwiedziliśmy więc Marka – wstaliśmy o świcie i samolot nasz wystartował w deszczu i wylądował w bladym słońcu odludnego lotniska, potem pytaliśmy jakichś ludzi o drogę, z autobusu przesiedliśmy się na tramwaj, wysiedliśmy na moście i zawróciliśmy na przewiany wiatrem ogromny plac, i weszliśmy do tego domu, ale Marka nie było w domu, i przypomnieliśmy sobie, że tak też już raz było, prawie trzynaście lat temu, tylko wtedy lądowaliśmy na lotnisku dużo większym i odleglejszym, był upał, łagodzony lekkim powiewem od morza, i Kicia w białej sukience oznajmiła zakłopotana, że Marek musiał nagle wyjechać w związku z obrazami, znalazł się nabywca, nie pamiętam już, w Szwajcarii czy w Szwecji... Autobus wspiął się pod górę, na przeciwległy kraniec Nicei, weszliśmy do domu, Marka nie było, ale był jego głos, mała płyta, którą nagrał dla nas przed wyjazdem, zacinając się jak zwykle witał nas serdecznie u siebie, a potem Kicia wyciągnęła obrazy, rozstawiła je wzdłuż ścian, i teki z rysunkami, i Marek z a c z ą ł b y ć w ten najwłaściwszy sobie sposób, swoim najprawdziwszym istnieniem. Pokój był niewielki, prawie nagi i bardzo jasny, pod ścianą mieściło się niewiele kartonów czy płócien naraz, nasza przewodniczka jedne chowała, inne wyciągała, tasowała je jak talię kart do pasjansa, i pasjans układał się dobrze, wychodziło z niego trochę pogody, trochę uspokojenia i zadumy nie tkniętej zbyt zjadliwą goryczą, i zaledwie ślad popłochu ucieczki, pamięci o groźbie, ślad, który nie tłumił, lecz odwrotnie, jak gdyby wzmagał pogodne falowanie tych barwnych płaszczyzn, w którym z radością odnajdywaliśmy Marka odmienionego i, chciało się tak myśleć, ocalonego.

O tych odwiedzinach trzynaście lat temu przypomniałem więc sobie teraz, we Wrocławiu, kiedy po długiej przerwie znowu odwiedziliśmy Marka i znowu nie było go w domu – nie w tym niewielkim pokoiku, szybującym nad Niceą wśród plam błękitu, zwiewnej bieli i złota, lecz w wielkich gościnnych salach Muzeum (muzeum jest domem artysty, który umiera) – i tym razem wiedzieliśmy z góry, że go nie będzie, bo to się stało w upalny dzień lipcowy prawie dwa lata temu, tam daleko, gdzie się był schronił – i wbrew temu wszystkiemu znowu był, istniał pełnią swego niezwykłego istnienia, i choć tym razem nawet z płyty nie rozległ się jego głos, jego zacinające się i wzruszone powitanie, były to znowu prawdziwe odwiedziny u Marka.

Posuwaliśmy się powoli wzdłuż ścian pokrytych obrazami (tym razem nie one więc były w ruchu, ale my, co nie odbierało przecież tej konfrontacji znamion kalejdoskopicznej zmienności) i wzdłuż życia Marka, którego fragmenty znaliśmy tak dobrze, inne zaś odkrywaliśmy, albo może wydobywaliśmy spojrzeniem spod przesłon i powłok, pod którymi już wcześniej domyślaliśmy się ich kształtu, dopiero teraz jednak stawały nam przed oczyma w całej wyrazistości, jako czytelny znak, dokonanie artysty, heroiczny krok w nieskończoność.

To niezupełna prawda, że głos Marka nie rozległ się w trakcie tych odwiedzin; nie z płyty i niezupełnie do nas zwrócony, raczej do tych nieznajomych, którzy przybywali na spotkanie z nim pełni dobrej woli i ciekawości, lecz nie całkiem zdający sobie sprawę, z kim i z czym obcują w tych salach, ów ściszony głos, prawie szept, lecz wyraźny, towarzyszył nam także, jak odgrzebana spod kilku warstw zapomnienia prawdziwa bajka o losie, o cierpieniu, o zmaganiu się człowieka z sobą i światem. Słuchając tej bajki, tego zwierzenia (które nie byłoby zapewne możliwe, gdyby jako słuchaczy wyobrażał sobie nas, znających go dawno), przechodziliśmy od ś l a d u   d o   ś l a d u, od obrazu do obrazu, i żaden nie był po prostu ilustracją bajki, ale wszystkie z niej wyrastały, czerpały soki, przetwarzały jej podskórne sensy na kształt i kolor.

Zaczynała się od zapamiętanego widoku – „pejzażu falistego, trochę podkarpackiego, trochę podolskiego", a w nim miasteczka, rzeki i góry zwieńczonej małą cerkiewką. W miasteczku mieszkali ludzie czterech wyznań, czterech narodowości, wymieszani i sąsiadujący ze sobą, i prawie wszyscy tak samo biedni. Ten świat zapamiętany został jako j a s n y, ale jasnością krótkotrwałą, wnet zaćmioną, i taką, za którą tęsknota będzie się później ciągnęła o wiele dłużej niż jej własne pasemko. „Za wcześnie" – te słowa powtarzają się w opowieści jak refren. Kiedy chłopiec ma jedenaście lat, traci ojca – „umiera za wcześnie, o wiele za wcześnie dla mnie". Kiedy ma siedemnaście lat, wybucha wojna: „Prawdopodobnie za wcześnie czuję gwałtowność, agresywność i nietolerancję otaczającego mnie świata i własną kruchość. O wiele za wcześnie, by coś zrozumieć z natury świata, jego logiki, sensu lub bezsensu poczynań ludzkich, sensu lub bezsensu losu ludzkiego."

Tak zwierzał się półgłosem, a myśmy posuwali się, patrzeli, i myślałem, a może bardziej czułem, niż myślałem, to co już nieraz, choć nie zawsze tymi samymi słowami, że Marek całe życie istniał i malował p r z e c i w   n i e -

n a w i ś c i   i   p o g a r d z i e, przeciw temu, co dzieli, odosobnia, wyobcowuje ludzi, co ich piętnuje i strąca w zamkniętą, odgrodzoną, samotną czeluść; że i jego choroba, zanim stała się tą dosłowną, gniotącą i zabójczą siłą, znaczącą sejsmiczne trasy elektrokardiogramów, była   b ó l e m   s e r - c a   w sensie, w jakim mówili o nim prorocy i poeci, dojmującą żałością, tęsknotą, niepogodzeniem; i że to, co we wczesnych obrazach i cyklach demonstrował wprost, nawet poprzez tytuły, ale i poprzez „komunikatywną", „realistyczną" formę wypowiedzi, pozostawało wewnętrzną treścią jego dzieła i później, i nie to żeby zaszyfrował ją czy zdekomponował, tylko przeniósł w inny wymiar, z historii w metafizykę, z przeżycia tej społeczności w tym miejscu i czasie – w przeżycie ludzkości zawsze i wszędzie...

Nigdy nie zadawałem sobie pytania, czy Marek jest wielkim malarzem; wystarczyło, że jego intensywne istnienie – ludzkie i malarskie – odczuwałem jako niezbędne dla mojego istnienia; nie zadałem sobie tego pytania i teraz, ale zadali je inni i odpowiedzieli: tak, był nieprzeciętny, był jedną z ważnych postaci w malarstwie tych lat – i słuchałem ich z wdzięcznością, i żałowałem, że on nie słyszy, bo za życia nie doczekał się zbyt wiele uznania...

A ile zgryzoty przyniosło mu pomówienie o naśladownictwo innego malarza, rzeczywiście znakomitego, do którego wcześniej przyszło powodzenie; teraz zaś przeczytałem: „Z perspektywy lat widać wyraźnie różnice między funkcją totemów L. a figurami O. Pierwszy z nich kreował mit o dziejach ludzkości, opowiadał hsitorię gatunku kręgowców, drugi – analizował nocne zjawy. Pierwszy – tworzył i tworzy teatr totalny, drugi – atmosferę zbliżoną do tej, w której egzystują bohaterowie Kafki. Figury obu nie tylko należą do innych światów, ale różnią się także formalnie. Wystarczy porównać ich zarysy, a przede wszystkim mocną, konkretną strukturę dzieł L. z nerwową, rozedrganą materią płócien O." I u innego krytyka: „podobieństwo jest pozorne i powierzchowne"; jeżeli wizje L. powstawały pod presją biologii, to wizje O. zgoła inaczej: „poszukiwania znaku człowieka w jego sztuce były poszukiwaniami metafizycznymi... jego znak wtopiony w czerń tła miał być duchem raczej niż «człekokształtną figurą»." Ale może j e m u zdążyli to powiedzieć jeszcze za życia? może o to także chodziło w tej całodziennej rozmowie, o której dowiedziałem się o wiele później – w ostatniej wielkiej rozmowie malarza i krytyka? Pewnie tak właśnie było.

I oto doszliśmy do ostatniej ściany, tam gdzie rozpostarła się śródziemnomorska jasność (czy nie było w niej odblasku dawnej jasności podkarpacko-podolskiej?) i uspokojenie, gdzie rozbrzmiewała muzyka wielkich mistrzów i artysta p r z y c h o d z i ł d o s i e b i e w tej muzyce, w tej przestrzeni i blasku, i my przyszliśmy do niego, i zatrzymaliśmy się jak przy otwartym oknie w Nicei, po czym zawróciliśmy i raz jeszcze przeszliśmy wszystkie sale w jedną i drugą stronę, i byliśmy u mojego przyjaciela Marka Oberländera jakby w sposób zwielokrotniony, bo jednocześnie w różnych jego latach, punktach dotarcia i miejscach, gdzie próbował odpowiedzi na generalne pytania bytu, pośród ewokowanych przez niego postaci „realnych" i zdeformowanych, żywych i uosobiających jakieś znaczenie, pośród wcielonych przerażeń, protestów i przeczuć, i Marek z nimi wszystkimi był u nas bardziej niż za każdym razem, kiedy spotykaliśmy się gdzieś w świecie.

O tamtym dniu lipcowym opowiedziano mi tak: w sanatorium, gdzieś w Prowansji, odwiedził go przyjaciel Francuz, a wraz z nim przybyły z Wro-

cławia krytyk, inicjator i organizator przyszłej wystawy. Marek dostał prze-
pustkę i we trójkę spędzili dzień w miasteczku jak z ukochanego Markowego
Van Gogha; Francuz powtórzył później komuś, że tamci dwaj bez przerwy
rozmawiali po polsku, z wielkim ożywieniem, a on nic nie rozumiał, ale nie
miał im za złe, bo czuł, że dzieje się coś ważnego. Po południu goście wyjechali, a Marek wrócił do sanatorium i zatelefonował do przyjaciółki: „Prze-
żyłem najpiękniejszy dzień mego życia". Był to również – ostatni dzień jego
życia.

Kwiecień 1980

SEZON W KINIE

Za młodu byłem wielkim kinomanem, później mi przeszło, może nie do końca, ale już coraz rzadziej chodziłem do kina, z coraz mniejszym zapałem i oczekiwaniem, musiałem mieć szczególne powody, żeby wybrać się na ten właśnie film, oglądając go nie chciałem zabijać czasu (i tak rozpaczliwie umierającego na moich oczach), lecz przeżywać swój czas, zależało mi na filmie-wypowiedzi i filmie-znaku, i wiedziałem, że nie często na taki trafię. Niekiedy jednak trafiałem i niektóre podobne spotkania zdarzało mi się odnotowywać w tym miejscu; ostatniej zaś zimy i wiosny, dziwiąc się własnej gorliwości, znowu zacząłem częściej chodzić do kina, znowu miałem powody, znowu, słusznie lub nie, ale czegoś się spodziewałem po rozbłyskującym ekranie, coś się we mnie, siedzącym w mroku, otwierało i wyrywało naprzeciw tej żywej plamie, tej kropli, w której kłęcił się i kotłował ś w i a t p r z e d s t a w i o n y. Od tego, od świata przedstawionego, wszystko się przecież w kinie zaczyna, od prawdziwych słów, intonacji, od rozpoznawalnej prawdy tego, co może się dziać między ludźmi, co ich łączy i dzieli, co im ciąży i co ich uskrzydla. Fałsz dekoracji zawsze sygnalizował zakłamanie w s z y s t k i e g o ; ich natrętny przepych był kiepską maską ubóstwa; bunt nie tylko w kinie, również w literaturze i gdzie indziej – oznaczał niejednokrotnie bunt przeciw głębszemu zafałszowaniu świata i próbę prawdy; i te próby, te porywy tworzyły główny wątek wiecznie się odnawiającej się sztuki, i ilekroć gdzieś się pojawiały, odradzała się też w ludziach ciekawość sztuki i dopiero co niechętni i obojętni, wracali do porzuconych wierszy, obrazów, książek, znowu na coś licząc, czegoś wypatrując, jak i ja w chwili wejścia w świat przedstawiony tych paru nowych filmów polskich (a to od nich właśnie zaczął się mój powrót do kina); na przykład w chwili, kiedy, podwieziony przez kolegę, po raz pierwszy zajeżdża przed szkołę, w której ma zacząć pracę, nowy nauczyciel wuefu (Krzysztof Zaleski w „Szansie" Feliksa Falka), albo kiedy portier zatrzymuje przy wejściu do fabryki wracającego z urlopu inżyniera (Piotra Fronczewskiego w „Kung fu" Janusza Kijowskiego) i dochodzi do awantury, albo... I choć nie są to już filmy o moim pokoleniu, jak „Człowiek z marmuru", lecz o pokoleniu, które widzę zzewnątrz, do którego zbliżam się z uwagą, czasem nawet z fascynacją, nie mogąc jednak liczyć na zatarcie różnicy lat i doświadczeń – tu, w tym świecie prawdziwym, w jego powszednich sytuacjach i dekoracjach r a p t e m j e s - t e m w e w n ą t r z, następuje cud utożsamienia, ten świat nie tylko pokazuje mi się, ale mówi do mnie i ja mu coś odpowiadam, mówi o tym, o czym zawsze mówiło to, co w ogóle mówiło, przedzierając się przez gęste obszary niemoty, o pasowaniu się z istnieniem, z jego naturalnymi mechanizmami i chytrze zastawionymi pułapkami, o dopasowywaniu się do tego, co jest, o pasowaniu się i dopasowywaniu jednocześnie, o ładzie i bezładzie egzystencji, o miejscu człowieka i braku miejsca. O tym mówią te wszystkie filmy, ale każdy ma jeszcze swój własny temat, własną nić, za którą trzeba pociągnąć, żeby go rozsupłać; pisałem już, o czym są „Aktorzy prowincjonalni" i „Amator" – o sztuce bez skreśleń, życiu bez skreśleń, o pełni życia i sztuki; a „Szansa" jest o pięknym potworze, wyhołubionym przez ludzi i zżerającym ich, o potworze s u k c e s u – tym szantażyście i gwałcicielu – ach, czarującym, nieodpartym, męskim – fałszującym wartości i wypierającym je swym impetem – dewastującym tkankę społeczną i w końcu morderczym; a „Kung fu" jest o odtwarzaniu zerwanych więzi, odbudowywaniu grupy koleżeńskiej, rozproszonej przez życie, o szukaniu ocalenia przed agresywnością i nielojalnością świata w solidarnym przyjacielskim uścisku, jak o tym śpiewa Okudżawa: „Bracia, za ręce weźmy się, bracia, za ręce weźmy się, bo w pojedynkę nie wygramy!", ale nie podejrzewajmy o naiwność filmu, który mówi to co piosenka, piosenka redukuje rzeczywistość do subiektywnej formuły poetyckiej, ma do tego prawo, a w filmie losy ludzkie są konkretne, są charaktery, jest przeszłość, jest gorzka i dramatyczna faktura dni i lat, z której, niczym z brunatnego, pobrużdżonego pola wyrasta owo „bracia, za ręce weźmy się"...

Gdyby nie było t y c h filmów, nie wiem, jakim okiem spojrzałbym na t a m t e i n n e: wystylizowane retro „Arii dla atlety" Filipa Bajona czy somnambuliczną wizję przyszłości w „Golemie" Piotra Szulkina; może wydałyby mi się unikiem, ucieczką w nierzeczywistość, sprzeniewierzeniem się jedynie realnej, wołającej o wyraz teraźniejszości; tęskniąc za tym wyrazem, pozostałbym może nieczuły nie tylko na wizualną urodę „Arii" i „Golema" (rozmaitą: jaskrawą, karnawałową w pierwszym filmie i posępną, przytłaczającą w drugim), ale przeoczyłbym ich treść, mimo wszystko współczesną, bo jakże odebrać współczesności m a r z e n i a i z m o r ę; „Arii dla atlety" jest marzenie o urzeczywistnieniu się, o przeżyciu swojego życia w określonym kształcie, o stawaniu się w wysiłku i walce kimś, czyj projekt nosi się w sobie, o klęskach i triumfie; treścią „Golema" – niosącego w sobie niemoc i rozpad) zakłamanego i zagłuszonego przez ryk nieprawdziwych tłumów z nagrania, świata, przed którego nie tyle nawet aktywnym złem, co brakiem dobra, na chwilę ocalić zdoła jedynie błąd w programie, usterka w nieludzkim i nieoczekiwanie ludzkim modelu; otóż opartbym się może sugestywności i marzenia, i zmory – tego, co ściga w „Arii" Krzysztof Majchrzak, i tego, z czym boryka się w „Golemie" Marek Walczewski, gdyby nie sąsiedztwo j a w y, prozy, „życia naprawdę" w tym kilku innych filmach młodych reżyserów; wszak tęsknota za czymś jednym nieraz czyni nas ślepymi na coś innego; ale tym razem, kiedy jawa sąsiadowała z różnymi gatunkami snu, świat przedstawiony – z fantazją, realizm dokumentalny z parabolą, nie musiałem, na szczęście, być nieczuły i zaślepiony...

A niebawem, w nawpół pustej sali kina „Muranów", oglądałem z zachwytem już nie debiut młodego reżysera, lecz kolejny film wytrawnego majstra, Kazimierza Kutza – „Paciorki jednego różańca" – i to była też teraźniejszość, jawa, ale jakby zachodząca mgłą, oddalająca się, jeszcze obecna, a już ściskająca serce bolesnym poczuciem utraty; rzeczywistość hieratyczna, w której wszystko ma swoje miejsce i formę – pory dnia, posiłki, prace domowe, powitania i pożegnania, obowiązki i przywileje; i wszystko to jest oblegane, kruszone, niwelowane przez żelazne walce p o s t ę p u, nowych wyobrażeń i aspiracji, nowego sposobu życia; kiedy więc bohater filmu (gra go aktor niezawodowy, Augustyn Halotta) podejmuje beznadziejną obronę starych układów, jest w tym wyraźny pierwiastek donkiszoterii; ale kiedy recenzent karci zajadłego Ślązaka (a wraz z nim twórcę filmu) za przeciwstawianie się postępowi, najwidoczniej nie rozumie, iż rzeczą sztuki nie musi być afirmacja tego co nadciąga i zwycięża; sztuka ma prawo do nostalgii za tym co przemija, do obrony straconej pozycji, do zadumy nad tym, czy w świecie ginącym nie było także jakichś wartości, których zwyczajnie po ludzku szkoda; rzeczników postępu i tak będzie więcej, i tak będą silniejsi; może głos sztuki, głos „reakcyjnego romantyzmu", sprawi, że postęp będzie mniej okrutny, mniej stalowoszary i zimny; a jeżeli nawet nie sprawi...

Nie same filmy polskie oglądałem, ma się rozumieć, w kinach tego roku; repertuar importowany jest w większości niedobry, nijaki, t a n i ; ale istnieje przecież kino „Wiedza"; jeszcze jesienią obejrzałem tam, po raz któryś w życiu, z tą co zawsze radością, „Amarcord" Felliniego – magiczną układankę z obrazów dzieciństwa, scen ulicznych i szkolnych, młodych zdumień dziwnością świata, wspomnień wesołych i smutnych, wypełnionych tłumem postaci, które tylko okiem dziecka albo artysty umiejącego na nowo być dzieckiem można ujrzeć tak wyraziście, ludzi zwyczajnych i szalonych, różnych, a połączonych nadzieją innego życia, wciąż wypatrujących na horyzoncie jego symboli... Po kilku miesiącach zaś obejrzałem w tym samym kinie film, który ktoś nazwał rosyjskim „Amarcordem" – „Zwierciadło" Tarkowskiego – układankę różniącą się od tamtej nie tylko krajobrazami i tonacją (surowszą, bardziej patetyczną i mniej frywolną, „północną" w przeciwieństwie do „południowej"), lecz też bardziej zawiłą i zagadkową, nieprzystępną kluczowi zwykłego wspomnienia, taką, po której labiryntach przewodnikiem jest sen-obsesjonat; to śniącemu zdarza się być na przemian sobą-dorosłym i sobą-dzieckiem, widzieć matkę i żonę jako jedną kobietę, i we śnie wraca to, o czym chciałoby się raczej zapomnieć, dawne lęki, urazy i zagrożenia, a także poczucie winy i klęski; wciąż na nowo odchodzi ojciec, pali się las, wybucha wojna, jest się bezradnym i upokorzonym, jest się osaczonym i nie ma ucieczki; ale kto śni epizod, w którym narrator jest nieobecny, nie ma go ani jako dorosłego, ani jako dziecka, jest tylko jego matka pracująca w drukarni i jej w i e l k i s t r a c h, że przepuściła błąd korektorski, nie wiemy jaki, domyślamy się tylko z ludzkich zachowań, że błąd, którego skutki mogłyby być groźne dla niej i innych, cała rzecz kończy się zresztą szczęśliwie, błędu nie było, powstał w wyobraźni kobiety, w jej roztrzęsionych nerwach, ale w czyim śnie, w czyjej poruszonej pamięci wraca to wszystko? może, wbrew pozostałym epizodom, mamy do czynienia nie ze „Zwierciadłem" indywidualnym jedynie, lecz takim, w którego tafli odbijają się sny różnych ludzi, koszmary

epoki, trudna pamięć epoki?... Ten nieprosty film chciałbym kiedyś obejrzeć raz jeszcze.

W inny sposób niż „Zwierciadło" pokrewny „Amarcordowi" wydał mi się
obejrzany w ramach „Konfrontacji" film Francesca Rosiego „Chrystus zatrzymał się w Eboli" – pokrewny nie w stylistyce, nie w konstrukcji – ani to
układanka, ani nerwowe kłębowisko snów, skojarzeń, olśnień pamięci – lecz
spokojnie, powoli, po kolei, niemal bez luk, opowiedziana historia lekarza i
malarza, antyfaszysty (Gian-Maria Volonte), zesłanego do ubogiej wsi ligu-
ryjskiej, w surowe, nieznane sobie dotąd warunki, między ludzi o sposobie
życia, jakiego też nie znał, o pojęciach, wierzeniach, przesądach, których nie
przeczuwał, opowiedziana i wymalowana wspaniałym pędzlem historia jego
metamorfozy, znalezienia sobie miejsca w tym innym życiu, wpisania się w tę
społeczność i w czas upływający nie „w ogóle", ale upływający tu właśnie;
otóż jak w „Amarcordzie", tak i w tym rzetelnym, budzącym zaufanie obrazie uderza codzienne współistnienie i nakładanie się na siebie dwóch planów
życiowych, dwóch rzeczywistości – oficjalnej, narzuconej przez totalitarne
państwo – i „naturalnej", zakorzenionej w tym krajobrazie i kulturze, w
warunkach bytowania, zwyczajach, dążeniach, we wszystkim, co elementar-
nie ludzkie; i ta narzucona nie jest oczywiście obojętna dla „naturalnej",
często ją utrudnia i wykoślawia, a jednak i u Felliniego, i u Rosiego ostatnie
słowo zdaje się należeć do egzystencji autentycznej (też dalekiej od wspaniałości) jej proste prawa przezwyciężają buńczuczne schematy, i niebłyskotliwe
to zwycięstwo wnosi nutę otuchy do obu nie pozbawionych melancholii filmów...

Najgłośniejsze pozycje tegorocznych „Konfrontacji" – „Czas Apokalipsy"
Coppoli i „Hair" Formana – odepchnęły mnie swoją nieuczciwością i konformizmem; zło wojny wietnamskiej (jak każdej wojny) było zbyt prawdziwe, zbyt powszednie przez lata całe dla tysięcy ludzi po obu stronach – zbyt
było bólem, nędzą, zniszczeniem, trwogą i zagładą – żeby wypadało je na
nowo w y m y ś l a ć, jak to uczynił Coppola, przypisywać mu rysy wyrafi-
nowane i niewiarygodne, czerpać z innych rzeczywistości (z muzyki wagne-
rowskiej, z „Jądra ciemności" Conrada) elementy dla uczynienia go bardziej
efektownym; a „Hair" oglądałem przed laty na londyńskiej scenie – było to
widowisko pełne wyzywającej radości, żywiołowego erotyzmu, manifestacyj-
nego młodzieńczego wyzwalania się ze sztywnych konwencji dorosłości – u
Formana to wszystko jest również (choć jakby trochę sztuczniejsze, ze zbyt
ostentacyjnie wyreżyserowaną „spontanicznością"), i to jest w tym filmie
najlepsze, te melodie brzmią najczyściej, kiedy jednak twórca poprzez pewne
ujęcia zdaje się solidaryzować z przemocą, pogardą, kłamstwem, którymi w
końcu zachłysnęły się kontestatorskie ruchy młodzieżowe Ameryki, to jest w
tym ton fałszywy, Forman jakby nie chciał pamiętać, że sam jest dorosły i
nietutejszy, i udawał kogo innego, usiłując się przypodobać pewnej części
opinii...

Maj 1980

NAD MORZEM

Przyjazd nad morze, pospieszne zejście na brzeg po osypującym się mokrym piasku, naprzeciw miarowemu łopotowi fal, słonym powiewom wiatru i ukośnym lotom wytryskujących z piany srebrzystych mew – to był dla mnie zawsze moment wzruszenia.

W dzieciństwie i najwcześniejszej młodości nie znałem morza – po raz pierwszy w życiu przyjechałem tutaj tuż po maturze (i tuż po wojnie) z dwoma kolegami, z których jeden miał rodzinę we Wrzeszczu – podróż była długa, pociąg wjechał w gęstą, smolistą noc i zatrzymał się parskając kłębami pary, szliśmy przez ciemne, nieznajome ulice i zdawało mi się, że już wdycham ten tajemniczy powiew, ale to było złudzenie, bo kiedy obudziłem się nazajutrz, wokół szumiały i falowały ogrody, nad zielonym kłębowiskiem wzlatywał trzmiel, a naprawdę dotrzeć do morza i wstąpić w nie bosymi stopami miałem jeszcze dzień później, musiałem więc zachować i przenieść to przedwczesne wzruszenie, nie rozpluskać go w drodze, wstrzymać w sobie jak dech zaparty, i dopiero wtedy, wpatrzony w migotliwą dal, odetchnąć nim głęboko, wyzwolić z siebie jak fizyczną ulgę i szczęście.

To było lato moich młodzieńczych przygód i przemian, jakże miałbym je zapomnieć, ale nigdy już – choć próbowałem – nie udało mi się trafić do owych ogródków i domku na rogu ulicy, i drogi między domkami i ogrodami, którą wyszliśmy byli z miasta i posuwali się przez skwar i oczekiwanie w stronę niewidocznego żywiołu. Może wszystko mi się przyśniło?

Następnego zaś lata siąpił deszcz i rozmazywał po nabrzeżu smugi węglowe, kiedy na mokrym pokładzie „Falstrii" drżąc pod szarpanym przez wiatr brezentem, płynęliśmy ku obcemu brzegowi – pierwszy raz w życiu płynąłem ku obcemu brzegowi – i znowu ciągnęła się noc, i wschodziło słońce, i z porannej jasności wykluwało się morze.

Później nie jeden raz – już ich nie policzę – zdarzyło mi się zbiegać na brzeg lub dobijać do brzegu, a nawet mknąć świetlistym torem między dwoma wabiącymi brzegami – i różne bywały te brzegi moich mórz, moich przygód, mojego życia – przesypywały się miękkością wydm, ich niezdecydowaniem na kształt, zmiennością na mgnienie porosłą puchem, jeżyły się krawędziami skalistych baszt jak warowne zamczyska, powiewały sztandarami zieleni, stromymi ścieżkami wśród winnic lub lasów pięły się w błękit, tchnęły aromatem róż, pachniały rybami i smołą, zdyszane umykały przed falą i pędziły ją przed sobą odsłaniając wilgotne płaszczyzny tkane mozaiką muszli i gobelinem wodorostów (na jakże krótko zostawiałem tam swoje ślady), nawoływały skwirem mew i buczeniem statków...

Jakiekolwiek jednak były – skądkolwiek i kiedykolwiek tu przybywałem – zawsze był ten moment wzruszenia, ta czułość słuchu łowiącego z daleka znajome szumy, to wyprzedzające rzeczywiste zanurzenie ciała w hojnym rozprysku poczucie oczyszczania się, obmywania...

A więc jestem znowu nad morzem – na pierwszym z moich morskich brzegów – najmilszym mi i najgęściej zaludnionym przez wspomnienia dawnych przyjazdów – i schodzę w dół, do podmuchów, szumów i ptaków, i przez moment jestem szczęśliwy – ale skąd ta domieszka melancholii? skąd mgiełka oddalenia i rozproszenia, która osnuwa kopuły starego hotelu i balustrady mola, i spacerowiczów w alejach, i w którą zapadam się razem z nimi? skąd wreszcie nieufność nagła do tej fali liżącej piasek, niechęć do zstąpienia w nią, posądzenie, że to już nie morze, lecz maź złowroga, której dotyk żre i plugawi? Całym wysiłkiem woli i pamięci odpycham bulgocącą o krok ode mnie odnogę piekieł i z zamkniętymi oczami, wsłuchany w miarowy łomot, zanurzam się, młody i pełen nadziei, w nieistniejących wodach tamtego lata.

Sierpień 1980

JESZCZE SIERPIEŃ

12 i 13 sierpnia napisałem kartkę znad morza, której koniec był niepewny i nostalgiczny, osnuty mgiełką ściskającego serce poczucia, że ten miły brzeg, jeszcze realny, jeszcze na wyciągnięcie dłoni, już oddala się i rozwiewa, i wyzuwając z ufności do wtulonej weń fali każe schronić się w mniej uchwytnej, a jakby trwalszej mimo wszystko przestrzeni dawnych tęsknot i wspomnień.

Nazajutrz wysłałem do Warszawy to, co napisałem – po czym cały krajobraz drgnął i obrócił się raptem, w mgnieniu oka odmienił aurę, otoczył mnie nowymi prądami i widokami, porwał w swój niespokojny i tchnący nadzieją przeciąg; kiedy zaś mówię o n o w o ś c i tego, co nastąpiło, nie mam przecież na myśli jakiejś niebywałości i narodzin czegoś z niczego, lecz o d n o w i e n i e, odsłonięcie w nagłym rozbłysku czegoś, co było, nowe połączenie znanych dawno fragmentów, radość wyzierającą ze smutków, siłę z niemocy, wszystko to, co jakoś musiało istnieć, aby móc się odnowić, przepoczwarzyć, wystąpić świeżą barwą z szarości... I ja także, nie wiedząc, nie wierząc, wyglądałem tej nowości z innymi – i bałem się spłoszyć ją przedwczesnym gestem, nieopatrznym słowem, jeszcze więc kilka miesięcy temu, w tym miejscu, kreśląc swój prywatny bilans dziesięciolecia, zastrzegałem się, że pomijam domenę publiczną i to co dane mi było przeżyć w tych latach jako członkowi zbiorowości, j e d n e m u z n a s, wędrowcowi na wspólnej drodze i wspólnym rozstaju. A tymczasem biły już zegary, skrzypiała oś, bór szeleścił listowiem i stawał w progu.

W której chwili poczułem to drgnienie, ten obrót, to wyczekiwane, a jednak zdumiewające złuszczenie się i odnowienie skóry czasu? To było jak w wierszu Miłosza: „Pszczoła krąży nad kwiatem nasturcji, rybak naprawia błyszczącą sieć... Innego końca świata nie będzie, innego końca świata nie będzie". Nie ma innych końców, innych początków, innych obrotów świata – jak tylko w codzienności, w zwykłości, w niezauważalnym rytmie zajęć powszednich; zwiastunem jest ktoś o znajomej twarzy i głosie, i sam nie wie, że jest zwiastunem, i to, co opowiada, rozumie najprościej, i my to rozumiemy zwyczajnie, jako oznajmienie o czymś, co ma takie czy inne miejsce w naturalnym przebiegu spraw, i dopiero później przyjdzie olśnienie, że t o j u ż b y ł o t o...

Owego popołudnia kupiliśmy kwiaty na ulicy Bohaterów Monte Cassino w Sopocie i wsiedliśmy w kolejkę elektryczną, już od kilku dni byliśmy umówieni z naszymi przyjaciółmi F. we Wrzeszczu, w wagonie zajrzałem komuś przez ramię do otwartego „Dziennika Bałtyckiego": „W niektórych zakładach i przedsiębiorstwach mają miejsce przerwy w pracy, w czasie których wysuwane są..." Z dworca poszliśmy prosto, potem w lewo, świeciło słońce, na rogu słodką, ciepłą chmurą owionął nas zapach chleba z małej piekarni, ale chleba już nie było, widocznie przed chwilą go wykupiono, znów skręciliśmy, obok przeszklonej ściany biblioteki weszliśmy w podwórze i drewnianymi schodami na drugie piętro. W twarzy młodej kobiety, która otworzyła nam drzwi, było jakby zakłopotanie, wydawała się też lekko zdyszana: dopiero co wróciłam, powiedziała, stałam w ogonku, a mąż drugi dzień w stoczni, ale nie chcieliśmy odwoływać, dzwonił, że może uda mu się wrócić na kolację. Nas też ogarnęło zakłopotanie, zostaliśmy jednak, tak serdecznie nas zapraszała, czyż mieliśmy ją zostawić sam na sam z telefonem i telewizorem, niebawem zeszło się jeszcze parę osób, i tak zaczął się ten długi wieczór, rozmawialiśmy, jedliśmy, piliśmy, jeden z gości przyszedł prosto z mszy w Katedrze, celebrował ją biskup, ale nie napomknął o niczym, nasz znajomy był zawiedziony, i czekaliśmy na gospodarza, który wciąż nie nadchodził. Co parę chwil dzwonił telefon, za którymś razem to był on, przepraszał, że nie wróci dzisiaj do domu, w podnieceniu opowiadał o żądaniach robotników, o ludziach, którzy wydawali mu się jacyś inni, powiedział też: jest Wałęsa, przeskoczył przez mur i jest z nami, dyrekcja uznała go z powrotem za pracownika, a koledzy wybrali do komitetu. Czy po raz pierwszy usłyszałem wtedy nazwisko Wałęsy? Wydaje mi się, że nie, że w tych latach już mi się obiło o uszy, skojarzone z robotniczym sprzeciwem i zawziętością, ale teraz usłyszałem w nim jeszcze furkot barwnej fantazji i coś jakby szelest kos pod błękitną powałą, coś jakby łąkę i męstwo i kłęby kurzu pod lasem i głębinę i Polskę, i utkwiło to we mnie nie jak dźwięk z gazety, lecz jak z wibrującej historii. A potem włączyliśmy telewizor i słuchaliśmy przemówienia, i patrząc na smutną, napiętą twarz tego, który mówił, nie żywiłem do niego niedobrych uczuć, ale wyczuwałem niewystarczalność i nietrafność takich słów i poczynań tego dnia, o tej porze. I znów przerywały rozmowę dzwonki telefonu, i po którymś z nich pani domu spakowała koc i sweter dla męża, i postanowiliśmy wszyscy jej towarzyszyć do bramy stoczniowej, przy której on miał czekać na odwiedziny.

Ulice Wrzeszcza były już ciemne, na peronie niewiele osób, pociągiem elektrycznym przejechaliśmy dwa przystanki i czarnym łukiem mostu zeszliśmy pod samą bramę, na której powiewał białoczerwony sztandar i wśród żelaznych prętów jaśniała wiązanka kwiatów. Przez te pręty rozmawialiśmy z F. i inni ludzie rozmawiali ze sobą, ściskali sobie ręce, ciągle ktoś nadchodził lub podjeżdżał, kogoś wołano, podawano listy i zawiniątka, jakiś starszy człowiek przyniósł jabłka, ale nie pytał o swoich, tylko rozdał jabłka pierwszym z brzegu ludziom w kombinezonach, a do kogoś przyszła rodzina z psem, kudłacz rzucał się na kratę i szczekał, nie mógł się pogodzić z tym, że coś zimnego i twardego przeszkadza mu polizać pana po twarzy. Za bramą w paru rzędach siedziała i stała straż robotnicza – przeważnie młodzi mężczyźni, w kombinezonach i hełmach, z czerwonymi albo białymi opaskami na ramieniu. W chwili, kiedy zbliżaliśmy się, ktoś stojący poza ich szeregiem, tak samo ubrany, ale bez opaski i z gołą głową, właśnie skończył przemawiać, głównie do nich, ale chyba i do nas po tej stronie bramy; nie chodzi tylko o pieniądze, mówił, chodzi o naszą godność i wolność, żeby wolno było mówić i pisać prawdę, żeby nie prześladowano za nią i nie wyrzucano z pracy, i żeby nie było więźniów politycznych, wolność, to słowo powtarzał kilka razy i powoływał się na ludzi, których musieli już znać i widzieć pomiędzy sobą, bo ze zrozumieniem kiwali głowami w hełmach.

Potem poszliśmy czarnymi ulicami tej dzielnicy doków, była godzina przed północą, mijaliśmy domy, z których wilgotnymi płatami osypywała się starość, opuszczenie i beznadzieja, pod piekarnią cierpliwa kolejka czekała na dowóz chleba, i dotarliśmy do drugiej bramy, najpierw zaszły nam drogę nowe sztachety i pusta przestrzeń pomiędzy nimi a starym murem, ktoś chciał odsunąć w ten sposób stocznię od miasta i odgrodzić miejsce, gdzie dziesięć lat temu przelała się krew czterech mężczyzn w kombinezonach, ale teraz miasto i stocznia znów podawały sobie ręce, stocznia powiewała sztandarem, miasto obsypywało stocznię kwiatami, krew pulsowała pod grudą – i pod pustym wzrokiem zwisających nad stocznią wysokościowców z determinacją świętowano wolność, braterstwo, gniew i nadzieję. I znowu nocny Gdańsk, taki pieszy i cywilny, trzeźwy i skupiony, od tylu lat w różnych postaciach widywałem to miasto, tyle razy tu właśnie przystawałem na skrzyżowaniu losów, nabierałem tchu, wypatrywałem żagla na horyzoncie, a takiego jak tej nocy miasta z dobrego snu jeszcze nie znałem.

W dniach, które nastąpiły, nauczyliśmy się lepiej je widzieć, uważniej odczytywać znaki, które nam dawało, nie tylko te, z liter czerniejących na wywieszonych płachtach, bielejących na murach: – „Strajk solidarnościowy nadal trwa", „Przerwijcie pracę, przyłączcie się do nas", „Niech żyje i umacnia się solidarność naszego Narodu", „Walczymy o sprawiedliwość dla całej Polski", „Jesteśmy z wami, trzymamy się" – ale mowę wetkniętych w dachy i bramy, jak w mapę rozszerzającej się bitwy, białoczerwonych chorągiewek, gest unieruchomionych tramwajów, krzyk milczących grup ludzkich, chóralny śpiew kościołów i ulic...

Kiedy zaś przyszła pora odjazdu i wśród ulewnych strumieni deszczu wsiedliśmy do pociągu, i zajmując miejsce dotknąłem ręką kieszeni, żeby upewnić się, czy mam w niej kartkę z powierzoną mi do przewiezienia wiarą i troską gdańskich pisarzy, w tej samej chwili, gdy pociąg ruszył i poczułem pod palcami uspokajający chrzęst złożonego papieru, usłyszałem, że nieznajomi ludzie w przedziale rozmawiają właśnie o tym: „literaci", „uchwalili"; ja: co takiego uchwalili ci literaci? – i mężczyzna o pobrużdżonej twarzy: no, że są z nami, przystępują, a drugi, młodszy, ze zdziwieniem: i podpisali, każdy własnym nazwiskiem; i znów ten pierwszy, do żony, otyłej kobiety ściskającej torebkę: pokaż państwu, dałem ci przecież; ale ta, ostrożniejsza, nie kwapiła się, nie nalegał więc, tylko powtórzył: są z robotnikami, a pociąg rozwijał szybkość i pędził przez deszcz, przez zmierzchanie się, przez melancholię nieżętych i mokrych pól, przez dygot napiętej ziemi, przez historię, przez niewiadome.

Sierpień-wrzesień 1980

CZAS POWROTÓW?

Taki tytuł – bez znaku zapytania – nosił pierwotnie felieton, którym dziewięć lat temu chciałem otworzyć tę rubrykę w „Więzi"; ale cenzura pokiereszowała tekst, kwestionując w nim m.in. następujące fragmenty: „W minionych latach stało się tak, że niejednego twórcę kultury zmuszono do dramatycznej n i e o b e c n o ś c i " – oraz: „Jest czas powrotów – i witamy go z nadzieją, że będzie trwał, aż dopełni się całkowicie. Przywrócona obecność tych, których ubytek znać tak dotkliwie, będzie nie świętem, lecz dniem powszednim naszej kultury."

Nowy wariant mojego pierwszego felietonu ukazał się w końcu pod mniej pewnym siebie tytułem: „Rozpoczynając" – i choć ocalała w nim polemika z publicystą (Witoldem Fillerem), który niedługo przedtem, wyliczywszy, iż z Teatru Narodowego odeszli tacy aktorzy, jak Holoubek, Mikołajska, Krafftowna, Łuczycka, Machowski, Mrożewski, Duriasz, Alaborski, dowodził niefrasobliwie, „że ubytku tego nie znać" – i ocalał też pogląd, że talenty są niewymienne, że nie może być „nie znać ubytku", kiedy artysta, uczony, pedagog, majster zmuszony bywa do porzucenia swego warsztatu – to zabrakło wyraźniejszego wskazania okoliczności, w których doszło do takich amputacji, i zabrakło też zapowiedzi, w którą tyleż próbowałem wierzyć, co oblekając w słowa chciałem bodaj przywołać, przybliżyć, uczynić realniejszą niż była...

A przecież rację miał mój przezorny cenzor: sytuacja „miniona" okazała się powtarzalna, czas powrotów trwał krótko i nigdy nie dopełnił się całkowicie, nieskrępowana obecność twórców i dzieł nie stała się dniem powszednim kultury. Już w parę lat później nowa akcja eliminowania ź l e w i d z i a n y c h przybrała rozmach większy niż dotąd – i wśród wielu dotknęła też mnie samego. Wspominam o tym nie żeby się skarżyć: życie, choćby najsurowiej tamowane, wpływa z czasem w nowe brzegi; przez cały ten okres jakoś przecież żyliśmy, jakoś żyłem; a wreszcie, choć nie wolno mi było wydawać książek i podlegałem wielu innym restrykcjom, mimo wszystko także w sferze „oficjalnej", jawnej pozostawiono mi jeden azyl – i nie byle jaki – tę oto mianowicie rubryczkę w „Więzi". (Podobno przyjęto zasadę, żeby stałych felietonów nie likwidować). Ciągnąłem ją jak umiałem – i między

innymi nabywałem dzięki temu d o ś w i a d c z e n i a   a u t o r a   n o r -
m a l n i e   c e n z u r o w a n e g o . Przeglądam teraz teczkę z moimi stu
czy iluś felietonami, tu i ówdzie pokreślonymi albo całkiem przekreślonymi,
i uśmiecham się: oto jeszcze jedno małe zwierciadło czasu, i nie tyle ze
względu na to, co udało mi się wykrztusić, ile na wymuszone niedopowiedzenia i przemilczenia...

W felietonie wydrukowanym w kwietniu 1972 roku zastanawiałem się na
przykład, co bym powiedział, gdybym zabrał głos na niedawnym łódzkim
zjeździe literatów: otóż mówiłbym o potrzebie bezpieczeństwa, którą pisarz
dzieli z wszystkimi ludźmi, dalej o specyficznych niebezpieczeństwach przy-
należnych profesji (opór materiału i, gorzej, łudząca łatwość, mimowiedny
fałsz gotowych łożysk języka), wreszcie o tym, że godząc się z tym, co nieuniknione, nie chcę dodatkowych , niekoniecznych, w czyimś śnie koszmarnym poczętych zagrożeń) skreślone: „w czyimś śnie koszmarnym poczętych"):

„Chcę być bezpieczny przed biciem po twarzy z jednoczesnym przytrzy-
mywaniem mi rąk, abym nie mógł się bronić." (Skreślone).

„Przed żelazną lub szklaną ścianą, oddzielającą mnie od tych, dla których
piszę, a którym nie wolno jest o tym wiedzieć." (Skreślone: „a którym nie
wolno jest o tym wiedzieć").

„Chcę być bezpieczny przed skreśleniem, zapomnieniem lub umieszcze-
niem w najniższym kręgu literackiego piekła nie ze względu na to co piszę,
lecz z tajemnego i bezdyskusyjnego wyroku." (Skreślone: „tajemnego").

„Chcę być bezpieczny przed użyciem instytucji i mechanizmów, mających
mnie chronić, do niszczenia mnie i niszczenia tego, co robię." (Skreślone)

I nieco niżej, skreślony cały fragment, wraz z należącym do niego cytatem:

„Bułat Okudżawa, rozmyślając kiedyś o historycznych losach poetów, napisał w pieśni, którą przełożyłem:

Oszczędzajcie nas i chrońcie przed nierówną grą,
Przed pochopnym trybunałem i kochanką złą.
Oszczędzajcie, póki można – dzisiaj, teraz, tu.
Tylko tak nie oszczędzajcie, by zabrakło tchu.
Ani tak, jak wierną sforę zwykł oszczędzać psiarz,
Ani jak swojego psiarza car nieboszczyk nasz...

Może się wydawać, że poeta żąda dla podobnych sobie społecznego przy-
wileju, ale tak nie jest. Poeta wie o immanentnym niebezpieczeństwie twórczości i dlatego apeluje o zapewnienie twórcom bezpieczeństwa poza jej
obrębem. Tak rzadko przecież prawdziwie z niego korzystali..."

Nie mam pretensji do cenzorów, którzy wykonywali prawdopodobnie
otrzymane polecenia; ale jak w ich żmudnej pracy przegląda się czas – to
znaczy j a k   u s i ł u j e   s i ę   n i e   p r z e g l ą d a ć , czego nie chce ujrzeć w swoim obliczu, co chce z niego zetrzeć, od czego się odwrócić? Otóż
czas, jak widać, wzbrania się przyznać, że coś w nim może być zatajone i
zakłamane, krzywdzące i wciągające w potrzask, że zło może się w nim po-
cząć z czyjegoś widzimisię i zostać zinstytucjonalizowane, ale najważniejsze,
przed czym wzbrania się czas, to sama możliwość postawienia go w szeregu
innych czasów, dopatrzenia się w jego mechanizmach tych samych sprężyn
co gdzie indziej i kiedy indziej, usłyszenia w ich tykaniu starej melodii...

Takie ujęcie – to obelga dla nowego, jedynego, wspaniałego jak żaden czasu – i na straży przeświadczenia o nie podleganiu przezeń ogólniejszym prawom struktur społecznych stać musiała nieustanna czujność Urzędu.

Przerzucam dalej stare felietony, prześlizguję się wzrokiem po skreślonych słowach i zdaniach, nie mam ochoty zatrzymywać się przy każdym, ale dziwię się mimowoli, jak mało w tych ingerencjach „polityki", jak wiele przewrażliwienia na temat sztuki, jej roli, pojmowania, odbioru, i zwłaszcza jak wiele obaw, by komuś nie przyszło do głowy, że w zewnętrznych warunkach istnienia sztuki może coś być nie tak, jakaś niepełna prawda, niepełna wolność... Felieton „Głupi Zdzisiu" (lipiec-sierpień 1973) – o pomylonym „artyście", bawiącym swoimi monologami publiczność w gospodzie – fragment skreślony przez cenzurę: „Wypowiadał zdania – doskonale to rozumieli – których nie wypowiedziałby żaden z nich, «normalnych» ludzi; ale musieli czuć, że sprawą wariata i artysty, a może wariata-artysty, jest właśnie wypowiadanie z a n i c h zdań, które im nie przejdą przez gardło; w ten sposób za j e g o pośrednictwem o n i znajdują w teatrze jakieś zadośćuczynienie i oczyszczenie." I dalej – o przewadze głupiego Zdzisia nad teatrem zawodowym: że w jego improwizacjach „uczestnictwo publiczności dotyczy warstwy treściowej; dlatego jest prawdziwe i spontaniczne" (skreślone: „prawdziwe"). „Teatr unikający treści, nicujący dzieła obdarzone treścią tak żeby ją wytrzebić lub przynajmniej zaciemnić, nie stanie się teatrem uczestnictwa mimo najświetniejszych, najbardziej nowatorskich form i pomysłów." (Skreślone: „nicujący dzieła obdarzone treścią tak żeby ją wytrzebić lub przynajmniej zaciemnić"). I na samym końcu: „...tylko czy teatr może jak głupi Zdzisiu po przedstawieniu klepnąć się w głowę i uprzedzić: mnie nie wolno tknąć, jestem dziabnięty?" (Skreślone: „mnie nie wolno tknąć").

„Stąd i stamtąd" (maj 1974), skreślone przez cenzurę słowo „spreparowane" w charakterystyce poczynań K. T. Toeplitza z cytatami z „Obecności" Słonimskiego; tamże zakwestionowana groźna wiadomość, że „uparte Puławskie Studio Teatralne odrodziło się w Warszawie" – i po pertraktacjach zwolniona w postaci: „młodzi aktorzy z Puław stworzyli wraz z warszawskimi kolegami nowy zespół".

„Romantycy i antyromantycy" (grudzień 1974): skreślony fragment przepisany z kroniki teatralnej trzydziestolecia w tygodniku „Kultura" – o „Dziadach" w inscenizacji Dejmka.

Kwiecień 1975: skonfiskowany w całości felieton „Pan Jerzy" – o zmarłym w roku 1969 w Szwajcarii znakomitym eseiście Jerzym Stempowskim.

Luty 1976: skonfiskowany w całości felieton polemizujący m.in. z przeprowadzoną w książce Ludwika Bazylowa *Społeczeństwo rosyjskie w pierwszej połowie XIX wieku* rehabilitacją takich postaci, jak szef III Oddziału (policji politycznej) generał hrabia Benkendorf i literat-szpicel Bułharyn.

Marzec 1976: skonfiskowany felieton „Szczur w naszej poezji współczesnej" – z cytatami z Brylla, Kuśniewicza i innych.

Lipiec-sierpień 1976: skonfiskowany felieton „Emigranci i ludzie wolni", nawiązujący do *Emigrantów* Mrożka i odczytania ich przez Dedala w „Twórczości".

„Okolice pamięci" (luty 1977): w uwagach o *Kalendarzu i Klepsydrze* Konwickiego skreślone m.in.: „...zagarnia mnie sama materia wdzięcznego pamiętania, łuk pamięci łączącej dawną, odziedziczoną wartość z nową, po

omacku tworzoną, pamięć jako obrona przed niwelacją, standaryzacją, anonimowością twarzy i gestu..." I tamże, w związku z przytoczoną notatką prasową o Warszawskiej Jesieni Poezji: „Z aprobatą przecież mówi dziennikarz o tej poezji, która «nie szarpała sumień... nie wgryzała się w problemy codzienności» – dlaczegóż więc pomija nazwiska jej «uspokojonych, dojrzałych» twórców?" W codziennej krzątaninie przyzwyczaił się widać do migania jednakowych, bezimiennych sylwetek, opatrzonych taką lub inną pieczęcią (pracownik, konsument, słuchacz, poeta) – i nawet wieczór poezji nie jest tym świętem, które wydobywałoby z mroku niepodobne do innych twarze. A może ci, którymi się zachwycał, naprawdę nie mieli twarzy?" Z całego tego fragmentu cenzor pozostawił: „Z aprobatą mówi dziennikarz o tej poezji, która «nie szarpała sumień... nie wgryzała się w problemy codzienności»..."
Czas jest tu, jak widać, po stronie niwelacji, niepamięci, nie wychylania się z mroku, anonimowości twarzy i gestu...

Marzec 1977: skonfiskowany w całości felieton pt. „Gorki", z cytatami z publicystyki rosyjskiego pisarza sprzed równo sześćdziesięciu lat.

Maj-czerwiec 1977 – w felietonie o „Człowieku z marmuru" Andrzeja Wajdy skonfiskowany cały długi początek, opisujący okoliczności obejrzenia tego filmu. O co chodziło tym razem? Czyżby o niezgodę na niezaprogramowane przez „kierownictwo polityki kulturalnej" przeżycie zbiorowe, na swobodny społeczny wybór w dziedzinie sztuki, na skupianie się, jednoczenie wokół dzieła, w którym przeczuto sens ważny dla wielu i podejmując taki wysiłek by się przedrzeć do niego t w o r z o n o w s p ó l n o t ę , z ciżby przeistaczano się we wspólnotę? Czy zatem nie dopuszczając do publikacji opisu tego krystalizowania się wspólnoty wokół dzieła sztuki, ktoś liczył na jej uchylenie, unieważnienie?

A może – choć nie uświadamiałem sobie tego ani ja, kreśląc ów skromny, fragmentaryczny opis, ani mój cenzor, stanowczo go przekreślając – obaj przeczuwaliśmy jakoś, że wszystkie te mniejsze i trochę większe wspólnoty, nawarstwiające się w naszych dziwnych ostatnich latach wokół obrazu, wokół dźwięku, wokół słowa, wokół gestu, wokół myśli, wokół uczucia, były zalążkiem i zapowiedzią wspólnoty ileż potężniejszej, nieuchronnie nadciągającej?... A więc to jej wypatrywałem, odnotowując te drobiazgi o „artyście" w śląskiej gospodzie, teatrzyku w Puławach i kolejce przed kinem „Wisła", to od niej odwracał wzrok – może wbrew sobie, swoim najlepszym porywom – ktoś, komu kazano być narzędziem czasu, wzbraniającego się przed zapadnięciem w otchłań...

Czy naprawdę zapadł w otchłań? Czy nastąpił – znowu! – i prawdziwiej, głębiej, trwalej niż kiedyś – czas powrotów, czas obecności nie tylko powrotów i obecności l u d z i (choć to ważne, choć powinni powrócić, żywi i umarli, wyzuci i wypędzeni, zakazani i zapomniani, moi przyjaciele i ci których znam z legendy, i ja sam, proszę mi wybaczyć przemawianie we własnej sprawie, całym sercem pragnę powrócić na te pola, które niegdyś wydeptywałem), ale powrotu słów, które oduczyliśmy się rozumieć, znaczeń zamazanych i zniekształconych, obecności ś w i a t a j a k i j e s t , nieocenzurowanego, nieucharakteryzowanego przed publicznym występem, w pełnym swoim wyrazie i treści, powrotu i obecności autentycznych związków, pragnień, barw, temperatur i wszystkiego co jest sobą, niespętanym, nieuszczuplonym – czy nastąpił już ten czas, ta wielka odmiana?

Pragnę w to wierzyć, tyle zresztą znaków na niebie i ziemi za tym przemawia, tyle się już stało i staje, pragnę wierzyć i z radością witać czas nowy, ale... nie jestem już taki młody, tyle pamiętam, wielką przygodą mojego pokolenia było co innego, a to co teraz – jest przygodą innego pokolenia, jesteśmy w tym także, naturalnie, że w tym jesteśmy, ale trochę wystygli, niedowierzający, zmęczeni, tak, cieszę się – ale z odrobiną goryczy, ufam – ale z odrobiną nieufności, wracam – ale nie przyśpieszając kroku, układam nowe zdania na dzisiaj – ale przeglądam wczorajsze, stare, skreślone, piszę tytuł: c z a s   p o w r o t ó w –ale stawiam przy nim znak zapytania...

Październik 1980

W OSTATNIM DNIU ROKU

Siadam do biurka w ostatnim dniu starego roku (ale czy słuszne jest nazywanie go s t a r y m ? czy mimo że za chwilę przeminie, przemieni się, przemianuje, nie pozostanie w nas jako zawsze nowy, pulsujący, otwarty w przyszłość, nie do złożenia w szarych archiwach pamięci, nie do przewiązania sznurem i przypieczętowania gorącym lakiem, zawsze w nas, jedyny w życiu t a k i ?); i zabieram się do pisania w pośpiechu, niemal popłochu – za kilka dni wyjeżdżam, a przed wyjazdem tyle do załatwienia, zarzekałem się, że nie zależy mi już na podróży, a teraz, kiedy znów mi wolno, jednak jadę, wykupiłem bilet na środę rano – czy aby zdążę napisać, oddać, odebrać, zobaczyć się, wpaść, zadzwonić, zamienić słowo?

O czym więc mam pisać w takiej chwili? nie żeby mi brakowało tematu, ale jak z tego, co bliskie i żywe, bolesne, dające do myślenia i napawające otuchą, wyodrębnić to, co warto zapisać właśnie teraz, w czym zawrę (nie wprost) pożegnanie i powitanie i zatrzymanie czasu na mgnienie oka (jak w obyczaju naszych sąsiadów siadania na moment i wspólnego skupienia przed ruszeniem w drogę), w którym miejscu mam zacząć i w którym skończyć? A może nie zastanawiać się nad tym, lecz po prostu ulec bezkształtności, co mnie opływa, faluje, sama wzbiera i raz po raz na brzeg wyrzuca obraz, zdanie, twarz, anegdotę, strzępek refleksji?

Dziewczyna – jasna, szczupła, szorstki sweter z jeleniem, szeroko otwarte oczy, niekłamana ciekawość – na wieczorze autorskim w O., jednym z pierwszych po tylu latach: co to znaczy być pisarzem zakazanym? Nazajutrz w B., mężczyzna ze znaczkiem „Solidarności" w klapie: ale dlaczego związek literatów na to pozwalał? Tłumaczę, że związek, koledzy ze związku nigdy nie aprobowali, podnosili to na zebraniach, ale cóż mogło zrobić półtora tysiąca ludzi, rozproszonych, każdy w swojej dziupli, jak się przeciwstawić, jaki nacisk wywrzeć, żeby poskutkowało? Związek był bezsilny, dopiero inna, większa siła mogła to mimochodem obalić, i tak się też stało, dzięki temu tu rozmawiamy. (Tłumaczę, ale parę tygodni później, kiedy słyszę: nie mamy sobie nic do wyrzucenia, nasz związek, nasz zarząd, nasza organizacja – coś się we mnie buntuje, nie rozumiem, jak można nie mieć sobie nic do wyrzucenia, być spokojnym i zadowolonym, w każdej chwili mam sobie do wyrzucenia, a oni nie, bezsilność sama siebie rozgrzeszyła i winduje się na piedestał, jest w niej łatwość i wygoda moralna, a więc mamy przyjąć, że w ogóle nic się nie stało?).

Mężczyzna ze znaczkiem: ciągle o tym myślę, już dwanaście lat nie mogę zapomnieć, jak paliłem książki Pawła Jasienicy (poruszenie na małej salce, gdzie odbywa się wieczór: co ten człowiek mówi?), to był rozkaz, ośmiu chłopa, cała nasza drużyna, do kotłowni, książki już pozwożono, wiązaliśmy je w takie paczki i... A później, już w cywilu, patrzę w księgarni, jest, ten sam tytuł, tylko nowe wydanie, Jezus Maria, myślę, po co wtedy ten rozkaz, po co my do ognia... (A mnie tamtego lata spotkała inna przygoda, wtedy też miałem zakaz, ale nie połapano się w tym, i po drodze na spotkanie porucznik bawił gościa rozmową: bibliotekarka, mówił, wróciła z okręgowej odprawy, przywiozła spis, może się czego dowiemy, za oknem samochodu wisiał suchy skwar nad polami, pewnie jestem w tym spisie, myślałem, i zaraz zostanę zdemaskowany, lecz bibliotekarka marszczyła gładkie czoło: ten, tamten, a trzeciego nie mogę sobie przypomnieć, może Jasienica – podpowiedziałem, no wie pan, obruszyła się, to są bardzo dobre książki, żeby nawet, to bym nie wyrzuciła. Spotkałem go niebawem na urodzinach Jerzego i śmiejąc się powtórzyłem, ale z niedowierzaniem przypatrywał mi się zza okrągłych szkieł, sądził, że go pocieszam, zresztą moje spotkanie autorskie tam, w tym czasie, wydawało się niewiarygodne. Nigdy więcej miałem go nie zobaczyć).

Tak blisko, dwanaście lat, ale teraz, jeszcze bliżej, parę dni temu, w kuluarach zjazdu literatów, w nieprzytulnym pokoju, gdzie na stole pokrytym zakurzonym zielonym suknem ktoś zostawił stertę ulotek („Nie godzimy się bowiem na to, by nasza wielka szansa narodowa, jaką jest socjalizm, została zmarnowana, utopiona w chaosie i awanturnictwie. Groźba taka istnieje realnie, stoi u progu naszych domów"), mężczyzna z rozbieganymi oczyma, gorączkowo przekonujący nas kilku, że był ofiarą i bohaterem, raptem, pod koniec rozmowy w Katowicach Ł. powiedział mi w cztery oczy, że jeżeli B. zostanie wybrany, to on zerwie zjazd, ma do tego upoważnienie najwyższej instancji. Na szczęście dosyć kolegów okazało rozsądek... Ja: a może lepiej by było, żeby nie okazali wtedy rozsądku? Na jego miękkiej, jakby nadmuchanej twarzy wyraz zdumienia – tego nie pojmuje, wciąż widzi rzeczywistość w perspektywie wczorajszego muru i nie zdaje sobie sprawy, że zabiegi dostosowujące się do muru, ugłaskujące mur najskuteczniej wspierają jego nie tak pewną dla nas niezłomność...

Nazajutrz po zjeździe, 30 grudnia, w deszczu, w rozdeptanym błocku na rogu Marszałkowskiej i Alej, żegnamy się ze Staszkiem, jest mi dziwnie, może się już nigdy nie zobaczymy, Staszkowi też obiecano paszport i wyjedzie na tę swoją katedrę amerykańską, czekającą już cztery lata, i kiedy wrócę z mojej podróży – nie będzie go w kraju, kontrakt ma trzyletni, naturalnie, że także zamierza wrócić, ale... Czuję na policzku jego miękką brodę i myślę, że mimo wszystko te lata były dla nas szczęśliwe, mówię to głośno, Staszek potwierdza i energicznym ruchem zarzuca torbę na ramię, Dworzec Centralny świdruje swymi światłami mgłę jak latarnia morska...

Biją dzwony, odkładam długopis, dzwony nad Żoliborzem kołyszą się i śpiewają, północ przepoławia czas, dzwony wypełniają swoją melodią tę wielką rzekę, która nas unosi, dźwięczny mrok, drży serce czasu, coś się kończy, coś będzie trwało...

31 grudnia 1980 – 1 stycznia 1981

SPIS RZECZY

POLONIA

Trzecia pozycja w serii „Polonii"
Z DZIEJÓW ZSRR

Aleksander Zinowiew
HOMO SOVIETICUS

Do nabycia w księgarniach polskich lub
bezpośrednio u wydawcy

POLONIA BOOK FUND LTD.
8 QUEEN ANNE'S GARDENS
CHISWICK. LONDON W4 1TU

Cena £6.50 (lub równowartość) plus przesyłka

POLONIA

Druga pozycja w serii „Polonii"
CZASY I LUDZIE

Raymond Aron
WIDZ I UCZESTNIK

Do nabycia w księgarniach polskich lub
bezpośrednio u wydawcy

POLONIA BOOK FUND LTD.
8 QUEEN ANNE'S GARDENS
CHISWICK. LONDON W4 1TU

Cena £5.75 (lub równowartość) plus przesyłka